第 五 卷

1919.1—1921.11

孙中山全集

中国社会科学院近代史研究所中华民国史研究室
中山大学历史系孙中山研究室 合编
广东省社会科学院历史研究室

中 华 书 局

目　　录

致吴景濂函

（一九一九年一月二日）

近沪上得日本陆军大臣田中来电，谓执事"前在粤对东方通信记者八田谈话，称'此次徐树铮赴日，以办陆军大学名义，向日本借款三百万，实以济助段派。此事是否原敬主张，犹不得而知，然田中与参谋本部必为主持之人，此等举动实足以损日本之光荣'"等语。复谓"此种消息系由文及唐少川报告执事者"云云。文闻之极为诧异，盖文实无以此种消息奉告之处，是否该通信记者所闻之误，尚希执事详查辨正，俾事实不致混淆，具纫公谊。此布，并颂议祺

此函由季陶君转。

据《中央党务月刊》第十一期（一九二九年六月版）"特载"《致广州吴莲伯》

批马逢伯函 *

（一九一九年一月四日）

代答见后：段、陆①断无携手，局部和议，乃徐、陆②之阴谋。吾辈当竭力打消之，否则民国已矣。

据《国父全集》（台北中国国民党党史委会一九七三年六月出版）第四册（转录史委会藏原函抄件）

---

* 马逢伯原函称"局部议和将成，段祺瑞、陆荣廷携手，国事益不可为"云云。
① 段、陆：指段祺瑞、陆荣廷。
② 徐、陆：指徐世昌、陆荣廷。

复于右任函*

（一九一九年一月五日）

比接惠书，以交通阻滞，故稽奉答。每念军旅贤劳，未尝不神驰西陲也。三秦居全国上游，夙为形胜之区，而密迩西疆，关系尤重。兄自创义以来，力荷艰难，毅力苦心，同深钦服！

近自和议声日促日进，群为苟且之图，无澄清之远谋，思之岂胜扼腕。顾军政府在南亦仅有空名，欲期以饷械相助，势所不能。兄处此困厄之交，尚冀努力维持固有实力，保存现在地盘，以待发展之机。文苟有可为，亦必竭力相助，决不使兄独任其难。并望念国事之艰难暨西陲之重要，万勿遽怀灰心而有引退之意，总宜以贯彻民治主义自任，持以坚贞，以待未来，所深企也。专此奉复，惟期为国自重。并颂

筹祉

此函由张代表转。

据《中央党务月刊》第十一期"特载"《致陕西于右任》

复焦易堂童萱甫函

（一九一九年一月五日）

比诵惠教，敬悉。诸兄发起世界和平共进会，所以诱导国人

---

* 在孙中山授意下，一九一八年八月，于右任从上海到三原就任陕西靖国军总司令职。于曾致函孙中山请求广州军政府以饷械相助。孙中山复此函。

者,用意其盛。惟文近于外事,实觉无能为助。承推任理事长一职,殊不能当,尚希另推贤能,以裨进行。方命之处,幸为鉴谅。此复,并颂

道祺

据《中央党务月刊》第十一期"特载"《致广州焦易堂童萱甫》

复伍廷芳函 *
(一九一九年一月五日)

春阳更新,想起居安吉为颂。

顷诵惠教,敬悉。季龙① 兄任事诚挚,足为军府助力,况当此时事未决之前,诚不可听其引去。除文再另行慰留外,特此奉复,以慰雅注,并颂

新禧

据《中央党务月刊》第十一期"特载"《致广州伍秩庸》

复闽籍议员函
(一九一九年一月六日)

顷诵公函,标揭正义,折衷群论,至为敬佩。

此次北廷虽标和议之名,然对闽犹竭力进兵,是盖远交近攻,弱我羽翼之计。诸君主张以在闽北军新增者,先行撤退为和议之

---

* 广州军政府参议员萧辉锦等三十二人曾联名上书孙中山,报告孙中山驻广州军政府全权代表徐谦在粤神秘乖谬行动,请予撤换,孙中山复此函表示仍应留用。

① 季龙:即徐谦,时任孙中山(政务总裁之一)驻军政府代表。

前提,洵为綮〔窍〕要之论。唐君少川在沪,亦坚持尊重国会①之意思,度北廷理屈辞穷,必难与我争也。徐季龙兄持正不阿,文所深知,已去函慰留之矣。至国会②诸君拟推文为欧洲平和会议代表事,则鄙意殊未敢当。以此时南方政府尚未得各国所承认,派员列席,势所难能。不如待有机会时,由文以私人名义发言,或较为有效也。手此奉复,并颂

公祉

据《中央党务月刊》第十一期"特载"《致广州福建议员诸君》

批 刘 英 函 *

(一九一九年一月六日)

作答函悉。当酌量办法对付就是。粤事望随时详报。

据《国父全集》第四册(转录史委会藏原件)

复丁惟汾等函 **

(一九一九年一月七日)

顷诵手书,敬悉。

薄君子明此次为探逮捕,沪上同人均极关切,近已竭力设法先

---

① 指一九一七年六月十二日被张勋胁迫黎元洪解散的国会。
② 指广州非常国会。
* 刘英,湖北人,当时系广州国会议员。原函建议与在闽海军接近,以免粤军独立。
** 此系孙中山复丁惟汾、刘冠三、邓天乙等关于援救薄子明的函件。薄在一九一六年反袁战争时,受中华革命党东北革命军总司令居正指挥,任第一支队司令,旋于岱南任护国军司令。反袁战争结束,薄往上海。山东督军张树元与上海护军使卢永祥勾结,诬薄参与绑架案,被租界方面逮捕,卢交涉引渡后,加以杀害。

行阻止引渡。倘再能将其诬控各节切实证明,则解决尤易也。

刘君芙航已经晤谈。知念,特先奉复,并颂

公祉

据《中央党务月刊》第十一期"特载"《致广州丁鼎臣刘冠三邓天乙》

复刘香浦函[*]

（一九一九年一月七日）

顷诵手书,敬悉。

巴蜀控扼大江,形势重险,执事先机识变,联络豪俊,培养基础,注意民政,主张分权,卓识宏谟,深可钦服。沧白^①、锦帆^②,川中之良,正宜共倾肝胆,以谋大计。并望执事周旋其间,俾悉融素见,协力同规,庶治理骎骎,仪型全国耳。此复,并颂

筹祉

据《中央党务月刊》第十一期"特载"《致四川刘香浦》

致林森等函^{**}

（一九一九年一月十一日）

兹有驻京美使署陆军武参赞德来达君,来粤调查南方近情。

---

　　* 一九一八年三月,据四川省议员呈请,孙中山特任熊克武为四川督军,杨庶堪为四川省长。杨在十月到任前,省长由黄复生代理。此系孙中山勖刘香浦与杨庶堪等共谋川中大计的复函。

　　① 沧白:即杨庶堪。

　　② 锦帆:即熊克武。

　　** 此系孙中山介绍驻京美使署陆军武参赞德来达赴粤调查政治、社会诸情况,致广州军政府参议院议长林森等函。

美国近日对我国扶助之心异常恳挚。惟以向于东方国情未加注意，即欲助我，苦无着手之方。故德君此次南来，即系负有此项调查报告之任务。至粤以后，望兄等详以南方内容暨政治上应兴应革之诸大端，地方上一切利弊，下至赌博、盗匪等，悉以告之，俾有详密参考之资料，为美政府异日助我建设得所标准，所益实多。特此绍介，并颂

公祉

据《中央党务月刊》第十一期"特载"《致广州林子超等三人》

致唐继尧函

（一九一九年一月十一日）

久疏笺札，想筹策多劳，动定康豫。昆池西望，岂胜神驰。

兹有驻京美使署陆军武参赞德来达君来滇晋谒台端，有所谘询，尚希优加礼遇，详细答之。因此时各国对我，惟美国意最诚挚，有确实助我之热忱。惟美国向于东方时事未甚明了，近始注意调查。德君此次南来，即负有此种任务。望执事于南方近情暨地方应兴革之处，推诚详告，庶异日得此恳挚之友邦为我有力之援助，实所深盼。专函介绍，并颂

筹祺

据《中央党务月刊》第十一期"特载"《致云南唐蓂庚〔赓〕书》

批萧辉锦等函

（一九一九年一月十二日）

答：派季龙事，初此间皆无成〈见〉，乃为多数同志所要求而出

之；今要取消，亦当为多数之取决。

据《国父全集》第四册（转录史委会藏抄件）

复林德轩函[*]

（一九一九年一月十四日）

程君如兰至沪，备悉近状，并诵手书，均悉。

此次湘中各军，以统帅不一，号令不齐，故虽以兄之苦心支柱，转战经年，犹未能迅奏大功，深为叹息。近和议说起，众志多期其速成，而裁兵废督，尤为多数主张，势将见诸事实。倘此次会议之际，能为兄军设法维持，文必竭力图之。一切除面告程君外，专此奉复，并颂

毅祉

据《中央党务月刊》第十一期"特载"《致湖南林德轩》

复蔡元培张相文函^{**}

（一九一九年一月十四日）

顷诵惠教，知方君寰如函称国史征集，文已允为间日讲演，此乃方君之意，以为当然，文实未之知也。然述革命之概略，为信史之资，此固文所乐为者；惟以文近方从事著述，无暇以兼及

---

　　* 湖南靖国联军第五军总司令林德轩原函报告南北"和平会议"即将在沪开始，忧虑裁兵废督，受形势所迫，所部将无法维持。

　　** 当时北京大学校长兼附设国史编辑处主任蔡元培和副主任张相文接方寰如函，获悉孙中山将为国史征集作间日讲演。蔡、张为编纂《国史前编》，上书孙中山征询对于清世秘密会党意见和探问方寰如函中所说情况。此系孙中山对蔡等的复函。

此耳。

文所著述,盖欲〈以〉政治哲理,发挥平生所志与民国建划暨难知易行之理,撰为一编,以启迪国人,俾灼知共和政治之真相为何,国民之所宜自力者为何。草创将半,再阅数月,或可杀青。其中一章所述者为"革命缘起",至民国建元之日止,已略述此数十年来共和革命之概略,足为尊处编纂国史之干骼。若更求其详,当从海外各地征集材料,乃可汇备采择。此事现尚可办,文当通告海外各机关征集材料;然事颇繁重,欲汇集其稿,恐亦需一载之时。顾国史造端宏大,关系至重,亦不宜仓卒速成。要须经以岁月,几经审慎,是非昭然,事实不谬,乃足垂诸久远,成为信史耳。

至尊函主《国史前编》上溯清世秘密诸会党,文于此意犹有异同。以清世秘密诸会党,皆缘起于明末遗民,其主恉在覆清扶明。故民族之主义虽甚溥及,而内部组织仍为专制,阶级甚严,于共和原理、民权主义皆概乎未有所闻。其于共和革命关系实践,似宜另编为秘密会党史,而不以杂厕民国史中;庶界划井然不紊,此亦希注意及之也。

文所著述之稿,现尚未有定名,顾卒业以后,意在溥及国民,广行传布,若完全由沪印行,恐卷帙繁重,分运为艰,拟备资于京沪分别印刷。执事闻见较详,倘知北京有优良之印局,足以印行,或完全由沪印行分运,如何为便,均望以办法见示,俾得有所折衷,甚幸。专此奉复,并颂

撰祉

据《中央党务月刊》第十一期"特载"《致北京蔡孑民张蔚西》

复　李　纯　函

（一九一九年一月十四日）

李君实忱来，藉奉手书，盛意垂注，深为愧感。

方今国民群企法治，冀获康济。执事提挈群彦，洗濯清和，硕筹宏略，尤深引领。石城在望，积想何如。一切除与李君面罄外，专此奉复，并颂

政祺

据《中央党务月刊》第十一期"特载"《致南京李纯》

复卢师谛杨虎函

（一九一九年一月十四日）

顷接十二月间手书四函，均已诵悉。

此次蜀中军事，得兄等惨淡经营，联合群力，团结日固，虽事实上未能完全发展，然有此有力之基础，异日按步进行，自属较易。望勿以小挫失而遽怀灰心，毅力坚持，以谋进取，庶足日起有功也。

所嘱将陈中孚兄之枪设法运川之事，刻殊不能办到。以该项枪枝犹在日本，出口之交涉固属难办，进口尤为不易。况蜀道途阻隔，中间随处足为敌人所截取，尤为非计。

至和议声浪，现已日趋日近，而废督军裁兵之计划，尤为多数所主张，将来当可成为事实。届时文必当设计为川中同志保留一部分之军队，以固西陲实力。此时吾诸同志之在川者，宜注意巩固现在地盘，谋切实之发展，万勿舍近谋远，致双方均无把握。国事

纷纭,事变正众,吾人但宜以维持现状为进取之资,庶足以贯彻吾党救国之本旨也。此复,并颂

近祉

据《中央党务月刊》第十一期"特载"《致四川卢锡卿杨虎》

批蔡元培张相文函

（一九一九年一月十四日）

答以方君①云云,乃彼想当然耳,文实未之知也。然此事亦文所乐为者,但以近方从事于著述,其中一段为革命原起,至民国建元之日止,已略述此共和革命之概略,可为贵史之骨格也。至其详细,当从海外各地再行收集材料,乃可呈采。此事现尚可办,文当发征文于海外各机关也。各秘密会党,于共和革命实无大关系,不可混入民国史中,当另编秘密党史。

据罗家伦主编《国父批牍墨迹》（台北中央文物供应社,一九五五年出版）

复胡仲尧函

（一九一九年一月十六日）

顷诵手书,敬悉一切。

客岁荆襄树义,为南方护法军之极大声援。执事与令侄之热忱毅力,国人同钦。此次虽以和议顿挫,未能亟伸挞伐,完吾人救国之天职,然国事方殷,前途之责任甚巨,尤冀坚忍以处之。至鄂军将来苟有可以设法维持之处,自当竭力图之,以副执事及诸同志

---

①　方君:即方襄如。

之热忱也。手此布复，并颂

毅祉

据《中央党务月刊》第十一期"特载"《致夔州胡仲尧》

复陈伯简等函

（一九一九年一月十六日）

顷诵一月六日手书，敬悉。

闽省长事，诸君为地择人，公推竞存①兄担任，自系维持桑梓之苦心。惟文近于时局观察，实无一定之办法，故亦未便遽留竞存长闽。区区之意，想荷鉴原也。此复，并颂

公祉

据《中央党务月刊》第十一期"特载"《致广州陈伯简等》

致黄复生等函 *

（一九一九年一月二十三日）

此次川中树义，以诸同志之艰难支持，始克有今日之效。然今日世界大势，群趋于真正之民治，此后吾人所宜致力者，亦惟是悉力致意于民治一面，以扶助社会之发展，而引起多数人民之同情。川中地大物博，民众殷阜，苟能善为整理，异日居上游而控制全国，自是意中之事。

沧白兄为吾党贤者，此次长蜀民政，又系川中诸同志所共推，

---

① 竞存：即陈炯明。

* 此系孙中山分缮致四川军界长官黄复生、石青阳、颜德基、卢师谛等函件。

窃欲吾诸同志对于沧白兄此后宜益竭力辅助，使其政策得以次第实行，以助民治主义之发展，而以川省为全国平民之模范，此文所深望者也。惟沧白兄任事未久，其最困难而不易解决者，是为财政问题；加以年来各军划疆分守，亦非行政官厅一纸文告能收统一之效。关于此点，尤冀各同志尽力所能，为沧白兄尽财政上之援助，俾得资以应付。其兵费之能勉事减省者，亦宜筹拨济助。此事于川省进行前途，关系至大，想诸同志心同此理，自必乐于赞助也。专此布悃，并颂

毅祺

据《中央党务月刊》第十一期"特载"《致四川黄复生等四人（石、严〔颜〕、卢）》

复赵士北函

（一九一九年一月二十六日）

顷诵元月十四日惠书，备悉。

赴欧代表一事，文以此时南方政府尚未得各国承认，若遽尔前往，必无效果可言。鄙意不如俟时事稍解决，以私人名义前往各国相机发言，较有效力，想尊意亦以为然也。特此奉复，并颂

近祺

据《中央党务月刊》第十一期"特载"《致广州赵士北》

复 谢 持 函

（一九一九年一月二十六日）

接一月十六日手书，诵悉。

季龙兄行止，当待其自行决定。此时粤局由兄维持，以待大局

之解决。文刻殊无主张足以奉告，倘有所见，自当随时函闻，先此
奉复，并颂

近祉

据《中央党务月刊》第十一期"特载"《致广州谢持》

复杨庶堪函
（一九一九年一月二十六日）

日前诵惠电，备悉。兄已假满视事，甚慰。

所需之款，此间刻殊无法筹措。近日已分函复生、夕卿、青阳、
德基诸同志，就近先行设法，以济急需矣。知念，先此奉复，并颂

政祺

据《中央党务月刊》第十一期"特载"《致四川杨沧白》

复杨寿彭函*
（一九一九年一月二十八日）

寿彭先生大鉴：

廿日来示敬悉。

选举件照自由①函办理甚妥。泗水付回债券，前次满提商
〔高〕船过沪时并未交到，俟该船再来沪时当询之。数目清单已经
收到。请将该款拨贰佰元交萧纫秋，拨壹佰元交苏子谷，所余壹拾
叁元伍拾壹钱暂存尊处，预备尚有零碎使费开支也。其前次所定

---

* 杨寿彭，旅日华侨，当时任中华革命党驻日本大阪、神户筹饷局长。

① 自由：即冯自由。

之飞机,应查明原委,与商废约。此事须由兄斟酌办妥。前次刘季谋来此,云欲接受此契约,究竟可否与之? 望兄就近体察情形,决定办理。如彼确能办理有效,不生别种问题,则让与之,亦复不妨;但既让之后,全然断绝关系,损益皆所不问始妥。此复,即请

台安

孙文启　　一月廿八日

据日本神户华侨历史博物馆藏《孙中山先生与神户有关历史资料》影印件

批冯熙周函

(一九一九年一月二十八日)

代答以黄明堂有一次通电骂我,你不知乎? 写信一节,恐无效力,碍难照办。

据《国父全集》第四册(转录史委会藏原件)

复恩克阿穆尔函[*]

(一九一九年一月二十九日)

顷诵手书,盛意殷渥,深为感荷。

欧洲平和会议,诚为此后吾国在世界地位进退强弱之一关键。文以不才,谬承推及,实未克堪。行止一节,刻方在磋议中。知关注念,特此奉复,并颂

议祉

据《中央党务月刊》第十一期"特载"《致广州恩克阿穆尔》

---

[*]　恩克阿穆尔,蒙古族,广州非常国会议员。

批于右任函[*]

（一九一九年一月三十一日）

答以护法政府，在吾党人中已竭力争之。陕、闽不解决，则不讲和，当始终坚持此旨。惟他派之人，则另有用意。其初，陕、闽所以有另成问题，皆由岑、陆与北京私通，特置此两省于外也。

据《国父批牍墨迹》

复伍肖岩函

（一九一九年二月四日）

顷诵手书，备稔近状。

民国成立以来，以国民习为因循敷衍，故专制瑕秽，不克根本上荡涤廓〔廓〕清，以致国事飘摇，共和仅为虚名。前鉴不远，来日大难，吾党同人尤不能不勉任斯责。

兄从戎累岁，备历艰难，此次崎岖粤、闽之间，屡建伟绩，壮志弥厉。而惠书复殷殷以国难为虑，此非主义坚定勇于爱国，何能至此？尚冀贯彻终始，以竟全功，俾树真正共和不拔之基。文忧国之责，未敢稍懈，苟足以提倡正义，振作斯民者，亦愿尽其棉薄，勉力图之也。军旅贤劳，幸为国自重。专此奉复，并颂

毅祺

据《中央党务月刊》第十一期"特载"《致漳州伍肖岩》

---

　　*　陕西靖国军总司令于右任一月九日原函指出，北京当局在南北和议声中大举派兵进攻陕西，"压迫我军"，"陕西之战祸，必不能免"；并请求孙中山"协商军政府诸公"，"严屯电川滇统帅，限日攻下汉中"，且"令湘、闽、赣、蜀前线之师，一律进攻"，以援救陕局。

复笹川洁函[*]

（一九一九年二月四日）

顷诵惠函，知执事新创设《湖广新报》，谋中日两国国民之共同发展，以应世界之大势，热忱毅力，深为敬佩！特奉上祝词一纸，以表希望之忱，尚希察收为荷。此复，顺颂

撰祺

据《中央党务月刊》第十一期"特载"《致汉口笹川洁》

复陈炯明函^{**}

（一九一九年二月四日）

顷诵一月十三日手书，备悉。

粤军于停战以后，未能亟谋发展，则固守现势，整顿内部，以待时机，亦策之得者。至筹购新式武器，以谋改良，分途并进，亦属当务之急。欲谋异日之发展，必先求内方之充实，庶为不败之道。

和议事双方代表虽次第渐集，然北廷怀挟诡谲，未易开诚商榷；而各方均挟权利私见，前途结果，正自难言。文近专事著书，外方纷纭，殊不欲过问也。

春寒，惟为国自重。此颂

近祉

据《中央党务月刊》第十一期"特载"《致漳州陈竞存》

---

　　* 笹川洁，日本人。

　　** 陈炯明时任援闽粤军总司令，驻漳州。一月十三日陈上书报告粤军发展计划。孙中山复函，告和议难成，应充实军力。

复 谢 持 函
（一九一九年二月四日）

顷诵手书，备悉。

粤事由兄勉力维持，极念贤劳。川事既由岑电询赓赓[1]，待观其复电主张如何，再定办法。黄、卢、颜、石诸部[2]苟能设法维持，必须保存之也。粤中情形仍望随时报告，俾悉详情。此复，并颂

议祺

据《中央党务月刊》第十一期"特载"《致广州谢慧生》

复陈肇英函
（一九一九年二月四日）

顷诵惠书，备悉。此次西南创义护法，执事提军入闽，首为响应，此固护法大义深被群心，然非执事爱国之勇，见义之决，何至于此！近复率队入漳[3]，共任防务，使浙军义声昭焯全国，引领天南，深用佩慰。

近日国事虽日趋于平和，而寇氛未靖，犹赖吾党志士群策群力，以谋干济。执事统率雄俊，尚冀勉力维持，以竟全功，实所企盼。时事方艰，所望以百折不挠之精神，树真正共和金汤不拔之基，为前途努力自爱。专此奉复，并颂

---

① 赓赓：即唐继尧。

② 黄、卢、颜、石：即黄复生、卢师谛、颜德基、石青阳。

③ 漳：即福建省漳州。

毅祺

据《中央党务月刊》第十一期"特载"《致漳州陈肇英》

批卢师谛杨虎函

（一九一九年二月五日）

段君①请随时来见，相片往亚西亚照相馆再印，照数寄去。

据《国父全集》第四册（转录史委会藏原件）

复　谢　持　函*

（一九一九年二月七日）

顷接一月二十八日手书，备悉。

南方派遣特使，未得国际承认，断然不能代表发言，且文亦不能受北方伪政府所委任，此事当然无从进行。若明知其不能代表、不能发言，而贸然前往，亦甚无谓。故文赴欧之行，总以将来有机会之时再往，较为适宜，望以此意转告诸同人为盼。至总裁个人连名电北之时，代表当然不能代文列名。兄此举办法甚合。以后关于此类之事，皆以拒绝联名为宜。特此奉复，并颂

近祉

据《中央党务月刊》第十一期"特载"《致广州谢持》

---

① 段君：指段廷佐。

* 一九一九年一月九日，广州国会议员拟推选孙中山为国民代表，赴巴黎参加和会。孙中山复函谢持婉拒。

复 安 健 函

（一九一九年二月八日）

一月九日手书诵悉。川边地域辽阔，物力充牣，如能善为规划，则异日展拓富力，增进民智，其关系西疆甚重。兄于该方情形素所详悉，此后正宜按其缓急，相机进行，母〔毋〕以着手之艰难，而挫进取之壮志。藏番边民性本淳厚，苟能抚绥得宜，接以诚信，勉以大义，使彼心悦诚服，自渐能乐为我用。至边军苟可联络，亦宜善以待之。

所嘱公债票，文前辞大元帅职后，已由财政部结束，一并移交于改组后之军政府，此间并无储存，故未能拨给。知念，特此奉复，并候

毅祉

据《中央党务月刊》第十一期"特载"《致四川安健》

致高叔钦函

（一九一九年二月十日）

日前承惠赠铜座日历及袖珍历书一盒，均照收悉。先此承寄《观象丛报》各期，交〔亦〕均次第收到。厚意殷殷，深为感谢！

兄专治璇玑，学业日进，远道闻之，殊深欣慰。幸益致力不懈，臻极微奥，俾吾国测候象数之术，日益昌明，发扬坠绪，振起绝业，以副鄙望。文近体无恙，足慰注意〔念〕。专此奉复，并颂

近祉

据《中央党务月刊》第十一期"特载"《致北京高叔钦》

批于右任函[*]

（一九一九年二月十日）

交汉民、精卫、伯兰看，并代拟复。

据《国父全集》第四册（转录史委会藏原件）

致孟恩远函^{**}

（一九一九年二月十二日）

春阳昭鬐，遥想拥节北陲，指挥若定，布政攸裕，动止咸宜，遥企声闻，岂胜神越！

兹启者：近据北方同志函称："去岁有史鼎孚、王涤民、王宇青、周兴周诸人，因愤国事败坏，协谋补救，因集议南下从军，犹未成行，为长春军警所闻，遽加逮捕，系于省垣，已越一载。方今国事渐定，群趋和平，王君等皆爱国青年，自宜亟复自由，请文代达尊处，迅行释出"等语。特此奉闻，尚希讯明情实，予以解放，则惠泽所被，群众同感矣。手书布意，并颂

政祺

据《中央党务月刊》第十一期"特载"《致吉林孟恩远》

---

* 于右任原函未见，批件函意不明，待考。

** 孟恩远，时任吉林省督军。

复 谢 持 函

（一九一九年二月十三日）

顷接二月五日手书，备悉。

此间和议近况，仍复停顿。季龙兄近不欲遽来粤。关于代表一事，如兄能在粤维持现状，以俟解决，甚善。如兄因川事必不能不来沪一行，则护法政府代表事，此间仓猝实无可代之人，只好暂行听之而已。如何之处，仍希酌之。此复，并颂

近祉

据《中央党务月刊》第十一期"特载"《致广州谢持》

复黄玉田函

（一九一九年二月十四日）

滇中同志来，每盛称执事硕德耆年，诱掖后进，为南中宗匠，遥企高风，向望有日矣。此次张君左丞来，奉诵惠书，辱承注念，深为感荷。

近年国事纷纭，神奸迭起，共和徒有虚名，匡济之责，至艰至巨；非赖二三老成，提挈纲领，为国民树之仪型，则用力多而成功亦不易。执事群望所属，尚冀以救国大义提撕群众，庶风声所被，国民皆知护法之不容缓，于以群策群力，奠共和于金瓯之固，宁非深幸。

文近状无恙，忧国之责，义不敢懈。辱荷垂注，专此奉复，并颂

近祉

据《中央党务月刊》第十一期"特载"《致云南黄玉田》

复杨映波函

（一九一九年二月十四日）

　　张君左丞来沪，并承惠玉照，藉谂筹策军帷，闳规硕划，为滇中重；引领南中，岂胜想望。方今国事纷纭，正贤才为国努力之时，兄以英明干练之资，当错节蟠根之际，所望踔厉进行，以共树真正共和于根本不拔之基，幸甚幸甚。知劳垂注，特复数行，并颂
毅祉

据《中央党务月刊》第十一期"特载"《致云南杨映波》

复邓和卿函

（一九一九年二月十四日）

　　张君左丞来沪，奉诵惠书，并谂统率劲旅，专事训练，甚为欣慰。

　　滇中民风谆厚，兄又为朴实坚毅之才，此后发扬踔厉，以匡国难，岂胜企望。

　　文近体无恙，足慰注念。军旅贤劳，幸为国自重。手此奉复，并颂
毅祉

据《中央党务月刊》第十一期"特载"《致云南邓和卿》

复于右任函[*]

（一九一九年二月十八日）

手书诵悉。

陕事危迫，而兄日在痛苦之中，谁则能为分忧者。北既不舍，南不能救，不得已惟有藉力于和议。比倩汉民往与少川商量办法，知渠亦极肯着力，已再三与徐、钱①交涉，并持以责北方代表，认为先决条件。朱桂莘②等亦谓陕事未有办法，故无颜遽来。昨闻其已得钱电，宣布五条办法③，因定期来沪。但北庭有无诚意，许、陈④能否遵令，李督所拟五条办法是否有效？证以前事，仍未敢信。现在开议在即，少川诸人认定陕事为第一问题，不肯放松，或有相当解决之方法，此诚下策。然舍此亦更无良策也。草复，即颂

筹祺

据《中央党务月刊》第十一期"特载"《致陕西于右任》

---

　　* 当时南北和议未开，为解决北京政府派重兵进攻陕西，逼迫陕西于右任靖国军引起的紧张局势，江苏省督军李纯草拟五条解决办法，孙中山为此函告于右任。

　　① 徐、钱：即徐世昌、钱能训。

　　② 朱桂莘：即朱启钤。

　　③ 五条办法内容是：（一）陕、闽、鄂西双方一律实行停战；（二）援闽、援陕军队，均停止前进，担任后方剿匪任务，嗣后不再增援；（三）双方将领直接商定停战区域办法，签字后，各呈报备案；（四）陕西内部，由双方公推大员前往监视，以杜纠纷；（五）划定区划，各任剿匪卫民，毋相侵越，反是者，国人共弃之。

　　④ 许、陈：即许兰洲、陈树藩。

致 林 森 函

（一九一九年二月十八日）

　　顷有同志梅培君自汕头来函谓："竞存对于飞机事业拟竭为扩充，尤注意手罗致飞机人才。"闻有杨仙逸、张惠长二君，于斯学甚为优长，请兄嘱张、杨二君赴汕襄助，望就近敦促，以助粤军飞机事业之进行为盼。特此奉闻，并颂
近祉

据《中央党务月刊》第十一期"特载"《致广州林子超》

复 梅 培 函

（一九一九年二月十八日）

　　顷接二月二日手书，知襄助粤军飞机事，甚为欣慰。仍望努力维持，俾飞机事业，日有进步，以副所望。至杨仙逸、张惠长二君处，已致函林子超兄，嘱其就近敦促来汕襄助矣。特此手复，并问近好

据《中央党务月刊》第十一期"特载"《致汕头梅培君》

批 杨 虎 函[*]

（一九一九年二月二十一日）

　　代答以吾辈此次护法，并未成功，所以吾党之士，当仍卧薪尝

---

　　* 杨虎当时在川军任职，驻万县。来函表示"为扩张党势起见，欲得一官以昭信用"，请求孙中山晋授他为中将。原函未署年份，据内容判断，当为一九一九年。

胆,坚苦奋斗,万不可立此虚名之想。且此事亦为先生万难办到,则使勉强办之,必为北京所忌,于兄有损无益也。

据《国父批牍墨迹》

复邹鲁叶夏声函[*]

(一九一九年二月二十三日)

顷接十二日惠书,备悉。

粤省近年吏治堕坏,无贤执政整理庶政,诚如所言。惟推荐省长,自以国会及省会同人主张,乃足以示民意所存,文个人自未便电粤推任。倘诸君主张金同,仍以就近主张,为地择人,较为适合也。此复,并颂

公祉

据《中央党务月刊》第十一期"特载"《致广州邵〔邹〕海滨叶竞生》

批黄白元函^{**}

(一九一九年二月二十三日)

答以收悉。吾不便直接干涉地方事,总望各人维持正义,努力奋斗也。

据《国父全集》第四册(转录史委会藏原件)

---

* 邹鲁、叶夏声上书孙中山推荐广东省长。孙中山复函婉谢,指出省长应由国会及省会推任。

** 黄白元原函请举荐胡汉民为广东督军。

批叶夏声函[*]

（一九一九年二月二十四日）

不便加名赞成，因国中同志所发之会太多，若赞其一，不赞其他，反为不好。

据《国父全集》第四册（转录史委会藏原件）

批　林　森　函^{**}

（一九一九年二月二十五日）

元冲①拟答：以予不能受徐世昌委任，当以〔然〕不能向和议发言，盖国际上只认北京政府为民国之代表也。又上海和议，国会应赞助唐少川，不可为政学〈系〉利用，图推翻之也。

据《国父批牍墨迹》

致黄复生函

（一九一九年二月二十八日）

此次蔡又香②兄在利川被害，迭接各方通电，详述死难情事。

----

　*　叶夏声组织华侨实业协进会，请求孙中山作赞成人。
　**　当时巴黎和会召开，广州非常国会参议院议长林森函告国会议员四百数十人签名，推孙中山为国民代表赴欧参加会议。
　①　元冲：即邵元冲，时任孙中山秘书。
　②　蔡又香：即蔡济民。

而黎君天才及又香兄所部来电,则称系兄部方化南等与又香兄有衅,乘其不备,辄加掩捕,遽行杀害等语。闻之极为骇异。文僻处沪上,鄂中情事无从详悉。惟又香兄为吾党坚贞之士,奔走国事,百折不挠,此次变起仓猝,遽罗〔罹〕于难,亟应彻究,以彰公道而慰义烈。望即详查见告为盼。此颂

近祉

据《中央党务月刊》第十一期"特载"《致四川黄复生》

复王安澜函

（一九一九年二月二十八日）

顷范君亚伯来沪,并诵惠书,深感注念之厚。

年来西南将帅慨大法之凌夷,奋戈群起,执事振旆随枣犹〔独〕当要冲,转辗川、陕、鄂之间,屡克名城,为义师中坚,每接捷信,备念贤劳。

近日国民渴望息兵,冀求善治,自和平会议在沪上开议以来,方协议根本解决,以铲除不法武人乱国之图,俾举国咸趋于法治正轨。对陕进兵一事,近方严行交涉,度北廷迫于公议,亦未必敢悍然无忌也。执事劳苦功高,持义不懈,国事前途,尤赖群策群力,以共奠真正共和于金瓯之固,以副国人之期望,幸为国自重。专复,并颂

近祺

据《中央党务月刊》第十一期"特载"《致陕西王安澜》

批陶礼燊等函*

（一九一九年三月三日）

答以按各国团体结社，当由会员供给支会之费，支合〔会〕供给总会之费，乃吾国党员，每每冠履倒置。文往稍有余力，常勉为应付。惟今后文之生活费亦将仰给于党员，故不独不能以一人而供各地之求，惟望各地党人有以接济我，否则不日当谋食于海外矣。

据《国父全集》第四册（转录史委会藏原件）

复柏文蔚函

（一九一九年三月六日）

陈君幼莘来沪，奉诵惠书，备稔近状。

长江为全国中枢，关系极重。执事频年崎岖南服，艰阻备经，兹复指麾诸军，号令若定，每念贤劳，无任神往。此次海上和议，虽为轸念民生，不忍使久处锋镝之中，然根本主张，仍在法律解决。旧国会为南方护法之基础，此次南方代表，即系受旧国会所委托，断无以解散国会为条件之理。尊处所闻消息，恐系北系所布流言，以冀摇观惑听。执事能不为所惑，具征持义之坚。尚冀以此意与诸同人互相淬厉，以贯彻吾人护法初志，则国事前途，实攸赖之。

又香死难极惨，深所悼心，此间同人现已从事调查事变始末，真相既明，自当妥筹处置，以慰英灵。

　＊　陶礼燊等原函要求接济民生社。

执事筹策勤敏〔劬〕,幸勉为国自重。专复,并颂

戎祉

据《中央党务月刊》第十期"特载"《致夔门柏文蔚》

复叶夏声函

（一九一九年三月六日）

顷诵手书,备悉。

联合侨胞发展实业,此固今日切要之图。惟赞成人中可不必列入文名,以国内同志发起组织之团体太多,又多请文为赞成人;文既不能悉应其请,则不如概不列名,尚觉公允也。此复,顺候

公祉

据《中央党务月刊》第十一期"特载"《致广州叶夏声》

复黎天才函

（一九一九年三月六日）

顷诵惠书,深感眷念之谊。

鄂省缩毂大江,为全国重镇。此次兴师护法,执事独膺其难,首当敌冲,相持累岁,为西南之屏障,劳苦功高,海内同钦,遥企雄麾,每为神往。此次和议之起,原为不忍国民久罹兵革之惨,故协谋和平之解决,而根本仍注重法律问题,俾全国永处于法治之域。

然自开议以来,北廷仍始终攻击陕军,施远交近攻之策,始终无切实停战之表示。南方代表以其毫无诚意,故近日已停止谈判,将此意申告全国。文以为北方无信,实久在吾人意计之中。倘西南及长江各军能洞识其诡谋,互相团结,以求贯彻护法初衷,庶可

不致堕其术中。尤望执事与诸同人，以斯意互相淬厉，则国事前途，实利赖之。

鄂省关系重要，文所深悉，苟力所能逮，自当勉以相助，藉副雅意。专此奉复，并颂

戎祺

据《中央党务月刊》第十一期"特载"《致夔门黎天才》

复　凌　钺　函[*]

（一九一九年三月十一日）

顷诵手书，备悉。

国民代表一事，承议员诸君公推，意极可感。惟文近仍以始终不问时局为主张，故赴欧与否，现尚未能决定；即令前往，亦不能为政治上之活动。盖按国际惯例，外交上非有国家资格，决难展布，无论用何种名义，皆不能有效也。至各国民党素表同情于吾党，若议员诸君欲文赴欧之意，乃在联络各国国民，则往与不往等耳。望以此意转达诸同志为幸。

昨日兄见访之时，以文适患发热，未能多谈，想兄总能谅之。兄素为吾党坚毅之士，相知有素，幸勿以招待未周而有所怀疑也。此复，并颂

近祉

据《中央党务月刊》第十一期"特载"《致上海凌钺》

---

* 国会议员凌钺（子黄）函告广州国会议员公推孙中山为国民代表，赴欧参加和会，孙中山函复告以被推赴欧，无裨国事。

复 林 森 函

（一九一九年三月十一日）

顷诵二月二十五日惠书，备悉。

欧洲和会国民代表一事，文仍未能担任。以此时国际上，只认北京政府为民国之代表，只认徐世昌为民国之元首。若我国派往欧洲代表，无论用何种代表名义，若不经徐世昌所委任，当然不能向平和会议取得发言权。而文又断不能受徐世昌所委任，故赴欧一节，现实不必速行；待时机一到，当先赴美而后往欧也。望以此意转告诸同志为幸。

又：此次上海和议，唐少川主张颇为正大。粤中国会同人，自宜一致赞助少川，为其后盾，万不可为政学会所利用，以图推翻之也。此复，并颂

近祉

据《中央党务月刊》第十一期"特载"《致广州林森》

复焦易堂函 *

（一九一九年三月十一日）

顷诵手书，备悉。

经营实业固今日扼要之计，惟文近日经济异常困难，不能为兄之助，甚为歉仄，尚冀谅之。此复，并颂

---

* 焦易堂系国会议员，函请孙中山赞助经营实业。

近祉

据《中央党务月刊》第十一期"特载"《致上海焦易堂》

复李烈钧函

（一九一九年三月十三日）

顷蒋伯严兄来沪，并诵惠书，深感注念之重。

沪上和议近日仍有顿挫，然群意所趋，自以军事得双方之均衡，法律得正当之解决为标准，他事自可次第进行。惟此时北方群小互构，异议朋兴，和议进行，犹未易言。犹冀南中同人共任艰巨，以谋斡旋。

日前闻兄有称疾引退之说，时事万〔方〕艰，尚望力任其难，勉行支撑，幸毋汲汲引去，以辜国人向望之殷也。专此奉复，并颂

近祉

据《中央党务月刊》第十一期"特载"《致广州李协和》

复黄如春函

（一九一九年三月十三日）

顷接二月廿三日手书，备悉。

吾粤频年政治窳败，执政者实不得不尸其咎。兄等为地择人，惟〔推〕挹贤能，冀求治理，远虑深识，极为敬佩。惟文近对时事不作主张，尤不便直接干涉地方之事。但望兄及诸同人以公道正义为主张，本乎良心之所安，努力奋斗，排除瑕秽，庶真理总有战胜之日也。专此奉复，并颂

公祉

据《中央党务月刊》第十一期"特载"《致广州黄如春》

复沈止敬函

（一九一九年三月十三日）

顷诵惠书,均悉。

和议顿挫,北方狡诈之意,可见一斑。蜀中义军同人准备续战,洵为要防。惟此时长江交通梗塞,若欲运输军械,万难办到,故购械一层,只好稍缓再行设法。若汉群①欲援陕图甘,当属粤中予以赞助也。

至蜀中同志各军,多系护法桢幹,文力所能及,当勉行相助。如此次沪上平和会议中议及裁兵问题,其关于粤中各军应特别予以维持之处,当嘱南方各代表力为保全,以副诸同人之意,尚冀转告为荷。专此奉复,并颂

近祉

据《中央党务月刊》第十一期"特载"《致广州沈止敬》

复陶森甫函

（一九一九年三月十三日）

顷诵惠书,备悉。

筹办党务,扩充进行,甚为欣慰。至补助党费一节,按之各国惯例,凡所有结社集会,其分部经费概取给于党员,总部经费概取

---

①　汉群:即吕超。

给于分部。盖合党员之多数而成一分部,合分部之多数而成一总部。总部以分部为基础,分部以党员为基础,此一定之理也。若分部不以经费供给总部,反欲总部以经费供给分部,则总部又何从筹措乎?吾国党员向于此种理解,未能了然,故未免时有本末倒置之嫌,实为大误。望兄等以此意转达同人。至此间经济,近实异常困难,爱莫能助,尚冀谅之。此复,并颂

近祉

　　右函由谢慧生转。

据《中央党务月刊》第十一期"特载"《致广州陶森甫》

复林修梅函

（一九一九年三月十三日）

　　顷令弟伯渠①兄来沪,备述近状,并奉惠书,甚慰。

　　湘中频年苦战,皆兄与诸同志力任其难,而兄主义坚定,贯彻始终,尤为吾党坚贞之士。南望郴中,良深注念。

　　此次沪上和议虽开,然以北方屡怀狡诈,对陕中义军竭力进攻,故和议又形顿挫。如再事迁延,北方仍无悔祸之意,则战衅不免再启。吾人为主义而战,为正道而战,自非奠定真正之共和不能自卸其责。望兄与诸同人互相策厉,力尽救国之天职,国事幸甚。一切除面告伯渠兄外,专此奉复,并颂

戎祉

据《中央党务月刊》第十一期"特载"《致广州林浴凡》

---

　　①　伯渠:即林伯渠(祖涵)。

复 林 森 函

（一九一九年三月十三日）

三月四日手书诵悉。

以国民代表名义赴欧，与国际惯例不合，不能列席平和会议发表主张，此意于日前复函已曾言及。若如兄函所谓，不在希望出席，但在表示我国真情于欧洲和议各代表及新闻机关，则文即不赴欧，亦可表示此等意见于各国也。国会诸君谊谆之意，极为可感！惟文权衡轻重，觉此时实无赴欧之必要，幸以此意转达诸同人为荷。此复，并颂

近祉

据《中央党务月刊》第十一期"特载"《致广州林子超》

批曹羡等函[＊]

（一九一九年三月十五日）

查曹羡能任教员或主笔否。

据《国父全集》第四册（转录史委会藏原件）

致康德黎夫人函

（一九一九年三月二十日）

亲爱的康德黎夫人：

惊闻康德黎博士横遭意外，十分难过。但使我感到很大宽慰

＊　曹羡、李焕章等原函请求职务。

的是康博士履险如夷，不屈不挠。您和博士不畏艰险，意志坚强，凡事勇毅沉着，对我是一个莫大的鼓舞。

您和博士对我国一向极为关切，对我国今日所取得的成就，贡献尤多。我深信您一定很乐于了解我所拟全部计划，故特寄上有关国际开发中国计划一份①。我也将此计划分送英国政府内阁的每一阁员。希望您能将英国人士对此项计划的反应情况及早函告。如果这个计划在英国反应良好，我便于最近的将来，前往英国一行。目前我不便出国，因为国内尚未和平安定。敬盼早赐回信。

谨向您和博士致以最尊敬的祝愿。

非常忠实于您的孙逸仙

一九一九年三月二十日于上海

据《国父全集》第五册英文函译出（林家有译）

致鄂西各将领电

（一九一九年三月二十三日）

夔州黎辅丞先生、施南柏烈武先生、吴厚斋兄及鄂军各将领均鉴：皓电惊悉高君固群被狙殒命。高君起义元勋，有功民国，陡闻凶变，曷胜悲痛！前此蔡君幼香既已被戕，今兹高君重复遇害。以鄂军所在之地，迭出残害有功之人，凶暴横行，谁尸其咎？即希穷究主名，以昭法纪而慰英灵。孙文。漾（二十三日）。

据胡汉民编《总理全集》第三集（上海民智书局一九三

〇年出版）《致鄂西各将领吊唁高固群烈士电》

---

① 该计划此处从略。

复陶森甫函

（一九一九年三月二十九日）

前接执事及彭君公函，当经奉复，想承察阅。

近日彭君来沪，复面悉贵省进行近状，甚佩贤劳。惟文近况亦极为艰难，经济一层，实属爱莫能助，尚冀鉴谅，并转达诸君为荷。此复，并颂

近祉

据《中央党务月刊》第十一期"特载"《致广州陶森甫》

复陈廉伯简照南函

（一九一九年三月二十九日）

顷诵惠函，敬悉。

粤中本岁荒歉较甚，民食维艰，兹得诸君子协筹救济，为桑梓造无量福，深为敬佩。文侨居沪滨，深愧未能尽力，顷复承以名誉督办见推，益增惶悚。此后倘驽钝可以勉力之处，自当敬从诸君子之后。一切进行，仍希毅力维持。专此无〔奉〕告。专复，并颂

公祉

据《中央党务月刊》第十一期"特载"《致广州陈廉伯简照南》

复 梅 培 函

（一九一九年三月二十九日）

顷接十八日手书，备悉。

张、杨^①二君事,日前得子超兄来信,谓已嘱其从速启程,想不久总可来汕也。所嘱筹款接济一节,文近亦异常困难,实属爱莫能助,尚希谅之。此复,并颂

近祉

据《中央党务月刊》第十一期"特载"《致汕头梅培》

复黎天才函[*]

（一九一九年三月二十九日）

顷董、张^②两君来沪,并诵手书,敬悉。

蔡又香兄于辛亥率诸同志举义武昌,功在民国,频年复不辞奔走之劳,力维正义,此次仓猝遇害,至可矜恤。前诵执事先后通电,始详肇衅事实。复闻执事分电各方,力主惩办乱首,以慰英烈,主张正大,甚为钦佩。

沪上和议事,因北方对陕无诚意停战,故会议进行尚在停顿之中。然吾人无论如何,始终主依法解决。若苟且敷衍,图弥缝于一时,而贻祸于将来,非吾人救国之本旨也。

执事统率雄师,壁垒屹然,国人向望蓻深。尚冀为国努力,以再造真正之共和,使国事得根本之解决,前途幸甚。

日前刘英君来沪,接尊书后,曾复一缄,想经察阅矣。此复,并颂

---

① 张、杨:指张惠长、杨仙逸。

* 三月二日,湖北靖国联军总司令黎天才上书孙中山,报告蔡济民在四川被害事,并派董用威、张祝南到上海向孙报告详情。此系孙中山接见董、张备悉鄂西情形后,是日给黎天才的复函。

② 董、张:指董用威、张祝南。

戎祉

据《中央党务月刊》第十一期"特载"《致夔州黎天才》

孙文学说——行易知难[*]

（一九一九年春夏间）

复杨庶堪函

（一九一九年四月一日）

月来迭接函电，知庶政鞅掌，深为想念。

蜀中兵事未定，各将领分据要区，整理民政，自非旦夕所能就绪。然规划次第，因势力〔利〕导，先立规模，然后由渐进行，积以无倦，庶可为治也。

沪上和议因陕战不停，仍在中顿。万一陕军不支，蜀乃首当敌冲，北廷所以全力图陕，原为窥川地步，则蜀之情势棘矣。兄在川为诸同志及各将领所崇信，宜随时晓以情势，使之捐蠲小嫌，协力互助，以为固圉御侮之计，庶此后相机因应，犹不至仓猝无备，为敌所乘也。兹因张群君返川，顺致数言，并颂

政祉

据《中央党务月刊》第十一期"特载"《致四川杨沧白》

---

[*] 后来孙中山将此篇辑为《建国方略之一：孙文学说——行易知难（心理建设）》。今此篇随《建国方略》编在本集第六卷，以保持该书的完整性，此仅存目。

致熊克武函

（一九一九年四月一日）

月来久疏音书，遥闻军书旁午，规划至劳，甚为念也。

沪上和议开后，以北廷狡诈，以全力攻陕，故会议仍复顿挫。然北廷所以力图陕者，乃在取得陕以为运输道路，然后得以力制川、滇，覆南部将帅之根株，用心甚深。陕苟入北，川即首当敌冲，刘存厚辈在汉中一带汲汲备战，其情势可见。

兄与蜀中诸同志多为吾党健者，想能悉其诡谋，协力互助，以谋自卫；与陕军联为一致，则前途犹有可为，否则陕军既溃，蜀之藩篱尽撤，蜀军虽质朴耐战，然器械不利，犹不足与北军久持。幸盱衡大势，协筹方略，以应时机，深所盼祷。

兹因张群君返蜀之便，顺致数言，藉候兴居。筹策贤劳，惟为国珍重。

据《中央党务月刊》第十一期"特载"《致四川熊克武》

批赵泰纪函[*]

（一九一九年四月一日）

答函奖其有心，并告以今日欲维持民国，须于地方上开通民智，振起民气，使知民国乃以人民为主人，使各地之人皆知尽主人

---

[*]　赵泰纪原函表示愿追随孙中山"扫除段逆，恢复国会"，"坚持护法初旨"，请求拔用。

之义务，则国事乃有可为也。

予现时一切时事皆不问，只从事于著书，以开民智。不日当寄书来，请就翻刻，以广流传可也，不必来此矣。

据《国父批牍墨迹》

复广州外交后援会函

（一九一九年四月三日）

顷诵惠函，知诸君慨念时艰，萃集俊彦，以谋为外交声援，热忱毅力，深为敬佩。

承嘱文赴欧一节，苟文力所能为，敢不勉副盛意。惟按之国际惯例，列席国际会议，必须有代表国家之资格。今时南方未经国际所承认，无论用何名义前往，皆不能有代表国家之资格，则欲列席欧洲和会，势难办到，是行与不行等也。

鄙意此后对外问题，愚见所及，仍当随时以个人名义发表，较为有效力。方今公理日伸，即一二军阀国家，亦不敢冒世界之大不韪以侮我也。专此奉复，并颂

公祉

据《中央党务月刊》第十一期"特载"《致广州外交后援会》

复许崇智函

（一九一九年四月六日）

日前接手书，知前方军情仍平靖无变，并闻兄仍将往前线巡视，甚慰想念。

闽中刻既无战事，自宜固守原防，以待解决。惟于此期间，宜更令各将领于部伍认真训练，俾成劲旅，以备异日之用，尤为切要。盖文视今日之时局，纵能解决，于国事根本仍丝毫无补，吾党责任

仍丝毫未灭，吾诸同志仍宜努力奋斗，负荷艰巨，庶国事可期挽救，前途可谋澄清，此则望兄与诸同志注意不懈者也。

文顷仍留沪，专事著述。近体尚安，足慰注念。

兹因冯亚佛君返漳①，顺致数言。军旅多劳，幸为国自重。

并颂

毅祉

据《中央党务月刊》第十一期"特载"《致漳州许汝为》

致何扶桑函

（一九一九年四月七日）

贵同乡陈君群，去年被侦探李道开诱捕，拘于护军使署。昨陈群已得该署通知，嘱其觅保释放。惟保人资格，须在上海中国地界营有商业者，陈群交游中殊无合格之人。想阁下在闸北经营实业，又与陈群为同乡，拟托阁下为之作保。此回护军使署所定保人责任，系当保陈群一年内不离沪地。渠现家住沪上，知其一年内必不离沪，不至以此累及阁下也。

据《中央党务月刊》第十一期"特载"《致上海何扶桑》

批 程 潜 函*

（一九一九年四月九日）

元冲答：前电总望向全国公布取消，方免国人观听之迷惑也。

据《国父全集》第四册（转录史委会藏原件）

----

① 漳：指福建省漳州。

* 程潜原函陈述关于上海南北和谈意见。

批唐继尧函

（一九一九年四月十四日）

元冲拟答以来函赞同实业甚善。如果大局早定，当以贵省列入计划之中也。

据《国父全集》第四册（转录史委会藏原件）

复唐继尧函

（一九一九年四月十五日）

顷诵惠书，知对于鄙见实业计划书表示赞同，甚佩远识。

民国数年以来，民生凋疲已极，斯虽由于政治不良，亦由国内贤者对于民生问题素未注意。国民生计既绌，举凡地方自治暨教育实业诸大端，自无从而谋发展。今日国事之愈趋愈下，其根原实由于此。况自欧战结束，经济竞争将群趋于远东，吾国若不于此时亟自为谋，则他人将有起而代我谋者，思之至可悚惧。文有鉴于此，月来详加研究，拟述为专书，创导国人，庶几群策群力，见诸行事。

贵省天产素富，矿脉尤盛，徒以交通未便，各种事业遂未能遽见猛进。今执事既表示赞助民生政策，则此后如果大局早定，文当以贵省实业发展之方法列入计划之中，并当将各种计划书寄奉，以资商榷，倘得鼎力提倡，尤为深幸。专此奉复，并颂
政祺

据《中央党务月刊》第十一期"特载"《致云南唐继尧》

复黄伯耀函

（一九一九年四月十五日）

接诵手书，藉悉一切。

黄花岗纪功石坊募捐事，已由文布告海外同人，谅邀青照，此后捐助之款，当能源源而来也。

惟登报招股之事，文以海外近情度之，似难发生效力。刻下海外锡及橡皮价格日益低落，侨商大受影响，其窘困之状，不可胜言，自顾不暇，当然无力认股。至于三藩市方面，本党总支部受他种风潮之波及，群情涣散，方苦收束维艰，更未便以认股之事，增其担负。承嘱通告一节，文意窃以为今非其时，方命之处，尚冀谅之。专复，顺颂

文祉

据《中央党务月刊》第十一期“特载”《致香港黄伯耀》

复许道生函

（一九一九年四月十五日）

顷诵手书，知远役欧洲，关心祖国，拟联合在法工界侨胞，巩固团体，以为将来救国之计，毅力远识，极为欣慰。

年来国中多故，共和政治屡受暴力所摧残，虽由武人专横，亦因国中大多数之劳动界国民不知政治之关系，放弃主人之天职，以致甘受非法之压制、凌侮而吞声忍气，莫可如何也。今诸君远涉重洋，所游者又为共和先进、民权最发展之法国，耳濡目染，自必得非常之进步。况大战争结束以后，各国皆民气勃兴，诸君感受世界最

新之潮流，又得练习最新之科学工业常识，他日此数十万侨胞联袂归来，为宗邦效力，则祖国实业前途之发展、民权之进步，又岂有限量？惟在诸君努力而已。

刻汪君精卫、李君石曾皆先后至法，二君皆素富民主精神，留法甚久，于法国情形甚为详悉；且对于在法侨胞亦欲为之设法团结。一切办法，望足下就近与二君接洽，则集思广益，必有以慰足下之热忱也。重洋迢递，惟为国努力。此复，并颂
旅祉

据《中央党务月刊》第十一期"特载"《致许道生》

致汪精卫函

（一九一九年四月十六日）

顷接旅法华工许道生来函，谓拟在法联络华工使之团结，以为将来返国效力之计，欲文与以一组织工业之委任等语。许之为人何如，文未深悉，兹特将复函寄至兄处，请兄就近调查。如果系有知识、可以联络之人，宜善为抚慰，以为联络华工之助；否则该函即留兄处，不必给与之矣，望斟酌之为盼。此致，并颂
旅祉

据《中央党务月刊》第十一期"特载"《致巴黎汪精卫》

复邓耀函*

（一九一九年四月十六日）

寄来手书及公文一件、表册四份，均经收到矣。足下招抚、援

---

* 《中央党务月刊》刊载此函，注明为"代答"。

鄂两役,虽未竟其全功,然硕划宏筹,良堪崇佩。

　　方今南北和议停而复开,大局总有解决之一日。足下不忍以前经过之事实就湮,提请军政府补行备案办法,未始非宜;惟请中山先生另行电粤一层,容有未当。盖中山先生为军政府总裁之一,群以为可者,中山先生当然表示赞成。若于足下所请者而行之,于理于法,皆不合也。专此布复,顺致
台祺

据《中央党务月刊》第十一期"特载"《致香港邓耀》

致杨仙逸函
（一九一九年四月十九日）

　　昨接梅培君来函,藉悉足下已偕张君惠长由汕头抵漳州矣。翘首南天,莫名驰系。足下对于飞机学问,研究素深,务望力展所长,羽翼粤军,树功前敌。

　　方今南北和议,虽继续开会,而政局风云变更靡定,援闽粤军,关系于本党之前途者甚巨,得足下相助为理,定能日有起色也。此候
戎安

据《中央党务月刊》第十一期"特载"《致漳州杨仙逸》

批杨熙绩函
（一九一九年四月十九日）

　　代答:件悉。程①虽有一次电来,表示前次公电反对之不是,

---

① 程:即程潜。

然是否诚意,不得而知也。

据《国父全集》第四册(转录史委会藏原件)

批孙宗昉函

(一九一九年四月二十日)

代答以先生对于国会已不过问。君欲上书,另为设法可也。

据《国父全集》第四册(转录史委会藏原件)

致陈炯明函[*]

(一九一九年四月二十二日)

径启者:兹有泗水同志杨君德麟来书,谓闻兄在闽竭力整顿民政,海外闽侨异常感奋。而泗水一埠闽侨为数尤多,富商巨贾居其多数,其中以漳、泉、福、兴籍为最,皆有意为故乡谋进步发展。惟以从前闽省官吏多抑勒归国华侨,以致闻风却步。此时兄能对归国华侨竭力保护,助其振兴实业,则必联袂归来,嘱将此意转达兄处。如表赞同,请委杨为荷属华侨联络劝导回国振兴实业委员,并给予回国开办实业护照二十张,以便着手进行联络劝导等语。查杨君办事素称热心,倘能由伊劝导华侨回籍振兴实业,于民政必有裨益。望酌委名义,径函泗水明新书报社转达,以慰其热心为荷。此致,并颂

---

　*　印度尼西亚东爪哇泗水福建籍华侨杨德麟致函孙中山,表示愿为故乡振兴实业,谋进步发展。孙中山为此致函陈炯明委任杨为荷属华侨联络劝导回国振兴实业委员,以便由其劝导华侨回乡振兴实业。

近祉

据《中央党务月刊》第十一期"特载"《致漳州陈炯明》

致柏文蔚吴醒汉函[*]

（一九一九年四月二十二日）

此次蔡又香兄死难之惨酷，凡在吾党，皆为深痛！

顷诸同志之来沪者，皆欲文与兄等共筹为又香兄伸愤雪冤，以彰公道。文以为此时国事混沌，正义不昭，复有何是非公道可言？若首谋罪人证据既确凿无疑，兄等力如能及，则声罪致讨，加以惩治，或视空言责难为有益。尊处闻见较详，尚希斟酌图之。此颂

戎祉

据《中央党务月刊》第十一期"特载"《致施南柏文蔚》

复在沪国会议员函^{**}

（一九一九年四月二十七日）

敬复者：公函敬悉。国会完全自由行使职权，本为文惟一之主张，始终无所变更。惟此次和议之时，军政府之代表章行严屡次对北方声言，"国会不成问题，切勿以国会问题而阻和议之进行"云云，以致北方益无所忌惮。况近又闻国会议员纷纷北上，与非法国会谋调和，因而益为人所蔑视。是则所谓南方和议代表者，既视国会为无物；而国会议员中又间有不知自爱者及不肯奋斗之人，内蠹

---

[*]　此系孙中山分致施南柏文蔚、吴醒汉声讨谋害蔡济民罪魁函。《中央党务月刊》第十一期分别以《致施南柏文蔚》、《致施南吴厚斋》两函发表，内容则相同。

^{**}　此系复在沪的孔昭成、尹承福、赵中鹄、王葆真等一百四十二名国会议员函。

外邪,纷然并起,文复奈之何哉！况当时改革军政府者,本国会之
主张,文曾以去就相争,而国会诸君一意孤行,不用其言;是以文离
粤之后本已一切不问。嗣以国会同人坚持要求文派遣代表,谊难
固却,因从多数人之请求而派遣之。然派遣之时,仍再三声明,由
大家指挥代表,文仍不问时局。至五国①劝告之时,外论亦多不助
国会,文复有所不忍,乃致电美总统,请其主张公道。承彼赞同,因
电粤主张请美总统为仲裁,而不与北方议和。盖深知一与议和,则
南方武人及奔走权势之政客,必牺牲国会以易权利也。乃国会诸
君又不用其言,和议既开,遂有今日之现象,此后结果,可想而知。
此又国会诸君自植其因,自获其果,深可太息者也！此时南方代表
对国会尚能坚持者,只胡君汉民一人耳,其他皆营营于权利,复暇
于及此？他日倘国会问题争之不得,文只有嘱汉民辞职一途,其他
亦非文所能为力也。专此奉复,并颂
公祉

据《中央党务月刊》第十一期"特载"《致广州孔尹赵王各议员》

批国会议员函*

（一九一九年四月二十七日）

　　国会行使职权,是文唯一之主张,始终不变。乃军政府之代表
章行严,屡次对北方声言,"国会不成问题,切勿以国会问题而阻和
议之进行"云云。想改组军政〈府〉者,乃国会之主张。文当时以去
就争而无效,离粤之后,本一切不问,后以国会同人坚持要文派代

---

　　①　五国:即美、英、日、法、意。五国驻华公使曾于一九一八年十二月联名调解,劝
告南北双方议和。

　　*　此系孙中山对孔昭成等一百四十二名在沪国会议员联名来函的批文。

表,不忍固却,遂再听多数人之请而派之,已再三声明,悉由大众指挥代表,文仍不问时局。当五国劝告之时,外论亦多不助国会。文有所不忍,遂发电请美总统主张公道,蒙彼赞成,乃电粤主张不可议和,只可请美总统为仲裁。深知南方武人,必奉送国会以换权利也,今恐不出所料也。现南方代表只汉民一人尚坚持国会耳,其他皆惟权利是务矣。倘他日争之不得,则只着汉民辞职而已,余则无能为力矣。近且闻旧国会议员已有纷纷与新国会议员调和矣。国会议员诸君不奋斗,不自爱,文奈之何哉!

据罗家伦黄季陆编《国父年谱(增订本)》下册(台北兴台印刷厂
一九六九年十一月版)(转录史委会藏批牍原件)

复《新中国》杂志社函

(一九一九年四月)

《新中国》杂志社大鉴:

　　得诵手教,谬承奖饬〔饰〕,愧不敢当。

　　贵志纪念周年,必有杰作以应社会期望。惟开示各个问题,非仓猝所能置答,即如其中关于实业计划,弟方从事以累年研究者与海内商榷,而时逾半岁,尚未竣稿,盖不敢率尔操觚,以为塞责。今兹未敢应贵社之命,亦犹此意耳,幸为恕亮。专此即复,顺候
撰安

孙文　四月

据《国父全集》第四册(转引"会书"之十"函札")

复 林 森 函

（一九一九年五月二日）

手书备悉。

陈垫、郑伭辰、唐哲夫、林鸿超诸君，均已晤谈，并已与展堂接洽，由展堂介绍与他方商榷一切矣。专此奉复，并颂

近祉

据《中央党务月刊》第十二期（一九二九年七月版）"特载"《致广州林子超》

复陈炳垫函

（一九一九年五月二日）

顷接手书并玉照，均悉。

年来川省多故，兄慨当戎政，备历艰辛，百折弥奋，尤征毅勇。顷得玉照，不啻晤对，喜慰何可胜言。方今国难方殷，需才甚亟，尤望兄力膺艰巨。川中多吾党优秀之士，想能和衷共济，为前途努力。

文近体粗安，足慰远念。川中近况，幸时寄音书，以抒积思。军政贤劳，惟为国自重。此复，并颂

毅祉

据《中央党务月刊》第十二期"特载"《致嘉陵陈炳垫》

致志诚俱乐部同志电[*]

（一九一九年五月六日）

　　成都杨省长转志诚俱乐部魏、游、陶、曹、王诸兄鉴：□密。川地强邻逼处，内氛未靖，正吾同志卧薪尝胆安内攘外之秋，诸兄与沧白皆患难至交，当能协力同心，向前途奋斗。文现定救国方策，在使国会完全行使职权，否则另图根本解决。各方交涉尚在进行，知注特达。

　　再：接陈璞、颜若愚、曹笃、游运熹、夏之时、郭崇渠诸兄来电云有组织国民党支部事。如何情形？乞电复。孙文。鱼（六日）。

据《国父全集》第三册（转录史委会藏亲笔原稿）

批刘仁航函^{**}

（一九一九年五月六日）

　　存查，并抄住址，俟书出版寄一份与他传播。

据《国父全集》第四册（转录史委会藏原件）

---

　　* 原函年月不明。据文中所言"文现定救国方策，在使国会完全行使职权"，又云"各方交涉尚在进行"，当是一九一九年五月事。因四月二十七日，孙中山批复国会议员孔成昭等函，已告以国会行使职权为唯一不变之主张。五月二十八日，孙中山在沪发表《护法宣言》已正式宣布"今日言和平救国之法，唯有恢复国会完全自由行使职权一途"。所谓"各方交涉尚在进行"，当在《护法宣言》发表之前。故此件酌定为五月六日。

　　** 刘仁航原函请寄《孙文学说》。

批陈汉明函[*]

（一九一九年五月八日）

由邵元冲代答奖励：此间有一分之力当尽一分之力也。

据《国父全集》第四册（转录史委会藏原件）

复曹俊甫王子中函

（一九一九年五月十二日）

顷接四月三十日惠书，备悉。

陕中同志各义军与北方重兵相持经年，艰难坚忍，国人同钦。而兄等振作士气，坚持不懈，尤属难能。承商筹款接济一节，苟可设法，能不惟力是视？惟文处经济现亦万分困难，实属爱莫能助，尚冀谅之。

文近体尚好，希释注念。手此奉复，并颂

毅祉

据《中央党务月刊》第十二期"特载"《致陕西曹俊甫王子中》

复陈汉明函^{**}

（一九一九年五月十二日）

顷中山先生接惠书，备悉。

---

　　*　陈汉明来函略谓：南京华侨学生代表大会决议电请各方争回青岛，维持国权，请予赞助。

　　**　《中央党务月刊》刊载此函，注明为"代答"。

　　此次外交急迫，北政府媚外丧权，甘心卖国，凡我国民，同深愤慨。幸北京各学校诸君奋起于先，沪上复得诸君共为后盾，大声疾呼，足挽垂死之人心而使之觉醒。

　　中山先生同属国民一分子，对诸君爱国热忱，极表同情，当尽能力之所及以为诸君后盾。日来亦屡以此意提撕同人，一致进行。尚望诸君乘此时机，坚持不懈，再接再厉，唤醒国魂。民族存亡，在此一举，幸诸君勉力图之！特嘱弟以此意代答，以慰雅意，并颂

毅祉

据《中央党务月刊》第十二期"特载"《致上海陈汉明》

批许崇智函[*]
（一九一九年五月十二日）

　　元冲拟答：以此后吾人之生存成功，皆靠冒险，能之则生，不能则死。

据《国父批牍墨迹》

与邵元冲的谈话
（一九一九年五月二十日）

　　邵问：先生平日所治甚博，于政治、经济、社会、工业、法律诸籍，皆笃嗜无倦，毕竟以何者为专致？

　　孙答：余无所谓专也。

---

　　[*]　援闽粤军第二军司令许崇智来函，报告军情及对护法战争的态度，表示无论如何"必须设法维持"这支真正护法之师。

邵问：然则先生所治者究为何种学问耶？

孙答：余所治者乃革命之学问也。凡一切学术，有可以助余革命之知识及能力者，余皆用以为研究之原料，而组成余之"革命学"也。

据《国父全集》第二册《治学杂谈》

致龚心湛电 *

（一九一九年五月中旬）

北京龚仙舟先生鉴：现据李代表述膺马日电称："顷接三原于督军[①]急函称：'我乾县守将王珏、郭英甫于月之五日突围退出，王沿〈河〉源退至楼松，郭走醇化，虽沿途迭被陈军[②]截击，差幸尚无大失。不意陈树藩复使其部下张金印、张飞生、姚振乾、郭金榜、白弋人，分兵五路大举过河，声言追击王、郭，实则冒犯我三原。现郭金榜已开至化剡，姚振乾已开至北杜村，并威逼驻扎泾阳胡司令景翼之部下田玉洁，使其让路。又声言非将社树借伊屯兵，攻打三原不可。此后陕西大战之开，自在意中，刻正在紧急中。查乾县本为王、郭二守将血战数月，死守未失之地，当然属靖国军辖域，本无退出之理。只以张瑞玑、陈树藩誓志争乾，甚至加派重兵，增拨药弹，欲藉我方后援之师，诬为衅自我开之据，包藏祸心，糜烂不顾。我

---

　　* 此系与岑春煊等联名致龚心湛电。龚原为北京政府财政总长，一九一九年六月十三日奉令暂代国务总理职务。原电时间不明，据函中斥责陈树藩在上海南北和议开始之时，"抗命纵兵"进犯陕西，现"和平未有破裂，又复首先挑衅"，当发于一九一九年五月二十一日上海南北"和平会议"宣告最后破裂之前，今酌定为五月中旬。

　　① 于督军：指于右任，一九一八年二月受孙中山令入陕，当时任陕西靖国军总司令，设总部于三原。

　　② 陈军：指陈树藩军。

军不忍乡人重罹水火，南北再起干戈，故以陕民为重，乾县为轻，大局为重，乾县为轻，万事隐忍，决然退出，亦可以如陈氏之愿矣。何图既据乾县，又犯三原？人咸望和，彼独挑战，贼心如是，天理何存？右任等于军府委曲求和之时，始终以维持陕局为唯一之天职，决未有稍隳战争之道德，以遗军府羞者。故兹电陈之后，陕西战事再开，右任等决不负责。敢请军府迅向北京政府严电诘责，并饬令陈军退驻原防地点，而以乾县为中立地，以免激成战祸，无任惶悚待命之至。于右任、张钫叩。文'等语。谨转奉闻"等情。阅之骇叹。陈树藩当和议开始之时，抗命纵兵，几坏大局。现和平未有破裂，又复首先挑衅，甘为祸首，始终破坏和局，别有用心，应请严振纪纲，速饬该军退驻原防地点，并以乾县为中立地，俾免接触，致碍和平。仍望速复。岑春煊、伍廷芳、唐继尧、陆荣廷、林葆怿、孙文。

据上海《民国日报》一九一九年七月六日《军政府为陕战重开诘责北庭电》

批杨鹤龄函*

（一九一九年五月二十四日）

　　代答：函悉。此间现尚无事可办，先生故闭户著书。倘他日时局转机，有用人之地，必不忘故人也。

据《国父批牍墨迹》

---

　　* 杨鹤龄，孙中山早期革命同志，"四大寇"之一。五月十六日致函孙，称："今者国家多事之秋，如弟之宗旨不变，诚实可靠，若用作奔走，用作心膂，赵充国所谓无如老臣者，弟亦云然矣。公其故旧不遗，器使我乎？不胜待召之至。"

致但懋辛等函

（一九一九年五月二十六日）

年来国难纷纭，蜀处长江上游，形势尤关重要。护法军兴，赖兄与诸同人共树义声，为之后劲，影响所播，全局改观，筹策贤劳，岂胜驰系！

数月前国人以兵争久结，企望和平，于是有上海会议之成立。开议以来，南方代表除法律问题宜根本解决外，他事皆多方委曲求全。乃北方始终绝无诚意，以致陕战终未停止。外交辱国丧权，滥用参战借款，私发八年公债，一切拂戾民意、破弃法律之举，皆恣行无忌，于南方和平合法之要求，绝无容纳余地，以致南方代表不得已全体辞职，瞻望前途，晦冥已极。此时战事虽未遽起，然必我护法各省同人坚持初衷，不稍屈挠，庶国事犹有可为。

川中夙著义声，兄又为川中同人夙所佩仰，以川中之形胜天赋，物力素雄，民智优秀，倘能提挈群彦，协力毕虑，以谋国事，则肃清大难，奠定共和，慰斯民喁喁之望者，皆将惟兄等是期。民国前途，幸甚幸甚。

文虽远处沪上，每念兄等宣劳卫国，驰系良深。兹特派廖仲恺兄代表来川，奉候兴居，面致鄙忱，尚希接洽为荷。专此布意，惟为国自重，并颂

近祉

据《中央党务月刊》第十二期"特载"《致四川怒刚子康荫南辅臣萃友福五禹九等》

致熊克武函

（一九一九年五月二十六日）

国难纠纷，至今未解。川中久苦兵役，师旅多劳。兄领袖群伦，维持整理，悉赖筹策，殚智毕虑，勤劳可知。吴蜀迢递，驰系何极。

川省地大物博，民力殷阜，加以兄有为之才，倘能博求良规，悉力经营，则异日发展，讵可限量。今日国事败坏至此，文鉴往察来，益知非实行吾党主义，不足救国。兄奔走国事有年，主义又素为坚定，此时凭借有为之地，深望发挥抱负，施之行事，俾川省为吾党主义实施之地，为全国之模范，岂胜企幸。近时国民怵于外交危迫，群起提倡国产，文以为川中物产之丰阜，倘得兄与沧白兄协力提倡实业，筹设巨大之工厂，则收效尤宏也。

文虽远处沪上，对兄等之宣劳卫国，注念良深。兹特派廖仲恺兄代表来川，奉候兴居，面致鄙忱，尚希接洽。文之近状及国内情形、外交真相，仲恺兄均能详之，当可面罄一切也。专此布意，惟为国自重。并颂

近祉

据《中央党务月刊》第十二期"特载"《致四川熊克武》

致郭文钦函

（一九一九年五月二十六日）

宁远军旅，前自午岚遇害，势已瓦解，幸兄力任维持，收合烬

余,重还旧观,保障西陲,为效甚宏。每念擘画贤劳,辄深驰系。此时国内和议停顿,前途尤异常晦冥。所望我护法各同人仍坚持初衷,不稍屈挠,以维持大法,发皇正气,庶国事犹有可为。

宁远形势重要,异日尤可力图发展。望兄勉力经营,教练师旅,发展地力,庶屹为长城,共成救国之大业,岂胜企盼。

文虽远处沪上,而对兄等之宣劳卫国,深为注念。兹特派廖仲恺兄代表来川,奉候兴居。仲恺兄于文之近状及国内情势、和议经过情形,皆能详之,尚希接洽为荷。时事方艰,幸为国自重。专此布悃,并颂

近祉

据《中央党务月刊》第十二期"特载"《致四川郭文钦》

致萧敬轩函

(一九一九年五月二十六日)

川省自军兴以来,饷需浩繁,民力凋敝,供亿不继,司农仰屋。前闻兄主持财政以来,维持补苴,措应裕如,使川军得悉力卫国,无患后顾,宏筹硕画,想念久深。方今国难未靖,川中又为贤哲汇萃之区,所望协力毕虑,共匡危难,奠定共和,以慰民望,岂胜幸甚。

文虽远处沪上,每念兄等宣劳卫国,驰系良殷。兹特派廖仲恺兄代表来川,奉候兴居,藉罄鄙怀,尚希接洽为荷。手此奉布,并颂

近祉

据《中央党务月刊》第十二期"特载"《致四川萧敬轩》

护 法 宣 言[*]

（一九一九年五月二十八日）

　　南北交战已过二年，将士劳苦，人民涂炭。今者，两方将领已各有以救国为先之表示，无必以战争贯彻主张之意，而人民犹受因战争牺牲生命财产之苦。夫战争以求达目的，因致殃民，不得已也；无意于以战达目的，而徒以不和殃民，则大不可！今日为求救国，人民无不希望速得合法永久之和平，职是故也。而至今和议不成者，罪在不求之于国家组织之根本，而求之于个人权利之关系。

　　须知国内纷争，皆由大法不立。在法律，国会本不能解散。若不使国会复得完全自由行使其职权，则法律已失其力，根本先摇，枝叶何由救正？内乱何由永绝？况国家以外患而致艰危，一切有损主权危及国脉之条约，其订立本未经国会之同意，故亦惟恢复国会完全自由行使职权，始能解除之。盖订约、解约之权本在国会，擅订固属违法，不以未经国会同意为基础而言解约，亦无可解之理由。故和议初开，文即以恢复国会完全自由行使职权为唯一条件，必令此后南北两方蔑视合法国会之行动一切遏绝，凡与合法国会不相容之机关组织悉归消灭，则和平立谈可致，外患内忧皆不足虑也。国民对我主张，多数赞许，乃不幸议和数月，竟无结果。今虽日言续议，理固无由可成，抑且外法律以言和平，其和平岂能永久，外患又何由可息哉？今日言和平救国之法，惟有恢复国会完全自

---

　　[*]　当时，西南军阀操纵的广州军政府与北京的北洋军阀政府之间"南北议和"宣告破裂，此系孙中山在上海就时局问题发表的宣言。

由行使职权一途。

　诸君虽处境不同，置籍于中华民国则一，栋折榱崩，岂能无惧。希以中华民国国民之资格，受此忠言，一致通电主张，共谋救国之业。苟使国会得恢复完全自由行使职权，永久合法之和平于焉可得，则文之至愿也。若有沮格此议以便其私者，则和平破坏之责，自有所归。尤望诸公以救国之本怀，捐弃猜嫌，与文共达此重新改造中华民国之目的。国步方艰，时不待人，苟且迁延，为厉滋大。诸公爱国，幸速图之！

孙　文

据吴拯寰编《孙中山全集》第四集（上海三民公司一九二七年一月出版）《初次护法宣言》

致菊池良一函
（一九一九年五月三十日）

　顷晤山田[①]兄，谓接兄函知甲上胜兄近忽溘逝，闻之不胜哀悼。兹寄奉日币百元，望兄转交甲上胜兄家属，聊表哀唁，并希代为慰问是荷。专此奉启，并颂
近祉

据《中央党务月刊》第十二期"特载"《致日本菊池良一》

复林支宇函
（一九一九年五月三十一日）

　顷诵手书，远承注念，甚感。

---

　①　山田：即山田良政之弟山田纯三郎。

　　上海和议，前次南代表提出之八条件，对于北方已竭力委曲求全；乃北方竟无磋商余地，完全拒绝，以致南代表全体辞职，和会已复停顿，是非曲直，国人应有定评也。文意以为吾人今日宜抱彻底之觉悟，知非以个人之实力，以绝大之决心解决国事，其余支支节节，概无可为。兄主义素坚，深望以此意淬厉各同志，互相奋勉提撕，切实负救国之责，庶前途犹有可为也。

　　至外交形势，仍完全视我国民自动〔助〕之能力如何以为断；我不自助，人亦无从助我也。湘中诸同志矢城卫国，艰苦累年，尤望此后澈始澈终，黾勉不懈，以共完救国之责，岂胜企盼。政务贤劳，惟为国自重。此复，并颂

毅祉

据《中央党务月刊》第十二期"特载"《致湖南林特生》

复 安 健 函

（一九一九年五月三十一日）

　　顷接手书，知已驰赴康定，从事进行，闻之深为欣慰。

　　川边地广产饶，为西陲屏藩，若能处置得宜，设法展拓，联络本地边民，结之以诚信，示之以惠爱，泯其猜忌之心，然后从事规划，兴办实业，开发交通，则将来发展，讵有限量。

　　此时长江沿海地域，民性皆甚柔脆，惟边民坚朴诚挚，刚毅有为，能固结其心，使为我用，则虽遇危难，皆可不变。兄于彼方情形知之有素，此次又任劳前往，尚望毅力进行，始终不懈，则所期望于兄者正甚远也。

　　现在国事未定，欲求澄清，仍非吾党力膺艰难，以根本解决为己任不可。冀兄与诸同志共勉之。川边交通不便，与沪又相距过

遥,兄进行之事,望随时与川中诸同志商酌办理,庶较为便捷。先此奉复,并颂

毅祉

据《中央党务月刊》第十二期"特载"《致四川安健》

批朱和中函[*]

（一九一九年五月三十一日）

此间已着该地同志讨唐克明、方化南,以报蔡济民之仇,望协力成之。

据《国父年谱(增订本)》下册(转录史委会藏孙中山批牍原件)

与谢□焦□的谈话^{**}

（一九一九年五月）

我本不是当段祺瑞个人是仇敌,因为他做背叛民国的事,我所以反对他。如果他能够自己把参战军全部废了,把所有他经手的卖国条约都取消了,而且实实在在的服从国会、服从法律,明明白白的把自己的罪恶都宣布出来,向国民谢罪,那么自然大家不会十分为难他的,有什么联络不联络?

据上海《民国日报》一九一九年六月二日《孙先生联段说之辨正》

------

　　*　朱和中原函谓鄂西被唐克明、方化南、林鹏飞等之蹂躏,应人民之请求及军民两署之托,他不日将前往该地与黎天才、柏文蔚当面接洽疏通,妥筹善后,并告若南军对他此行有何不解,请勿误会。

　　**　此件具体日期不明。据一九一九年六月二日上海《民国日报》载《戴季陶君之谈话》一文,谈及孙中山此次谈话时间,"当在一个月前"。今酌定为五月。

批马逢伯函[*]

（一九一九年六月五日）

代答以先生近日闭户著书，不问外事，如国民果欲闻先生之言，则书出版时，望为传布可也。

据《国父批牍墨迹》

批罗端侯函^{**}

（一九一九年六月十日）

代答以先生闭户著书，不问外事，所说文件，未遑及也。

据《国父批牍墨迹》

复颜德基函

（一九一九年六月十二日）

卢君汉卿来沪，备述近状，并诵惠书，无任欣慰。

军兴以来，川中各军多赖兄及各同志整顿经营，屹为劲旅，遂以驱除瑕秽，张我义声。近复躬冒艰辛，陈师陕境，露布四达，益念贤劳。

---

　　* 马逢伯原函请求孙中山对巴黎和会后的局势发表意见。该函仅标明月日，无年份，据批文"近日闭户著书，不问外事"，当在一九一九年。批文日期据来函。

　　** 六月六日上海罗端侯上书孙中山，揭露南北构衅后，北京政府的卖国行为，陈述自己愿意为国效劳。罗函仅标明月日，无年份。据批文"闭户著书，不问外事"，当是一九一九年。批文日期据底本应为六月十日。

尚望奋勉不懈,以竟全功,岂胜企盼。月来国民怵于外患之烈,群起救国,民气大张,是足证国民知识进步,公理之终足以战胜强权也。

川中地大物博,民德淳固,倘能善为整理,足以规模全国,此又望兄及诸同志努力者也。

文近体无恙,足慰注念。一切除嘱卢君转达外,特复。并颂

毅祉

据《中央党务月刊》第十二期"特载"《致四川颜德基》

批陈炯明函[*]

（一九一九年六月十五日）

元冲拟答:焕廷照写信美洲支部采买电机。

据《国父全集》第四册(转录史委会藏原件)

批刘焕黎函

（一九一九年六月十六日）

代答:先生仍闭户著书,不理外事,只望同志推广学说,劝进国民。

据《国父全集》第四册(转录史委会藏原件)

批　王　道　函^{**}

（一九一九年六月十七日）

元冲代答以对于各人可相机诱导。如有确能〈赞同〉先生方针

---

*　陈炯明原函请孙中山设法购买无线电机。

**　王道即王啸吟,后任滇军司令。

者,可再函告,然后再定办法也。

据《国父全集》第四册(转录史委会藏原件)

复蔡冰若函[*]

（一九一九年六月十八日）

顷接五月卅一日手书,备悉。

文著书之意,本在纠正国民思想上之谬误,使之有所觉悟,急起直追,共匡国难,所注目之处,正在现正〔在〕而不在将来也。试观此数月来全国学生之奋起,何莫非新思想鼓荡陶镕之功?故文以为灌输学识,表示吾党根本之主张于全国,使国民有普遍之觉悟,异日时机既熟,一致奋起,除旧布新,此即吾党主义之大成功也。

至前兄请来沪一行,文以近既不问外事,兄来亦徒劳跋涉,并非相拒也。其抚恤陇上诸同志事,俟大局稍有解决,自当尽力设法,尚冀谅之。此复,并颂

近祉

据《中央党务月刊》第十二期"特载"《致四川蔡冰若》

复 谢 持 函

（一九一九年六月十九日）

六月十二日手书诵悉。

桂系内哄,自在意中。惟局部构〔媾〕和,乃彼党冲突情形,似尚在进行之中。俟以后再有变动,始能酌定办法,此时惟有静观究

---

* 《孙文学说》出版后,受到舆论界重视,四川蔡冰若上书孙中山问著述《孙文学说》要旨。复函告以《孙文学说》要旨在"纠正国民思想"。

竟而已。一切盼随时详闻，借明真相。此复，并颂

近祉

据《中央党务月刊》第十二期"特载"《致广州谢持》

致龚心湛电[*]

（一九一九年六月中旬）

北京龚仙舟先生鉴：闻尊处电令欧洲和会中国专使，俟奥约签字后，即将代表团解散，并饬陆、王、魏^①各使回国，顾^②使留办德约。查德约关系至钜，国人注目，当此千钧一发，维系需人，岂宜将得力人员，遽召回国？王使争持最力，尤须始终其事，且匈、布、土三约签字在即，此间业已电令王使留待签约，果有召回之事，应请迅令取消，并责成陆、王等始终办理，免致国内惊疑。并盼速复。岑春煊、伍廷芳、唐继尧、陆荣廷、林〈葆〉怿、孙文。

据上海《民国日报》一九一九年九月十日《南方阻止专使返国电》

与戴季陶的谈话^{**}

（一九一九年六月二十二日）

先生问：你这几天研究甚么东西？

---

* 此系与岑春煊等联名通电，原电未署日期，唯电文提及北京当局电令中国出席和会专使"俟奥约签字后，即将代表团解散"，则此电发出日期应在六月底匈、布、土三约签字以前，今酌定为六月中旬。

① 陆、王、魏：指陆征祥、王正廷、魏宸组。

② 顾：指顾维钧。

** 戴季陶一九一九年六月十五日在上海《民国日报》附刊《星期评论》发表《国际同盟和社会问题》文章，孙中山看后在上海寓所与戴季陶谈话，论及有关社会劳动问题和当时社会思潮状况。孙中山的谈话内容，由戴季陶在当日（一九一九年六月二十二日）《民国日报》附刊《星期评论》上以《访孙先生的谈话》为题发表。

　　戴答：我和两个朋友，办了一个《星期评论》，一天总要写一点文章。而且《建设》月刊的出版也近了，我已经担任了的著作和翻译，都要准备起来。所以一天看书作文，已经很忙，便连会客应酬都谢绝了。

　　先生问：《星期评论》里面，有一篇《国际同盟和劳动问题》，是不是你的？你也留心这个问题么？

　　戴答：不错，这劳动问题，中国人差不多向来没有注意到这个地方，一则是中国的工业没有什么发达，社会阶级没有十分彰著。二则由于中国人对于政治问题、社会问题，本来没有近代的知识，历年来政治上纷争太厉害了，所以这种实在的民生问题，更是没有人顾及。三则由于那些工人本身，多数是不曾受过教育，几十人中找不出一个识字的来。所以他们阶级的自觉是一点也没有的。四则由于那些经营工业的资本家，对于近代社会思想的潮流，一点知识都没有。即使有一两个懂得一点的，他们也巴不得没有这种思想运动发生。因为这种原故，中国注意这个问题的人真是少极了。不过就上海地方说，工人的人数有三四十万，而且罢工的事件也常常发生。前几天罢市风潮的时候，同时就引起了大罢工的事实。幸而北京政府免曹、陆、章①的命令下来了，如果再迟一二天，恐怕会变了全市总同盟罢工的景象。当时上海有知识的人，差不多没有一个人不焦心。大家想法子劝告工界的人不要罢工，为甚么呢？就是因为这许多无组织、无教育、无训练、又没有准备的罢工，不但是一个极大的危险，而且于工人本身也是不利的。但就这次的现象看来，工人直接参加政治社会运动的事，已经开了幕。如果有知识、有学问的人，不来研究这个问题，就思想上、知识上来领导他

----

　　①　曹、陆、章：指曹汝霖、陆宗舆、章宗祥。

们,将来渐渐的趋向到不合理、不合时的一方面去,实在是很危险的。所以我受到罢工风潮的感动,觉得用温和的社会思想来指导社会上的多数人,是一桩很要紧的事。

先生问:你是想要直接去指导他们呢? 还是站在研究的批评的地位,做社会思想上的指导工夫呢?

戴答:我的目的还是属于后者,因为我对于这个问题,现在知识还很浅薄,所以打算努力做研究的工夫。拿我的研究所得,发表出来,供他们各方面的人的参考资料。

问答至此,先生又道:你这个意思很好。我们改革中国的主义,是三民主义。三民主义的精神,就是要建设一个极和平、极自由、极平等的国家。不但在政治上要谋民权的平等,而且在社会上要谋求经济上的平等。这样做去,方才可以免除种种阶级冲突、阶级竞争的苦恼。所以我们在经济上,一面是要图工商业的发达,一面是要图工人经济生活的安全幸福。不过目前这个时候,我们对于许多不明白的人,要使他明白,应该怎么样呢? 有一点顶重要的,就是指导他们方法,很要注意。中国现在不但工人没有知识,连号称知识阶级里面的人,也是一样没有知识。工人没有知识,就是一切新旧知识都没有的。知识阶级里面的人,就是有有害的知识,没有有益的知识。对于毫无知识的,给他一个知识是容易。对于号称有知识的,教他判别是非利害,倒是很难。我们在这个时候,既然立了一个主意,要做指导社会的工夫,最要紧的,就是不好先拿我们的知识,整个的放上去,以为这件事我已经明白了,他为甚么不明白? 两次说不明白,便生了气,这是不行的。我们要晓得,群众的知识是很低的,要教训群众、指导群众,或者是教训指导知识很低的人,最要紧要替他们打算,不好一味拿自己做标本。这样的去做工夫,方才有趣味,方才得到研究的益处,方才能够感化多数的人。你看教马的人,他怎么能够把马教会的?就是他在教马的时候,他自己的意识已经先变了马。他不是先要马懂得他的意思,他是先要自己懂得马的意思。教马的人,在马的面前,是一点也用不得人的智慧的;如果要用人的智慧,一定要和马打起架来。你又看那教猢狲的人,他也是要就猢狲的性去教猢狲,不是要就人的性格去教猢狲。因为在我们看来,英国是这样,美国是这样,俄国是这样,德国是这样,拿许多的榜样做材料,就归纳到中国应该怎样的本题,成一个主张。但是那多数的人,他却是不懂的。所以我们如果要指导多数人,是先要把自己的知识学问收藏起来,处处去顺他的性,来诱起他的自觉,然后得来的结果,方能够圆满,然后我们指导社会的目的方能够达到。

戴问:此刻这个时代,思想的振荡已经到了极点,中国在这世界思潮的震荡的中间,也就免不了震荡起来。但是因为知识程度太低的原故,一般的人对于世界上思想的系统,不能够明白,那些做煽动工夫的人,就拿了一知半解、系统不清的社会共产主义,传布在无知识的兵士中和工人里面。这几天报上登载说军队里面发现题名《兵士须知》的小册子,就是这种事实了。如果因为这一种无意识的煽动,发生出动乱来,真是一塌糊涂,没有办法了。先生对于这个问题,有甚么意见?

先生答:这确是一种危险。因为无论在那一国,他们各种思想都是有系统的,社会上对于有系统的思想的观察批评,也是有系统的。政治运动是政治运动,经济运动是经济运动,各有各的统系,都随着人文进化的大潮流,自自然然的进步。如果没有特别的压力,象我国从前那样的政治,决不会有十分激烈的变态发生出来的。中国在社会思想和生活还没有发达,人民知识没有普及,国家的民主的建设还没有基础的时候,这种不健全的思想,的确是危

险。不过这也是过渡时代一种自然的事实，如果要去防止他，反而
煽动人的好奇心，助成不合理的动乱。再冷静一点想，无论在甚么
地方，荒地开〈垦〉的时候，初生出来的，一定是许多的杂草毒草，决
不会一起便天然生出五谷来的，也不会忽然便发生牡丹、芍药来
的。这种经过，差不多是思潮震荡时代的必然性，虽是有害，但也
用不着十分忧虑的。

据上海《民国日报》一九一九年六月二十二日附刊《星期评论》

答日本《朝日新闻》记者问[*]

（一九一九年六月二十四日）

　　兹承贵记者问：中国人何以恨日本之深，及有何法以调和两国
感情？

　　予当竭诚以答，并以此告吾日本之故友。予向为主张中日亲
善之最力者。乃近年以日本政府每助吾国官僚，而挫民党，不禁痛
之。夫中国民党者，即五十年前日本维新之志士也。日本本东方
一弱国，幸得有维新之志士，始能发奋为雄，变弱而为强；吾党之
士，亦欲步日本志士之后尘，而改造中国，予之主张与日本亲善者
以此也。乃不图日本武人，逞其帝国主义之野心，忘其维新志士之
怀抱，以中国为最少抵抗力之方向，而向之以发展其侵略政策焉，
此中国与日本之立国方针，根本上不能相容者也。

　　乃日本人之见解则曰，中国向受列强之侵略矣，而日本较之列

　　* 第一次世界大战期间，日本对德宣战，出兵攻占了我国山东青岛等地。大战结
束后，日本通过巴黎和会承继了德国在山东的权利，引起我国人民的强烈反对。此件系
孙中山就要求收回青岛和山东权利等问题答《朝日新闻》记者问。谈话日期不明，今据
上海《民国日报》发表日期。

强无以加也,而何以独恨于日本尤深也？呜呼,是何异以少弟而与强盗为伍,以劫其长兄之家,而犹对之曰:兄不当恨乃弟过于恨强盗,以吾二人本同血气也。此今日日本人同种同文之口调也。更有甚者:即日本对德宣战,于攻克青岛之时,则对列强宣言以青岛还我。乃于我参加欧战之日,则反与列强缔结密的〔约〕,要以承继德国在山东之权利。夫中国之参战也,日本亦为劝诱者之一也,是显然故欲以中国服劳,而日本坐享其利也。此事以中国人眼光观之,为何等之事乎？即粤语所谓"卖猪仔"也。何谓"卖猪仔"？即往时秘鲁、智利、古巴等地,垦荒乏人,外洋资本家利〈用〉中国人之勤劳而佣值廉也,遂向中国招工。乃当时海禁未开,中国政府禁工出洋,西洋人只得从澳门招工,每年由澳门出洋者,以十数万计。此等工人,皆拐自内地,饵以甘言厚利,诱以发财希望,而工人一旦受欺入于澳门之猪仔馆,终身无从逃脱矣。而猪仔头(即拐卖工人者)则以高价售之洋人,转运出洋,以作苦工。工人终世辛劳,且备受种种痛苦,鞭挞残杀,视为寻常,是无异乳猪之受人宰食,故名此等被人拐卖之工人曰"猪仔"。曩者日本之劝中国参战,而同时又攫取山东权利,是何异卖中国为猪仔也。夫猪仔之地位,固比家奴为尤下也。家奴虽贱,倘服务勤劳,奉命惟谨,犹望得主人之怜顾而温饱无忧也,而猪仔则异是。是故当时澳门之为猪仔头者,无论如何贪利,断不忍卖其家奴为猪仔也;必拐诱休戚不相关之人,而卖为猪仔也。以中国视之,则日本今日尚不忍使台湾、高丽服他人之务,而己坐享其利也,是日本已处中国于台湾、高丽之下矣。是可忍孰不可忍？倘以此为先例,此后世界凡有战争,日本必使中国参加,而坐收其利矣,此直以猪仔待中国耳。尤有甚者,昔澳门之猪仔头,亦不过卖人为猪仔,而取其利于洋人而已。日本今回之令中国参战也,既以此获南洋三群岛以为酬偿矣,乃犹以为未足,而更取山东之权利,是既以中国为猪仔矣,而犹向猪仔之本身割取一脔肥肉以自享也,天下忍心害理之事,尚有过此者乎? 中国人此回所以痛恨日本深入骨髓者,即在此等之行为也。而日本人有为己辩护者,则曰日本之取山东权利,乃以战胜攻取而得者也。果尔,则日本何不堂堂正正,向列强要求承继山东权利于攻克青岛之时,而乃鬼鬼祟祟于中国参加欧战之日,始向列强要求为酬偿之具也。夫中国尚未隶属于日本也,而日本政府竟已对中国擅行其决否之权,而且以行此权而得到列强酬偿矣,此非卖中国之行为而何?

夫此回欧战固分为两方面,旗帜甚为鲜明者也:其一即德、奥、土、布,乃以侵略为目的者;其一英、法、美、俄,乃以反对侵略为目的者。故英、美之军在欧洲战场战胜攻取,由德国夺回名城大邑,不啻百倍于青岛也,且其牺牲,亦万千倍于日本也,而英、美所攻克之城地,皆一一归回原主也。日本为加入反对侵略之方面者也,何得以战胜攻取而要求承继山东德国之权利耶? 若日本之本意,本为侵略,则当时不应加入协商国方面,而当加入德、奥方面也。或又谓中国于参战,并未立何等功绩,不得贪日本之功也。而不知此次为反对德、奥之侵略主义而战,则百数十年为德国侵略所得之领土,皆一一归回原主也。彼波兰、捷克二族亦无赫赫之功也,而其故土皆已恢复矣;我中国之山东青岛何独不然? 且丹麦犹是中立国也,于战更无可言功,而德国六十年前所夺彼之领土,今亦归还原主矣。是中国以参加战团而望得还青岛,亦固其所也。乃日本人士日倡同种同文之亲善,而其待中国则远不如欧美。是何怪中国人之恨日本而亲欧美也。

日本政府军阀以其所为,求其所欲,而犹望中国人之不生反动,举国一致,以采远交近攻之策,与尔偕亡者,何可得也? 是日本今日之承继德国山东权利者,即为他年承继德国败亡之先兆而已。

东邻志士,其果有同文同种之谊,宜促日本政府早日猛省,变易日本之立国方针,不向中国方面为侵略,则东亚庶有豸乎。

孙　文

据上海《民国日报》一九一九年六月二十四日《孙中山先生答朝日新闻书》

批 曾 杰 函

(一九一九年六月二十四日)

元冲代答以望将学说广为传布,以变易国人之思想,则国事乃有可为也。

据《国父全集》第四册(转录史委会藏原件)

批史志元函

(一九一九年六月二十五日)

元冲代答,照后面:

《抵抗养生论》,高野太吉著。

印刷者:佐久间衡治,东京京桥区永田町二丁目六十五番地。

印刷所:秀英舍,东京京桥区西绀屋町二十七番。

发行所:东京市麴町区永田町仙掌堂。

据《国父全集》第四册(转录史委会藏原件)

批广东各社团公民代表联合团电[*]

(一九一九年六月二十七日)

答以文本不问时事,然对本省之事,自当惟多数是从。望诸公

---

[*] 广东九善堂、七十二行商等三十八个社团公民代表联合团六月二十七日自广州致电孙中山等,请求支持各社团公举伍廷芳继任粤省省长职。此系对来电的批文。批文底本未标日期,今据各社团广州快邮代电发邮日期。

极力进行，文力所能到之处，当为诸公后援就是。

据《国父批牍墨迹》

复廖湘芸函

（一九一九年六月二十九日）

顷盛君^①来沪，评述近状，并诵惠书，知救国热忱坚持不懈，深为欣慰。

湘中自前岁举义以来，其拥有重兵者多徘徊观望，日就萎靡。惟兄以孤军奋起，辛苦支持，至今日而蔚成劲旅，具此不折不挠之精神，当兹危急存亡之国运，所希望于兄者，至远且大；望益加训练淬厉，以为国用，实所深盼。盖近时号称护法诸军，其名称虽极正大，实则皆为权利之争。故救国责任，仍不能不望之吾党纯洁坚贞之同志，勉力负荷，以造成真正之共和，从根本上肃清国难。湘西各军，其有志同道合者，尤宜互相团结，以增实力，庶几待时而动，以树伟业，以慰想望之怀。一切详情，已嘱盛君面达，尚希接洽为荷。军事贤劳，惟为国自重，并颂

毅祉

据《中央党务月刊》第十二期"特载"《致湖南廖湘芸》

致周蔗增函

（一九一九年六月二十九日）

军兴以来，湘省首当敌冲，执事奋树义旗，再接再厉，远道闻

---

① 盛君：指盛华林。

之,每深想念。

　　近日盛君来沪,复盛称执事保障湘西,忧国不懈,且与廖君湘芸袍泽相资,共同维持湘西大局,闻之益为欣慰。方今国步艰危,群奸窃柄,正志士为国努力之时。执事谋猷阂远,兼拥雄师,尚冀坚持不挠,克竟伟勋,以戡定国难,为民造福,实所深盼。一切除嘱盛君转达外,手此布悃,并颂
毅祉

据《中央党务月刊》第十二期"特载"《致湖南周蔗增》

复陈炯明函 *

(一九一九年六月二十九日)

　　梅培兄来沪,接诵手书,备悉。

　　粤局内讧,近日表面虽已宁息,而暗潮仍复甚烈,此时兄正宜竭力准备,以期相机而动。盖以此时粤军在闽之情形而观,不特四面受敌,孤立无援,而宵小复时时乘机思逞,欲使我自行瓦解,前途情势甚为岌岌,故欲求此后之生存,必仍赖兄有冒险之精神,有奋斗之决心,始有可为。

　　湘中方面,如兄意欲其先动,文当令其较粤军先发动一月,如是则兄当能与之相应,然未审兄处准备究须多少时间? 何时能动? 望酌定后,迅速见告,俾文得令彼方筹备动作为要。

　　总之,此时情势,粤军必能冒险奋进,始可望生存;不然,长此悠悠,惟有坐以待毙。一发千钧,机不可失,惟兄速决之。无线电

---

　　* 陈炯明于六月十五日自漳州上书孙中山,陈述粤军入闽以来的情形,并表示桂系军阀岑春煊、陆荣廷在粤内讧,"粤军有机可乘,即拟返旆"。孙中山复函促陈炯明"宜竭力准备",以期回师广东。

机事,已嘱美洲同志购办矣。手此奉复,并颂

毅祉

据《中央党务月刊》第十二期"特载"《致漳州陈竞存》

复洪兆麟函

(一九一九年六月二十九日)

顷诵手书,备悉。

和议事,双方皆系权利竞争,所商榷者,仍系权利分配问题耳。无论此时会议已告停顿,即使重行开议,于国事前途,仍毫无希望可言。欲奠定真正之共和,谋根本之解决,仍非吾党纯洁坚贞之同志,共负救国之责任不可。

粤军在闽劳苦已久,兄年来转战千里,尤备历艰辛。当此大局岌岌,粤军前有大敌,后有内奸掣肘,其间困难情形有加无已,尚望兄坚持初志,奋勉不懈,与竞存兄共策进行,庶再接再厉,始得克竟全功也。

文近体无恙,足慰注念。军事贤劳,惟为国珍重,并颂

毅祉

据《中央党务月刊》第十二期"特载"《致汀州洪兆麟》

批旅沪慈善教会各公团函

(一九一九年六月三十日)

作函奖勉,并着积极鼓吹舆论,一致主张,以破反对和平者之阴谋也。

据《国父全集》第四册(转录史委会藏原件)

复 谢 持 函[*]

（一九一九年六月下旬）

顷接十七日手书,备悉。

撤代表事,文不屑与政务会议诸人直接通信,可由代表观察情势,相机取消,再由文承认其事,则手续上即已完备。盖派代表入席,必须证据,若退席则可不必,望兄相机为之可也。此复,并颂近祉

据《中央党务月刊》第十二期"特载"《致广州谢慧生》

致徐世昌电[**]

（一九一九年六月下旬）

北京徐菊人先生鉴:报载尊处于十二日电巴黎和会专使,令其签字和约,并闻胡惟德报告亦有签字主张。所闻非虚,将于外交史上铸一大错。务恳顾念民意,维护主权,勿令巴黎专使以无条件签字,即使有碍情形,只能让步至保留山东三款而止。存亡所判,乞即表示决心。岑春煊、伍廷芳、陆荣廷、唐继尧、林葆怿、孙文。（印）

据上海《民国日报》一九一九年七月五日《军府之外交主张》

----

　　[*]　复函未署日期。六月十九日曾复函谢持,告以对桂系在粤"内讧",可"静观究竟"。据此,该函故定为六月下旬。

　　[**]　此系与岑春煊等联合通电,原函无日期。巴黎凡尔赛和约于一九一九年六月二十八日签字,此电发于签字之前,当在六月十二日至二十八日间。今酌定为六月下旬。

与邹鲁的谈话

（一九一九年六月）

某日先生告邹曰：一般人读书不认真还不要紧，我们革命党人却千万不可不认真。因为一般人读书，或是为个人的前途，或是为一家的生活，他读书不认真，成败得失，只他个人或其一家。革命党人则不然，一身负国家社会之重，如果自己读书不认真，事情做错了一点，就不但害了我们的党，连整个国家社会也被害了。

某日邹等问：鉴别文章的方法如何？

孙答：很容易，一篇文章能当做一章读，一篇文章能当做一段读，一段文字能当做一句读，这便是好文章。因为唯有这样的文章，全篇气势方能贯注，作文之道亦如此。

据邹鲁《谨述我亲见亲闻的国父言行》（重庆《扫荡报》
辑六全大会特刊，一九四五年五月五日）

与邵元冲的谈话

（一九一九年夏）

邵问：先生何自苦若是？何不令他人校之？

孙答：此稿已由人校二度，此为第三度，特自校之。然尚时见讹误，校书之不易，于斯可证。

据《国父全集》第二册《治学杂谈》

批 王 鼎 函[*]

（一九一九年七月一日）

代答以暗杀一举，先生向不赞成，则在清朝时代，亦阻同志行此，以天下恶人杀不胜杀也。道在我，有正大之主张，积极之进行，则恶人自然消灭，不待于暗杀也。

据《国父批牍墨迹》

批 王 鼎 函[**]

（一九一九年七月四日）

代答以各行其志，无不可也，惟此〈间〉亦甚艰困，实无力相助也。

据《国父全集》第四册（转录史委会藏原件）

批许协揆函[***]

（一九一九年七月六日）

送相一节，即照办理。托为转仲恺往与仲〈恺〉酌复，由元冲

---

[*]　　王鼎原函告已组织暗杀团拟分赴北京，炸毁非法国会，请求孙中山在经济上助其进行。王函仅署旧历六月四日。按其内容当是一九一九年。所标日期据批件上海发邮时的邮戳。

[**]　　王鼎得孙中山不同意暗杀复函后，再致函孙中山云暗杀一事，实不忍废于垂成，请求资助其实行暗杀。此系孙中山对王鼎再次来函的批复。

[***]　许协揆原函请赠川中将领照片及请廖仲恺入川。

拟稿。

据《国父全集》第四册（转录史委会藏原件）

批罗剑仇函 [*]

（一九一九年七月七日）

代答以先生此月已到在陈之境①，现尚想不出出陈之法，万难照办。

据《国父批牍墨迹》

批刘焕藜函 ^{**}

（一九一九年七月八日）

代答：此事甚好，当另函林德轩。

据《国父全集》第四册（转录史委会藏原件）

复林祖密函 ^{***}

（一九一九年七月十二日）

来函诸〔备〕悉。文自去粤来沪，已及一年。沪闽远隔，使问未通，对于闽中情形，诸多隔膜。接读来书，殊深恼闷。

前年足下担任闽事，来就商略，时适竞存统兵援闽，文以兵谋

---

　　* 罗剑仇原函请求给予贷款资助。罗函七月五日发自上海，孙中山批文据底本应为七月七日。

　　① 史载孔子在陈绝粮。孙中山借此说明当时经济极为拮据。

　　** 刘焕藜原函建议以白话报宣传主义。

　　*** 林祖密原函陈述所部为陈炯明部缴械，请孙中山转告陈炯明妥为处置。

贵于统一，乃嘱足下与竞存接洽。今据来书所述，当即转告竞存，嘱其妥为处置。至贵部与竞存既有直接关系，一切问题亦不难径商了结也。岗此而复，即候

近祉

据《中央党务月刊》第十二期"特载"《致福建林祖密》

复陈赓如函

（一九一九年七月十三日）

敬复者：昨接台函并抄件两事，敬悉一切。

广西山贼毒害广东，非一朝夕，揽办护沙之事，不过一端而已。彼等抢掠性□〈成〉，视做官如做匪，不恤人言，不可教训，虽由弟致书，亦无益处。三年来拥兵于广东者，皆以敲剥为生活，何事不荒谬绝伦，岂特护沙一事。

彼辈直以广东人为黑奴，为猪仔，先剥其皮，次食其肉，又敲其骨，以为子子孙孙长久不耕而食、不织而衣之计，比之二百年前满洲驻防之酷，百倍过之。此际强占护沙自卫经费，不外剥皮之策，将来凌迟敲骨，尚有比此难堪者，惜乎乡人见之不早也。实则此等山贼虽号称拥兵数万，并非心腹肝胆之结合，徒以分赃为目的，故其长官兵卒各有所图，惟利是视，人头畜鸣，向来如此；一有患难，反对必自内部而起，纸老虎戳破，不值一钱。

我乡人正不必畏首畏尾，惟事哀求，坐误时机，反贻后患；如能翻然变计，则联合绅商学界以暨华侨，即以广东善后为名，结立坚固弘大之团体，誓死以除一省之蠹，谋根本之解决，则弟以为去此山贼绝不困难，惟在诸君子同生共死、服从不去之决心耳。如何之

处,仍希教示。即请

台安不既

据《中央党务月刊》第十二期"特载"《致广州陈赓如》

批廖湘芸函

（一九一九年七月十四日）

已复信,并着潘康时往张学济（号镕川）处接洽,派李武君往周伟（号次功）处。

据《国父全集》第四册（转录史委会藏原件）

致陈炯明函

（一九一九年七月十六日）

顷接林祖密来函,谓伊所部军队,近为兄将其军械收缴,并将其各级军官分别减撤,嘱文函致兄处,量予维持等语。文于闽中各军情形,未能详悉,故于林君所陈各节,殊未能遥断。仍望兄按其情节,量为处置,总期于事实不生窒碍,并持以宽大之度为要。专此奉闻,并候

戎祉

据《中央党务月刊》第十二期"特载"《致漳州陈竞存》

致广东军政府电*

（一九一九年七月十六至十九日间）

闻警厅因国民大会拘捕工学界代表，将加以殊刑。方今文明各国，不闻有压抑民意之政府，我粤为护法政府所在之地，岂宜有此等举动？尚冀所闻之不实，万一有之，请即予省释。盖民气以愈激而愈烈，若专恃威力，横事摧残，不惟为粤人之所公愤，亦即全国之所不容也。幸审图之，即候复电。

据《国父全集》第三册（转录史委会藏《总理对各方复电撮要》，以下简称《复电撮要》）

复许卓然等电

（一九一九年七月十八日）

安密。转许卓然、杨持平、张干之、潘雨峰诸兄鉴：顷接东电，并据民钟、亚佛面陈近情，知兄等捐除小嫌，同心御侮，谋同志之团结，策国事之进行，大义昭然，深用嘉慰。其善后事宜，可即与汝为军长妥筹进行，庶协力救国，发扬吾党之光荣，有厚望焉。巧。

据《国父全集》第三册（转录史委会藏《复电撮要》）

＊　林森、古应芬等致电孙中山，称广东国民大会为警厅解散，工人及学生代表黄凤廷、胡定科等多人被捕，有枪毙之议。孙中山致广东军政府电，请释被捕代表。此电《国父年谱》（台北版）增订本下册，定日期在十八日，现据当时报纸刊载，当在十六至十九日间。

致杨庶堪电

（一九一九年七月二十日）

成都杨省长鉴：接铣电，惊悉淡游①溘逝。迩年党中英俊，相继摧折。淡游夙事奔走，万里入蜀，方冀展足，遽闻凶讯，感痛何言。后事既得仙峤主持，稍慰远念。临电怅惘。号。

据《国父全集》第三册（转录史委会藏《复电撮要》）

复许卓然等函

（一九一九年七月二十二日）

日前亚佛、民钟两君来沪，备述闽中各军经过情形，及兄等以同志大义所在、除去私嫌、团结进行、协力救国各近情，闻之深为欣慰！

方今国事艰危，群奸当道，吾诸同志任重致远，责任至巨，若不群策群力，何以肃清大难？兄等既明乎斯义，弃嫌言好，则众志成城，前途事业，希望何穷。

至汝为军长，素怀坦白，对同志尤推诚相接，当能共策进行。竞存总司令转战入闽，劳苦功高，对闽中同志亦复极愿携手。前以道途阻隔，辗转传闻，不免有所误会。今既隔阂悉去，当无复有丝毫芥蒂。望兄等此后一切商榷进行，协同救国，庶以尽吾党之天职，而造成真正之共和。幸努力不懈，实所深望。军中近情，仍望

---

① 淡游：即周淡游。

时时报告，以明真相。手此奉复，并颂

毅祉

据《中央党务月刊》第十二期"特载"《致福建许卓然杨持平张干之等》

批尹天杰函[*]
（一九一九年七月二十四日）

代答以往年有《会议通则》，今年有《孙文学说》出版，余皆不存。

据《国父全集》第四册（转录史委会藏原件）

批李希莲函
（一九一九年七月二十五日）

答以过沪交臂相失，良用为怅。文现仍闭户著书，不理外事，故对奉告之事，毫无成见。

据《国父全集》第四册（转录史委会藏原件）

复廖子鸣函
（一九一九年七月二十七日）

顷晤令弟子裕君，并读手书。知治军铜梁，奋厉不懈，深为欣慰！

年来群奸窃柄，国本飘摇，赖吾诸同志坚持初志，再接再厉，故

---

[*]　尹天杰原函请求奉送著作，代编总理文稿。

能维持一线正气于国内。此后救国事业责任至巨,兄既于本党宗旨始终坚持,尚望贯澈斯义,继续奋斗,为前途努力,以副期望之意。

川省素为吾党同志汇萃之区,熊督及杨省长皆洞识大体,矢诚谋国。幸一致进行,力竟全功,庶群策群力,造成真正之共和,完成吾党之天职,前途实攸赖之。一切除面告令弟外,特此奉复,并颂毅祉

据《中央党务月刊》第十二期"特载"《致四川廖子鸣》

致 各 军 电[*]

（一九一九年六、七月间）

漳州陈总司令转陕、川、滇、黔、鄂、湘、赣、闽、粤、海南、北军各督军、各司令均鉴:今日为求救国,故国人无不希望合法、永久之和平。但合法永久之和平,断不能求之于个人权利关系之和议。须知国内纷争,皆由大法不立。在法律,国会本不能解散,若不使国会复得完全自由行使其职权,则法律已失其力,根本先摇,枝叶何由救正?内乱何由永绝?况国家以外患而致艰危,一切有损主权、危及国脉之条约,其订立,本未经国会之同意,故亦惟恢复国会完全自由行使职权始能解除之。盖订约解约之权,本在国会,擅订固属违法;不以未经国会同意为基础而言解约,亦无可解之理由。故和议初开,文即以恢复国会完全自由行使职权为惟一条件,必令此后南北两方蔑视合法国会之行动,一切遏绝,凡与合法国会不相容

---

　　* 此系为恢复国会行使职权致南北各军电。原件日期不明。按自五月十三日南北议和中止后,在列强指使下酝酿复会,孙中山认为续议"理固无由成",乃于七月二日令胡汉民辞去南方议和代表职务。今酌定此电发出时间为七月。

之机关组织,悉归消灭,则和平立谈可致,外患内忧,皆不足虑也。国民对我主张,多数赞许,乃不幸议和数月,竟无结果。今虽曰言续议,理固无由可成,抑且外法律以言和平,其和平岂能永久,外患又何由可息哉! 今日言和平救国之法,惟有恢复国会完全自由行使职权一途。苟此而不行,则是已将八年来我国民苦心维护之民治,根本推翻。文惟有与我同志重行根本之解决,以改造一更合民意之政体,必使外患消除,内乱永绝。文非好言破坏也,欲谋救国,不得不然,抑且民方倒悬,亦断无束手待毙之理。诸君虽处境不同,置籍于中华民国则一,栋折榱崩,岂能无惧。希以中华民国国民之资格,受此忠言,一致通电,主张共谋救国之业。苟使国会得恢复完全自由行使职权,永久合法之和平,于焉可得,则文之至愿也。若有沮格此议,以便其私者,则和平破坏之责,自有所归。尤望诸公以救国之本怀,捐弃猜嫌,与文共达此重新改造中华民国之目的。国步方艰,时不待人,苟且迁延,为厉滋大,诸公爱国,幸速图之。

据《国父全集》第三册(转录史委会藏原稿)

致陈炯明电 *

(一九一九年七月)

无线电机拟买拾架,共价四万元,定在沪与华昌立合同,在沪

---

　　*　原件未署日期。据罗家伦主编《国父年谱》记载,陈炯明于一九一九年六月十五日自漳州上书孙中山请购无线电机。六月二十九日孙中山批复:"焕廷照写信美洲支部采买电机。"从该函中有"初托美东同志筹款代办之议,着即取消"看,此电当在六月二十九日后发出,今酌定七月。

交价，以归统一。初托美东同志①筹款代办之议，着即取消。各埠
筹饷，统寄上海分发可也。孙文。

据《国父全集》第三册(转录史委会藏原件影印)

《建设》杂志发刊词*

（一九一九年八月一日）

我中华民国以世界至大之民族，而拥世界至大之富源，曾感受
世界最进化之潮流，已举行现代最文明之革命，遂使数千年一脉相
传之专制为之推翻，有史以来未有之民国为之成立。然而八年以
来，国际地位犹未能与列强并驾，而国内则犹是官僚舞弊，武人专
横，政客捣乱，人民流离者，何也？以革命破坏之后而不能建设也。
所以不能者，以不知其道也。吾党同志有见于此，故发刊《建设》杂
志，以鼓吹建设之思潮，展〔阐〕明建设之原理，冀广传吾党建设之
主义，成为国民之常识，使人人知建设为今日之需要，使人人知建
设为易行之事功。由是万众一心以赴之，而建设一世界最富强最
快乐之国家为民所有、为民所治、为民所享者，此《建设》杂志之目
的也。兹当发刊之始，予乐而为之祝曰：建设成功！中华民国之建
设迅速成功！

民国八年八月一日　孙文
据《建设》杂志第一卷第一期(一九一九年八月一日上海出版)

---

① 指美国东部中华革命党支部同人。

* 《建设》杂志，由孙中山指定胡汉民、汪精卫、戴季陶、朱执信、廖仲恺五人组成
建设社编辑出版。该杂志共发行两卷又一期(一九一九至一九二〇年，共十三期)。

复伍廷芳函[*]

（一九一九年八月二日）

得手教，敬悉一是。

先生以望八之年，为国不辞劬苦，此意令人深感。所示各策，似言者拘于形式之变更，仍无系乎根本之改革，弟意未敢赞同。所谓唯之与何，相去几何？先生固了然于得失是非之际，无待赘词耳。弟比来独居，深念所以救水火中之人民，驱除武人帝孽者，当别有良图；惟目前宜暂持冷静无为态度，以待时机。至护法之结果，既不副我辈所望，来教云云，则惟有洁身而去。

弟已授意代表相机辞职，如先生决意，便可同时行之。吾道不孤，将令彼恣睢挠法之武人，若听死刑之宣告，未始于世道人心无益也，先生其勿犹豫。专复，即颂

道安

据《中央党务月刊》第十二期“特载”《致广州伍秩庸》

复李梦庚函

（一九一九年八月六日）

顷诵手书，知前次过沪，匆匆相左，未获叙谈，深以为怅。

方今国事颠踬，根本之图，自以鼓吹民气、唤醒社会最为切要。

---

[*] 　伍廷芳致函孙中山，提出改革军政府意见。孙不以为然，在复函中劝伍一同辞去政务总裁。此函注明“胡展堂代拟”。

尊论所及，深符鄙意。文自客岁以来，闭户著书，不理外事，亦欲以素所蕴蓄唤起国人。异日群众之心理丕变，则澄清瑕秽之功，庶有可期，然后乃足以建设真正民治也。

至对于奉、吉之事，文毫无成见。执事关怀桑梓，自以唤醒社会为入手办法，则成效当未可量也。

文所著《学说》第一卷，刻已出版，兹特邮寄一册，尚希惠存为荷。此复，并颂

近祉

据《中央党务月刊》第十二期"特载"《致吉林李梦庚》

批 刘 湘 函
（一九一九年八月六日）

元冲作复：励以救国大义，并言余事托来人面陈。

据《国父全集》第四册（转录史委会藏原件）

批杨庶堪函
（一九一九年八月六日）

来人已见，甚洽意，余事托面复，并约佐丞同回川。

据《国父全集》第四册（转录史委会藏原件）

复 刘 湘 函
（一九一九年八月七日）

顷康俊甫〔卿〕君来沪，备述盛意，并诵惠书，深感注念之谊。

年来国事颠跻，生民重困，欲期根本救治，非国中诸将帅之明于大义者群抱觉悟，共起扶持不为功。兄总制师干，拥节西陲，屹为长城，而爱国之诚，尤超越侪辈。当兹国难纷纭之际，正贤者枕戈努力之时。尚冀联合俊彦，协谋匡救，持之以果敢，矢之以坚贞，则志诚所至，金石为开；异日奠真正之共和，拯斯民于水火，所属望于兄者，正甚远且大也。

迩者世界潮流群趋向于民治，今日时事维艰，然最后之成败，自以民意之向背为断。吾人苟能务其远大，悬的以趋，黾勉不懈，总不患无水到渠成之日耳。

兹特派张左丞君代表来川，进谒左右，面达一切，尚祈接洽为荷。专此奉复，并颂

毅祉

据《中央党务月刊》第十二期"特载"《致四川刘甫澄》

复杨庶堪函

（一九一九年八月七日）

顷晤康君俊卿，并诵手书，备悉近状为慰。

康君洞达大体，对于川事条陈，多符鄙意，倾谈甚洽。至此间详情，悉嘱康君面达，并嘱左丞同行返川，以资佐助。此复，并颂

近祉

据《中央党务月刊》第十二期"特载"《致四川杨沧白》

致北京当局电*

（一九一九年八月七日）

（前略）宥电均悉。诚时局之不幸，以民生之不幸，国际上之危迫如此之甚，彼此既抛其信仰，降心言和，而又一停再停，抚心自问，实无辞可以告无罪于国人。故引咎于全国父老之前，则春煊等无所逃避；若如翰电欲因提出八条之故，欲以词胜理有所归咎，是则鄙人所不敢承者。夫南北两总代表之派出，本各允以全权，勿论提出何案，南方当局只可于会议后加以裁定，断不能于会议前遽加干涉。且既名会议，勿论提案如何，要自有磋商讨论之余地。自沪上开会以来，此间始终认定全权与会议两义，绝不从而牵涉其间，此海内所共见者。而北方则一面开会，一面攻陕，停战命令之效力至今犹未能完全证实。况此次唐总代表提出八条，不过一二日间，北方当局之逐条痛驳，北总、分代表之辞职及赴宁待命种种警报，相迫而至，不惟南代表意见不见容纳，即北代表之权能亦无从行使。全权之谓何？会议之谓何？同一辞职，南方则极力挽留，北代表已纷纷离沪矣。然则和议之所以有停顿，谁令致之？自有国人公判，无待勉词。春煊所要释此者，以北代表纷纷离沪，疑有重大变迁，重为民累耳！今奉宥电，始知北方具有同情，此国脉民命断而复续之会，如天之福，和局不致破裂，抑又何求？惟继续和议，非有交让之精神，更无接近之和会，此无可疑者。来电要求撤去八条

＊　此系与岑春煊等联名通电。发电日期不明，今所标时间系上海《民国日报》发表日期。

全文或表示确实让步之意,窃以为今日之和会非若城下寻盟,只有一方之意思,彼此既不能强以必能,又何能禁其不提？提与承之间尚有会议在焉！窃论撤回两字不成论据。又和基成于交让,既撤回代表明明示人以不让,又安能责人之让？以今日之混沌,所谓切实让步,亦不知从何说起！若来电爱护国家、尊重和平之要旨,果出至诚,窃谓当先定继续和议主要办法,然后进议条件,开诚相见,自有解决之方。如何,即请酌量。岑春煊、伍廷芳、陆荣廷、唐继尧、林葆怿、孙文、刘显示〔世〕、莫荣新、谭浩明叩。

据上海《民国日报》一九一八年八月七日《军府对于和谈之要电》

致 国 会 电[*]

（一九一九年八月七日）

　　广东参议院、众议院公鉴:前岁文以国会受非法解散,民国中绝,偕同海军至粤宣言护法。国会议员相继到粤,开国会非常会议,组织军政府,推文为陆海军大元帅,以国事相付托。就职数月,以武人掣肘,大业中沮,良所歉怀。去岁国会非常会议,遂有改组军政府之议。文以为改独任制为多头制,委托不专,责任不明,必无良果,未敢苟同。不幸意见未蒙采纳,改组议定,仍举文为总裁,两院代表诸君复再三敦迫,谓文不就职,军政府组织不完,故勉派代表列席军政府政务会议,所以委曲迁就,以尊重国会之意旨者,

---

　　* 此系孙中山为抗议桂系军阀操纵军政府大权致广州国会辞军政府总裁电。一九一八年五月二十日,非常国会在广州改组军政府,采取联合议制,代替大元帅单一制,选举唐绍仪、唐继尧、孙中山、伍廷芳、林葆怿、陆荣廷及岑春煊七人为政务总裁(六月五日政务会议又推岑春煊为主席总裁)。二唐、孙、陆均不在广州,仅派代表列席政务会议。军政府形式上仍保持完整,实际上由桂系军阀与岑春煊一手操纵,孙中山发表阳电辞职后,军政府益陷瓦解状态。

原冀不坠护法初心。当时北方非法国会选徐世昌为总统，经文嘱所派代表提议申明讨伐之令，而军政府诸武人明示赞同，暗为延搁，讨伐令遂无形消灭。及国会议决改军政府名称为护法政府，又拒不执行。文嘱所派代表力争，卒归无效。文于是得诸武人并无护法诚意之确证，及伪廷势绌停战，文嘱代表与伍总裁共主张合法和平永久和平，以为国民庶可小息。而军政府内不法武人，蔑视国会所信任之代表，与经两院议决之和平会议条例，以军政府总裁之地位，或勾结叛人，或私订牺牲国会之密约，更有不经会议，径电各省以征求意见之名，唤起不利国会之主张者，暨阴私显露，尚以个人函电来往自解，文于是知诸武人止图私利，不顾国法之决心。至最近粤省人民以爱国之热诚，与安义地方之至意，基于约法上之自由，为表宣民意之集会，军政府之陆军部长指麾军警，枪击公民，捕其代表，欲置死地，用日本对朝鲜所未用之手段，敢犯伪政府所不敢犯之民意，虽经文嘱代表再三忠告以当从民意仍置若罔闻。更知不法武人，已以割据西南为志，故于人民参与政治之举，力图破坏，图〔徒〕使民国名存实亡。彼借国会所授之权，以行国民所深恶之政治，移对付非法政府之力，以残虐尽力救国护法之人，毒害地方，结连叛逆，欺骗国会，蔑视人权。文决以〔不〕忍与之共饰护法之名，同尸误国之罪。兹特辞去军政府总裁一职，以后关于军政府之行动概不负责，望国会同人努力奋发，使用国会之最高权，为国家求根本正当之解决，庶不负诸君子护法初衷，是则文之本志也。孙文。阳。

据上海《民国日报》一九一九年八月八日《孙中山先生辞总裁电》

致廖家栋等函[＊]

（一九一九年八月七日后）

比刘君钦实自湘西来，得悉诸君艰苦卓绝，转战贤劳，犹复殷殷致劳远念，且感且慰。

顾念自率海军迎国会高揭护法之帜以来，方期与我亲爱之同胞、忠勇之将士长驱北指，戡定内乱，一以慰同志将士为国流血者在天之灵，一以拯吾民于水深火热之域，此物此志，屡经宣示，想饫闻之也。乃前敌之奋战方酣，内奸之觊觎忽启，中途改组，以危护法之大业，文既劝告无效，只有向国会辞职，洁身而去。改组而后复膺总裁之选，文以国会同志多数之要求，遣派代表与闻政务会议，盖欲促成护法之功，不欲以一身之进退而牵动全局。此文护法之苦心，亦可昭然若揭矣。何期自政务会议组成以来，除通报乞降外，无一举护法之实，竟至舍战言和。和议初开，文仍本护法之初衷，主张使国会完全自由行使职权为唯一之条件，以破分赃割据之私。乃又不幸良药苦口，莫由挽救，是以有辞职之举。

此后惟有与吾同志振刷精神，力图改造。须知人必自侮而后人侮之，家必自毁而后人毁之，国必自伐而后人伐之，自古未有奸人在内而大将能成功于外者。诸君手绾兵符，智勇兼备，尚希慎事择人，为民国立不朽之大业，文实有厚望焉。鞍马辛劳，诸维珍重。

＊　此系孙中山辞总裁职后致湘西廖家栋、李契隽、刘梦龙、瞿元坚、张柏森等函。原函未署日期，孙中山致电广州国会参众两院，正式辞政务总裁职是八月七日，此函当在八月七日后发出。

附送相片各一枚,学说各一册,维查收,并候惠教。

据《国父全集》第三册(转录史委会藏《复信撮要》)

致孙科电[*]

(一九一九年八月九日)

父已辞职。唐未就职,虽电无效。此时上策,伍先生父子^①宜速来沪,乃有办法可想。望将此意转达。父。佳。

据《国父全集》第三册(转录史委会藏原件)

批彭程万函

(一九一九年八月十四日)

元冲代答以先生闭户著书,不问外事,嘱代寄语好自为之云云。

据《国父全集》第四册(转录史委会藏原件)

复宋渊源函

(一九一九年八月十七日)

顷接手书,具悉闽中各军前因小有误解,遂致龃龉。近既彼此推诚相见,悉除疑障,此后当可协力御侮,共策进行。而兄保卫桑梓,勇于国难之义,尤为难能,闻之岂胜欣慰。

---

* 原件月份不明。孙中山辞政务总裁为八月七日,此佳(九日)电为何月无考,今姑定八月九日。

① 伍先生父子:指伍廷芳、伍朝枢。

文自本月七日向国会辞去总裁以来，对于政治问题，概不预闻。

关于闽中军事，仍望兄与竞存兄等协筹善后，本互让之精神，以谋扶持之道，庶以贯彻救国之主张，发展民生之乐利，则风声所被，闻者莫不兴起矣。专此奉复，并颂

近祉

据《中央党务月刊》第十二期"特载"《致福建宋子靖》

复林修梅函

（一九一九年八月十七日）

顷接本月二、四日手书，均悉。

所论人类生存问题，谓欲解除现存繁复之人为社会，而复反之于天然之农业时代状态，此不可能之事也。盖人类生存，固以食为第一之需要，不得食则死亡随之，此自一定之理。然人类之欲望，断不仅限于食之一途，而维持人类之生存，食之外又必有赖于其他之种种。故人类欲维持其生存而满足其欲望，于是有种种事业之发展〈进〉步也，而人类遂日趋于进化。故于食以外，必有种种文明事业随之而渐〔逐〕逐〔渐〕发达，因之社会日趋文明，人类日就进步。盖食为人类有限之需要，既饱之后，则不欲多求。而食外之种种需要，其欲望乃为无限。盖愈有则愈求，愈得则愈欲，所谓得步进步，精益求精。欲望既日求扩充，文明斯日趋进步。故进化程序，既由农业时代进而为工业时代，步步前进，永不后退。虽农业之发达可以有限，而工业之发达实乃无穷。此后世界只有日趋向前，断不能废除现世之文明进步，而复返于原始状态也。兄倘能本此理以求之，当为有得耳。

　　至所询对于北方之事，则自上海和议开后，徐、段俱曾派人来此接洽，征文意见。徐所派者为其弟世章。文对徐不独要求其根据法律行事，且勉其以道德立身，并谓伊如能于道德无碍，予当乐为之助等语。徐弟去后，犹无下文。段所派者则为安福部人。文要求以能完全赞同文学说之主张，乃有相商之余地。迨学说出版后，王揖唐、徐树铮、曾毓隽等等俱经看过，皆极端赞成，复详加批注，交段阅看，段亦大体赞成，然后再派人来相商。余乃示以根本办法及维持现状办法两种。所谓维持现状办法，即国会完全行使职权也。来人已据此告之后，下文如何，尚未可知。然文必须段能完全服从我之主张，乃能引以为同志也。盖吾人救国，为有主义有办法之救国，必能服从主义，推诚共事，始可共策进行；否则，苟且敷衍，利未见而害已继之，万不可也。

　　又，来书谓湘军明岁乏食，欲谋预筹。文以为粤中此时皆植权营私之徒，万不能为湘军助，兄何不督率士卒，实行屯垦，以自谋食？既可教军士习劳，又足预储军实，能试办之否？专此奉复，并颂

毅祉

　　　　　　据《中央党务月刊》第十二期"特载"《致湖南林修梅》

批众议院函*

（一九一九年八月十七日）

　　元冲拟答以国会行使职权，是文一人终始之主张。然为改组之军政〈府〉之代表其人者①，始终对北方输款，言国会不成问题，

----

　　*　《中央党务月刊》刊载此函，注明为"代答"。
　　①　其人者：指岑春煊的代表章士钊。

请北方代表不必以国〈会〉为意。想改组军政府是国〈会〉议员之意，文当时极力反对无效，今军政府之代表，已置国会于脑后，想必得国会之授意也。文至辞职以后，一切不问，后有派代表者，亦国〈会〉之意，非文意也。

据《国父全集》第四册（转录史委会藏抄件）

与张瑞萱等的谈话 *

（一九一九年八月二十二日）

余之主张惟"护法"二字。护法者余之友，坏法者余之敌。段祺瑞、徐树铮而能护法，余愿友之，何有于王揖唐？反是，则余不必明言矣。

至于国事，以余观察，此时实无办法。余不久将赴欧美旅行，不欲再闻此无聊之聒絮矣。

据上海《国民日报》一九一九年八月二十三日《孙唐两氏与议员谈话》

批　赖　□　函 **

（一九一九年八月二十三日）

代答以自本党本部成立以来，只对于海外招徕新党员；对于内地尚未举行，以不在吾人范围也。今许汝为军长既举行组织于吾

　　＊　旅沪国会议员对北方议和总代表王揖唐到上海与孙商议关于和会问题不理解，公推代表张瑞萱、方潜等四人，分谒孙中山和唐绍仪。此系孙在与张、方等人的谈话中表明对护法及时局的态度。

　　＊＊　中华革命党自一九一四年以来，始终未在国内公开活动。许崇智任援闽粤军第二军军长，开始在驻防区内发展组织，赖某致函请示可否在闽建立党部。此系孙中山的批函。

人势力范围之内,自可以此为始也。以后凡在吾人势〈力〉所到之
地,皆当仿行就是。

据《国父批牍墨迹》

致威廉士函[*]

(一九一九年八月二十六日)

威廉士先生:

　　收到你的信,至感欣喜。并谢谢你把《前锋报》的剪报寄给我。
现在中国有很多的机会可供有资本的人士前来发展。中国人热切
盼望美国人士前来协助发展这个国家。所以我希望你能在最近的
将来前来中国一游,看看有什么适合你来做的工作,以有助于这个
国家的发展。

　　请向黄三德先生致意。很抱歉,我已失去和他的联系,不知他
现在何处。

孙逸仙　一九一九年八月廿六日

据黄季陆等编《研究中山先生的史料与史学》(台北裕
台公司中华印刷厂一九七五年十一月版)译文

复吕剑秋函

(一九一九年八月二十六日)

　　顷接手书,备荷慰留之意,殷挚甚厚。

---

　　* 麦克·威廉士系孙中山在美国纽约的友人。据《研究中山先生的史料与史学》
记载,孙中山致威廉士英文信共六件,其中五件写于一九○四年间。一九一九年春,孙
中山以欧战结束,在上海撰写《国际共同发展实业计划》英文专著,分寄各国政府、外交
官、工商金融界及海内外友好。威廉士谅亦收到该书;他将《前锋报》的评论,附寄孙中
山,孙为此致函感谢。

护法之役至于今日，精神已销铄无余，然其原因，仍在当日军府之改组。盖军府之改组，为法律屈于武力之征象，由是武人政客挟其鸷悍恣睢之力，逞其权奇诡谲之谋，杂糅一堂，恣行无忌，国会复曲成之，护法根本已隳〔隳〕矣。

故文去粤以后，即不欲更问南中之事，徒以国会同人一再敦促，以为文不就职，则军府之组织不完。文本尊崇国会之旨，怀期人为善之忱，因之重违初志，遣派代表列席会议。然一载以来，南中诸不法武人、不肖政客，其诡谋日彰，而所谓护法总裁者，乃实欲卖国会以自利；且压抑民气，屠戮善良，牟利营私，举伪政府所不敢为者而恣为之。社会引以为羞，讥诽之声，盈于道路。文既愧未能力完护法之责，又岂忍始终与坏法乱纪者为徒？希望既绝，故不得不宣布脱离。所望国会同人勉自奋发，力尽职责，为维持国本。文既已辞职，义难反汗。此后仍当勉尽国民一份子之责，致力社会事业，以副厚意。区区之忱，尚希鉴谅。专此奉复，并颂
议祉

孙文　八月二十六日

据中国革命博物馆藏原件

批罗正文函

（一九一九年八月二十七日）

代答以先生无暇看日记，如有何事欲见，请将其事说明，当代转达先生约期相见也。

据《国父全集》第四册（转录史委会藏原件）

复廖凤书函

（一九一九年八月二十八日）

顷诵惠缄，知安抵东岛①，山居习静，甚慰想念。

文近时观察国事，以为欲图根本救治，非使国民群怀觉悟不可。故近仍闭户著书，冀以学说唤醒社会。政象纷纭，未暇问也。知劳注念，特此奉复，并颂

旅祉

据《中央党务月刊》第十二期"特载"《致日本廖凤书》

批湖南国民大会函

（一九一九年八月二十八日）

以感情语答之，并云文虽辞职，对于国家安危，仍尽个人责任。现正筹根本解决，为一劳永逸之谋。

据《国父全集》第四册（转录史委会藏原件）

批林森吴景濂函*

（一九一九年八月二十八日）

答以函已收，何、童两君已见，吾意已决，幸为谅之。

----

① 东岛：指日本。

* 孙中山发表阳电辞总裁职后，广州国会参、众两院联合开会，议决电请留职，"俾护法前途，有回旋余地"；并派童萱甫等赴沪转述此意。此系孙中山批广州非常国会参、众两院议长林森、吴景濂函。原函未署年月，据原编者订定，来函为一九一九年八月，复函日期为八月二十八日。

　　闻宫保与山贼①久已相机牺牲国会矣,今时机将至,恐难幸免,深愧无力挽救。然犹望诸君能将国会死得轰轰烈烈,先将军政府取消,免为山贼所居奇,则诸君犹不失个人之人格、国会之体面,且为国家留一点元气,是予之厚望也。言尽于斯。

据《国父批牍墨迹》

复 凌 钺 函

(一九一九年八月二十九日)

　　顷接二十一日手书,备悉。

　　国会近虽对文辞职事来电挽留,然文意既决,定当不再为迁就也。文于国事,刻无确定主张,且望吾党同志亦持冷静态度,暂不问事为宜。此颂

近祉

据《中央党务月刊》第十二期"特载"《致上海凌子黄》

复林森吴景濂函

(一九一九年八月二十九日)

　　顷童、何两君来沪,奉诵尊函,备悉。

　　文此次辞职,实鉴于两年来经过之事实及南中不法武人最近阴谋之真相,觉护法之希望,根本已绝,万无再与周旋之余地,故几经审慎,始决定宣布辞职。辱承慰留,未能勉副盛意,尚希谅之。

　　岑、陆勾结,欲相机牺牲国会,为时已久,今时机将至,国会之

---

　　①　宫保:指岑春煊,岑清末授太子少保。山贼:指陆荣廷,陆出身广西绿林。

牺牲恐终难免。文无力挽救，深为抱愧。然犹望诸君对此弥留之
国会，为轰轰烈烈之死，先将军政府取消，使不致为群盗所居奇，则
诸君犹不失个人之人格，国会之体面，且为国家留一线之正气，为
历史留壮烈之纪念，此文最所厚望于诸君者也。区区之意，伏维谅
察。并颂
公祉

据《国父全集》第三册（转录史委会藏《复信撮要》）

致湖南国民大会电

（一九一九年八月三十一日）

　　郴州湖南国民大会鉴：南中往事，国人共见，纵勉附虚名，于事
何济？今文虽辞职，个人救国之责，仍未敢自懈，要当黾勉前趋，廓
清危乱，以答诸君之意。卅一。

据《国父全集》第三册（转录史委会藏《复电撮要》）

批于右任函

（一九一九年八月三十一日）

　　作答并寄《学说》数本，着翻印，以广流传。

据《国父全集》第四册（转录史委会藏原件）

复于右任函

（一九一九年九月一日）

　　顷接手书，知近从事新教育之设备及改造社会之筹策，于干戈

扰攘之秋,犹能放眼远大,深维本根,远道闻之,深慰所望。

文前以南中军阀暴迹既彰,为维持个人人格计,为保卫国家正气计,故决然与若辈脱离。且默察年来国内嬗变之迹,知武人官僚断不可与为治,欲谋根本救国,仍非集吾党纯洁坚贞之士,共任艰巨,彻底澄清不为功。又以吾党同志向多见道不真,故虽锐于进取,而无笃守主张之勇气继之,每至中途而旁皇,因之失其所守,故文近著《学说》一卷,除祛其谬误,以立其信仰之基。兹已出版,道远未能多寄,特邮奉五册,如能就近翻印,广为流传,于前途思想,必多增进,亦足助兄提倡民治之进行也。

文此后对于国事,仍当勉力负荷,以竟吾党未完之责,愿兄亦以此自励。比者世界潮流所趋,民治主义日增而月长,但能笃守主义,持以无倦,前途成功,可预期也。此复,并颂
近祉

据《国父全集》第三册(转录史委会藏《复信撮要》)

复刘治洲等电*
(一九一九年九月二日)

林子超先生转刘治洲并各先生公鉴:电留甚感。文以护法之局无望,特脱离军政府,得以自由行动,另图根本之救国耳,非置国事于不顾也。所望诸公行使最高职权,毅然取消误国之军政府,毋使强盗利用,以致一误再误,庶不负国民之所托也。如公等能此,文当惟力是视,以从公等之后,而图根本之解决也。

---

　　* 胡编《总理全集》将此电列在一九二一年。据电文"电留甚感。文以护法之局无望,特脱离军政府,得以自由行动"等内容,时间当在一九一九年。孙中山致电广州国会参众两院正式辞政务总裁职在八月七日,辞职后给林森冬电,当是指九月二日。

孙文。冬。

据胡编《总理全集》第三集《退出军政府复国会议员电》

批林修梅函[*]

（一九一九年九月四日）

自沪和议开后，徐、段俱有派人来此接洽。予对徐不独要以法律，且风以道德；倘能于道德无碍，予当乐〈为〉之助。而来者为徐之弟，去后则无后音。段所派为安福部人，予要以能完全赞同学说之主张，乃有相商之余地。《学说》出版后，王揖堂〔唐〕、徐树铮、曾〈毓隽〉①（现交通次长）俱看过，极端赞成；然后批注交段看，段亦大体赞成，然后再派人来相商。予乃示以根本办法，并维持现状办法二种，后之法，乃国会完全行使职权。彼人已据此回去矣，后文如何，尚未知。如段能完全服从我之主张，我当引为同志也。

再：既忧明年之饷，何不督率军士屯田开垦以自谋食？

据《国父批牍墨迹》

复唐继尧电

（一九一九年九月七日）

云南唐督军鉴：支电悉。过承奖饰，非所克当。鄙意大局日危，国民所企，乃在有精神之护法。今兹躯壳故存，而其者乃假以

＊　林修梅原函论及上海和会情况，以及处置徐世昌、段祺瑞的策略，并希望军政府能接济湘军粮饷。批文日期据来函。此函内容与八月十七日复林修梅函雷同，为何先复后批，待考。

①　据《国父批牍墨迹》注增补。

图便其私；其所作为去民意愈远，此诚有识者之所愤慨，文复何能隐默？且意亦非以洁身自了为贤也。公此时方系中外重望，如何宏济艰难，必有异于常人者。尚祈深察民意所在，矫正一切，无任企盼。阳。

据黄季陆编《总理全集》（成都近芬书店一九四四年版）下册"文电"

批张翼振函[*]

（一九一九年九月七日）

元冲代答：前信未收。此函所述颇有所见，暇时当照此详加研究，而后代为发布，并付《学说》一册去。

据《国父批牍墨迹》

致黄复生等函^{**}

（一九一九年九月八日）

近日国事仍晦冥否塞，此后涤荡廓清之责，端赖吾党诸同志努力负荷。闻兄等在川整顿军务，孳孳不懈，闻之深为欣慰。

文前以南中军阀难与为善，故辞去总裁虚名，然于救国天职，始终不敢自懈。此后仍愿与兄等贯彻初志，协力进行，以期芟除瑕秽，根本改造，建设真正共和。此文与诸同志共同之责，尤望兄等

---

　　* 张翼振原函分析第一次世界大战后国内外形势，主张联美、英、法等国以抑日本野心。来函仅署九月七日，未标年代。据原函内容及批文"付《学说》一册去"，应是一九一九年。批文日期据来函时间。

　　** 此系一九一九年孙中山辞去护法军政府总裁职后，致四川黄复生、石青阳、卢师谛函。

努力者也。兹嘱张左丞兄归川，接洽一切，此间情形，左丞多能言之，当能面罄。手此奉闻，并颂

毅祉

据《国父全集》第三册（转录史委会藏《复信撮要》）

致王伯常等函[*]

（一九一九年九月八日）

川中举义以来，转战经年，而兄等整军经武，黾勉不懈，尤为难能。远道闻之，未尝不深念其劳瘁也。

文前以南中军阀勾结北方，阴谋牺牲国会，以交换私人权利地位，复压抑民气，屠戮善良，怙恶不悛，势难再望其悔过，故决然宣布脱离。此后仍当尽国民之天职，力任救国大业，并愿与兄等共荷艰巨，努力前途，以贯彻吾人之主张，而建设真正之共和也。兹派张左丞兄返川，慰劳各军，并亲诣左右，面罄一切，尚希接洽为荷。手此布闻，顺颂

毅祉

据《国父全集》第三册（转录史委会藏《复信撮要》）

批谌伊勋函^{**}

（一九一九年九月八日）

代答：嘉奖之，学生思想当然如此，深望结合同学、同志，为最

　＊　此系孙中山致四川护法各军将领王伯常、向育人、熊慕颜、易复初、彭竹轩、吕超、颜德基、廖子明等函。

　＊＊　此系孙中山对北洋大学学生谌伊勋来函的批文。

后之奋斗，以达最后破坏之目的。

据《国父全集》第四册（转录史委会藏原件）

复广州军政府电[*]

（一九一九年九月九日）

广州政务会议诸公均鉴：歌电悉。文志已决，义不再留。救国文之本怀，尽力则不必在军府中也。所有八月十日以后发出文电署有文名者，概不能负责。以后希勿再加入文名，以昭实际。孙文。佳。

据上海《民国日报》一九一九年九月十日《孙先生与军府往返电》

复广州国会议员函^{**}

（一九一九年九月十日）

奉读支日快邮代电，殷殷以抑志勿去相勉，期以保存法律统系为最低限度，属望只此，复不能如命，良用增歉。

文所望于国会者，在于代表国民行使最高权，驱除不法政府，以达民权主义之主张。前电已述衷怀，非徒自为痛心，亦非但望国会同人致慨也。坐言起行，还以望之于群彦。至于制宪，自是国会本分，岂有文之去就能损益于其间哉？

诸公代表国民，先来者以护法而来，固有最后之决心；后来者

---

　　*　九月五日广州军政府政务会议致电在沪的孙中山，请勿辞总裁职。孙中山复此电重申"义不再留"。
　　**　九月四日广州国会议员致电孙中山，请勿辞总裁职。孙中山复此函重申辞职决心。

以制宪而来,亦岂因文辞职而致裹足。文甚不欲以此无谓之顾虑,
轻量暂未来粤诸议员之人格。若国会仍有推翻现制之决心,勿遽
作最低限度之想,即或为牺牲于一时,尚可伸大义于天下。不然
者,则在文虽有辱可忍,无重可负,诸公之属望,未免空悬矣。专
复,即颂
决心

据《国父全集》第三册(转录史委会藏《复信撮要》)

致海外同志函[*]

(一九一九年九月上旬)

各埠同志诸先生公鉴:

　　敬启者:顷据林森君来函,筹议劝募捐款,建筑黄花岗七十二
烈士纪功石坊(预称约需港银二万六千余元),并将所拟建筑图说
暨劝捐办法说明书邮寄前来,属为加函劝捐。查三月廿九之役诸
烈士牺牲生命,与专制政府决斗,而海外侨胞则输助以血汗换来之
金钱,接济饷械,内外相辅,卒能为先声之树,不终稔而满清竟仆,
此种丰功伟烈,允宜昭示来兹。

　　我海外同志崇拜先烈,夙具挚诚,对于林森君此举,自必乐为
赞助。务望协力捐助(汇款寄广州广东银行交林森君手收),俾得
早日竣工,为吾党留一绝大纪念,不特诸烈士之功业永永不湮,即
我海外同志赞助之热诚亦永垂不朽也。此布,并颂

---

　　* 此件日期不明。据十月二十四日孙中山复某君函,某君九月十六日已寄来英
金汇票一张,作为捐助黄花岗建筑经费,可见此函应不迟于九月十六日。今酌定为九月
上旬。

均安

孙文启

据《国父全集》第三册(转录史委会藏剪报)

批臧善达等函[*]
(一九一九年九月十三日)

代答:和议事,先生不问。

据《国父全集》第四册(转录史委会藏原件)

致王文华电
(一九一九年九月十六日)

王殿轮先生鉴:殿密,电悉。近顷国势危殆,北方固不足道,南方亦鲜振奋,其甚者更借护法以便私图,遂失民望。来教独能审察世界大势与社会思潮,有发展民族精神、增进人类幸福之抱负。而执事才力固足以左右时局,为当世所共信者,方来建设,岂异人任。闻着手运动,已著成效,不觉为之神旺。沧白、青阳幸得依倚,若能解决川事,既为大局改造之基础,茛筹伟略,方始发抒。临电欣企不尽,请并转沧白、青阳,一致努力。孙文。铣。

据《国父全集》第三册(转录史委会藏《复信撮要》)

复石青阳函
(一九一九年九月十七日)

顷赵丕臣君来,接手书,备悉。

---

[*]　上海临时和平维持会代表臧善达等致函孙中山,询问对和议的意见。

川中形势重要,兄倘能整顿所部,维持实力,以为将来发展之计,关系实异常重要,望益努力而已。所商购械之事,已嘱赵君另函详达,望兄斟酌情形酌夺可也。此复,并颂
近祉

据《国父全集》第三册(转录史委会藏《复信撮要》)

复廖湘芸函

（一九一九年九月十九日）

潘君①来沪,备述近状,并诵惠书,知进行甚力,主义甚坚,深慰所望。

今日国事虽至为艰危,然吾党同志如能努力进行,坚持不懈,则扫除障碍,建设真正民治,为事亦非甚难,但在决心为之耳。文坚持斯义,誓竭诚将事,为诸同志倡,惟冀我诸同志互相勉力,庶前途日趋光大也。

关于兄处进行方略,望仍照前授盛华林之计划,次第施行,以期收效。此后如另有办法,再当随时奉告,以资接洽。专此布复,并颂
毅祉

据《国父全集》第三册(转录史委会藏《复信撮要》)

复唐继尧函

（一九一九年九月十九日）

顷晤邓和卿兄,并展诵惠书,深慰想念。

---

① 潘君:即潘康时。

此间自闻令祖母暨尊公先后仙游之耗，深致哀悼。以为执事孝思不匮，度必哀毁异常。然以今日国事多难之秋，尤不得不望执事之节哀顺变以勖国难，屏障南陲。海内持义者，于以廓清危乱，重见清明之运，则国事前途，实利赖之也。

文近专志著述，颇欲以主义普及国民，使之有彻底之觉悟。异日社会多数国民既经觉醒，则实行其主权在民之责职，协力并进，如是则真正民权乃能实现，而真正民国始可观成，较之支支节节以为之者，似觉稍进一筹。此亦区区救国之意，质之左右，以为奚如？

时事艰虞，想谋猷贤劳，伏冀为国自重。专此布复，并候兴居

据《国父全集》第三册（转录史委会藏《复信撮要》）

复卢师谛函

（一九一九年九月二十日）

顷接九月四日手书，备悉。

川中内情复杂，兄辛苦支持，形势渐臻稳固，闻之深为欣慰。前途责任方钜，尤望勤加训练，黾勉不懈，以奏全功，以慰所望。

啸天①处所有军队收束，自难尽如人意，外间纵有流言，亦不足为意，可听之而已。专此奉复，并颂毅祉

据《国父全集》第三册（转录史委会藏《复信撮要》）

---

① 啸天：即杨虎。

复李根源函

（一九一九年九月二十一日）

此次邓和卿兄来沪，接诵手书，并悉近状，深慰想念。

时势至斯，非吾党贤者协力共谋，不足以戡定危难。闻兄于文注意甚厚，深愿此后群策群力，一致并进，以收澄清之效，庶无负吾人救国之本怀也。

韶州为粤北要冲，年来得兄之筹策经营，遂屹为天障；此后若能扩而充之，则前途又岂有量耶？军务贤劳，惟为国自重。

文近体差适，足慰远念。专此奉复，并颂

毅祉

据《国父全集》第三册（转录史委会藏《复信撮要》）

复黄玉田函

（一九一九年九月二十一日）

日前邓和卿兄来沪，接诵惠书，并承惠赠大理石一件，深为感荷。国难纠纷，至今未减。执事为南疆耆硕，吾党老成，临风怀想，每恨未得晤言。而每晤南中同志，辄称执事精神矍铄，救国之志，未尝稍衰。深期此后并抒嘉谟，俾南中同志共得矜式，则闻风兴起，有造于前途者正无穷也。

文近以根本救国，端在唤醒国民，故以学说破其迷惑，俾共生觉悟，则改革自易为力。至此后救国事业，文仍当惟力是视，以尽天职。〈至〉若近日上海和议,势仍停顿,然此等和议,其内幕实为少数武人权利地位之磋商,于国计民生毫无关系。故文深望吾党同人放眼远大,从社会民生方面做切实工夫,庶基础既固,异日虽有不良政府,以国民之公意掊而去之,犹摧枯朽耳。质之高明,以为何如?

　　杨映波兄闻已离滇,故不另致函,相见时祈代致候为荷。南垂在望,无任延伫,伏维为道自重。并颂
康祉

据《国父全集》第三册(转录史委会藏《复信撮要》)

批林德轩函[*]

(一九一九年九月二十一日)

　　答以昔孔明未出中原,先擒孟获。吾党今日欲有发展,非先平桂贼不可。往岁长岳之役,则受桂贼之害也。如湘西将士,欲为国造福、巩固共和者,必当先联络一气,秣马励〔厉〕兵,与闽中同志同时并进;湘则南入柳、桂,闽则西略潮、惠,而桂、粤内部亦同时起,则桂贼可一朝扑灭也。粤、桂、湘三省完全为吾党所有,然后再图武汉,则事有可为也。湘西、湘南各同志以为如何?

据《国父批牍墨迹》

---

　　* 林德轩原函仅标"九月二十一号",未标年代。孙中山批文有"往岁长、岳之役,则受桂贼之害也"句,系指一九一八年三月中下旬直系军阀进攻岳州、长沙时,桂系军阀谭明浩等部不战而退事。据此批函年代当为一九一九年。

批广东省学生联合会函

（一九一九年九月二十二日）

代答并由天仇①处抄出《八年今日》文一篇寄去。

据《国父全集》第四册（转录史委会藏原件）

批 □ □ 函*

（一九一九年九月二十四日）

　　函悉。欲弭外患，先除内贼，广西游勇即内贼也。望我父老协同一致以除之，则其他之事皆可解决。

据《国父全集》第四册（转录史委会藏原件）

批刘仁航函**

（一九一九年九月二十五日）

　　代答：此等事，必俟大局定后乃能想办法也。

据《国父全集》第四册（转录史委会藏原件）

---

①　天仇：即戴季陶。
*　来函者不明。
**　刘仁航原函建议培训自治人材。

批陆福廷函[*]
（一九一九年九月二十八日）

代答以前各函俱收悉。辞职者，所以表示西南之不法，而示国人以自决，不可靠南北之政府也。我各同志当各竭力奋斗，不可灰心也。信交刘仁航转可也。

据《国父批牍墨迹》

批徐宗鉴函^{**}
（一九一九年九月二十九日）

查介石^①如何乃代答，慰之以待时。

据《国父批牍墨迹》

《战后太平洋问题》序^{***}
（一九一九年九月）

何谓太平洋问题？即世界之海权问题也。海权之竞争，由地

＊　陆福廷原函对孙中山决意辞职感到惶恐，且秘禀福建不难一举而定等军情，表明自己决心尽军人护法职责。批文日期据来函时间。

＊＊　徐宗鉴原函陈述自己"革命以来，为国奔走"，悉受英士（陈其美）指挥的经历，表明值此"和局无望，战事必兴"之际，愿追随孙中山左右，"抱一腔热血，当有以报命"。批文日期据来函时间。

①　介石：即蒋介石。

＊＊＊　姚伯麟著《战后太平洋问题》一书，指出今后世界总趋势在于争夺太平洋；中国在太平洋占有重要位置，如果在对付列强争夺太平洋海权斗争中，中国稍有不慎，即将陷国家于分裂灭亡之地。全书主旨在唤起中国人民对太平洋问题的重视。

中海而移于大西洋,今后则由大西洋而移于太平洋矣。昔时之地中海问题、大西洋问题,我可付诸不知不问也。惟今后之太平洋问题,则实关于我中华民族之生存,中华国家之运命者也。盖太平洋之重心,即中国也;争太平洋之海权,即争中国之门户权耳。谁握此门户,则有此堂奥、有此宝藏也。人方以我为争,我岂能付之不知不问乎?姚伯麟先生有鉴于此,特著《战后太平洋问题》一书,以唤起国人之迷梦,俾国人知所远虑,以免近忧焉。其救国之苦心,良足多也,故喜而为之序。

中华民国八年九月　孙文

据吴拯寰编《中山全书》(上海三民图书公司一九二五年出版)

山田良政建碑纪念词*

(一九一九年九月)

　　君兄弟俱尝致力于中国革命事业,而君以庚子惠州之役死。后十年而满洲政府覆。初,余以乙未图粤不成,走海外,既休养数岁,党力复振。余乃使郑士良率先入惠州,余偕日本军官多人,拟由香港潜往内地,君实随行。已而奸人告密,不得登陆,乃复往日本,转渡台湾。时台湾总督儿玉氏①,以义和团乱作,中国北方陷于无政府状态,则力赞余之计划,且允为后援。余遂令郑士良举兵。士良率众出攻新安、深圳,败清兵,尽获其械;转战于龙冈、淡

---

　　*　日本友人山田良政,一九○○年受孙中山之命参加兴中会发动的惠州起义,英勇牺牲。一九一八年,山田良政胞弟山田纯三郎从惠州埋葬山田良政的地方带回一抔黄土(尸骨未获),葬在家乡。次年九月,纯三郎又拟在家乡弘前菩提寺为其兄建碑,孙中山应约为山田良政书此篇纪念词。

　　①　儿玉氏:即儿玉源太郎。

水、永湖、梁化、白芒花、三多祝等处,所向皆捷;遂占领新安、大鹏至惠州、平海一带沿海地,以待余与干部人员之入,与武器之接济。不图惠州义师发动旬日,而日本政府更迭。新内阁总理伊藤氏[①]对中国方针与前内阁异,则禁制台湾总督不得与中国革命党通,又禁武器出口及日本军官投革命军者,而余内渡之计划,为之破坏,遂遣君与同志数人,往郑军报告情形,饬其相机便〈宜〉行事。君间关至惠,已在起事后三十余日矣。士良所部,连战月余,弹药告尽,而集众万余人,渴望干部、军官及武器之至甚切,忽得君所报消息,不获已,下令解散,间道出香港,随者犹数百人。而君以失路为清兵所捕,遂遇害。盖外国义士为中国共和牺牲者,以君为首。

　　论者皆曰惠州之无功,非战之罪,使日本政府仍守前内阁方针,则儿玉氏不至中变,即不为我援助,而武器出口及将校从军者不为禁制,则余内渡之计划不破,资以利器,复多知兵者为之指挥,方其时士气方张,鼓行而前,天下事宁复可量;而革命军无此挫折,则君断不以不幸而被戕,抑不待论。然而君曾不以政府之忻厌为意,衔命冒险,虽死不辱,以殉其主义,斯真难能可贵者。

　　民国成立七年,君弟纯三郎始以君骨归葬,今复为君渤石以示后人。君生平行谊,君之亲族、交游能述之,无俟余言。余重惜君,故独举君死事本末表而出之,更为之祝曰:愿斯人为中国人民自由奋斗之平等精神,尚有嗣于东国!

中华民国八年九月　　孙文
据《国父全集》第四册(转录史委会藏原件照片)

---

　　①　伊藤氏:即伊藤博文。

复李村农函*

（一九一九年秋）

村农君鉴：

以为君能受教，故前日批答来件，不觉言之过长。今读来书，反责我误会，适更证明其一知半解之实也。所拟之件，在于今日中国之人心，必无成事。知其不成而必欲一试，是出风头也。若不知之，则愚也。以二者揆君，其后近似；而前日以前拟君，诚误矣。

君反对外资，以为美、英两国不能为我法，不知此二国在百数十年前，尤穷尤弱于我也。此两国离我太远，或为君所未知。今更以近者言之，日本也，暹罗也，又当如何？日本以外资外法，数十年一跃而为强国矣。暹罗则更穷更弱而且愚，三十年前，尚入贡于我，倚为上国；最后一次之贡使为海盗所劫，始知中国无保彼之能力，而翻然以外资外法开发其国之利源，今居然成为亚洲之完全独立国矣。是知虽弱国，假资亦无害。而安南、高丽则向来反对外资外法也，今如何？我之以君为一知半解者，则以君不知外资为何物也；又以君以外资必由政府借也，不知外资不尽指金钱。若金钱则我亦有之，何必更待乎借？中国今日所缺之资本，非金银也，乃生产之机器也。欲兴中国之实业，非致数十万万匹马力之机器不可，然致此机器，非一时所能也。经济先进之国，以百数十年之心思劳力而始得之；经济后进之国，以借外资而立致之，遂成富国焉，如美国、英国是也。今日欲谋富国足民，舍外资无他道也。若如君之意，必排外资，则必我自造一切生产之机器矣。然自造之，亦当需机器乃能造机器，此机器之母，必当购之外国矣。以其高利之金钱，而购此机器，不如以低利而借此机器之为愈也。如人人能明此理，知借外资即借机器耳。中国四万万〈人〉，若每人需十匹马力之机器以代劳，而作生产之事业，则全国需四十万万匹马力之机器。若借外资，则十年便可达到目的；若欲得资自造，则数百年恐不能致也。汉阳铁厂已开办二十余年矣，能造出机器几何？每年所出之猪铁数十万吨，尚要运销于出铁三千万吨之美国，是可知欲谋实业之发达者，非谋其一端则可成效也，必也万般齐发，始能收效。然欲其万般齐发，非一二银行所能为力，亦非一二工厂所能为功，必也广借外资（即多赊机器），以开发种种之利源，互相挹注，互相为用，乃能日进千里，十年之内，必致中国于美之富、于德之强也。如是，则美、英、日、暹罗等国不得专美于前矣。

然而能致此者，必先在知识。若知识高远透切〔澈〕，则知外资非独金钱能借，非独官场当无经手回扣之弊矣。能知此，则不排外资，人人欢迎外资，则必能要求政府立公平之法律以保护之，则官场不能垄断回扣矣。如是中国乃有富强之希望。若君之一意排外资，真义和团之思想耳。谓为一知半解者，此也。

孙　文

据《国父全集》第三册（转录史委会藏影印原件）

复金汉鼎函

（一九一九年十月一日）

年来国变纷纭，兄等驰驱戎马，备极辛劳，而持义不懈，尤为难能。文虽远处沪上,而想今之怀,未尝不时耿耿也。顷接手书,深慰远念。

时事方艰,正豪杰立功救国之际,望贯彻主义,克竟闳业,以副想望。兹寄上《学说》一册,尚希察收为荷。此复,并颂

毅祉

据《国父全集》第三册(转录史委会藏《复信撮要》)

致卜舫济函[*]

（一九一九年十月三日）

上海圣约翰大学

我亲爱的卜博士:

持信人是我的中文秘书邵元冲先生,他想赴美攻读政治学。虽然他几年前才在浙江省立大学英语系毕业,但是在他能进美国大学之前,有些课程他是欠缺的。因此,我坚持劝他到圣约翰大学做好必要的补课准备。为了这一目的,我写信给你,请接见他和给他特殊照顾和方便。

对你的宽待好意不胜感激并向你问好。

你真实的朋友孙逸仙(签字)
一九一九年十月三日于莫利哀路

二十九号

据汤志钧寄赠上海社会科学院藏英文原函影印件译出(张磊译)

---

*　卜舫济,原名弗朗西斯·利斯特·霍克斯·波特(Francis Lister Hawks Pott),美国圣公会牧师。一八八七年至一九三〇年任上海圣约翰大学(初名约翰书院,一九〇二年改称圣约翰大学)校长。

在上海青年会的演说 *

（一九一九年十月八日）

今天承青年会干事的预约，得与诸君相见，是很愉快的事。"改造中国之第一步"这个题目，是主人所定，事前没有同兄弟商量，所以只能就题发挥了。

十月十号是中华民国国庆的纪念日，青年会提前两日庆祝，兄弟得身与盛会。但今日亦可认为国庆日，因武昌搜获党人名册、穷捕党人、拘杀三烈士的一日，正是八年前的今日。十月十日的成功，全靠有八日的牺牲。如满清当日不竭力压迫，革命爆发或不能如此之速。革命成功已经八年，何以到今日还有"改造中国"的名词？因当时已推倒了满清的政府，其他关于建设上种种绝对没有着手，所以今日还不能不讨论改造中国的方法。

为什么要改造呢？因现在中国政治非常腐败。至于改造方法应从何处着手？有人说，教育是立国的要素。但我们若致力于教育事业，一般官吏非特不能提倡，且必来设法摧残。假使我们培养一个青年，费巨额金钱，俾受一种完全教育，官吏有时竟因嫉视新人物的心理，置诸死地。

又有人说，兴办实业，救多数人生计的困厄。奈官吏非特不能提倡奖励，且对于较大之公司或开矿事业等，必先得多数贿金，才许给照开办。辛亥以后，多数华侨热心回国经营实业，因官吏索贿过重，致中途灰心。从这点看，从实业上改造起，也是没有希望的。

又有人说，立国根本在人民先有自治能力，所以地方自治为最

---

　　*　此系孙中山在上海青年会举办的中华民国国庆庆祝会上的演说。

重要之一事,现应从一乡一区推而至于一县一省一国,国家才有希望。但现在官僚,何尝愿意人民有自治的能力?大家只须看各地方自治经费统被他们挥霍尽净,致自治不能举办。

以上三种,固是改造中国的要件,但还不能认为第一步的方法。第一步的方法是什么?在兄弟的意思,只有革命。革命两字,有许多人听了觉得可怕的。但革命的意思与改造是完全一样的。先有了一种建设的计划,然后去做破坏的事,这就是革命的意义。譬如我们要建筑一新屋,须先将旧有的结构拆卸干净,并且锹地底,打起地基,才能建筑坚固的屋宇。不这样办去,便是古代的建筑方法,不适用于今日。八年以来的中华民国,政治不良到这个地位,余〔实〕因单破坏地面,没有掘起地底陈土的缘故。地底的陈土是什么?便是前清遗毒的官僚。

中国国家腐败到这点,是不是革命的罪恶?不是的。革命破坏满清政府以后,一般人民每訾谓只有破坏的能力,没有建设的经验,所以一般议论都希望官僚执政。如袁世凯时代,几乎大家说非袁不可。革命党自审中华民国主权属于国民全体,既舆论说非袁不可,只好相率下野,将政权交与官僚。八年来造成官僚与武人政治的原因,就在这一点。

现在国内的政治,比较满清的政治进步也没有?依兄弟看来,满清的政治犹稍愈于今日,一般人民在满清政府下,比今日尚觉自由。如现政府的滥捕滥杀良民,在满清政治专制时代还没有发见。如现武人官僚的贪婪,亦较满清时代为甚。兄弟记得清代某粤督于一年内搜刮得一百多万,人已诧为奇事;由今日看来,象督军、师长等有一年发财到数百万的,有数年发财到千余万的,方见贪婪的风气比前清倍蓰了。我们因满清政治不良,所以要革命;但革命的结果,所呈的现象比满清尤坏。这个原因,不是革命党的罪,是前清遗毒——武人与官僚的罪。

我们既经要改造中国,须造成一灿烂庄严的中华民国。象工程师建筑伟大房屋一般,须用新的方法去建筑。新方法的建筑,便是上层越高,打地基须越深,所挖出的陈土须远远搬开。这陈土便是旧官僚。

满清时的武人,是受文官节制的,就是一个提督,他也不敢侵犯州县官的职权。如武官有不法行为,满清亦能照律严办。试问现在的北京政府,有这样的魄力么? 依兄弟看来,要免一个师长、旅长的职还不敢呢! 所以要改造中国,武人便是陈土的一种。

前清时代的土豪,包揽词讼,鱼肉乡里,还不敢公然出头。现在的政客,居然白昼现形,挑拨武人,扰乱国政。武人所有种种的不法行为,都由政客养成。因武人的脑筋是狠简单,作恶的方法还不能设想周到。试看北张南陆①,他们本来是个草包,经政客教唆,才发明种种捣乱方法。所以政客便也是陈土的一种。

照这样看,要建筑灿烂庄严的民国,须先搬去这三种的陈土,才能立起坚固的基础来。这便是改造中国的第一步。兄弟狠希望到会诸君,大家要怀抱这精神去改造新中华民国。

据上海《民国日报》一九一九年十月九日《孙中山先生〈改造中国第一步〉演说》

中国国民党通告及规约

(一九一九年十月十日)

通　　告

启者:本党规约及海外总支部通则、海外支部通则,为时势变

---

①　北张南陆:指张作霖和陆荣廷。

迁,由本部提出改正案,经长时间审议,多数可决,业于民国八年十月十日公布施行。颁寄各总支部、各支部、各分部,务祈各按照新章组织。从前所有中华革命党总章及各支部通则,一律废止。所有印章、图记,一律照本规约所定,改用中国国民党名义,以昭统一,而便进行。除由本部赶制颁发外,特此通告。

中国国民党规约[①]

第一章　总　　纲

第一条　本党以巩固共和、实行三民主义为宗旨。

第二章　党　　员

第二条　凡中华民国成年男女,与本党宗旨相同者,由党员二人介绍,并具愿书于本党,由本党发给证书,始得为本党党员。

第三条　党员入党时,须纳党金十元。

第四条　凡中华革命党党员,皆得为本党党员,以中华革命党证书,领取本党证书,免入党金。

第五条　凡党员须遵守本党宗旨及一切规则。

第六条　党员得被选为本党职员。

第七条　党员得依本党各项规则,享有各项权利。

第八条　党员不得兼入他党。欲脱党时,须提出理由书于本党,并交还党员证书。

第九条　党员如有改变宗旨、违背规约,或以个人行为妨害本

---

① 原文脱漏第十三条,无考。本规约按条数有三十二条,实则三十一条,据其内容似将"第十三条",误写为"第十四条"。

党名誉者,经干事会公议后,由本党宣告除名。

第三章　机　　关

第十条　本党设本部于上海,总理全党事务。

第十一条　本党设总支部、支部、分部于国内及海外华侨所在地;其总支部之应设地点,由本部定之。

第四章　职　　员

第十二条　本党设总理一人,代表本党,综揽党务。

第十四条　本党本部设各部如左:

　　一、总务部;

　　二、党务部;

　　三、财政部;

　　四、其他各部于必要时得增加之。

第十五条　各部设主任干事一人,总理各该事务;副主任干事一人,辅助主任干事处理各该部事务,主任干事有事故时,得代理其职;干事若干人,由主任荐任,管理各该部事务。

第十六条　总务部之职务如左:

　　一、掌理本部机要;

　　二、管理本部庶务;

　　三、接洽海外总支部、支部、分部;

　　四、办理不属他部之事。

第十七条　党务部之职务:

　　一、主管党员入党事务;

　　二、保管党员愿书及册籍;

　　三、调查党员履历;

四、招待来宾；

五、传布主义。

第十八条　财政部之职务如左：

一、管理本党度支；

二、接收总支部、支部、分部党捐及义捐。

第五章　职员之选举及任期

第十九条　总理由大会选举之。

第二十条　各部主任干事及副主任干事，由总理任定，任期二年。

第六章　会　　议

第二十一条　本党每年开大会一次；其有临时特别重大事件，由总理征集临时大会决之。

第二十二条　大会之议决权，依左列之规定，其选举权数，与议决权同：

一、海外各分部不满五百人者，有一议决权；

二、海外各分部过五百人者，有二议决权；

三、海外总支部及各支部不满二千人者，有三议决权；

四、海外总支部及各支部过二千人不满三千人者，有四议决权。

依此递推，每增一千人增一议决权；但一部分不得过十议决权。

第二十三条　本部为保持事务统一，得由总务主任干事随时征集各部干事或各部主任干事会。

第七章　党　　费

第二十四条　本党党费,以左列各款充之:

一、党员入党金;

二、党员常年捐;

三、党员特别捐;

四、借债。

第二十五条　党员入党金作为本党基本金,非于本党必需时,由总理支拨,不得使用。

第二十六条　党员常年捐一元。

第二十七条　本党遇有特别应办事件,得由总理向各党员募集特别捐;但不愿募者听〈便〉。

第二十八条　本党如急需巨款或党费不敷时,得由总理以本党所有财产作抵,或由党员作保,借款充用。

第二十九条　本党财产应按月由财政主任干事造具清册,汇齐报告大会及海外各支分部。

第八章　附　　则

第三十条　本部与各总支部、支部、分部之关系,另以规则定之。

第三十一条　本规约经职员二十人以上或党员四十人以上之提议,大会半数之可决,得修改之。

第三十二条　本规约自公布之日施行。

据邹鲁编《中国国民党史稿》(商务印书馆一九三八年第一版)

八 年 今 日

（一九一九年十月十日）

今日何日？乃革命党员熊秉坤开枪发难、清朝协统黎元洪被迫效顺而起革命军于武昌之日也。随而冯国璋焚烧汉口，随而袁世凯病起彰德，皆欲效忠异族，残杀同胞，而剿灭革命军者也。无如党人遍布，国中响应四起，遂致清朝江山，不可收拾。于是而南北和议之局开，于是而非袁莫属之论起。时予方在伦敦，从事于外交问题之解决，正当着着得手，举世同情，乃屡促共和国体之速定，正式政府之成立，欲乘时要求友邦之承认。乃迁延两月，头绪全无；加以远闻国人尚有主张清帝之君宪者，予深恐革命大功，亏于一篑，故不得不舍外交之良机，而奔驰回国，以挽危局而定国本，于是草创政府于南京，而共和国体乃定焉。维时官僚之势力渐张，而党人之朝气渐馁，只图保守既得之地位，而骤减冒险之精神；又多喜官僚之逢迎将顺，而渐被同化矣！以是对于开国之进行，多附官僚之主张，而不顾入党之信誓。三民主义、五权宪法，悉置之脑后，视为理想难行。甚至革命党二十年来以先烈之血所沃成之青天白日国旗，亦不得采用，乃改为海军旗，而反以清朝一品武员之五色旗为国旗矣。此又何怪今日之民国，竟变成亡国大夫之天下也。当时予以服从民意，迫而牺牲革命之主张，不期竟以此而种成今日之奇祸大乱也。呜呼！此诚予信道不笃，自知不明之罪也。倘能排除众议，独行其志，岂有今日哉！

今日何日？正官僚得志，武人专横，政客捣乱，民不聊生之日也。追源祸始，则政客实为万恶之魁。或曰："政客不死，祸乱不止。"至哉言乎！盖官僚武人,不过政客之傀儡而已。官僚虽恶,其中非绝无醇厚之儒;武人虽横,间亦不乏尚义之士。惟政客则全为自私自利,阴谋百出;诡诈恒施,廉耻丧尽;道德全无,真无可齿于人类者。政客！政客！尔之作恶,已八年矣。多行不义必自毙,国民之公论,将不容尔矣！尔尚有畏祸而生悔心乎？放下屠刀,可以成佛,否则无及矣！官僚武人,尔能觉悟否？夫尔辈多清朝臣仆,在清朝之时,尚不敢如此作恶专横;今为民国公仆,何反跋扈若是？须知尔清主有二百六十年根深蒂固之基,犹有一朝覆亡之祸,尔非如此源远流长,将何所恃而不恐？若早悔祸,效忠民国,犹望可保善终也;否则尔之绝地逼近矣。

国民！国民！公等已深受痛苦八年矣。何以于痛苦流离之今日,犹思纪念而庆祝也,得毋以此为革命军首义之日耶？然而革命军起矣,民国由之立矣;但革命之事业,尚未成功也,革命之目的,尚未达到也,尚有待于后起者之继成大业也。

民国由革命而来,则凡今日承认民国者,必当服膺于革命主义,黾勉力行,以达革命之目的,而建设一为民所有、为民所治、为民所享之国家,以贻留我中华民族子孙万年之业,庶几今日乃有可庆祝之价值也。

据上海《晨报》一九一九年十月十日

中国实业如何能发展[*]

（一九一九年十月十日）

吾国今日之困难,莫不知为实业不振,商战失败。二三十年以

---

[*] 此文具体日期不明,今所标时间系上海《民国日报》附刊《星期评论》发表日期。

来,外货之入口超于土货之出口,每年常在二万万以上。此为中国之最大漏卮,无法弥补,遂至民穷财尽,举国枯涸,号为病夫。爱国之士,悚然忧之,莫不以发展实业为挽救之方矣。然实业当如何发展? 鲜能探其本源,握其要领者。

美国之实业大王骆基化罗[①]曰:"发展实业之要素有四:曰劳力也、资本也、经营之才能也、主顾之社会也。"我中国地大物博与美同,而吾国农产之富,矿质之丰,比之美国有过之无不及。彼实业大王所举之发展四要素,劳力之人工,我即四倍于美国;主顾之社会,我亦四倍于美国;我国所欠缺者,资本也,才能也。倘我能得此两要素,则我之实业发达,不特可与美国并驾,且当四倍于美国[国]。然则欲图中国实业之发展者,所当注重之问题,即资本与人才而已。

何为资本? 世人多以为金钱即资本也。此实大谬不然。夫资本者,乃助人力以生产之机器也。今日所谓实业者,实机器毕生之事业而已。是故资本即机器,机器即资本,名异而实同也。倘金钱果为资本,则中国富室所藏之金块,与市面流用之银元,较之外国所有实不相下也,而何以尚有资本缺乏之忧耶? 且此次欧战,英、法二国多输送金钱于美以易武器,国内悉用纸币,市上无一金钱,然英、法两国之资本仍多于我也。以彼生产之机器犹存也。由此观之,迷信金钱为资本者,可以返矣。倘能知此,则欲解决资本之问题,易如反掌矣。其法为何? 曰欢迎外资而已,亦即欢迎机器而已。此回欧战各国以制造战用品而扩张之机器至千百倍于前时。今战争停止,其所扩张之机器已多投闲置散,无所用之。若我欢迎此种制造之利器,以发展中国之实业,正出欧美望外之喜,各国必

---

① 骆基化罗:今译洛克菲勒。

乐成其事,此资本问题之容易解决者。

　　至于人才问题之解决,则有二法焉:一为多开学堂,多派留学〈生〉到各国之科学专门校肄业,毕业而后,再入各种工厂练习数年,必使所学能升堂入室,回国能独当一面以经营实业,斯为上着。然此非十余年后不能成功,而当此青黄不接之秋,急者〔须〕治标,故二为广罗各国之实业人才为我经营创造也。此种人才,经此回欧战之后,多无用武之地者,在我能罗致而善用之耳。然资本人才皆有解决之道矣,则尤有重要问题者,即在我有统筹全局之计划,以应付此战后之良机,利用交战国之所生资本,熟悉人才,以开发我之宏大实业也。此予于《建国方略》中,特先草就发展实业计划一门。我有计划,则我始能用人,而可免为人所用也。此计划已先后载于《建设》杂志第一、二、三期中,且将继续刊之,以供国人之研究。

　　予之计划,首先注重于铁路、道路之建筑,运河、水道之修治,商港、市街之建设。盖此皆为实业之利器,非先有此种交通、运输、屯集之利器,则虽全其〔具〕发展实业之要素,而亦无由发展也。其次则注重于移我〔民〕垦荒、冶铁炼钢。盖农矿二业,实为其他种种事业之母也。农、矿一兴,则凡百事业由之而兴矣。且钢铁者,实为一切实业之体质也。凡观一国之实业发达与否?观其钢铁出产之多少可知也。美国为今日世界实业最发达之国,而其所炼之钢,每年四千余万吨,所冶之铁,每年亦四千余万吨,共计所产钢铁八九千万吨。以我国较之,所产钢铁不过二十余万吨,相差远矣。我国实业欲与美国之实业并驾,实非有如现在汉冶萍之铁厂三四百所不为功。然汉冶萍一厂,成本已千余万矣,今欲多建三四百厂,非有资本三四十万万不可。如此巨资,我国万难自集,则非借之外人不可,或有疑外人又安得如许之资本?不知所谓资本者机器也。

我欲说〔设〕大规模之钢铁厂,所需者皆机器与建筑之物料而已。我有所需,则外国机器厂加工造作而已。如战时所需之物料每日数万万,而各国之机器厂亦能供之,如是,则我国若以战时工作以开发我国实业,所需资本材料,无论至何程度,各国之机器厂无不足以给之也。且我所需者全在机器,我只先得一批之大炼钢铸铁机器,聘就相当之人才,以人才而运用机器,则我之机器亦可以生出无量之资本也。此所谓有者益有,其机器发达国之谓欤!吾国既具有天然之富源,无量之工人,极大之市场,倘能借此时会,而利用欧美战后之机器与人才,则数年之后,吾国实业之发达,必能并驾欧美矣。

惟所防者,则私人之垄断,渐变成资本之专制,致生出社会之阶级、贫富之不均耳。防之〈之〉道为何?即凡天然之富源,如煤铁、水力、矿油等,及社会之恩惠,如城市之土地、交通之要点等,与夫一切垄断性质之事业,悉当归国家经营,以所获利益,归之国家公用。如是,则凡现行之种种苛捐杂税,概当免除。而实业陆续发达,收益日多,则教育、养老、救灾、治疗,及夫改良社会,励进文明,皆由实业发展之利益举办。以国家实业所获之利,归之国民所享,庶不致再蹈欧美今日之覆辙,甫经实业发达,即孕育社会革命也。此即吾党所主张民生主义之实业政策也。凡欲达真正国利民福之目的者,非行此不可也。

据上海《民国日报》一九一九年十月十日《星期评论》

复宋渊源函

(一九一九年十月十二日)

顷接手书,知振饬军旅,日起有功,深为欣慰!又闻拟重新结合党人，以发展党势，切实进行，此诚今日切要之图。惟国民党分子太为复杂，非仍用中华革命党名义，不能统一号令，发扬革命原始之精神，兄如赞同是说，请即率先宣誓，以为闽中同志之创。至如何进行办法，望仍就近与汝为、礼卿、瑞霖诸兄妥商为荷。此复，并颂

近祉

据《国父全集》第三册（转录史委会藏《复信撮要》）

批居正呈文[*]
（一九一九年十月十三日）

呈悉。即委居正为总务主任，谢持为党务主任，廖仲恺为财政主任。孙文。

据《国父批牍墨迹》

与童杭时的谈话[**]
（一九一九年十月十四日）

改组军政府采多头政治，与民国约法规定元首政治，本为不合，且总裁多不到粤，虽派代表，对于办事进行，诸多困难。故余原始本不赞成，当拟辞总裁职，嗣缘国会议员诸多挽留，故不得不牺牲个人意思，勉遵国会多数意旨，表示不辞而已。至办事上，仍难积极负责。今两年以来，徒挂虚名，毫无实效，自问甚觉无谓。故

---

[*] 居正原函请委任国民党本部各部主任。

[**] 童杭时系广州世界和平共进会派赴上海挽留孙中山辞卸政务总裁的代表。童经孙中山接晤，返粤后，对和平共进会会员及国会议员作了汇报，传达孙中山谈话的内容。孙与童谈话日期不明，今所标系上海《民国日报》发表日期。

此种总裁,辞与不辞,殊无足轻重。现诸君恐政局上及制宪人数上,或受影响,以为余似灰心护法矣。孰知余并不灰心护法,且仍积极护法,必求贯彻主张然后已。即制宪人数决不致受影响。

　　盖余辞职有两种意思:一因国会议员前曾函推余赴欧美,余因著书未完成,旅费未筹足,故暂缓行。今著书已脱稿,一俟筹备旅费,即拟起程,对于世界各国说明我国国会完全恢复之必要,祈同为公道之主张;二因沪上和会将重开,余拟以国民资格要求和平提出一个条件,即国会必须完全行使职权,不得稍加限制是也。若仍挂总裁虚名,即倚一偏,诸多勿便,不如辞去,纯以国民资格较自由也。现承诸君仍再三诚挚挽留,余当又暂不再表辞意,以尊重国会及各方挽留者意旨。但在余看来,此种总裁,虽〔徒〕挂虚名,对于护法前途,实际上毫无裨益。

据上海《民国日报》一九一九年十月十四日《童杭时报告孙中山先生之谈话》

批游运炽函[*]

（一九一九年十月十五日）

答以俟大局定后,乃能着手此事。

据《国父全集》第四册(转录史委会藏原件)

复陈树人函[**]

（一九一九年十月十六日）

树人兄鉴:

　　迭接来函,并《布告录》两号,于加属近情,恍如目睹,并悉兄等

办理党事之勤劳，得获极优成绩，喜慰奚似。

　　爱国储金奖章，刻在印铸中，尚未竣工，一俟造就，当即寄上，希先告诸同志可也。

　　满地可①致公堂馈来金牌，昨十三日始得收到，故裁答稍迟。兹夹上道谢致公堂一函，请代转交。专此奉托，即颂

台安

　　并候诸同志近祉。

据《国父全集》第三册（转录《加拿大国民党布告录》第十八号
一九二〇年元月十五日刊，以下简称《布告录》）

在上海寰球中国学生会的演说 *

（一九一九年十月十八日）

　　今夜蒙招请到此演讲"救国之急务"。夫以民国成立已过八年之今日，何故尚须讲求方法以救之乎？则以中国今兹，正濒于最危之一步，所遇艰险，实前此所未尝有。内忧现已当前，外患时俱同至。在内则有南北交争，在外则有强邻危我国脉。故万不能不采一有力之方法以救吾国也。

　　吾人欲救民国，所可采者惟有两途：其一，则为维持原状，即恢复合法国会，以维持真正永久之和平也；其二，则重新开始革命事业，以求根本改革也。

----

　　①　满地可：今译蒙特利尔。

　　*　此演说词，据一九一九上海印本《孙中山先生在寰球学生会演说辞》，它与上海《民国日报》一九一九年十月二十一、二十二日连载的《孙中山先生在寰球学生会的演说辞》内容文字均有差异，后者作同题异文收附于后。

今先论维持原状。诸君知数月之前，以五国警告之故，上海既开和会矣，实际两代表间已将一切问题决定，惟有如何处置国会一层悬而未决。北方代表表示北方永不能允恢复国会，而促南方代表表示其对于此问题之态度；南方代表则答以此为孙逸仙之条件，故北方务必与孙氏直接磋商此问题。于是北方代表吴鼎昌君来见予，且言彼确知北廷意将拒绝我所要求，问予可否另出他种办法。当时予应彼所求，提出三项：

第一，军阀既已毁坏约法，夺去人民所握之主权，则务须以此权还诸建立此约法之革命党人之手；

第二，如军阀以为此主权本为以强力夺诸清室者，故不欲以还革命党人，则彼等尽可效法张勋，复以此权贡之清室，再演清帝复辟之事；

第三，若军阀意犹不欲，财亦可效袁世凯所为，僭称帝号，永握此权。

当时予问吴君："北方敢行此三事乎？"吴毅然对曰："否。"予曰："然则惟有恢复国会一途而已。"吴乃摇头告别。从此和会不复有声响，以至于王揖唐君之任命。今日诸君万众一心，以反对王揖唐之为北方总代表矣，而予实有所未解。人谓王揖唐既为吾人公敌，故吾人不欲其来与吾人会商，此其为论亦太轶常轨矣。以常理言，世间岂有与现为吾亲友之人言和之理，吾人尚须议和者，非敌人而谁？

王揖唐之来上海以前，彼尝使人来谒，问予对彼出为议和之人态度如何。予答其人曰："王若允我恢复国会之条件，吾当尽力为之助成其事。"及王离北京以后，南方全体起而反对，彼乃决留南京以避风潮；既而又遣人问予以进止。予答以王如真为决定国会问题而来，则可立来见我，我当以我一身负与彼完成和议之全责。王当来沪见予，予与彼乃就国会问题作坦白之长谈。王言彼已允准备诸新旧国会合同制定永久宪法。予曰："此非我之条件也，我之条件为恢复合法国会。"王答言："此乃无异彼方之无条件降伏，北方诸督军将强硬反对，而段祺瑞、徐树铮所永不允诸者也。"王氏既以诚求平和妥协而来，复问予有无他种办法。予复举前所告于吴者以告之，且言如此各种办法均不能受，则附从我着手于革命事业，为彼最善之途，亦即最后之途。王氏乃言彼将熟虑而后答我。

四万万同胞乎！救吾民国，惟有两途：一则维持予在南京三月为民国所经营之诸制度；一则从头再举革命之全事业而已。今者诸君须自决定其所愿欲，苟有所欲，必得成就。诸君或者自疑以为无力，但诸君须知，在中华民国约法上，诸君为此地上之主人，君等苟知所以用其力者，决不患力之不足。试观今次学生运动，不过因被激而兴，而于此甚短之期间，收绝伦之巨果，可知结合者即强也。如使诸君即时以正当方法结合，要求在国会政治之下回复诸君自己之权，吾敢断言诸君之必成功也。前此主张国会必须恢复者，仅吾及吾党少数人耳。以此当大多数之反对，独力支持，二年于兹矣。若诸君于此举足轻重之际，来助我主张，吾信北京政府从此不能更拒绝吾人也。如此，则真正最后之和平可得而致。予所谓维持原状者，即指此也。

如曰此非所可得致，则救国之业仅能出他一途，即重行革命是也。或者曰："革命何为？吾人于革命尚未厌乎？"夫一班人以为革命党人只知破坏，不知建设，此大误也。就吾党观之，只见其急于建设，不能待破坏之完成，所以无用旧物尚多留置，未经破坏；吾人虽革去满洲皇统，而尚留陈腐之官僚系统未予扫除，此真吾辈破坏之道未工之过也。吾人所已破坏者一专制政治，而今有三专制政治起而代之，又加恶焉。于是官僚、军阀、阴谋政客揽有民国之最高权矣。吾四万万同胞乎！诸君固民国之主人也。唤号天下，驱除此丑类者，匪异人任，诸君其已有驱除之决心乎？

诸君或亦有言吾辈未尝有所藉手，则辛亥前事，去今不远。诸君当数日前，不尝为民国八周年之庆祝乎？当时武昌炮工营同志，知逮捕将及，冒死起义，熊秉坤君首先发难，遂破满族钳制。熊君告予：当是时，义军惟从退伍之一军官得子弹二盒，其他新军被嫌疑者之子弹则已悉缴去矣。尔时革命党人物资缺乏，岂今兹可比，然而诸君得年年为此双十节之庆祝，固知藉手不在多也。

今日南方为护法而战之真正爱国陆军有十五师。此爱国军队不受彼营私之督军及高级长官命令，惟待人民之指挥。所以当吾发起此次护法战争、声讨北方叛贼之时，南方军阀力阻吾谋。吾之为护法事业也，托根广州，而广东督军即忠事北方，群贼闻吾计划，彼立反对；然而以军心向义，彼卒无如我何也。及护法战争有利，南方军阀始群来参与；而又提议牺牲旧国会，以求遂分赃之愿。北方所以敢于坚拒恢复国会之主张者，正以其深知南方军阀随时可以欣然同意于叛去国会之计划耳。

四万万同胞乎！如欲采第二步，则须早定之矣。吾人在南方至少有爱国军队十五师，专候国民之指挥，即在北方亦至少有五师之众，专候诸君之指挥。诸君何必以无力遂行诸君之志愿为忧哉！

今者二十一条款暨他密约，已为北方篡窃之徒所允，危难即在目前。诸君亦既要求废约矣。但试问：此等军阀已完全为要求此卖国条约之势力所支配，如何尚能废约？就使约为彼所能废，抑且以诸君之要求，彼亦不敢不废。而诸君已将自己固有之权抛弃，反以缔约废约之权力付与北方篡窃之人，此其失计，诸君尚未之知耶！前门拒虎，后门进狼，未见其益，先受其害矣。诸君当知缔约、废约之权，本属国会，故以全权还之国会，即诸君之所求，无不可得。如使国会不能恢复以从事其本来之职分，则惟有重新革命，以尽去此篡窃之人，同时荡涤一切旧官僚腐败之系统，而此条约亦当然否认矣。吾信诸君必能见及如何而始可救国。

国民乎！君等民国之主人也。君等以命令授吾人所当行，予敢确言君等之最上要求，必可得如愿以偿也。

据《孙中山先生在寰球学生会演说辞》(上海一九一九年印本)

附：同题异文^{*}

今晚演说的题目，叫做"救国之急务"。中华民国已经八年了，为甚〈么〉现在才来说救国的话呢？因为现在中华民国实处于最危险的地位，内忧外患，交迫而来。八年以来，那般腐败官僚，跋扈武人，无耻政客，天天"阴谋"、"捣乱"、"作恶"、"卖国"，把我们中华民国的领土、利权，不晓得送掉多少。我们国家危亡的景象，就没有如今日之甚了。所以，我们不赶紧去救它，我们中华民国就快亡了。

兄弟救国的办法有二：一是维持现状，一是根本解决。什么叫做维持现状呢？我们要晓得中华民国的主权，系在国民全体。国民人数众多，不能人人出来处理国家职务，于是乎有代议制度，由国民中选出代表，组织国会，再由国会产生出一个政府。这个国会，是我们国民的保障，是我们民意的总汇，替我们创造法律，替我们监督政府的。中华民国有这个国会，中华民国才能算存在；没有这个国会，中华民国就不能存在了。有这个国会，我们国民的地位才能够保存；没有这个国会，我们国民的地位就不但不能保存，而

　　＊　原文中有多处"中略"和省略号，今保持原样。

且要回复他旧日奴隶的地位了。

自从前年督军团造反，北方的武人把我们国民组织的国会，用强力解散它，僭夺我们国民的主权。兄弟于是乎首倡护法，和北方打仗，南方各省也相继响应。当时国民当中也有狠多不赞成我的主张，说我不应该再来破坏的。其后护法的目的还没有达到，内而国民不愿再战，要求讲和；外而五大强国出来劝告，希望南北早日和解。兄弟原来是爱好和平的人，今国民全体既不愿战，而外交团又来劝告，故当日曾郑重对内对外宣言，我们议和的唯一条件，就是恢复国会，随它自由行使职权。北方武人倘能办到这条，南北就马上可以统一了。

其后上海开了和平会议，足足议了数月。所有南方要求的条件，如副总统让给南方，如总长若干人，督军省长若干人，借款若干千万元，北方都一一答允的。唯恢复国会这一条，就不能答允。故此和会就破坏了。其后北方又屡次派了许多代表来，问兄弟的意见，如何才可以和。兄弟答他，除了恢复国会，自由行使职权之外，没有办法。随后又有一北方分代表吴鼎昌走来问我，恢复国会是狠难办到的，除了这个国会问题之外，还有办法吗？兄弟原来是好和平的人，想了一顿，就对他说，北方果有诚意讲和，我还有三个办法。他就欢天喜地的道，这三个办法是怎样？兄弟说，中华民国是由革命党人造成出来，兄弟是创造民国之一人，我们革命党人把满清的统治权夺了过来，再由我们党人将这个统治权交给四万万国民掌理。于是在南京制定约法，组织国会；约法由党人所制定，国会由约法所产出，这个约法是国民做主人的凭证。没有这个约法，国民的地位就不能安全，中华民国就不能存在。现在北方既然不要这个约法，就是不愿意将中华民国的统治权交给国民全体，你就应该将这个统治权给回我们革命党人。因为买物必须出本钱，今北方既经取回这个物件，自应将本钱给回我们，才能算公平。现在兄弟要求你们把这个民国的统治权，交回我们民党，北方可能办到吗？吴说不能。兄弟就说，我老早晓得这个办法，是不能办到的，因为你们可以说，你们革命党的民国统治权，系从满清手中抢来的，孙文不过是一个强盗，原来何尝有这个统治权呢？既然这样说得好，第二个办法，你们就应效张勋的复辟，把这个统治权给还满清，再捧宣统出来。北方能够办到这个办法吗？吴说，段芝泉是赞成共和，攻打复辟的，这个办法，万万做不到。兄弟就说，你们既不能把这个统治权交还革命党，又不能交还满清政府，我还有第三个办法，是你们狠容易做得到的。吴说，这个办法又怎么样？我说，你们有许多兵在手，能够自家称王称帝，再造一个洪宪或什么皇帝出来吗？他说这更不能办到。兄弟说，这三个办法都不能做到，就没有议和的余地了。

南北议和，兄弟本来是绝对反对的，但是国民要和，五大强国又来劝告，兄弟既然是酷爱和平的人，自然要想出这个维持现状的法子，来救这个国家。维持现状的法子，就是南北议和，赶快把这个国会恢复起来，令他自由行使职权。我们议和的唯一条件，就是这个国会问题。南方武人政客，虽有种种的要求，几多个督军，几多个省长，几多个三省巡阅使，几多千万元借款，北方都能答应。但是兄弟的主张不能答应。南北武人纵能彼此分赃和了，兄弟是不和的。从前外交团曾来劝告，他说旧国会期限已满，要我牺牲恢复国会的主张。兄弟说，这回护法战争，完全是因为北方武人用强力解散国会而战争，国会一天不恢复，南北一天不能妥协的；外交团倘不依兄弟的主张，或者要帮助北方来平伐我们，我们纵使到死，那良心断不能平服的。须知我们拚命力争国会，并不是替议员争饭碗，争权利，完全为我们中华民国争公理，为我们国民争国民

的地位。（中略）

　　现在北方又派王揖唐来议和了。但是南方因为人的问题，竭力反对他，不敢和他议和。兄弟实在不懂得他们的用意。上海各界人士，也跟着反对他，兄弟以为有点不对的地方。我们要晓得，现在南北是处于战争的时代，彼此都是敌人，才有议和的事情发生。若然南北都是朋友，就没有和之一字了。故我们对于敌人派来的代表，无论他派谁来当代表，我们只可问他的条件如何，不能因人的问题而反对他的。现在南方想要他改派别人，就令他能够再派别人来，或者系比王揖唐更坏的，你又怎么样呢？但北方偏又不改派别人，所以王揖唐来了几个礼拜，这个和议就不能开。既然这样，我们国民前几个月为甚〈么〉天天要求议和呢？我们要晓得欧洲战争几年，联合国①认德国是敌国，所以去年讲和要向德国讲和，并没有说德国是最野蛮没有公理的敌人，拒绝和他讲和的。故此我们认北方是敌人，就应该不论敌人派什么人来作代表，我们都可以同他讲和的。（中略）

　　主张北方答允国会自由行使职权，是兄弟于前几月议和时一个人提起的，当时国民当中，并没有一人提及这事。我们要晓得同北方议和，仅提出这唯一条件，就可以达我们护法的目的。其他取消什么密约，什么军事协定，什么秘密借款，我们都可不必要求他的。因为一切与外国订立条约和借款，都要经国会通过，才能发生效力，系中华民国约法上明明规定的。国会能够自由行使职权，那些一切卖国密约，亡国借款，国会自然要取消它的。我们如果仍然要求他取消那种密约，我们岂不是承认非法政府有订立密约的权吗？因为他能够取消密约，自然能够订立密约了。（中略）

―――――――

　　①　原文如此，即协约国。

　　王揖唐到上海第三天，就来兄弟处，问我议和的条件。兄弟答他，我议和的条件并无他种，仅一国会自由行使职权，汝倘能答允这条，今天和议就可成立。他答这条是难办，因为我若答应你这条，岂不是我来向汝投降吗？于面子上颇觉难过。兄弟答他，这并不是投降，记得武昌起义时，段芝泉尚为清朝将官，领兵攻打民军，后来他竟要求清帝退位，赞成共和。若说投降，段氏已经做过一次；你如果答允这个办法，我只说你赞成我的主张，何尝见得是投降呢？他说，除了这个办法，还有其他办法吗？兄弟就把前几个月对吴鼎昌说的三个办法说给他，他说这三个办法都做不到，问再有别法没有？兄弟说，你既然想不要国会，来和我议和，我也有不要国会的议和办法。他说，这个办法又是怎么样呢？兄弟说，国会是民党做成出来的，北方若不要国会，就应该来和我一气〔起〕，再来革命，从根本上来解决这个时局；因为革命党从前出来革命，既无军队，又无枪炮，都是几十个人出来拚命的。北方武人，现在既有兵权在手，如果能够抽调两三万军来和我革命，那就没有不能统一中国的道理。这个办法，北方可能办到吗？他说，这个办法，可以商量。他答应商量这个办法，到今尚没有回信，大概还没有商量清楚。（中略）

　　但是，我们晓得救国的急务，只有这两个办法，我们应该认得清楚，如果还要和平，就应该从速促成和议，维持现状。王揖唐在北京临行时，曾经宣言这次南下议和，对于法律上大可以让步的。他对于我的主张恢复国会，只说难办，并没有拒绝。这条办法，还有多少希望，据兄弟的推测，大概已有一半成功。不道〔过〕提出恢复国会这条，只兄弟一人主张，恐无十分效力，诸君如果能够赞成这条，最好由上海各界发起，引起各省赞成。全国的舆论都是要求恢复国会，那北方政府就不敢不顺从民意了。诸君要晓得这个办法,是最公道的办法,如果能够做到,我们护法目的,就可以达到。如果不照我的主张,听从南北武人、官僚、政客,彼此分赃议和,北方政府答允他们督军、省长,答允给他们借款几多千万,这个负担,是向谁人出?岂不是又来横征苛敛我们国民吗?况且这种分赃的议和,兄弟是绝对反对,他们纵能和,而我决不肯和的。(中略)

兄弟既无官守,又无言责,为其敢说北方倘能答允我恢复国会自由行使职权,就能够担任和议成功呢?因为兄弟晓得南方的主张,是主张公理的。兄弟虽无拳无勇,惟这个恢复国会的主张,是狠合公理的。既合公理,这个公理就可以战胜强权了。今晚在这块演说,这个地方是环球学生的主脑机关。前回"五四"运动,就是几十个学生,能够把三个卖国贼革了去。故是兄弟狠希望诸君从今天起,要全国国民一致的主张恢复国会,那北方的武人官僚,就不敢不服从了。……维持现状若干不来,就要行根本解决了。(中略)

民国元年那一班革命党人,以为把满清政府推倒,就算革命成功了。这就是没有根本解决的觉悟,所以闹成今日这样田地,其实革命仅做了一半功夫,还没有大成功。试看冯国璋是火烧汉口的,徐世昌是清朝的太傅,他们居然来掌理我们民国的统治权,这个民国怎能够弄得好呢?民国初年的时候,一部分民党和一般国人都说革命党只有破坏的才,没有建设的才,于是把这建设的事业,付托那般腐败官僚,说他们有经验,革命党没有经验,倡起非袁莫属的论调来,所以弄成二次复辟。其实民党的建设力狠大狠大,兄弟在南京三个月,已经把民国八年间的基础,弄得狠巩固,无论经过袁氏称帝,张勋复辟,到现在那些官僚武人的公文上,仍旧照书民国八年,没有人敢说把它改变些少。这不是民党建设的能力吗?如果民党能够操政权八年,恐怕没有弄成今日这个样子咧。(中略)

根本解决的办法,怎样去做呢?南北新旧国会,一概不要它,同时把那些腐败官僚、跋扈武人、作恶政府〔客〕，完完全全扫干净它，免致它再出来捣乱，出来作恶，从新创造一个国民所有的新国家，比现在的共和国家还好得多。这就是根本解决的办法了。（中略）

救国的方法，就是这两条。请君要把这两条认定清楚，看哪一条可以做得到，就要积极去做。诸君莫怕无拳无勇，不能抵抗武人的枪炮。要知民意和公理，到底定能打倒强权的。好像"五四"的运动，卖国政府也怕起来，把三个卖国贼赶掉去。这就是诸君的公理打倒强权的明证了。若要论枪炮，武昌起义的时候，是革命党的熊秉坤首先开枪发难，当初不过仅得几十根枪，一百颗子弹，就夺得了武汉。陈其美在上海发难，也不过几十人，就夺得上海了。现在以兄弟看起来，北方觉悟的军队，总有三四师人，南方的军队，除了强盗游勇式的军队不算，有训练、有教育、有国家思想的，不下二十师。从前几十个革命党，尚可以把满洲政府推倒，现在有二十五师，难道不能创造一个最完善的新国家吗？这二十五师人，都是从陆军学生出身，现在都已觉悟了。他们心目中，长官的命令不听的，督军的命令也不听的。究竟他所听的命令是谁人的命令呢？就是要听我们国民的命令。诸君如果救这个国家，要从根本上去解决，发这个国民的命令，兄弟可担任南北二十五个师的军队，帮助诸君去创造那个最完善的新国家。

据上海《民国日报》一九一九年十月二十一、二十二日
《孙中山先生在寰球学生会的演说词》

复田应诏函

（一九一九年十月十八日）

顷李君来沪，备悉近状，并诵手书，深慰渴想。

　　湘西各军，年来赖兄提挈其间，苦心规划，始能固定基础，日就发展，远道闻之，每深神往。

　　晚近国事危殆，有加无已，而南北两方当道又皆营私乱法，为国民所公弃。此后彻底解决，仍在吾党诸同志共同努力乃有可为。兄以干济之才，负匡时之略，扶危定难，独抱远识。而湘西各军，秉承筹策，有指臂之效，此后澄清中原，惟兄是赖。望益努力不懈，联合各方，以厚实力，并与川中各同志联为一气，互相扶助，则呼应既灵，声势益振，一旦有事，即可左提右挈，一致进行，庶以荡涤瑕秽，奠定共和，完成年来护法之初衷，与我党救国之本愿，此文所深望者也。此间近况，除已面告李君外，特此奉复。军政贤劳，惟为国自重，并颂

毅祉

据《国父全集》第三册（转录史委会藏《复信撮要》）

《精武本纪》序

（一九一九年十月二十日）

　　自人类日进于文明，能以种种经验，资用器具，而抵抗自然。至于今日人智所发明者，几为古人梦想拟议所不到，盖云盛矣。然以利用种种器具之故，渐举其本体器官固有之作用，循用进废退之公例而不免于淘汰，此近来有识者所深忧也。

　　慨自火器输入中国之后，国人多弃体育之技击术而不讲，驯至社会个人积弱愈甚；不知最后五分钟之决胜，常在面前五尺地短兵相接之时，为今次欧战所屡见者，则谓技击术与枪炮飞机有同等作用，亦奚不可？而我国人曩昔仅袭得他人物质文明之粗末，遂自弃其本体固有之技能以为无用，岂非大失计耶？

我国民族,平和之民族也。吾人初不以黩武善战,策我同胞;然处竞争剧烈之时代,不知求自卫之道,则不适于生存。且吾观近代战争之起,恒以弱国为问题。倘以平和之民族,善于自卫,则斯世初无弱肉强食之说;而自国之问题不待他人之解决,因以促进世界人类之平和,我民族之责任不綦大哉?《易》曰:"慢藏诲盗,冶容诲淫。"《孟子》曰:"人必自侮,而后人侮之;国必自伐,而后人伐之。"此皆为不知自卫者警也。

精武体育会成立既十年,其成绩甚多,识者称为体魄修养术专门研究之学会,盖以振起从来体育之技击术为务,于强种保国有莫大之关系。推而言之,则吾民族所以致力于世界和平之一基础。会中诸子为《精武本纪》既成,索序于余,余嘉诸子之有先知毅力不同于流俗也,故书此与之。

中华民国八年十月二十日

据陈铁生编《精武本纪》(上海一九一九年冬出版)

复李国柱函

(一九一九年十月二十日)

顷接手书,知主义坚定,进行不懈,秣马厉兵,矢诚救国,闻之深为欣慰。

国事近日愈趋黑暗,非吾党同志具绝大之决心,努力奋斗,断无解决之望。兄所部既悉系湘中同志,尚望勤加训练,静以候变。待他日计划决定,自当即行通知,以收同力合作之效。湘中此时驻军,维持固属困难,然愿兄辛苦支持,坚忍以待,俾收最后之成功也。军务多劳,幸为努力。此复,并颂

日祉

据《国父全集》第三册（转录史委会藏《复信撮要》）

复廖奉恩函

（一九一九年十月二十日）

顷接手书，知掌教女学，诱掖后进，深为欣慰。

所商补助及任校董一节，以此间刻亦异常困难，实属爱莫能助，甚觉歉然。尚希奋勉不倦，俾女学前途，日进光明，庶收美满之效也。此复，并颂

教祉

据《国父全集》第三册（转录史委会藏《复信撮要》）

复廖德山函

（一九一九年十月二十日）

顷晤李绵纶兄，接读手书，备悉杨襄甫兄忽然逝世，故旧凋零，深为悼痛！望兄善慰其家属为荷。

所商培坤女校补助一节，以文此时异常困难，实属爱莫能助，尚希谅之。闻兄迩来尽力党事，奔走不懈，深感热忱。时事方艰，尚望再接再厉，努力救国。此复，并颂

近祉

据《国父全集》第三册（转录史委会藏《复信撮要》）

批廖奉恩函[*]

（一九一九年十月二十日）

答函嘉奖，但以非时，爱莫能助，惟望奋勉而已。

据《国父全集》第四册（转录史委会藏原件）

批梁柏明函^{**}

（一九一九年十月二十日）

代答：现尚无事可作，亦无力相助，惟期同志自谋生活，坚贞自持，以待时机可也。

据《国父全集》第四册（转录史委会藏原件）

批廖德山函^{***}

（一九一九年十月二十日）

答函悼惜杨君，并谢其尽力党事。学校现无从为力。

据《国父全集》第四册（转录史委会藏原件）

　＊　廖奉恩原函以创办女校，请任名誉董事及介绍绅商。
　＊＊　梁柏明原函请求资助。
＊＊＊　廖德山原函以杨襄甫去世，请协助抚育遗孤。

批黄孝愚函[*]

（一九一九年十月二十三日）

代答以先生现非设帐，无收门生之事。《学说》即寄一册，如能实力奉行，则胜形式多矣。

据《国父批牍墨迹》

批 彭 塈 函

（一九一九年十月二十三日）

代复，卅一日。答以文对于国会议员，只望各人本良心上之主张为国奋斗耳，余则悉听其自然也，请转布此意。李君为我道谢。

据《国父全集》第四册（转录史委会藏原件）

复□□与□紫云函

（一九一九年十月二十四日）

□□、紫云先生均鉴：

昨接九月十六日来函，内夹来英金汇票壹纸，志愿书八张，均照收到。该款英金肆拾捌镑壹拾陆元，请拨寄肆拾镑交林君子超收，以为捐助黄花岗建筑经费，补前次所捐不及叁佰元之数。昨照

---

　　* 黄孝愚原函表示，以南北议和决裂，"正组织大会"，"如北否悛改，南苟迁就"，将"分电各地，抗粮纳税，实行组织政府"，并表示"蓄志多年，愿列高足"。

汇得港银壹佰捌拾叁元贰毫,随即寄交林君收转,俾给一石碑以为纪念,而慰尊处同志崇拜先烈之至意。余款捌镑壹拾陆元,已交财政部入贵支部寄来党金志数矣。

党证八张,随函寄上,希照查收为盼。此复,并颂

均安

孙文　十月二十四日

据《国父全集》第三册(转录史委会藏原件)

批彭养光函[*]

(一九一九年十月二十四日)

代答以国会议员,应有凭良心以奋斗之责,惟自我视之,则随其自然而已。所说三策,下策乃为最上,其余不敢赞一辞也。

据《国父全集》第四册(转录史委会藏原件)

批粟无忌函^{**}

(一九一九年十月二十四日)

代答以时机尚未至,南方各部亦无事可办,未便介绍,当以守现局以俟时为佳。

据《国父全集》第四册(转录史委会藏原件)

---

　　* 广州国会议员彭养光原函称:军政府改组案已于二十二日正式通过,起草员亦已推定,惟改组方法尚未议定,奋斗此其时矣,望孙中山断然决策。并提出三种改组方法:务祈先生与胡汉民、廖仲恺、朱执信、居正在沪商议,迅速派人来粤共筹进行,急起直追,力争选举,上策也;次则务令先生一系之人,平分军政权,中策也;二者不得,则吾人将局面拆倒,此下策也。根据护法精神,孙中山作此批复。

　　** 粟无忌原函请求孙中山推荐任职。

致犬冢信太郎函[*]

（一九一九年十月二十五日）

自违教以来，时深想念。前闻尊体未安，甚为悬悬。

近得山田^①兄函，知犹未能霍然，海天迢递，系念何穷。兹嘱同志蒋介石专赴东京，敬候起居，想天相吉人，定能速奏勿药，以慰远怀也。至弟此间近状，亦由蒋君面陈一切。务望善为珍摄，俾得速痊，以副鄙望。专此奉候，并颂
道祉

据《国父全集》第三册（转录史委会藏《复信撮要》）

致寺尾亨函^{**}

（一九一九年十月二十五日）

自沪上违教以来，忽忽累月，每企德音，无任神往，想康强加胜，动止咸绥为颂。

兹因蒋介石君来东之便，特嘱其趋前敬候起居。至弟之近状，蒋君概能详之，可以面罄一切也。专此奉候。

据《国父全集》第三册（转录史委会藏《复信撮要》）

<small>* 此系孙中山派蒋中正赴日本慰问犬冢病况时所写的亲笔信件。</small>

<small>① 指一九〇〇年参加惠州起义牺牲的日本志士山田良政的胞弟山田纯三郎。</small>

<small>** 此系孙中山嘱托蒋中正赴日本之便访问寺尾亨的亲笔函件。寺尾亨曾经大力支持孙中山革命事业，一九一八年十一月十五日，曾在《日本实业》第十号上，撰文支持孙中山护法运动。</small>

致头山满函[*]

（一九一九年十月二十五日）

自违教以来，每深想念，海天迢递，比维道履安绥，康强加胜为颂。

兹因蒋君介石来东之便，特嘱其进谒台端，奉候起居。至弟此间近状，蒋君悉能详之，当能面述一切。秋风增凉，伏冀动定咸鳖，以慰遥念为荷。

据《国父全集》第三册（转录史委会藏《复信撮要》）

复王维白函

（一九一九年十月二十五日）

顷接尊函，并闳著《商法比较论》，又《法政学报》、《关税纪要》、《商人通例》各书，均感收悉。说理详明，推勘精审，允足津逮来学，三复之余，深为欣感。泱泱大风，当预祝前途之发达也。

据《国父全集》第三册（转录史委会藏《复信撮要》）

批吴忠信函[**]

（一九一九年十月二十六日）

答以汝为尚要在沪稍候各方面之重要消息。一有着落，当即

---

[*] 此系孙中山嘱蒋中正赴日本之便捎致头山满的亲笔信件。

[**] 吴忠信时任援闽粤军第二军军长许崇智（汝为）部支队司令，驻扎福建永安。原函报告军中情形并询许崇智回闽事。

赶回军中，各事望兄暂为主持可也。

孙文（十月二十六日）

据《国父全集》第四册（转录史委会藏原件）

批黎天才函[*]

（一九一九年十月二十七日）

答函奖勉，并告以近日情形，并查明有相赠过否，如无并寄一个〔张〕。

据《国父全集》第四册（转录史委会藏原件）

批焦易堂函^{**}

（一九一九年十月三十日）

觉生①代答以来信收悉，先生着代答云：国会行使职〈权〉，北京颇有赞成之意。如果有确实消息，先生当发通电主张，此时国会议员可齐到北京行使职权，则护法目的可算完全达到矣。否则必当重新革命而已。

据《国父批牍墨迹》

复林德轩函

（一九一九年十月）

近接九月五、二十日两次手书，均悉。

---

* 黎天才原函系陈述时局。

** 焦易堂来函报告广州军政府参众两院议决改组军政府，弹劾岑春煊等情，并请孙中山再出任总裁，"勉膺艰巨"。焦自广东发函是十月二十二日，到达上海为十月二十九日，批件标明"已复。卅日"。

① 觉生：即居正。

颜德基在川军资,亦异常困难,因熊锦帆既未有接济,该军军实概须自行筹措,拮据可想。兄部杨支队长所语向颜君处拨款接济一节,实碍难照办,望转告可也。

建光兄追悼一事,已由伊弟在沪与诸同志商同筹备,约不久可以举行,希勿为念。此复,并颂

近祉

据《国父全集》第三册(转录史委会藏《复信撮要》)

复曹俊甫王子中函

(一九一九年十月)

顷接九月廿一日手书,知绸缪补苴,维持军务,备极贤劳,远道闻之,岂胜怅念!然以陕局艰难至此,兄等犹能苦心支持,百折不挠,此则非义利之界至明,而具有莫大之勇气者不能。天下之事,莫不成于艰难困苦之后,但能打过此关,则前途必日顺利,望兄等始终努力坚忍以待而已。

所嘱筹款接济一节,甚思竭力设法,惟文个人近日异常困难,沪上又无从筹措,爱莫能助,深为怅然。特是近日政局异常复杂,各方酝酿之机,日加急迫,不久或将有变局发生,或能从此发生佳境,亦未可知。望弟等勉力维持,坚忍以俟,将来如有机可乘,自当竭力相助也。此复,并颂

毅祉

据《国父全集》第三册(转录史委会藏《复信撮要》)

复林德轩函

（一九一九年十月）

　　顷接手书,规划周详,深佩远识。

　　湘西各军,年来辛苦支持,始能有今日之基础,此皆兄与诸同志贯彻主张、努力不懈之所致。近日时局仍极晦冥,解决之期,犹难豫定。倘湘西各军能念唇齿相依之谊,推诚联合,成一大团体,并与川中诸同志联为一气,则呼应既灵,声势益振,一旦有事,则可协同动作,一致进行,较之株守方隅,人自为政者,其得失利害,相去何啻霄壤,此兄等所宜亟筹之者也。

　　凤丹①兄老成干练,文所素知,兄既与同袍泽,必能相得益彰,望益努力不懈,贯彻主义,以完吾党救国之责,文能力所及,自当勉为后援也。此复,并颂

毅祉

据《国父全集》第三册(转录史委会藏《复信撮要》)

复洪兆麟函 [*]

（一九一九年十月）

　　日前接手书,并承惠建兰皮篋诸件,深感盛意!

　　日来国内时事,仍极晦昧,欲求根本解决,仍赖吾党同志以不

---

①　凤丹:即田应诏。

*　此系孙中山复援闽粤军陈炯明部支队司令洪兆麟勖整军备战函。

屈不挠之精神,抱最后之决心,庶犹有可为。兄持义素坚,尤望益励不懈,时时为可以作战之准备,俾日后方略一定,即可努力前驱,尽吾人救国之天职也。

近日国内群众心理,似渐有觉悟之象,前途形势,当可渐趋光明,吾人有最后五分钟之奋斗而已。军政贤劳,惟为国自力,并颂近祉

据《国父全集》第三册(转录史委会藏《复信撮要》)

复伍肖岩函

(一九一九年十月)

近日药群兄来沪,接手书,备承注念,甚感。

大局近势固仍极晦冥,然国民心理似已渐有觉悟,此后一线光明或当由此而日趋发扬也。至吾党同志年来兴师目的既为护法,则此后当贯彻护法主张,不屈不挠,以求最后之胜利。兄持义素坚,尤望本斯主张,努力不懈,以大义淬厉部曲,以作护法干城之寄,岂胜企望。

文近体无恙,堪以奉慰。维念军事贤劳,望为国自重。以〔此〕复,并颂毅祉

据《国父全集》第三册(转录史委会藏《复信撮要》)

复尹乐田等函*

(一九一九年十月)

日前接惠书,知两院于制宪事切实进行,甚佩毅力。国会之在

---

* 广州国会议员尹乐田来函报告国会参、众两院制宪情况和粤中局势。孙中山复函勖勉尹为正义职责奋斗。

南中，处风雨漂摇之势，所望议员诸君，能以不屈不挠之精神，为自身之奋斗，以正义为依据，而行使最高之职权；能如是则前途利钝虽不可知，而议员诸君光明正大之态度，将永为国民所称述，足以垂嘉誉于无穷矣。所望奋进不懈，努力前途，以慰斯民之望，幸甚。

　　文近专事著述，承嘱返粤一节，实未能如命，尚希谅之。此复，并候
公祉

据《国父全集》第三册（转录史委会藏《复信撮要》）

批伍毓瑞函 *
（一九一九年十一月十日）

　　作答云：桂贼不灭，民国不能生存。故救国必先灭贼而统一南方，然后乃能出师北上，力争中原。务望力作士气，以赴时机。

据《国父批牍墨迹》

致田应诏函
（一九一九年十一月十一日）

　　前李君来，奉到手书，当作复，自邮递上，计已达矣。

　　刻下湘西各事，想在积极进行中，护法前途，实为利赖。国事日怀〔坏〕，非自根本解决不为功。和议已不足道，此后救国惟恃最后之手段耳。吾兄宏才担当一方，望与溶川、德轩①诸同志，勉为

---

　　* 援赣粤军第四军军长伍毓瑞十一月一日上书孙中山，谓械单饷绌，无所为计，惟誓以精诚贯彻"护法"二字，以勉尽责。批件未署日期，现据复办者签署的时间。

　　① 溶川、德轩：即张学济、林德轩。

其难。将来肃清内顾，奠定中原，实以湘西为基础。而吾兄之老成
干练，尤为文与吾党同志所深为期望者也。

据《国父全集》第三册（转录史委会藏《复信撮要》）

复张学济函

（一九一九年十一月十一日）

顷荆[①]、罗二君来沪，并接诵手书，具知苦心毅力，钦佩良多。

湘西各军，赖兄与诸同志奋斗不懈，至今卓树一帜，立定根基。
此后仍望贯彻主张，努力进取。内之与凤丹、德轩诸君，共济艰难，
整饬戎行；外之与川、鄂同志各军，互为声援，联络一气。形势既
固，呼应复灵，一旦有事，自可协同动作，进行无阻，以完吾党救国
最后之责。昔诸葛武侯未出师中原，先擒孟获；今之视昔，情势正
复相同。以兄负英武之才，挟有为之力，发展前途，于焉是赖。此
不仅文一人之私愿，实全国所系望者也。

据《国父全集》第三册（转录史委会藏《复信撮要》）

复彭素民函

（一九一九年十一月十一日）

周君来，并得手书，备悉一切。

吾党蒙难艰贞，而目的不得遽达，亦惟有努力奋斗，始终不懈
而已。来函谓姑息不如刚决，诚有见地之言。昔武侯未出中原，先
擒孟获，以除内顾之忧；今之桂贼，即孟获也。此贼不灭，民国不能

---

① 荆：即荆嗣佑。

生存,是以当今急务,在先灭桂贼而统一南方,然后乃能北向讨伐耳。望与各同志力作士气,以赴时机,则前途希望,正未有艾也。

据《国父全集》第三册(转录史委会藏《复信撮要》)

复伍毓瑞函

(一九一九年十一月十一日)

周君来,并接诵手书,具谂近况,不胜欣慰。

护法军兴,战争连年,大功未竟,此中大梗,皆由桂贼缘敌为奸有以致之。自古未有奸人在内,而大将能成功于外者。当今急务,在于先灭桂贼,以统一南方,然后乃能出师北上,力争中原耳。

值此一发千钧之会,尚望力作士气,以赴时机,能贯彻最初之主张,自能收最后之胜利。救国之责,匪异人任,以兄之坚苦卓绝,前途实利赖之。

据《国父全集》第三册(转录史委会藏《复信撮要》)

批吕超函*

(一九一九年十一月十七日)

作函奖勉,期望甚殷,为国尽力。并告以时局情形,及反对分赃和议,拟先扫除西南顽锢〔固〕腐败武力,以统一民治基础等等。

据《国父批牍墨迹》

---

*　十一月十七日四川靖国军第五师师长吕超,派张蔚彬为代表,携函赴沪面呈孙中山,征询对西南局势意见。吕函未署时间。据批件内容有"反对分赃和议",应在一九一九年。所标月日,据来函日期。

批 魏 勋 函

（一九一九年十一月十八日）

代答：民国国是多未解决，固无暇计此。当俟他日根本大计解决，然后议此未迟也。

据《国父全集》第四册（转录史委会藏原件）

致芮恩施电

（一九一九年十一月十九日）

仅只通过您，美国总统和人民才能够看清中国的实情。您的责任实为重大。在中国，是民主制还是军阀制获胜，主要依靠阁下在这阶段对我们无援百姓的道义上的支持。

据芮恩施著《一个驻华的外交官》（一九二二年纽约版）译出

与留法学生的谈话*

（一九一九年十一月中旬）

不管你们到那一国去留学，也不论你们将来学什么，只要你们能够刻苦用功、切切实实的去学，将来一定会有成就的。

但是，你们要知道，我们中国虽然已经推翻了满清专制政体，

---

　　* 张道藩等十余名赴法留学青年，在上海候船之际拜谒孙中山。据张氏说明，对孙中山当时的训示，原有日记，抗战时失于南京，上述文字仅系记述谈话大意。

建立了五族共和的中华民国，可是我们的立国的基础还没有巩固。许多官僚、政客、武人，对于共和政体还没有真正的认识。所以才有袁世凯推翻共和政体、要做洪宪专制皇帝的可笑事件发生。袁世凯现在虽然死了，北方政府仍然在北洋军阀、官僚、政客的手里。所以我非在广东组织护法政府，重新革命，不能挽救中华民国。你们也要知道，中国还是一个贫弱的国家，事事都受世界列强的干涉和压迫。我们全国同胞，尤其是知识分子，必须要大家齐心参加革命，才能使中国得到独立、自由和平等。

我国在各国的留学生，应该都是最优秀、最革命的知识分子。可是事实上并非完全如此。许多留学好的，只知道读死书、求知识；其次的只学了外国学术的一些皮毛；再次的只学得些外国人的生活享受和恶习；最奇怪的是大多数都不知道过问政治。比较起来，还是留日、留法的学生好一点。比如过去留法学生在巴黎和平会议（指第一次世界大战后的巴黎和会）时的表现和最近留日学生为了爱国运动，宁可牺牲学业，离开日本回国参加反日工作。最不行的是留英学生，他们多半误解以为英国人民不管政治，因为受了这种影响，在留学期间或者回国以后，也就以为参预政治是不必要的。因为英国人民平时只靠他们的政党替他们过问政治，而很少直接参与。但是他们留英期间如果遇着英国一次大选，他们得到机会仔细观察，就知道英国人是怎样疯狂参加政治活动的。所以我希望你们到外国去不要以能读死书求得一点知识为满足。你们应该除了专门科目而外，随时随地留心考察研究各国的人情、风俗习惯、社会状况，以及政治实情等等。这些活的知识于你们学成归国之后，对国家、社会会有很大贡献的。

据张道藩《酸甜苦辣的回味》载台北《传记文学》第一卷第六期（一九六二年出版）

批谢心准函[*]

（一九一九年十一月二十二日）

如尚有有力之同志可帮一臂，以扑灭桂贼。此时宜预备一切，进行方法可与周之贞接洽。

据《国父批牍墨迹》

与邵元冲的谈话

（一九一九年十一月二十四日）

邵曰：近欲赴美治学，希先生有以教之。

孙答：既决意治学，亦大佳。然必须至美国中部，华人既寡，研究始专；若东美、西美，则华人众，意易致纷，不宜于学。既学必求其通，勿浅尝辄止也。

孙问：汝将治何业？

邵答：吾人志行，既以革命为依归，则所学自期有裨于革命、有裨于主义。吾党主义，民族、民权两部分领悟者较多，民生一部了解较寡。故此行研习，当以民生为主，其基础则经济学、社会学也。

孙曰：其是。

据《国父全集》第二册（转录《会书》之八"谈话"）

---

* 谢心准原函陈述广东局势，询问孙中山治粤政策。谢函未署时间，据信封邮戳中"一九"，当是西历一九一九年；此函于十一月二十二日寄达上海。今据谢函到沪日期。

致《民气报》函[*]

（一九一九年十一月二十四日）

《民气报》同志诸君均鉴：

在沪屡读贵报，所以发挥吾党之主张，以嘉惠侨胞者至厚，深为欣慰。

兹有邵君元冲渡美游学之便，托其代致鄙忱，顺候兴居。邵君吾党贤者，国学渊通，文辞赡美，为文秘书有年，于国事、党事及文近状，备得甚详，自能为同志诸君缕述之。他日课余之暇，必更能本其经验与知识，撰著论评，用揭报端，为同志诸君之助，而共策党务之进行也。特此绍介，诸希

朗照不一

孙文 十一月二十四日

据《国父全集》第三册（转录史委会藏原件）

复黎天才函

（一九一九年十一月二十五日）

丹书兄来，得手书，备悉贵军近状，慰甚。

执事提兵护法，挫而弥坚，毅采英风，可壮川、鄂。来函所云和应一筹永逸，尤征卓识。方今言和多矣，要皆枝节言之，不守共同之目的，惟争个人之私利，以此言和，岂能永久？盖欲求永久之和平，必使法律得圆满之解决。若国会不能完全自由行使其职权，内

---

[*] 纽约《民气报》系美东各埠中国国民党机关报。该报为谢英伯、锺荣光所创办，出版于一九一五年。一九一九年十一月，邵元冲赴美留学，孙作函为之介绍。

政、外交举难得合法之处理；如苟且谋和，岂独负护法之初衷，抑且种违法之后患，此恶可者？

　　来函之旨，与文意盖略同，欣慰奚似。此后关于时局进行，有宜〈与〉贵军商榷者，当即嘱丹书兄转达。天气渐寒，诸为国自重。

据《国父全集》第三册（转录史委会藏《复信撮要》）

复黄炽杨满函

（一九一九年十一月二十五日）

黄炽、杨满先生均鉴：

　　十月廿四来函，接悉一切。李君公武赴檀护照，经已取妥，定搭下期南京船启程。昨特汇交港币叁百元，以作旅费矣。

　　尊函谓贵埠维持会存款有限，拟将去年寄存本部之叁百元，将来比对入数，而于李君川资无力照给等情。兹特准如所请，通融办理，并着财政部查照。希即转达维持会诸同志可也。此复，并颂均安

孙文　八年十一月二十五日

据《国父全集》第三册（转录史委会藏影印原件）

复徐树铮电 *

（一九一九年十一月二十六日）

　　北京徐又铮先生鉴：比得来电，谂知外蒙回，四内响应。吾国久无

---

　　*　一九一九年八月，库伦都护使陈毅与外蒙古王公商订各项条款，外蒙古撤销自治。时徐树铮任西北筹边使兼西北边防军总司令，力谋经营外蒙，恢复国土。十月，徐抵库伦，不满陈毅所订条件，令外蒙古官府径行呈请取消自治。十一月二十二日，北京政府明令宣布撤销外蒙古自治。二十四日徐树铮自库伦返抵北京，并电告孙中山撤销外蒙古自治及取消俄蒙诸条约等情。此系孙中山对徐树铮来电的复电。

陈汤、班超、傅介子其人，执事于旬日间建此奇功，以方古人，未知孰愈。自前清季世，四裔携贰，几于日蹙国百里。外蒙纠纷，亦既七年，一旦复归，重见五族共和之盛。此宜举国懽忻鼓舞之不已。然还视闾阎，颂声寂然不作。此无他，内部之关系，过于边陲；心腹之忧患，重于枝末故也。国于天地，恃法律而存在。自国会被非法解散，而民国基础动摇。连年战争，以重累我四亿〔万〕万人民者，至今未艾。北方恃权者，徒以为使三五武人、政客，得遂其利益之要求，天下遽可无事？此不惟蔑视民意，其不通乎法治之本原，抑已甚矣。故文以为今日转危为安，拨乱反治，无过于依照约法使国会恢复其自由之职权，即外交之失败其遗害于国家之生存者，亦可由是而矫正消灭。夫治国而反以乱之，爱国而反以害之，此不智者之所为也。睹其失败，因循覆辙而不能改，非才勇之士所宜出也。今我国民莫不集矢于卖国之行动，而曩之与接为构者，岂果抱此不仁之心，抑岂更无自拔之路？惟不知诉之于法律、国会为根本解决，则祸终不息，而责无所逃。文与执事夙昔未尝通一介之信使，今乃电及，其或予我以尽言之机。而执事或亦观察国中之政象，而悆然有不安于心者，文因敢白其所见。执事能立功于国境，何必不能解罪于国民？大局转圜，事在俄顷耳。不然，内忧未宁，外患方亟，卧榻之侧，可以寒心。执事虽劳，能保不为他人做嫁衣者，而谁敢为执事贺？专复，即企鉴察。孙文。宥。

据《国父全集》第三册(转录史委会藏原件)

复周震鳞函

(一九一九年十一月三十日)

接手书，敬悉。近据湘西各同志函电，皆谓周①附合桂系，意

---

① 周：指周则范。

图牺牲国会,分赃乞和,且将不利于湘西,故其部下杀之有辞。

至廖湘芸个人,本为革命党中之勇敢善战者,含辛茹苦,其志无他,可共信也。兄为湘人,习知湘事,周之死是否应得? 为另一问题,似不能与又香兄案①相提并论。尚望兄就近调查,与理鸣②兄维持一切,俾湘芸得成劲旅,树吾党之声援,未始非一举而两全之计。

据《国父全集》第三册(转录《会书》之十"函札")

与马伯援的谈话[*]

(一九一九年十二月一日)

孙谓伯援曰:你初自日本归,知道日本近况,请你报告报告。

伯援乃将日本军缩运动及其民主思潮为先生详述之。

孙曰:如是方好。恐怕他们的国民不能有如此觉悟。但吾人对日本无多大希望,只求其不行劫可也。

据马伯援《我所知道的国民军与国民党合作史》(上海

商业公司,一九三二年版),转见《国父年谱》(台北版)

批李绮庵函^{**}

(一九一九年十二月二日)

答:冯自由已往美,着他与李海云接洽,并致意李海云。

据《国父全集》第四册(转录史委会藏原件)

---

①　又香兄案:指蔡济民被刺案。

②　理鸣:即覃振。

*　马伯援自日本回国,十二月一日下午二时往上海莫利哀路谒孙中山汇报情况,孙中山有此谈话。

**　李绮庵原函致冯自由请代向孙中山求款。

批唐宝锷函[*]

（一九一九年十二月八日）

代答以无论何人，果有悔过自新，文无所不容也。对于徐，甚以此望之。

据《国父全集》第四册（转录史委会藏原件）

批洪兆麟函

（一九一九年十二月八日）

代答：前函已收，并慰问近好。

据《国父全集》第四册（转录史委会藏原件）

批吴醒汉函

（一九一九年十二月十二日）

作答：函悉。前派熊炳〔秉〕坤来述一切，望设法办理可也。军府、唐督^①处通电皆未便为，请谅之。

据《国父全集》第四册（转录史委会藏原件）

---

* 唐宝锷原函谈及徐树铮事。

① 唐督：指唐继尧。

批 林 森 函

（一九一九年十二月十七日）

作答：函悉。彼辈果借和议以分赃，吾党当竭诛之。就是颂云①果有悔改之心，予亦何所不容？总望奋勉为国立功可也。

据《国父全集》第四册（转录史委会藏原件）

复吴醒汉函[*]

（一九一九年十二月中旬）

手书袛悉。鄂西此次改革，赖兄主持，致无溃决，深为庆幸。惟此后一切地方事宜，并关于军事进行之处，事业正多，责任綦重，未可抛卸。前派熊秉坤前来面述一切，望与切商办理可也。

至来书所嘱通电军府及唐督处，文以现处地位，事诚有未便者，尚希谅之为荷。军事贤劳，努力珍重不宣。

孙文　十二月

据《国父全集》第三册（转录《会书》之十"函札"）

在上海民治学会的演说^{**}

（一九一九年十二月二十日）

上海的这一部分地方，是外国的租界，但实在是一个自治的模

---

① 颂云：即程潜。

＊ 此函未署日期。据函称"前派熊秉坤前来面述一切"及不便与军府联络等语，当在十二月十二日批吴醒汉函之后。现酌定为十二月中旬。

＊＊ 此系孙中山应上海民治学会所请，为南洋商业学校自治讲习所毕业学生所作的演讲。原题为《地方自治》。

范。因为上海的租界,不是中国政府管的,也不是外国那一个政府管的。管理租界的究竟是什么人呢?都是各国的商家。各国的商家,离开他们的本国,来上海做买卖。来的多了,他们自己就组织出自治的团体,来管理自己的事业。所以说他是一个自治的模范。但现在租界里住的人,不单是外国人,中国人实占多数。中国人数虽多,然而都没有参与说话的权利,说话的全都是外国人。这个不怪别的,还都是中国人自己的缘故。

我们中国人不是不能自治的,也不是没有自治的,观察过去的历史和现在社会的风俗,就可以明白了。几千年的专制政治,他们所做的都是什么?第一桩是向人民要钱。第二桩是防备人民造反。除此两桩以外,别的事,样样都不管了。他们不管,人民还是能够自己生活,这就是他能够自治的缘故。但是,要把我们中国旧社会的自治拿来和西洋文明国比较,那的确是比不上。我们中国人的自治,是敷衍的,是没有研究〈的〉。因此,社会也就不能进步。

有的人说:现在民国成立已八年,一切政治等,还不如满清。这个话也是有道理的。满清是个专制国,皇帝以下有文官、武官。文、武官是皇帝的奴隶,他们是替〈皇帝〉管理人民的。人民有不能解决的事情,还可以依靠他们解决。人民怕官,官怕皇帝,所以那时他们还能维持现状。前几天有个北方的朋友,他是个商人,他向我说:"北方有个督军,他天天忙碌治钱,现在已经摸上六七千万了,他还想摸一万万。他样样事情都不管,就是天天愁苦着说:'到什么时〈候〉才能够一万万?'"我们照这个朋友的话上想想,从前专制时代,能够有这样的官么?那时做官的,虽说也有有钱的,可是有过这样多的么?实在是有史以来所未有。为什么呢?因为从前的官,还怕皇帝,他不敢那样放肆。现在是民国了,而人民有〔又〕没有力量去管他们,他怎能不为所欲为?大官摸到一万万,小些的一定也可以摸到千万、百万，至顶小的也要几十万。照这样，国家、人民怎么能不穷？

　　专制国，皇帝是一国的主人，所以他一个人可以役使官吏。共和国，人民是主人，国家为人民的所有物；个个人民，都是皇帝，那一个人想独裁全国，都是不成的。国内的事情，要人民去管理；国内的幸福，也是人民来享受。然而现在民国的人民，却不享得丝毫幸福。这是什么道理呢？没有别的，就是人民没有尽管理国家的责任。人民不来管理国家，把国家交给一班亡国大夫管理，这就是根本错误。要想矫正这种错误，没有别的法子，就须人民研究自治，实行自治，研究实行民治的自治。

　　诸君来上海从刘先生（灵华）研究自治，那是极明白根本的事情。上海租界这个地方，虽不能和文明国的自治一样比，但他也可以算个自治标本。诸君回到家里，各人从一个地方做起。第一要调查户口。人口的统计，在自治上是很要紧的。因为不明白人口有多少，那就不能有确定负自治责任（如选举等事）的人数了。我们中国的人口究竟有多少？现在任谁都不能答出个清楚。所谓四万万的〈数〉，也不过是满清乾隆年间的统计。近来人的计算，也有说多的，也有说少的。大概都是按着乾隆的数目和各省面积推算的。究竟能靠得住么？一八五零年的美国人口只有三千万人，现在已有一万万。三十年前日本只有三千多万人，现在已有五千八百万。照日本的计算，适为二十五年增加一倍。那么我们的人口现在究竟有多少了呢？人民为国家的要素，数目都不明白，怎么样去实行自治？所以调查户口这一件事，是非常要紧的。现在我们人民所用的奴仆——官，他不能尽这样要紧的职务，我们也不必依靠他。诸君既是研究自治，那就各人回到地方上去，自行调查罢。

　　调查的法子是非常容易的。各人先从近的———一村、一姓、一市、一邑做起。调查出来实在的数目,就可以送到上海,在报上发表,给大家研究。我们中国不是没有统计方法的,试看各族各姓里,都有一个很详细的家谱,那就是个证据了。不过他们的统计,都是向过去努力的,向死人方面进行的。我们只要转换方向,向现在和将来的活人方面,努力进行就可以了。

　　户口调查好了,然后才能做第二、第三、第四步的事情。第二、第三、第四步是什么事呢?那就是改良交通(如铺马〈路〉、桥梁、修开河道等),推广教育,振兴实业(农、工、商各业)这三种。这三种事,头绪很多,我也〈难〉以短时间把他说完。诸君研究,想必各有心得。要是参考我的,我另有几种书——《民权初步》、《孙文学说》等,请诸君带回去看看。

据上海《民国日报》一九一九年十二月二十三日

《孙中山先生在民治学会的演说》

复 凌 钺 函

(一九一九年十二月二十三日)

子黄先生执事:

　　来函诵悉。徐之收回蒙古,拟之傅介子、班超等辈,其功何如?公论自不可没。奖其功而督其罪,责其前愆而启以自新之路,亦事理之当然耳。彼果能悔改,文当无所不容;彼如怙其恶而终不悛,则大义俱存,自无所谓曲宥之也。彼又何得而利用之乎?同志有相问者,请均以此旨告之,俾得其真相。专复,并颂

时祉

十二月二十三日

据《国父全集》第三册(转录史委会藏原稿)

批陈炯明函[*]

（一九一九年十二月二十三日）

作答谢之，并云关于种种建设事件，俟实业计划告竣，再从事其他。

据《国父全集》第四册（转录史委会藏原件）

批 凌 钺 函[**]

（一九一九年十二月二十三日）

作答云：徐收回蒙古，功实过于傅介子、陈汤，公论自不可没。近闻徐颇有觉悟，如真能悔过自新，文当无所不容也。

据《国父批牍墨迹》

复黄复生函

（一九一九年十二月二十五日）

理君吾兄惠鉴：

接诵手书，介绍刘松云君已相见，藉谂近祉多佳。谢惠生兄在

---

[*]　陈炯明十二月五日函报其与福建李厚基交涉无结果等情，并谓在闽南“拟施行劳动教育”，改变人民思想，“然后再图社会主义之实现”。批示日期据《国父年谱》（台北版）增订本下册编者订定。

[**]　凌钺十二月九日来函，称徐树铮率部进驻库伦，迫使外蒙古取消自治系“犯卖国大罪”，并责孙与徐电文往还，称孙此举“失当”。批文日期据《国父批牍墨迹》编者订定。

此时,从伊处得兄消息,川中颇有暗潮,近想已解决矣。时局尚未见何等光明,吾人惟努力于所当尽之责任,锲而不舍,后必有功,可预期也。

同志黎君仲实于前月二十五日病死沪上。伊自民国元年以来不涉足于政治,而常郁郁不自得,遂不复留意于营养。死后遗有孤儿、寡妇,而党人大抵皆在窘境,无力为助。兄与仲实为道义之交,曾共患难,不审能为伊身后设法否?附及。即颂

近安

孙文启 八年十二月二十五日

据《国父全集》第三册(转录史委会藏原件)

批 葛 庞 函

(一九一九年十二月二十七日)

代答:此函悉,前函未收。今日救国急务,宜先平桂贼,统一西南,乃可有为。请将此意传布湘中同志、将士知之。

据《国父全集》第四册(转录史委会藏原件)

批林修梅函

(一九一九年十二月二十七日)

作复,并切实告以当赶紧预备,与湘西一致动作,先扫广西游勇,然后乃可另议其他。昔孔明未出中原,先擒孟获,今非先除游勇,必无从建告〔造〕民国也。

据《国父全集》第四册(转录史委会藏原件)

批吴文龙函

（一九一九年十二月二十九日）

代答：现下无事，尽可自由行动。

据《国父全集》第四册（转录史委会藏原件）

致邓泽如函 *

（一九一九年十二月三十日）

泽如兄鉴：

兹付国民党改组通告多通，请兄转寄各要地之支部，请速举行，以归统一为荷。如通告不足，请多印分寄可也。此致

孙文　十二月三十日

据邓泽如辑印《孙中山先生二十年来手札》（一九二六年印）卷三影印原函

批杨熙绩函

（一九一九年十二月三十日）

代答：来函收悉。近日湘芸败，田、张①等何以不助力？

据《国父全集》第四册（转录史委会藏原件）

---

　　* 此函未标年代。按中华革命党改组为中国国民党，时间在一九一九年十月十日，寄发通告当在此之后，故此函应发于此年。

　　① 田、张：即田应诏、张学济。

给黄德源委任状

（一九一九年十二月三十日）

委任状：委任黄德源为仰光国民党支部正部长。此状。

孙　文

中华民国八年十二月三十日

据《国父全集》第四册（转录史委会藏影印原件）

给陈东平委任状

（一九一九年十二月三十日）

委任状：委任陈东平为仰光国民党支部副部长。此状。

孙　文

中华民国八年十二月三十日

据《国父全集》第四册（转录史委会藏影印原件）

给许寿民委任状

（一九一九年十二月三十日）

委任状：委任许寿民为仰光国民党支部调查科正主任。此状。

孙　文

中华民国八年十二月三十日

据《国父全集》第四册（转录史委会藏影印原件）

给朱伟民委任状

（一九一九年十二月三十日）

　　委任状：委任朱伟民为仰光国民党支部交际科干事。此状。

孙　文

中华民国八年十二月三十日

据《国父全集》第四册（转录史委会藏原件）

给梁卓贵委任状

（一九一九年十二月三十日）

　　委任状：委任梁卓贵为仰光国民党支部财政科干事。此状。

孙　文

中华民国八年十二月三十日

据《国父全集》第四册（转录史委会藏原件）

给黄壬戌委任状

（一九一九年十二月三十日）

　　委任状：委任黄壬戌为仰光国民党支部总务科干事。此状。

孙　文

中华民国八年十二月三十日

据《国父全集》第四册（转录史委会藏影印原件）

给朱锦乔委任状

（一九一九年十二月三十日）

委任状：委任朱锦乔为仰光国民党支部评议部评议员。此状。

孙　文

中华民国八年十二月三十日

据《国父全集》第四册（转录史委会藏影印原件）

给邝民志委任状

（一九一九年十二月三十日）

委任状：委任邝民志为仰光国民党支部评议部评议员。此状。

孙　文

中华民国八年十二月三十日

据《国父全集》第四册（转录史委会藏原件）

给陈甘敏委任状

（一九一九年十二月三十日）

委任状：委任陈甘敏为仰光国民党支部评议部评议员。此状。

孙　文

中华民国八年十二月三十日

据《国父全集》第四册（转录史委会藏影印原件）

给陈辉石委任状

（一九一九年十二月三十日）

委任状：委任陈辉石为仰光国民党支部评议部评议员。此状。

孙　文

中华民国八年十二月三十日

据《国父全集》第四册（转录史委会藏影印原件）

复吴醒汉电

（一九一九年十二月）

施南吴师长鉴：新成密。各电均悉。唐克明在夔，尚能发电自由，相逼太甚，恐激变，缓图为上。财政一节，沧白名为省长，实亦甚困，即电知，恐不能代筹。文处沪，一介无所取与，更不能设法。请兄仍从地方财政着手整理。治军之道如治家然，坐食山崩，势必溃变，故欲固军心，必示军士以绝大目的，令其抱绝大希望，然后可与共患难。方今绿林肆毒于西南，不去绿林，西南必溃。兄处冲要，地瘠民贫，不能奋斗，即不能生存；奋斗无目的，亦不能成〈功〉。湘西已经统一，向目的地进行。希兄即与湘西联络一致动作。此间当派人来，与兄面陈一切。李旅长此次有功，无任欣慰，请代致意，努力前途，共图大业。先此电复，诸希垂察。孙文。

据《国父全集》第三册（转录史委会藏原稿）

致唐克明函[*]

（一九一九年冬）

春鹏兄执事：

　　前接夔府来电，知兄退出施南，犹是殷殷以不忍糜烂地方为念，实致欣慰。

　　兹特派熊秉坤前来存问，倘得惠然来沪，面晤一切，尤所盼望。此候
日祉

据《国父全集》第三册（转录史委会藏原稿）

致柏文蔚函^{**}

（一九一九年冬）

烈武志兄大鉴：

　　久疏问候，歉念殊深，顾瞻西南，时萦忧虑。

---

*　此函日期不详。一九一九年春，川鄂靖国军总先锋唐克明因与黎天才不合作，又贿买川将方化南惨杀蔡济民于利川。同年冬，唐部全体军官在施南数唐罪状，驱唐出境，唐乃走夔州。随后唐在夔州复与黎天才勾结，派人联络蓝天蔚，逼走川鄂靖国军总指挥柏文蔚，妄图达到攫取鄂西之目的。孙中山派熊秉坤持函招唐克明赴沪，并慰问柏、黎等人，殆即指此。此件时期据此酌定。

**　此函日期不详。函中所谓"恩施之争"，在一九一九年冬。唐克明、黎天才邀蓝天蔚至夔州，唐继尧即任蓝为鄂军总司令；蓝初以鄂军反对，不敢赴施南，旋经柏文蔚疏通，始就道抵施南。蓝疑柏不离开鄂西，便招方化南部以胁柏，鄂军大愤，柏文蔚恐酿成大变，旋即离施南抵来凤。时鄂军吴存裁（厚斋）率两团驻来凤，团长田、萧二人积不相能，内讧，田杀萧，城内大乱，柏避城外始免于难。孙致函柏文蔚当在此时。

鄂西一隅,变端迭起,利川之骨未寒,恩施之争又起。幸厚斋兄力能应变,不至大伤元气,可为欣慰。但是此后不求一共同奋斗之目的,非特鄂西多事,恐西南大局亦将因之瓦解也。

我兄血战经年,含辛茹苦,权利之念不争,维持之功实大。兹特派熊秉坤前来慰问,面述一切。即希接洽是荷。并候
戎祉

据《国父全集》第三册(转录史委会藏原稿)

致黎天才函
(一九一九年冬)

辅臣先生执事:

前函谅达左右。此次派熊秉坤前来存问一切,即希接洽为荷。此候
戎祉

据《国父全集》第三册(转录史委会藏原稿)

三 民 主 义
(一九一九年)

革命方略之所以不能行者,以当时革命党人不能真知了解于革命之目的也。革命之目的,即欲实行三民主义也。何谓三民主义?曰民族主义,曰民权主义,曰民生主义是也。中国革命何以必须行此三民主义?以在此二十世纪之时代,世界文明进化之潮流,已达于民生主义也;而中国则尚在异族专制之下,则民族之革命以驱除异族,与民权之革命以推覆专制,已为势所不能免者也。然我

民族、民权之革命时机,适逢此世界民生革命之潮流,此民生革命又我所不能避也。以其既不能免、而又不能避之三大革命,已乘世界之进化潮流催迫而至,我不革命而甘于沦亡,为天然之淘汰则已。如其不然,则曷不为一劳永逸之举,以一度之革命,而达此三进化之阶级也。此予之所以主张三民主义之革命也。

夫世界古今何为而有革命?乃所以破除人类之不平等也。孔子曰:"汤武革命,顺乎天而应乎人。"革命之时义大矣哉!满洲以一游牧部落之少数人,而征服汉族四万万人,压制之至二百六十余年之久,此天下之至不平等之事;而汉族人民欲图种族之生存,不得不行民族主义者也。专制君主,本弱肉强食之兽性、野蛮争夺之遗传,以一人而享有天下,视亿兆为臣仆,生杀予夺,为所欲为,此人类之至不平;而人民欲图平等自由,不得不行民权主义者也。自工业革命之后,用机器以代人工,生产之力陡增,而欧美工业发达之国,有富者日富、贫者日贫,遂生出资本家之专制。孔子曰:"天下不患贫,而患不均。"是今日欧美文明先进之国,其民族、民权两问题皆已解决矣,惟民生问题则日陷于苦境。资主则日虞生产过〔剩〕,苦于销场;工人则俯仰不给,罢工要值。贫富悬殊,竞争日剧。是知欲由革命以图国治民福者,不得不行民生主义也。

今请进而论民族主义。

中华民族者,世界最古之民族,世界最大之民族,亦世界最文明而最大同化力之民族也。然此庞然一大民族则有之,而民族主义则向所未有也。何为民族主义?即民族之正义之精神也。惟其无正义、无精神,故一亡于胡元,再亡于满清,而不以为耻,反谓他人父、谓他人君,承命惟谨,争事之恐不及,此有民族而无民族主义者之所谓也。

夫民族主义之起源甚远,而发达于十九世纪,盛行于二十世纪。日尔曼之脱拿破仑羁绊，希利尼①之离土耳其而独立，以大利②之排奥地利以统一，皆民族主义为之也。今回欧洲大战，芬兰离俄而独立，波兰乘机而光复，捷克士拉夫③叛奥而建国，查哥士拉夫离奥而合邦于塞维尔亚④，亦民族主义之结果也。民族主义之范围，有以血统、宗教为归者，有以历史习尚为归者，语言文字为归者，复乎远矣。然而最文明高尚之民族主义范围，则以意志为归者也。如瑞士之民族，则合日尔曼、以大利、法兰西三国之人民而成者。此三者各有血统、历史、语言也，而以互相接壤于亚剌山麓，同习于凌山越谷、履险如夷，爱自由、尚自治，各以同声相应、同气相求，遂组合而建立瑞士之山国，由是而成为一瑞士之民族。此民族之意志，为共图直接民权之发达，是以有异乎其本来之日、以、法之民族也。又美利坚之民族，乃合欧洲之各种族而熔冶为一炉者也。自放黑奴之后，则收吸数百万非洲之黑种而同化之，成为世界一最进步、最伟大、最富强之民族，为今世民权共和之元祖；今出而维持世界之和平，主张人道之正谊，不惜牺牲无数之性命、金钱，务期其目的之达者，此美利坚民族之发扬光大，亦民族主义之发扬光大也。我国人自汉族推覆满清政权、脱离异族羁厄之后，则以民族主义已达目的矣。更有无知妄作者，于革命成功之初，创为汉、满、蒙、回、藏五族共和之说，而官僚从而附和之；且以清朝之一品武官之五色旗，为我中华民国之国旗，以为五色者，代表汉、满、蒙、回、藏也；而革命党人亦多不察，而舍去吾共和第一烈士陆皓东先生所定之中华民国之青天白日国旗，而采用此四分五裂之官僚旗。予

①　希利尼：今译希腊。
②　以大利：今译意大利。
③　捷克士拉夫：今译捷克斯洛伐克。
④　塞维尔亚：今译塞尔维亚。

争之不已,而参议院乃以青天白日之旗为海军旗。呜呼!此民国成立以来,所以长在四分五裂之中,而海军所以有常常主持正义也。此民国之不幸,皆由不吉之五色旗有以致之也。夫清朝之黄龙帝旗,我已不用,而乃反用其武员之五色旗,此无怪清帝之专制可以推覆,而清朝武人之专制难以灭绝也。天意乎?人事乎?

夫汉族光复,满清倾覆,不过只达到民族主义之一消极目的而已,从此当努力猛进,以达民族主义之积极目的也。积极目的为何?即汉族当牺牲其血统、历史与夫自尊自大之名称,而与满、蒙、回、藏之人民相见于诚,合为一炉而冶之,以成一中华民族之新主义,如美利坚之合黑白数十种之人民,而冶成一世界之冠之美利坚民族主义,斯为积极之目的也。五族云乎哉。夫以世界最古、最大、最富于同化力之民族,加以世界之新主义,而为积极之行动,以发扬光大中华民族,吾决不久必能驾美迭欧而为世界之冠,此固理有当然,势所必至也。国人其无馁!

今请进而论民权主义。

民权者,民众之主权也。世界进化由野蛮而至文明,心性进化由无知而至有知。天生聪明睿智、先知先觉者,本以师导人群、赞佐化育。乃人每多原欲未化,私心难纯,遂多擅用其聪明才智,以图一己之私,而罔顾人群之利,役使群众,有如牛马,生杀予夺,威福自雄;蚩蚩之民,畏之如神明,承命惟谨,不敢议其非者,由是履霜坚冰,积为专制。我中国数千年来圣贤明哲,授受相传,皆以为天地生人,固当如是,遂成君臣主义,立为三纲之一,以束缚人心。此中国政治之所以不能进化也。虽其中有"大道之行,天下为公",又有"天视自民视,天听自民听","民为贵,君为轻","国以民为本"等言论;然此不过一隙之明,终莫挽狂流之势。乃自近代民智日开,又值哥林巴士①冒险航海,发现西半球之新大陆,由是欧洲之宗教名流、政潮志士,多与湖海侠客、无业游民,同冒险徙居于新地,以冀各遂生平之抱负也。以此富于冒险精神之人,不得志于本国,梯航万里,而至于新天地,以抒其郁勃不平、积久必申之气,而兴其拓殖事业,宜乎其结果为开发一新政治思潮,而后卒成美洲之共和世界。此新世界之共和,则大异乎古昔希腊、罗马之共和,与夫欧洲中世纪之共和也。盖往昔之所谓共和者,亦不过多数人之专制而已;而美洲之共和,乃真民权之共和也。

夫美国之开基,本英之殖民地而离母国以独立。其创国之民,多习于英人好自由、长自治之风尚。加以采卢梭之《民约》与孟氏之《法意》,而成其三权宪法,为致治之本。此为民宪之先河,而开有史以来未有之创局也。有美国共和,而后始有政府为民而设之真理出现于世。林肯氏曰:"为民而有、为民而治、为民而享者,斯乃人民之政府也。"有如此之政府,而民者始真为一国之主也。国家之元首、百官,始变而为人民之公仆,服役于民者矣。此为政治之革命也。

美国独立之后,旋而有法国之大革命,旋而有欧洲之大革命。此皆人类之智识日开,觉悟渐发,而乃知人者皆同类也;既为同类,则人人皆当得平等、自由也。其特出之聪明才智者,不得以诈以力,以夺他人应有之自由权利而独享之也。其占据人类之优等地位而号为君主、王侯与〔以〕及一切贵族,夺民以自享,皆为不平等者也,故当推覆之,而平人类之不平。于是十八世纪之末,以至此二十世纪之初,百余年来,皆君权与民权争竞之时代。从此民权日发达,君权日削亡。经此次欧战之后,专制之国悉数败亡,大陆之

---

① 哥林巴士:今译为哥伦布。

上几无君主立足之地矣。此世界政治进化之潮流,而非人力所能抵抗者,即古人所谓天意也。顺天者昌、逆天者亡,此之谓也。继美国之成文宪法,青出于蓝而胜于蓝者,则有瑞士之宪法也。美国之宪法,虽以民权为宗,然犹是代表之政治,而国民只得选举之权而已。而瑞士之宪法,则直接以行民政,国民有选举之权,有复决之权,有创制之权,有罢官之权(其要领原理,当另著专书详之)。此所谓四大民权也。人民而有此四大权也,乃能任用官吏,役使官吏,驾驭官吏,防范官吏,然后始得称为一国之主而无愧色也。

予之定名中华民国者,盖欲于革命之际,在破坏时则行军政,在建设时则行训政。所谓训政者,即训练清朝之遗民,而成为民国之主人翁,以行此直接民权也。有训政为过渡时期,则人民无程度不足之忧也。乃当日革命党员多注重于民族主义,而鲜留心于民权主义,故破坏成功之后,官僚则曰人民程度不足也,而吾党之士又从而和之,曰人民程度不足,不可以行直接民权也。呜呼!是何异谓小孩曰:"孩子不识字,不可入校读书也。"试问今之为人父兄者,有是言乎?而革命志士自负为先知先觉者,即新进国民之父兄,有训导之责任者也。乃有以国民程度太低,不能行直接民权为言,而又不欲训练之以行其权,是真可怪之甚也。彼辈既承认此革命后之新国为中华民国矣,而又承认中华民国之主权在于国民全体矣,是即承认四万万之人民将必为此中华民国之主人矣。而今之行政首长,凡百官吏与〔以〕及政客、议员者,皆即此四万万人民之臣仆也;既为其臣仆,而又敢公然曰:"吾之主人知识幼稚,程度太低,不可直接以行其主权也。"以是故也,予所以有训政时期之主张,而此辈又群起而反对之。予又试问:今之所谓志士、党人、官僚、政客者,将欲何为也?既不甘为诸葛亮、文天祥之鞠躬尽瘁,以事其主,又不肯为伊尹、周公之训政以辅其君,则其势必至大者为王莽、曹操、袁世凯之僭夺,而小者则图私害民为国之贼也。此非民国所宜有,当归于天然淘汰之列也。

观欧洲百余年来之政治进化,人权竞争,其始也,少数聪明才智之人以自由、平等为号召,而革独头专制君主之命;及其成功也,则此少数人又从而行专制,其为祸更烈于君主之专制也;而大多数人又起而革此少数人之命,必至政权归于平民而后已。今之武人、官吏乘革命之赐,幸而得有高位,而不尽心民事者,勿以人民可欺,而能久假不归也。世界潮流,天然淘汰,必无幸免者也。民国之主人,今日虽幼稚,然民国之名有一日之存在,则顾名思义,自觉者必日多,而自由、平等之思想亦必日进,则民权之发达终不可抑遏。此盖进化自然之天道也。顺天则昌,逆天则亡,此之谓也。

今请进而论民生主义。

民生主义者,即社会主义也。贫富不济,豪强侵夺,自古有之,然不若欧美今日之甚也。欧美自政治革命而后,人人有自由平等,各得肆力于工商事业,经济进步,机器发明,而生产之力为之大增。得有土地及资本之优势者,悉成暴富;而无土地及资本之人,则转因之谋食日艰。由是富者愈富,贫者益贫,则贫富之阶级日分,而民生之问题起矣。此问题在欧美今日愈演愈烈,循此而往,至发生社会之大革命不止也。俄国已发其端,德国又见告矣,英、美诸国将恐不免也。惟中国之于社会革命也,则尚未种其因,如能思患预防,先为徙薪曲突之谋,则此一度之革命,洵可免除也。此民生主义之所以不得不行也。

中国之行民生主义,即所以消弭社会革命于未然也。夫社会革命之因从何而来也?曰从机器发明而来也。欧美自机器发明而后,万般工业皆用机器代之。夫用机器以羁勒自然之力,如汽力、电力以代人工,本可减省人之劳力,应为造福于人间,而何以反生出社会之痛苦？所以然者，则机器之发明而施用于工业也，乃突如其来，而社会之旧组织一时不能为之变更，亦不知为之变更，故无从应付也。为资本家者，只知机器之为利，而不恤社会之被其害也。今试以织业言之：当昔用人工以织布，每人日织不过一丈。使有资本家，日雇千人为之织，日出千丈之布；其所给工值，假设为每人一元，此一元之工值，当与织工独立自织之价值相若也；倘所差太甚，则织工必不愿受资主之雇，而必自织其布也。盖以人工作业之时，则工人容易自行独立以营业，而资主不能为之垄断也。惟一旦以机器代人工，则生产至少可加十倍，前以千人日只出布千丈，今则用百人而出布千丈矣。倘使销场如故也，则用手工生产之时，资主当雇千人，日给工值千元，乃能出千丈之布。今用机器生产，则布仍为千丈也，而工则减去九百人，只用百人而已足。此百人之工值，若仍其旧也，则资主前费千元者，今费百元已足矣。或更有甚者，则前用手工生产之时，工人能退而自营其业，不专靠资主之雇以谋生活也。惟今失业之九百人，若退而自营其业，则彼手工之生产，必不及机器生产价值之廉，是工人万不能与资主竞争，则惟有仰给资主以为生活，资主所需一百之工，则有千人砭〔贬〕价以争雇，前之工值一元者，今或半元而已有受雇者矣。

由此观之，用手工生产之时，所出千丈之布，工人日所得工值为千元，资主日获之利亦设为千元。今用机器生产，所出布千丈，工人所得之值不过百元，甚或至五十元，而资主今之获利，每日增加九百元至九百五十元矣。如是，则工人立形困苦，其不迁徙流离，则必坐以待毙而已。倘若销场扩大，则资主所佣，仍不减千人，工资如故也，而机器之生产，则人加十倍，前之每日出布千丈者，今可出布万丈，而资主每日之利则九千元。倘市场更增，资主能雇用万人者，则日能获利九万元，而工人亦不过日获一元而已。一家如是,家家如是;一业如是,业业如是。市场愈大,机器愈精,则资本家之势力愈宏厚;而工人则生产愈多,而工值愈微。此机器代手工而生产,泰西学者所谓工业革命者矣。

工业革命之后,资本膨胀,而地价亦因而大增。盖机器之生产事业利于集中,故城市首先发达,以易致工人也。其次则煤铁之场,制造事业亦以繁兴,盖便于取材也。其三则交通之地,工厂亦随而林立,以便于运输也。凡有此三要素之地,工业必从而发达,人口则为增加。此等工业繁盛之城市,其地价之增加,有亩至十〔千〕百万元者。而地主多有承先人之遗业,不耕不织,无思无维,而陡成巨富者。是地主以地增价而成资本家,资本家以工业获利而成大地主。城市之地,固尽为此辈所垄断,而附廓之田,亦为之所收买,渐而至于郊外之沃野荒原,亦陆续为此辈占有。由是地价则日增,而工值则日贱,盖工人欲退而归农,亦无田可耕,则耕亦不能偿其租值,于是更不得不全靠雇工为活矣。工业愈进步,商业愈发达,则资本家与地主之利愈大,而工人则穷苦矣。此欧美工商发达、经济进步后所生出社会贫富阶级之情形,而社会革命之所以不能免也。

中国近代进步虽迟,似有不幸。然若能取鉴于欧美之工业革命、经济发达所生出种种流弊而预为设法以杜绝之,则后来居上,亦未始非一大幸也。顾思患预防之法为何?即防止少数人之垄断土地、资本二者而已。

中国自废井田而后,土地虽归私有,然因向以手工为生产之具,而资本尚未发达,地价亦尚未增加,故尚少大地主,及今而整顿土地,犹易为力。故同盟会之主张,创立民国后,则继之以平均地权,倘能达此目的,则社会问题已解决过半矣。平均地权者,即井田之遗意也。井田之法,既板滞而不可复用,则惟有师其意而已。

中国今工商尚未发达,地价尚未增加,则宜乘此时定全国之地价。其定价之法,随业主所报以为定,惟当范围之以两条件:一、所报之价,则以后照价年纳百分之一或百分之二以为地税。二、以后公家有用其地,则永远照此价收买,不得增加;至若私相卖买,则以所增之价,悉归公有,地主只能得原有地价,而新主则照新地价而纳税。有此二条件,则定地价毫无烦扰欺瞒之弊。盖此二条件,为互相牵制者也。倘使地主有瞒税之心,将现值之地价,以多报少,假使在上海市之地,有值万元至十万元一亩者,地主以值十万元一亩之地而报价万元,则值百抽一之税为百元;若十万元一亩,则值百抽一,其税为千元矣。如此,于瞒税方面,地主则得矣。惟政府可随时范围之以第二条件备价而收买其地,其原值十万元一亩,今照彼所报纳税之价万元而收买之,则地主食亏九万元矣。又倘地主有投机之心,预测公家他日必需其地,将现在所值百元一亩之地,而报其价至十万者,如此则于公家未收买其地之先,每年当纳千元之税,如此则利未见而本先亏矣。故于两条件范围之中,地主当必先自讼而后报其价值,则其价值必为时下当然之价矣。此办法较之英国数年所行之法,利便多矣。英国自议院通过地价税案之后,政府特设估价衙门,以定全国地价,而又设控诉衙门,以理控诉。倘地主有不以估价衙门所定之价为公平,可控诉之,由控诉衙门复加裁判以为定。其烦扰为如何耶!夫照价抽税,较之现行之照亩抽税,其公平与不公平,真有天壤之别矣。照亩抽税,只分上、中、下三等而已。设有郊外田一亩,其价一元,而抽其下税若干;又有市内地一亩,其价一万,而抽其上税若干。上税与下税之所差,不能过十倍也。而其价值之差,即一与万之比也,使农民之负担赋税,比之市民重一千倍矣。是照价抽税者,质而言之,即减轻农田之税耳。且先定地价,而待经济之发达,则公共之事容易举办,而能收大利矣。今以一事证之：如中国交通运输之事业发达，则凡于铁路集中之地，水陆交会之区，大市镇必从而生焉。以中国之大，此种新市镇，当必得百数十处也。如国家为之经营，照现价以收买其地，辟以广大之衢，设备公用之具，如自来水、煤气、电灯、电话等事，则数元一亩收来之地，一转瞬间，其值必加至千倍或至万倍矣。此等所谓不劳而获之利，倘公家不收之以为公用，则必入于私人之手。一入于私人之手，则必生出社会之不平均，而害随之矣。经济家之言，生财之元素有三：土地、人工、资本是也。中国今日地大人众，倘知采民生主义之计划，以谋工业之发展，则资本易致也。资本与民生主义之计划，下章继续论之。

中国土地之问题，自废井田而后，以至于今，无甚大变者也。虽农民之苦，较井田时或有加重。然人人得为小地主，则农民之勤俭者，均有为小地主之希望，而民生之路未尽绝也。惟欧风东渐，我之实业革命，工商发达，亦势所必至，则以后亦成为有者益有，而无者益无。此时而欲由小农而成小地主，欲由小工而成小资本家，为万不可能之事矣。如此则民生之路绝矣。欧美各政治先进之国，而经济革命之风潮则澎湃鼓荡而来者，此也。所幸者，我中国今日尚未经实业革命，资本发达之阶级，未雨绸缪，时哉勿失。土地问题之解决方法，其简便易行，既〔而〕如上章所述矣。

今专就资本之问题，以求解决之方。欧美资本之问题，激争数十年，而未能得良法以解决者，初以资本之发达，为世人所不及料，故由不知不觉而尽入于少数人之手，是犹政治发达之初，而政权归于小〔少〕数人之手同一理也。而其平之之法，则必待多数人之觉悟，而决心为大牺牲，不惜杀人流血，始能达自由、平等之目的也。今欧美之苦工、农民已全数觉悟矣，而犹未能解决经济问题者，何也？以此问题之解决，其烦难当有百十倍于政治问题也。为此故也，则我当懔欧美前车既覆之鉴，为我之曲突徙薪，不可学俄人之焦头烂额也。夫惟我之资本尚未发生也，则我防患于未然自易。此中国之后来居上，将必为世界第一富强安乐之邦之大希望也。道在今日之仁人志士、先知先觉知之行之而已。

今请进而论资本。

经济家之言曰：资本者，劳力之所获，以给其需要之余，而用之以为生利之需者，则为资本也。如农之余粟，工之余布，用以交易其需要之外，而复用之以广其田园，增其器械，此农之田园，工之器械，则谓之资本也。以此田园、器械能多生其粟、多出其布也。倘此农、工以其所余，而易肥马轻裘以自娱，此农、工之肥马轻裘，则不得谓之为资本也。是故如家中之饭，设备以自给者，不得为资本；而饭店之饭，设备以应沽，即为资本矣。由此例推，筐中之衣服，富室之汽车，皆不得为资本；而缝店之衣服，车店之汽车，即皆为资本也。夫资本者，生产三大元素之一。其始也，凡勤俭之小工，以其余财而再图生利者，皆能为资本家；及机器之兴也，则以一人而用机器，可作百十人之工，则不独小工永绝为资本家之希望，而小资本家亦难于自立，而见并于大资本家；而大资本家又见并于更大之资本家，由是大鱼食细鱼，遂生出欧美等国资主与工人之两阶级，贫富之悬殊，乃以日而甚矣。

欧美资本发达后，其为患于社会如此其大者，以欧美土地问题，未能于资本未发达之前而先为之解决，故地主与资本家二者合而为一，如虎加翼，其横暴遂不可制止矣。今各国政治家之解决社会问题者，亦必先从土地问题着手，雷佐治之于英国施行土地照价抽税之法是也。然英国资本发达已百有余年矣，而全数早已悉落于私人之手。故当民国建元之前后，已施行土地照价抽税之法，而七八年来，社会竞争之问题依然激烈也，同盟罢工之风潮依然不止也。惟当此次欧战发生之后，英国曾为社会突飞之进步，铁路、海运，俱收归国有，而一切制造工厂，亦收归官办，以供给军用品也。惟今后战后经营，英国其能力排资本家之优势，以顺世界之潮流，而进英国为一集产之国家乎？抑仍受资本家之握制，而退归私人之所有也？此今后之一大问题也。

据《国父全集》第二册（转录史委会藏孙中山手书原稿）

与邵元冲的谈话

（一九一九年）

孙问：神农氏"日中为市"出于何书？

邵答：此事除载于《史记》等书以外，大概以《易经·系传》所载最为近古。

据《国父全集》第二册（转录《会书》之八"谈话"）

致林修梅函

（一九一九年）

浴凡兄鉴：

鱼雁久梗，项脰为痛，两地心情，想同此况。

每湘中人来，道及我兄屹立不摇之概，辄为悚坐。因念忠勇如兄，连年护法之志竟屡挫未申，孰实使之？兄固身历其境者，试一回溯，当无俟文之缕觇，亦可了然；又未尝不愤彼穷凶极恶者，欲得之而后快也。

文盱衡时势，觉今日护法，首在去彼假护法以实行破法之桂派。桂派不去，就令饮至燕京，终属拒虎近〔进〕狼，何补于国？况内奸未除，决难立功于外。往年长沙之役，即其殷鉴。但既与桂为敌，则凡与吾共敌者应引为友。尊处对于张督①既有所接洽，宜壹意奋击桂敌，早除国贼，前驱重任，舍兄莫属。时机已迫，不容稍缓。万望速合湘南诸将士，克期准备，共图大业。有便尚祈时赐好音，俾资率履。此渎，余维亮察不备。

孙　文

据甘乃光编《中山全集》（上海良友图书印刷公司，一九三一年印行）

致邵元冲函[*]

（一九一九年）

元冲兄鉴：

请查下首塘即噉〔澉〕浦、海盐、乍浦间之海塘是石塘，抑是土塘？如无书可查，则查该处之土人，当可得其概要也。

文字

据《国父全集》第三册（转录史委会藏原件）

批柳大训等函^{**}

（一九一九年）

代答函鼓励，各尽所能，为国效力。到〔至〕接济款项一节，先生现在无力办到。

据《国父全集》第四册（转录史委会藏原件）

---

① 张督：指湖南督军张敬尧。

* 此函未署日期。查《实业计划》第二计划第一部分东方大港：甲、计划港中，有此函所询查之内容。可见此函应在一九一九年著《实业计划》时所写。

** 柳大训等原函请求拨给经费。

批 □ □ 函[*]

（一九一九年）

　　代答以劳动党当发起自劳动家乃是，今自命为学生，而越俎代谋，实属不合，有类藉事招摇，切宜痛戒！

据《国父全集》第四册（转录史委会藏原件）

批郝培云函^{**}

（一九一九年）

　　代答云：中山先生嘱答，对于此事，此时只宜合集有志之同学，潜心考究，以待有好政府成立之后，乃能见之实行。此时印书，国内亦无人留意，徒费无益，不如其已。

据《国父全集》第四册（转录史委会藏原件）

为居正题词^{***}

（一九一九年）

　　美语曰民国者，民之国也。为民而设，由民而设，由民而治者也。觉生先生正。孙文。（印）

据《国父全集》第四册（转录史委会藏原件照片）

---

　　*　据《国父全集》编者注：来函未见，仅批在空信封上。时间似在一九一九年。

　　**　郝培云原函主张飞潜主义。批件年代未明，据《国父全集》编者考订，可能在一九一九年。

　　***　原件时间不明，今据《国父全集》酌定为一九一九年。

批徐东垣函

（一九二〇年一月一日）

代答：先生现在无暇从事于此，惟欲以此转布海外同志耳。

据《国父全集》第四册（转录史委会藏原件）

致政务会议函[*]

（一九二〇年一月上旬）

政务会议公鉴：

兹者李君煜瀛归自法国，面述如左：

"此次赴法，最要目的，在运动法国退还庚子赔款，以兴办教育。抵法之后，进行手续，约分五项：（一）实质的运动，以输送多数学生至法为主要，自八年五月至今，赴法学生达八百人，法国各界至为注意。（二）舆论的运动，以杂志、日报及演说，宣扬中法教育等问题之切要，因而言及退还赔款。（三）与中国驻法公使及代表接洽，请其助力。（四）与法国政府接洽，其结果与政府接近之议员奥那普君探问外部，据云赞成退还赔款之议，并谓当退还半数，即二百兆佛郎（全数将近四百兆佛郎），与美国退还之数略同，惟须与财部详商办法。（五）与法国国会议员接洽，其结果中立派议员冈

---

    * 《国父全集》将此函编于一九一九年。考原函文字有"自八年五月至今，赴法学生达八百人"，又称"运动退还赔款正在进行，适于十二月接吴君敬恒书"，以及"中国和会代表陆君征祥回国之际，曾具以相告"等语，陆归抵北京在一九二〇年一月二十五日，今酌定为一九二〇年一月上旬。

大司君与左党议员穆岱君,允合提退还赔款议案。以上五端,努力进行。

"其第一、第二两端,已有成效。第三端因中日问题,在和会纷争甚烈,代表诸君一时未能兼顾,致稍停顿。第四、第五两端,则因法国举行大总统及国会议员选举,亦遂稍为搁置。惟选举结果,主张退还赔款之各议员均再被选,则以前之进行不但无所变动,且益以进步矣。

"运动退还赔款正在进行,适于十二月接吴君敬恒书,主张以法国退还之赔款,即在法国设立中国大学,并附详明之意见书。蔡君元培亦极同意,其辞意与在国内各报发表者略同。因即据以商诸穆岱君,大表赞同,谓此事大有利于退还赔款之进行,因为势较顺,用力亦较易也。并谓此大学宜在里昂举办,因里昂与中国向多关系,且为大学名区,本已设有汉学讲坛。因即介绍于里昂大学校长、学长、教员等,并一面言于市长及商会会长,均表同意。

"里昂大学校长儒班君,新自东亚调查教育归,对于中国学界,颇有良感。盖既参观北京大学及留法俭学会之组织,且知中国学界新渐萌芽故也。遂于里昂大学会议,决定由里昂大学发起此事。医科学长雷宾建议,捐助里昂公廨或公地之一,为校舍或建筑之用。法国政府教育外交两部皆允助给经费,并将正式加入预算案。里昂市长爱友(众议员、前工部总长)向主中法亲善(曾发起里昂春秋博览会,约中国与会;而对于日本,则颇疏远)。里昂商会会长古洼涅君及前商会会长伊萨克君(众议员、现任商部总长),皆允由里昂市政厅及商会助款。中国和会代表陆君征祥回国之际,曾具以相告。陆君征祥允于回国后担任汇款,以助开办,并助常年经费。

"以上法国政府及地方长官暨教育界、商界决心赞助中国大学之概略也。谨案:法国方面,允以公廨公地拨充中国大学校舍,约可容二千人，其价值已为不赀。并由里昂大学担任种种义务，如教科讲堂，试验室等，所费亦不胜计。且允由政府及地方各团体，助以经费，约略计算，于中国大学之成立，实已力任其半。将来大学之发展固当仰给赔款，惟目前之开办费及为常年费之基金，中国方面至少当任六十万元，不但所以为培植人才计，对于法国之厚谊，而为相当之出力，于理亦宜尔也。此六十万元之募集，拟请广东军政府担任半数三十万元，尚余半数，当于各处募集足之。

"中国大学之成立，于教育方面收效宏大，吴、蔡两君言之甚详。而于退还赔款之进行关系尤巨，盖法国于退还赔款之议，虽各方面皆无异言，惟在法国初非视为急务，且当战后经济困难，故进行必缓。今中国大学成立，法国政府既正式担任维持之义务，而以之加入豫算，则支出递增之结果，赔款之退还，不待促进，而自然达到矣。此后以退还赔款之一部分，为大学之常年费及扩充费，不特大学得以维持发达，而退还赔款之要求，亦可以无憾。

"不特此也，年来勤工俭学学生赴法者极为踊跃，而法人待之，亦甚为殷挚。观感所动，遂有美人倡议宜取消华工入口禁例。意大利见留法学生之数逐年有加，亦倡议宜退还赔款，以资送中国学生留意。是则运动只在一国，而影响且及于他国；目的只在教育问题、赔款问题，而影响且及于外交及国民经济，则此事之关系中国前途，至为不鲜，诚不可不亟为进行者也。"

据李君煜瀛所述，法国政府于退还赔款之举，既有成议，而于中国大学，政府慨予援助，地方各团体亦乐为维持，善邻厚谊，至为可感。中国于海外自建大学，于教育前途，为利至溥，吴君敬恒、蔡君元培言之綦详。两君皆于教育深有经验，计划周至；况有法国朝野之扶助，基础成立，已告太半，诚宜量为资益，以竟厥成。现在军政府军书旁午，度支困难，久在意计之中。然念自民国肇造以来，政本未安，奸宄屡作，民生疾苦，日以加甚；一线之望，惟在民心之未死，民智之渐开。而盈虚消长，实系于教育。教育之道，条理万端，以目前学校之未备，人才之难遇，国外大学之建议，实所以补其缺乏，应其需要，此为国家根本大计，诚不宜忽。用特陈请政务会议，拨给三十万元，以补助在法国建立之中国大学。并以后规划进行，仍由李君煜瀛随时报告。专此陈述，敬请

公安

孙文　唐绍仪

据《国父全集》第三册（转录史委会藏原件）

与马立成等的谈话[*]

（一九二〇年一月十四日）

李、马两君叩以南北政局。

孙：北方武人之祸国，南方贼子之专权，昔满清之权力，吾犹能推倒之，今桂系如此，吾人应赶他。今后我同志当一德一心，驱除此万恶不良之政府，大权还之民党，方可救中国危亡于万一也。

刘：鄙人与各同志回国，得见先生，实是欣幸。然弟在加属与各同志约，欲在扬子江购地垦荒、畜牧等事，但言语不通。现在治安情形未悉，求先生指教。

孙：苟政治良则极佳。惟垦荒之事，余不敢知。若买田些少，耕兼住家或无妨；如欲大作置，多买牛、羊、猪、鸡等，即有兵劫。欲知耕业如何，祈问朱卓文君便白。盖朱君乃由美农科大学毕业，集资十万，回国业农，曾在南京买地，今则全然抛弃，赶回上海做

<small>＊　此系孙中山与加拿大回国华侨马立成、刘礼堂、李秉三谈话纪要。</small>

工矣。

再叩以现在北方借债度日及南方政局如何？

孙：南方军府内幕，腐败不堪。陆氏[1]及桂系握广东政局而腐败，汝地要齐心赶走几个桂人，必要我地[2]粤人治粤。前日赶满清要我，现下赶广西仔要汝地云。

李、马、刘：现在加属党务自陈树人先生到后，今日党务尤为发达，《新民国报》亦然。

孙：余甚欣慰，望汝几位同志代吾慰问海外各同志。

据《国父全集》第二册（转录《加拿大国民党布告录》第十八号，

一九二〇年一月十五日版，《同志与孙总理谈话》）

批罗仁普函*

（一九二〇年一月十四日）

代答：欲知此种新理，须从物理、化学用功，不得从古说附会。尚未有期[3]。

据《国父批牍墨迹》

批杨鹤龄函**

（一九二〇年一月十六日）

真革命党，志在国家，[非]必不屑于升官发财。彼能升官发财

---

① 陆氏：即陆荣廷。下文"广西仔"亦指陆等人。

② 汝地、我地：皆粤语，即你等、我等或你们、我们之意。

* 罗仁普，四川人。原函询问有关原子、电子原理等问题。所标时间系来函日期。

③ 指《三民主义》、《五权宪法》何时出版，尚未有期。

** 一九二〇年一月十六日杨鹤龄上书孙中山求职。

者,悉属伪革命党,此又何足为怪? 现无事可办,无所用于长才。

据《中央党务月刊》第五十五期(一九三三年二月版)《总理批牍摄影之一》

批 谢 持 函[*]

（一九二〇年一月二十日）

特派陈树人为驻加拿大总支部总干事。

孙　文

据《国父全集》第四册(转录史委会藏原件)

与《益世报》记者的谈话^{**}

（一九二〇年一月二十六日）

记者问:山东问题应否与日本直接交涉?

孙答:君知我前此之意见否?

记者:愿闻其详。

孙曰:余本主张"二十一条"应作废。日本并应于租借期满后,退出满洲各地。高丽独立问题,按照《马关条约》,中国亦应过问。余所主张如此,则山东问题不问可知矣。此次日本通牒,可以置之不理。盖日本绝无可以占据胶州、青岛之理由。试观英国于欧战时,以兵力夺回德人占领比国之地,及美国以兵力夺回德人占领法国之地,均已无条件交还比国、法国,不闻英、美强行占据。日本既

---

　　*　谢持原呈请求派陈树人任国民党加拿大总支部总干事职。

　　**　京、津《益世报》驻沪记者佐治(徐谦),一月二十六日午后三时在上海孙宅拜访孙中山,请发表关于德国归还山东殖民权益和日本占领胶州、青岛等问题的见解。孙中山谈话的记录,由记者整理后发表。

属协约国之一，应取一致行动，岂独能占据吾国之胶州、青岛乎？乃日本竟强行占据胶、青，无异强盗行为！日本可为强盗，吾国断不能与强盗交涉，更不能承认强盗有强夺吾国土地之权利。况吾国既已拒签德约，自无再与日本直接交涉之理。与其现在与日本交涉，何如当时签约？今约既未签，而与日本交涉，不蒙德约之利，徒受丧失胶、青及其他权利之害，天下宁有如此之愚人乎？且美国之保留案，虽非全为中国，然反对日本之占据德国在山东之一切权利，而不交还中国，亦属一大原因。吾国若不顾美国之好意，而与日本交涉，则必失美国之同情，将使美国视为不堪扶助，殊属失策之甚。吾国现实与美联络，而日本之强横，可无所惧。此时若不知世界大势，又不顾国家人格，倘一经与日本交涉，胶、青既失，他国必且效尤，瓜分之祸随之，美国亦爱莫能助，真可谓万劫不复矣。非然者，吾国宁可极力坚拒日本，而以抵制日货及其他断绝经济关系之法对待之。纵使日本以兵力压迫吾国，极言之，吾国为塞尔比亚，日本为奥国，亦不可〔过〕再惹起一世界大战争，其结果日本将受莫大之祸，吾国尚可无覆亡之患，且可因此而有振兴之望。要之，日本绝不敢冒味〔昧〕用兵，则山东问题吾国拒绝交涉。日本亦惟有条件之交还而已。此言余尝告诸日人，使达知日政府。今即以余言告诸国人可也。

据上海《民国日报》一九二〇年二月一日《孙总理之鲁案谈话》

批林正煊等函 *

（一九二〇年一月二十八日）

代答以此等实用之书，当以内容之切实为贵，不当以品题文藻

---

*　　林正煊等来函，推荐何慨之新辑《全国兵工总厂改革》一书，请求品题。

为贵。甚欲一见其书,如果适用,当力为介绍于军界。至于品题,不敢附和。

据《国父批牍墨迹》

致海外国民党同志函

(一九二〇年一月二十九日)

海外各埠同志公鉴:

敬启者:迭接海外各支分部来缄,称党务日见发达,吾党同志亦正磨砺以须,此则足为吾党庆也。兹有最近弟所计划举办二事,请各地同志赞成资助者,谨布如左:

一、设立一英文报机关

查芝加哥各同志曾办一英文月刊杂志,鼓吹本党宗旨;嗣以事故停版,然而此志迄未少衰,拟将该报移归中国,由本党干部继续办理。弟意以为吾党在本国上海设一英文杂志,冀于言论上得与外国周旋,同时以吾党政治上之主张、建设上之计划,宣传于世界,殊为切要之着。此其事有关于本党者甚大,姑举其要略言之。本党同志设立之言论机关,如《建设》月刊、《星期评论》、《民国日报》,以及海外各支分部所办之日报等,大声疾呼,功效显著。惟以中国文字外人无从了解,其所影响者止于吾国人,我党之精神义蕴,无从宣示于外国,凡有关于外交上之事,动以言论不能抒之故,因而痛受损失者甚多。况近日舆论喉舌,端在报章,试观各国之各大政党,无不一言既出,耸动全球,夫岂不借报章鼓吹之力?而我党独以缺乏外国文报纸机关之故,遂令虽有绝大之计划,亦无由披露于世界。是故吾党苟能设立一英文杂志,其利益诚不可量,最少则有下列之三项:

（一）直接参加于世界舆论，将吾党之精神义蕴，宣达于外，以邀世界对于吾党之信仰。

（二）生外交上积极的作用（期得精神上、物质上之援助）。

（三）生外交上消极的作用（排斥各种侵略主义）。

观以上要点，则吾党之实行设立一英文杂志，为必不可缓。兹因芝加哥同志有将杂志移归本部开办之议，现拟实行办法如下：

（一）开办费并第一年维持费，须二万元（概算另表开列）。

（二）此项经费，拟由各分部酌量担任，总期达到此数。

（三）各埠支分部认定此项数目通知本部后，杂志即行开始，所认定之款，务请于通知本部后三个月内汇沪，以为经费。

（四）杂志发行伊始，世界未能周知，阅者之数未能增长，维持生存仍赖各支部、各分部每年代销至若干份；至一年后发行增加，则此报可以独立，无须捐助。

概算表如左：

（一）英文印字机全副，连运费约计四千元。

（二）纸价（每年十二期，每期印三千册，每册约一百页），约计六千元。

（三）印刷工费约计二千五百元。

（四）主笔、翻译、司事及杂役等薪工，约计四千五百元。

（五）邮费约计一千二百元。

（六）屋租约一千二百元。

（七）电灯、燃料及其他杂用，约计六百元。

二、创办最大最新式之印刷机关

本党向有爱国储金一项，原为备本党救国之急需。此项储金，应以充最有实效之用途，方不负我党同志拳拳之意。若以之充军饷，究非有效之举。盖现在属于本党之军队，如在四川、陕西、湖南、福建、广东等处，不下十余万人，月饷动需百万以外，谓储金一项而能供其浩大之饷糈，实属不能。抑或仅供一部，则受歧视之诮。况各处军队，皆靠就地征发以自养，此又无待于储金一项。若为将来大举计，则以本党最近两次举事时所得之经验而论，亦非有大宗固定之巨款不济，储金之为助甚微。故苟以吾党同志热心所集之储金，择一最为有裨于党、有益于国之事而举办之，诚莫如设立一大印刷机关，其理由如下：

自北京大学学生发生五四运动以来，一般爱国青年，无不以革新思想，为将来革新事业之预备。于是蓬蓬勃勃，抒发言论。国内各界舆论，一致同倡。各种新出版物，为热心青年所举办者，纷纷应时而出。扬葩吐艳，各极其致，社会遂蒙绝大之影响。虽以顽劣之伪政府，犹且不敢撄其锋。此种新文化运动，在我国今日，诚思想界空前之大变动。推其原始，不过由于出版界之一二觉悟者从事提倡，遂至舆论放大异彩，学潮弥漫全国，人皆激发天良，誓死为爱国之运动。倘能继长增高，其将来收效之伟大且久远者，可无疑也。吾党欲收革命之成功，必有赖于思想之变化，兵法"攻心"，语曰"革心"，皆此之故。故此种新文化运动，实为最有价值之事。最近本党同志，激扬新文化之波浪，灌输新思想之萌蘖，树立新事业之基础，描绘新计划之雏形者，则有两大出版物，如《建设》杂志、《星期评论》等，已受社会欢迎。然而尚自慊于力有不逮者，即印刷机关之缺乏是也。

夫印刷机关，实出版物之一大工具。我国印刷机关，惟商务印书馆号称宏大，而其在营业上有垄断性质，固无论矣，且为保皇党之余孽所把持。故其所出一切书籍，均带保皇党气味，而又陈腐不堪读。不特此也，又且压抑新出版物，凡属吾党印刷之件，及外界与新思想有关之著作，彼皆拒不代印。即如《孙文学说》一书，曾经其拒绝,不得已自己印刷。当此新文化倡导正盛之时,乃受该书馆所抑阻,四望全国,别无他处大印刷机关,以致吾党近日有绝大计划之著作,并各同志最有价值之撰述,皆不能尽行出版。此就吾党宣传宗旨之不便言之。至由营利上观察,现在出版书报,逐日增加,商业告白与时俱进,而印刷所依然如前,无资力者不能改良机器,扩张营业,故印刷事业为商务印书馆所独占,利益为所专,而思想亦为所制。近者陈竞存兄提倡在广东设西南大学,已有成议。大学成后,于印刷事业上又增一新市场。吾党不起而图之,又徒为商务印书馆利。综观近日印刷品之增进,其所要求于印刷机关之供给者甚多,断非一二印书馆所能供其要求,又断不能任一二家所垄断。试观日本一国印书馆,大者何止十数,小者正不可胜计。其营业之发达,乃与文化之进步为正比例。今者我国因新文化之趋势,一时受直接影响者,如全国各学校之改良教科、编印讲义,硕学鸿儒之发愤著作等等,均有待于印刷事业之扩张。至于商场上之各种新式告白,需求更切。故以现势度之,此种印刷机关,营业上必可获利。以故吾人深感现在之痛苦,预测将来之需要,从速设立一大印刷机关,诚不可谓非急务矣。果能成事,其利如左:

(一)凡关于宣传吾党之宗旨、主义者,如书籍、杂志等类,可自由印刷,免受他人制肘。

(二)本党常有价值券、褒奖状,以及各秘密文件、图籍等,均不必远托外国。

(三)本党自行编译各种新式教科书,以贡献于吾国教育界。

(四)国内各种有益于思想革新之著作,可以代印,并可改良告白,以益商业。

(五)仿有限公司办法,可为本党之一营利机关。

据上理由,设立此印刷机关,拟先暂定为资本伍拾万元,拟分作伍万股。此项资本,拟以爱国储金充之。如不敷此数,则各支分部之已办储金者,请益集多数,其未举办者,请早日极力举行。以本党在外国数百之分支部计,每支分部集千数百元,即可成此最有裨于党、有益于国之大事业。此而能举,则革命之成功,必可操券(此印刷机关绝对不招外股,实以吾党精神贯注之)。现本党极力筹度,务祈早日实现。请〔若〕在外同志有印刷上智识及技能、足赞助此事者,均请将姓名、住址开列寄来,以便请其回国相助。如未有此项熟识之人,亦应就近派遣子弟专习种种印刷技术,以为将来此项人才之预备。此诚久远宏大之事,望诸同志极力赞助,〈俾得〉早日成事为幸。

右凡两端,均请贵支分部赞助。如荷同意,速惠复音,俟本部得各支分部复信后,即行编定详细章程奉上。专此,并颂

公安

孙文谨启　九年一月二十九日

据吴拯寰编《孙中山全集》第四集《与海外国民党同志书》

批杨玉山函*

(一九二〇年一月三十一日)

代答以公资何来?汝既称为党人,曾出过多少党资?所请实难办到。

据《国父全集》第四册(转录史委会藏原件)

---

* 杨玉山原函请求给以经济资助。

为《大光报》年刊题词

（一九二〇年一月）

《大光报》发行年刊，征词于余。《大光报》之立至今八年，持正义以抗强权，于南方诸报中能久而不渝者，惟此而已，故余乐为之词。

光明之为人类所爱也，实为有生俱来之本能之发动，不假教导而能者也。推其所肇，盖以人类由动物之有知识、能互助者进化而成。当其蒙昧，力不如狮虎牛马，走不如犬兔，潜不如鱼介，飞不如诸禽，而犹得自保者，能互助，故能合弱以御强；有知识，故能趋利而避害也。夫趋避之事，以能知为前提，而动物之所恃以知者，第一为光明。惟有光明，故于猛兽之来袭，可以力御之，可以智避之也。于自然之景象，孰可利用？孰能为阻碍？可得试验而知也。惟有光明，故人与人可以相识相亲，而后互助之实可举也。故光明者，智识之源泉，互助行为之先决条件也。故有智识、能互助之人类，习与性成，遂对于光明而生爱恋，对于黑暗而怀恐怖，遗传浸久，遂不知其然而然。孩童初生，未有利害之见，未知合群之义，亦乐光明而恶黑暗；而不知利用此光明以得知识，行互助，则其人虽年长体硕，自其能力观之，无异始生之孩。以视原人之能由光明以渐得知识、组成社会者，抑又不及矣。光明固供给人之智识者也，而人若摈知识不求，则光明等于虚设。

夫今日之为人类利害者，固非一事，绝不如原人时代之简单，而其须为研究始可应付者正同。故今日之人类不但须爱地文上之光明、物理上之光明，尤须爱精神上之光明、心理上之光明。惟此种光明能指示人生之趋向，而凡旧社会之迷妄偏执，一一须以此光明照临破除之。障碍既除，然后此所谓互助者，可得实现。盖光明者，不外使人认识实在、认识真理之一具。苟有工具而不用，或遗其实而骛其名，则无益而有害。抑且以光明与人者，其功固大，而责任亦尤重。苟其挟成心而以先入为主，则非光明之义，而祸患将由之以胎。

"大光"之名吾固深喜之，而又望其能与人真实之智识、互助之精神，不负其名也，因书此遗之。

中华民国九年一月　　　　　　　　　　　　　　　　　　孙　文

据《中央党务月刊》第七期（一九二九年二月版）《大光年刊题词》

复林德轩函

（一九二○年一月）

德轩兄鉴：

示悉。湘西此次经兄经营，日臻美满，甚慰甚慰。以兄长才，摄镇绥靖，地方之福，亦邦国之光。况文休戚与共，庆幸曷可言喻？承示俟湘西统一就绪，再谋推行，足征老成虑远，即按照前时计划，努力进行，国事能否有为，实以此行卜之。临楮驰溯，无任悁结。

孙文　一月

据《国父全集》第三册（转录《会书》之十"函札"）

致许崇智函

（一九二○年二月九日）

汝为兄：

有李德益君为潮梅事，赍丁培龙函来沪陈述一切。文特嘱德

益亲赴军次,将所有情形,晤兄详细言之,为此具缄介绍。德益至时,希即接见。专此,即颂

勋祉

孙文　二月九日

据《国父全集》第三册(转录史委会藏原件)

批陶乐勤函 *
(一九二〇年二月十四日)

代答见后:大函先生已接读,其为钦佩。务望人各尽一分之能力,则无事不可为。足下为商界中先觉,当于其中联络同志,协同向前可也。

据《国父全集》第四册(转录史委会藏原件)

批李维汉函
(一九二〇年二月十九日)

当票送回,并代善为开导,以博施济众,尧舜犹病。若以众党而养党魁,则易举;以党魁而济万千之党人,则万难矣。

据《国父全集》第四册(转录史委会藏原件)

复陈炯明电
(一九二〇年二月二十日)

巧电悉。滇、桂冲突,实意中事。然由印泉起变,则出意外。

---

* 陶乐勤来函请求实行大亚细亚民治主义。

观此今后种种变局,其有造于粤人复粤者甚多,未审兄能早日决心率粤军回粤,以收渔人之利否? 如兄已决心,文当能使两粤内部数处先发动,以扰乱而牵制之。然此必兄能随即回粤方济于事,否则徒劳也。如何? 望切实答复。孙文。(二月二十日发)

据《国父全集》第三册(转录史委会藏原稿)

复余荣等函

(一九二〇年二月二十一日)

余荣先生暨诸同志先生均鉴:

　　昨接来电,敬悉贵处①于四月三日始开恳亲大会七日,至为喜慰! 万里海天,弗克躬与盛举,特上芜词,借伸贺悃。深望诸同志于此次大会之后,感情愈洽,党务愈兴,民国前途,实利赖焉。专此奉达,并颂
均安

孙文　九年二月二十一日

据《国父全集》第三册(转录史委会藏原件)

致李烈钧函*

(一九二〇年二月二十四日)

侠璜足下:

　　正怀旧雨,忽觌朵云,额手南天,喜曷可喻。足下以戡乱长才,

---

　　①　贵处:指雪梨(今澳大利亚悉尼)。

　　*　滇、桂两系因争夺驻粤滇军统率权,双方由合作转为敌对行动。此函贺李烈钧重握兵符。

久困群小，抚髀之叹，能勿同情。今竟合浦珠还，用武有地，岂维一人之庆，实亦邦国之光。足下念险阻之备尝，怵机缘之难再，必当奋发百倍，慰我群望。

文深盼得如足下者群策群力，以达吾党最终之目的。如以蒭菲为可采者，自当本为国为友之诚，叩囊底智以备蒭询。特贺，并希努力珍摄。余维心照不备。

据《国父全集》第三册（转录史委会藏原件）

致刘显世电 *

（一九二〇年二月二十七日）

贵阳刘汝舟督军鉴：〇密。接湖南来电称，陆荣廷派兵至永州，复派代表至尊处，商改编湘西靖国军归彼势力范围。是否属实，虽不可知，惟此次莫荣新挟李根源抗命，不啻破坏西南，形同叛逆。陆荣廷以老奸巨猾，佯为不闻，实欲乘此驱逐滇军，取消国会、军政府，单独投降。近且益肆猖獗，令刘志陆围攻潮州赣军，缴械解散，以杜福建粤军入路；屯兵永州，挟谭延闿以防湘西靖国军之攻桂林，狼子野心，志不在小。文为西南大局，不忍坐视，已电在粤海陆军同志，起救协和①，共除桂贼。我公为大局计，为蓂赓②并协和计，若令一军出柳州，以冲陆贼巢穴，则彼直无所逃命耳。前此

---

* 二月二十三日，莫荣新以广东督军兼军政府陆军部长名义，下令撤销驻粤滇军第三第四两师的番号，改编为边防陆军三个旅和三个独立团。二十四日，李烈钧托词巡视北江防务离开广州，准备集合滇军反抗改编。同日，李根源在桂系支援下，由广州返回韶关，劝告滇军服从改编，形势颇形紧张。为安定西南大局，孙中山致电贵州督军刘显世，请出兵柳州夹击桂军。

① 协和：即李烈钧。

② 蓂赓：即唐继尧。

廖湘芸因名号不正失败，文已命其重张旗鼓，复出洪、溆，以收永、桂①。务祈我公电令驻湘西黔军各将领，凡遇廖军到处，即希妥为接洽，并望协同动作，以期早靖桂氛，而定西南大局，是为至祷。如何？盼复。孙文。沁。

据《国父全集》第三册(转录史委会藏原稿)

致唐继尧电

（一九二〇年二月二十八日）

　　蓂赓兄鉴：协和此次以维持兄之威信，故间道出始兴。所走之路，与广韶铁路为平行。桂贼利用铁路之便，为拦路、抄侧、尾追三面之攻击，协和能脱险而至始兴，实天幸也。然始兴亦绝地，桂贼今用数倍之众，围而攻之，非速救，恐仍不免。昨接兄漾电，具体之言，只有已以全权委托协和一语。夫协和冒九死一生而蹈绝境，实为兄也。当此千钧一发之时，所望于兄者火速出兵耳，非全权也。况滇军已有一部附李根源，则权已分裂，尚何全之足云。文为大义计，为兄并协和计，已着陈竞存出兵相救。惟桂贼对于竞存，早有戒备，则竞存一路，恐难达目的。查桂贼之徒众，现分二大部，一围攻协和，一防制竞存。其老巢则甚为空虚。闻桂贼之意，以为兄之兵力皆在川、粤，且多为李根源勾结，其中必有不为兄用者；彼料云南必不能出兵，故对兄有此轻侮之举。兄为自救计，宜火速出兵百色，其数无论多少，必能夺其胆气，而摇其根本，盖此为彼之弱点也。如兄百色之兵已动，文必令钦、廉乡团并起以扰之，而绝西江之交通。如此，则彼攻协和、防竞存之兵不能不回救老巢，而协和

① 洪、溆、永、桂：指湖南洪江、溆浦、永州(零陵)与广西桂林。

之围可解,竞存之阻可消,便可合攻广州。广州一下,彼众必解体矣。兵法曰:攻其所必救。今扑其老巢,非兄莫属,而胜负亦在此一着。桂贼灭,而兄之威信乃可复也。望勇决图之,万勿迟疑,幸甚。文。勘。

据《国父全集》第三册(转录史委会藏原稿)

批刘焕藜函[*]

(一九二〇年二月二十八日)

代答:请礼一午后三时来。

据《国父全集》第四册(转录史委会藏原件)

致李烈钧函^{**}

(一九二〇年二月下旬)

协和足下:

前徐君元诰在沪,备道兄意,甚合鄙怀,文当嘱其代达一切。旋得足下接管滇军信,愈喜。复峕缄奉复,计今已月余矣,未识已一一入览否?

此次李、莫①抗顺,文得报时,即已电令湘、闽各方面克期出援。蒉赓、殿纶〔轮〕诸兄亦来电赞文主张,非独助足下,以足下能

---

　　*　刘焕藜原函求见孙中山。

　　**　胡编《总理全集》将此函时间定在一九一八年。惟函中有"知行旌已安抵始兴"等语。李烈钧系二月二十四日离广州,二十八日抵始兴的,孙中山在二十八日给唐继尧的函中已提及此事。故此函时间应在一九二〇年二月下旬。

　　①　李、莫:即李根源、莫荣新。

讨桂贼,以伸国法;援足下亦所以护法也。惟以道远音梗,传闻异辞,颇为焦灼。昨虞君元弼来,为言近况,知行旌已安抵始兴,得免于难。二十余日烦恼,乃为大解,不禁称庆者再。望即持以坚决,勿为调停谰言所惑,致负初志。足下能为国除贼,苟非贼党,孰不愿为效死?千载好机会,勉之勿失。表同情于足下者,决不仅文一人也。得便乞时赐详情,俾资策划。余维心照不宣。

孙　文

据胡编《总理全集》第三集《民国七年莫荣新抗命致李烈钧书》

地方自治实行法

(一九二〇年三月一日)

地方自治之范围,当以一县为充分之区域。如不得一县,则联合数乡村,而附有纵横二三十里之田野者,亦可为一试办区域。其志向当以实行民权、民生两主义为目的。故其他之能否试办,则全视该地人民之思想智识以为断。若自治之鼓吹已成熟,自治之思想已普遍,则就下列之六事试办之,俟收成效,然后陆续推及其他。其事之次序如左:

一、清户口;

二、立机关;

三、定地价;

四、修道路;

五、垦荒地;

六、设学校。

一、清户口。不论土著或寄居,悉以现居是地者为准,一律造册列入自治之团体,悉尽义务,同享权利。其本为土著而出外者,其家族当为之代尽义务，回家时乃能立享权利；否则于回家时以客籍相待，必住满若干年，尽过义务，乃得同享此自治团体之权利。地方之人有能享权利而不必尽义务者：其一则为未成年之人，或以二十岁为准，或以十八岁为准，随地所宜，立法规定之，此等人悉有享受地方教育之权利。其二为老年之人，或以五十岁为准，或以六十岁为准，随地所宜，立法规定之，此等人悉有享受地方供养之权利。其三为残疾之人，有享受地方医治、供养之权利。其四为孕妇，于孕育期内，免一年之义务，而有享受地方供养之权利。其余之人则必当尽义务，乃得享权利；不尽义务者，停止一切权利。故于清户口时，须分类登记之，每年清理一次，注明变更，列入年册。

二、立机关。户口既清之后，便可从事于组织自治机关。凡成年之男女，悉有选举权、创制权、复决权、罢官权。而地方自治草创之始，当先施行选举权，由人民选举职员，以组织立法机关，并执行机关。执行机关之下，当设立多少专局，随地方所宜定之，初以简便为主。而其首要，在粮食管理局，量地方之人口，储备至少足供一年之粮食。地方之农产，必先供足地方之食，然后乃准售之外地。故粮食一类，当由地方公局买卖。对于人民需要之食物，永定最廉之价，使自耕自食者之外，余人得按口购粮，不准转卖图利。地方余粮，则由公局转运，售卖于外，其溢利归诸地方公有，以办公益。其余衣、住、行三种需要之生产制造机关，悉当归地方支配，逐渐设局管理。至于人民对地方自治团体之义务，每人每年当出一个月或二个月之劳力，随人民之志愿，立法规定之。每月当以三十日为准，每日当以六点钟为度。其不愿出劳力者，当纳同等之代价于公家自治机关。每年当公布预算决算并所拟举办之事业，以求人民同意。

三、定地价。如以上二事办妥，而合一县百数十万人民，或数乡村一二万人民，而为一政治及经济性质之合作团体。其地方之发达进步，必有出人意料之外者，而其影响于土地必尤大。如童山变为森林，石田变为沃坏〔壤〕，僻隅变为市场。前者值数元一亩之地，忽遇社会之进步发达，其地价乃增为数百元、数千元一亩者不等。有其地者，不劳心，不劳力，无思无维而坐享其利矣。细考此利何来？则众人之劳力致之也。以众人之劳力焦思以经营之社会事业，而其结果则百数十之地主享其成，天下不平之事，孰过于此！此地价之不可不先定，而后从事于公共之经营也。定地价之法，以何为便乎？当十年前英国之行按价抽税，其定地价之时，设一专官以估定时价。经官估定之后，地主则照价抽税，值百抽几。如地主以为估定太高，不甘出税，可以上控于专判衙门，由衙门再判为准。其于定地价一事，专设两级机关以专理之。英人视之以为利便，而在吾人地方自治甫行之初，倘效此举，不独不便，实亦窒碍难行也。然则吾人当以何法行之？予以为当由地主自定之为便。其法以地价之百分抽一，为地方自治之经费。如地每亩值十元者，抽其一角之税；值百元者，抽一元之税；值千元者，抽十元之税等是也。此为抽税之一方面，随地主之报多报少，所报之价，则永以为定。此后凡公家收买土地，悉照此价，不得增减。而此后所有土地之买卖，亦由公家经手，不得私相授受。原主无论何时，只能收回此项所定之价，而将来所增之价，悉归于地方团体之公有。如此则社会发达，地价愈增，则公家愈富。由众人所用之劳力以发达之结果，其利益亦众人享有之。不平之土地垄断、资本专制，可以免却；而社会革命，罢工风潮，悉能消弭于无形。此定价一事，实吾国生民根本之大计，无论地方自治或中央经营，皆不可不以此为着手之急务也。而由地方自治以举办此定地价之事，则地方全体，当担负该县以前所纳之地丁钱粮，所余则悉归地方自治之用。由自治团体直接与省政府或中央政府订明条例,永相遵守;若由中央举行,则除现收地丁钱粮之外,当拨八九成为地方之用,而以一二成归之中央。如全国能行此,则中央之财赋当增加不少矣。

四、修道路。道路者,文明之母也,财富之脉也。试观世界今日最文明之国,即道路最多之国,此其明证也。中国最繁盛之区,即交通最利便之地,此又一证也。故吾人欲由地方自治以图文明进步,实业发达,非大修道路不为功。凡道路所经之地,则人口为之繁盛,地价为之增加,产业为之振兴,社会为之活动。道路者,实地方之文野、贫富所由关也。地价既定之后,则于自治范围之内,公家可以自由规划,以定地方之交通,而人民可以勠力从事于修筑道路。所谓人民义务之劳力,宜首先用之于此。道路宜分干路、支路两种:干路以同时能往来通过四辆自动车为度,支路以同时能往来通过两辆自动车为度。此等车路宜纵横遍布于境内,并连接于邻境。筑就之后,宜分段保管,时时修理,不使稍有损坏。如地方有水路交通,在〔则〕宜时时修理保存,毋使稍有积滞;务期水陆交通,兼行并利。道路一通,则全境必立改旧观。从此地方之进步,必有不可思议者矣。

五、垦荒地。荒地有两种:其一为无人纳税之地。此等荒地,当由公家收管开垦。其二为有人纳税而不耕之地。此种荒地,当科以价百抽十之税,至开耕完竣之后为止;如三年后仍不开垦,则当充公,由公家开垦。凡山林、沼泽、水利、矿场,悉归公家所有,由公家管理开发。开垦后支配之法,亦分两种:其为一年收成者,如植五谷、菜蔬之地,宜租与私人自种。其数年或数十年乃能收成者,如森林、果、药等地,宜由公家管理。开荒之工事,则由义务劳力为之。如是,数年之后,自治区域当可变成桃源乐土,锦绣山河矣。

六、设学校。凡在自治区域之少年男女，皆有受教育之权利。学费、书籍与及学童之衣食，当由公家供给。学校之等级，由幼稚园而小学而中学，当陆续按级而登，以至大学而后已。教育少年之外，当设公共讲堂、书库、夜学，为年长者养育智识之所。或疑经费无从出，此不足忧也。以人民一月义务劳力之结果，必足支持此费。如仍不足，则由义务劳力之内议加，或五日、或十日以至一月，则无不足矣。一境之内如人尽所长，为公家服一二个月之义务；长于农事者，为公家垦荒，则粮食足矣；长于织造者，为公家织布，则衣服足矣；长于建筑者，为公家造屋，则房舍足矣。如是，少年之衣、食、住，皆可由义务之劳力成之。自治区之人民各有双手，只肯各尽其长，则万事具备矣。不必于穷乡僻坏〔壤〕，搜刮难得之金钱，筹集大批之款项，始能从事于自治也。只要人人能知双手万能、劳工神圣足矣。至于手力所不能到之处，则以我辈手力所生产之粮食、原料，由公家收集输之外国，以换其精巧之机器，以补我手力之不足，则生产日加，财富自然充裕。学校之目的，于读书、识字、学问、智识之外，当注重于双手万能，力求实用。凡能助双手生产之机械，我当仿造，精益求精，务使我能自造，而不依靠于人。必期制造精良，实业发达，此亦学校所有事也。学校者，文明进化之泉源也。必学校立，而后地方自治乃能进步。故于衣、食、住、行四种人生需要之外，首当注重于学校也。

以上自治开始之六事，如办有成效，当逐渐推广，及于他事。此后之要事，为地方自治团体所应办者，则农业合作、工业合作、交易合作、银行合作、保险合作等事。此外，更有对于自治区域以外之运输、交易，当由自治机关设专局以经营之。此即自治机关职务之大概也。

总而论之，此所建议之〈地〉方自治团体，不止为一政治组织，亦并为一经济组织,近日文明各国政府之职务,已渐由政治兼及于经济矣。中国古代之治理,教养兼施;后世退化政府,则委去教养之职务,而听民人各家之自教自养,而政府只存一消极不扰民者,便为善政矣。及至汉、唐,保民理民之责犹未放弃,故对外尚能御强寇,对内尚能平冤屈;其后则并此亦放弃之,遂至国亡政息,一灭于元,再灭于清,文明华胄,竟被异族涂〔荼〕毒者三百余年,可谓惨矣!今虽光复祖业,创建民国,而执政者仍为清朝之亡国大夫。彼辈为政,惟知扰民害民,为其所有事,罔识世界大势,只顾自私自利;多行不义必自毙,当受文化潮济〔流〕所淘沃〔汰〕,可无疑也。惟民国人民当为自计,速从地方自治,以立民国万年有道之基,宜取法乎上,顺应世界之潮流,采择最新之理想,以成一高尚进化之自治团体,以谋全数人民之幸福。若一县办有成效,他县必争先仿行。如是,由一县而推之各县,以至一省一国,而民国之基于是乎立。有志之士,宜努力笃行之。

据《建设》杂志第二卷第二期(一九二○年三月一日上海出版)

《社会观》序*

(一九二○年三月一日)

陈君安仁,以其所著《社会观》寄予,予不暇悉读。读其"论新旧社会财富之观念"一节,知其于吾向所主张之平均地权之义固相合也。陈君研究日深,异日必能于依私有制经营发展之社会形态以外,更有所进,则于"天下为公"之义,几乎至矣。予日望之。

---

　　* 《社会观》一书为陈安仁所著。陈安仁,广东人,曾奉孙中山命赴海外整理国民党党务及进行宣传活动,一九二二年夏返国。《社会观》书成,陈函请孙中山为序。此序撰写日期,据陈著《革命先进之书牍》中称,系三月一日。

孙　文　三月一日

据《国父全集》第四册(转录史委会藏陈安仁抄件)

致 □ □ 电[*]

(一九二〇年三月二日)

　　琼州孤悬海外,影响不大。必高、雷、钦、廉起后,琼队内渡以助,合力攻南宁,始足制其死命;广、肇亦可起,以牵动省城。以上各属需费数万,请火速电汇来沪,以便着人回粤立即发动,然后潮、梅应之。潮、梅一动,兄当拔队入粤,则桂贼可平矣。唐处^①当另电着彼出兵百色,第恐彼无力耳,然亦无足轻重也。孙文。冬。

据《国父全集》第三册(转录史委会藏亲笔原稿)

致石青阳电

(一九二〇年三月二日)

　　顺庆石青阳师长鉴:三月二日收到段蓬仙君交来汇票八张,共伸银叁万伍千两正,为买飞机用之一部分。俟款到足时,乃与前途交涉立约。今先电闻。孙文。冬。三月二日。

据《国父全集》第三册(转录史委会藏原件影印)

批殷占闿等函^{**}

(一九二〇年三月二日)

　　代答以请读《孙文学说》,便知先生对此之主张。

据《国父全集》第四册(转录史委会藏原件)

　　＊　此电似系致漳州陈炯明。
　　①　唐处:指唐继尧处。
　　＊＊　殷占闿原函询问有关国民自治主张。

批刘焕藜函 *

（一九二〇年三月二日）

代答以张果有以实力助吾党解决广西问题，则万事皆可从此解决，不必支支节节与争湘省之权力也，务期转致湘中同志放阔胸衿可也。

据《国父全集》第四册（转录史委会藏原件）

批蔡元诰函

（一九二〇年三月三日）

觉代答以函悉，并将以后消息时时报闻。

据《国父全集》第四册（转录史委会藏原件）

批殷占闿等函 **

（一九二〇年三月五日）

代答以有路可干者，总望积极进行，造成事实，乃来讲话可也。

据《国父全集》第四册（转录史委会藏原件）

　＊　刘焕藜原函报告与张敬尧协议，在与桂系军阀斗争时，张服从孙中山命令，至湘省省长、财政厅长等职，交归革命党之湘人，请孙指派等语。

　＊＊　殷占闿等原函表示愿联络长江一带军警。

复 余 荣 函

（一九二〇年三月七日）

余荣先生大鉴：

　　昨接尊函，并基本金叁拾肆镑拾贰辨士，已照收到。敬悉阁下热心国事，始终不渝，至为欣慰。兹将证书共叁拾壹纸，随函奉上。希照收转，并恳示复。国内近情，已详本部通信。此复，并颂
伟安

孙文启　三月七日

据《国父全集》第三册（转录史委会藏原件）

批林修梅函 *

（一九二〇年三月七日）

　　誓约、党证，可送去晚报馆交易君收入，取回收条。

据《国父全集》第四册（转录史委会藏原件）

复陈树人函

（一九二〇年三月十二日）

树人兄鉴：

　　迭阅来书，并得晤李、蒋诸君，备悉加属党务异常发展，成绩至

---

　　*　林修梅原函请发给誓约党证以介绍军官入党。

佳,无任喜慰。

　　查七年四月二十五日,由兄具函报告,加属同志曾缴爱国储金者,共八百八十四名,其中以域多利①、卡忌利②最多。自后陆续缴交者,谅亦不少。至爱国奖章,经寄二千九百枚,料经收到。兹将奖状二千九百张,统托联义同志带上,希照点收,即转送各埠同志曾缴爱国诸金者。如经给领后,恳将该同志姓名报部备案而登诸通信,以示奖励。专此奉达,并颂
台安

孙文　　九年三月十二日

据《国父全集》第三册(转录《布告录》第二十一号)

致陈树人函

(一九二〇年三月十三日)

树人兄鉴:

　　顷接域多利交通部部长李君翰屏暨党务兼文牍主任谢君奕贲来函,内陈于去年护法军兴之际,曾电汇廖仲恺收港银七千元,其中多中属爱国储金款,请寄爱国奖章二百枚,以便转给缴纳爱国储金之同志等情。文经查核无异,恳由兄查数照给,以昭划一。专此奉达,并颂
台安

孙文　　九年三月十三日

据《国父全集》第三册(转录《布告录》第二十一号)

---

① 域多利:即今加拿大维多利亚。
② 卡忌利:即今加拿大卡耳加里。

致陈炯明电

（一九二〇年三月十五日）

　　漳州陈总司令鉴：密。近有可靠之路,有步枪二千、马枪五千、子弹七百万,总共价沪洋二十万元。银先存贮银行,然后立约,二个月内可以交货。如欲购之,请即备款与前途交易。盼复。孙文。删。

据《国父全集》第三册(转录史委会藏亲笔原稿)

致 孙 科 电[*]

（一九二〇年三月十六日）

　　着邓子瑜、黄福芝与李绮庵接洽,酌称为讨贼军第几路司令便可。委任状须待起义立功后,乃能论功发给。其起义时期,动作须与李安邦一致。此复。父。铣。

据《国父全集》第三册(转录史委会藏原件)

致廖湘芸电

（一九二〇年三月十七日）

　　长沙督军署转廖湘芸兄鉴：高密。前接张督军元电,谓兄将来

---

　　[*]　原电未署年月。按其内容及电末所署"铣"字,可知时间应在一九二〇年三月十六日。

沪，今言派员，想系图谋进行之故，张督军英勇亢爽，诚意自矢，我极佩之。望即与绪先兄切实计划，并随时将进行情形电沪。此复删电。篠（十七日）

据《国父全集》第三册（转录史委会藏原稿）

致唐继尧电[*]

（一九二〇年三月十七日）

云南唐总裁鉴：申密。兄既具最大决心，前途光明，准可实现。文已加电各处，力促援协〈和〉，惟急待商者如下：一、此次事变名为莫荣新助逆，实则陆荣廷以老奸巨猾之手段，行使其破坏护法、窃据西南、投降复辟首领之预定计划。不幸莫等胜而协〈和〉败，陆则统有两广，势必拥李根源返滇，与兄为敌。即协〈和〉胜而莫等败，陆则以罪名加莫等，而自处调和地位，仍不失其两广地盘。故此举必具决心，以剿平游勇，奠定西南为唯一之目的，无调和之可言。二、为达最后目的，必联合川、滇、黔全力图之。然熊克武不去，则不能纾后顾之忧。去熊计划，已命吕、向、石、颜、黄、卢、刘、廖^①各同志早作准备，想已与兄接洽，今当促其速举。请兄电令驻川滇军助而促之，熊可麾而去也。熊去则废督，川省所有之众，可指挥如意矣。三、竞存决行动员，因方声涛捣乱，妨害后方，故稍稽迟。来电云，求韵松^②共起为助，殆未知韵松之近来隳落。此后如致电韵

---

　　*　二月二十八日李烈钧部达始兴，孙中山曾电唐继尧，勉其火速出兵援李，唐不答。自三月上旬至中旬，滇军两派在韶关、始兴之间时有接触，滇、桂两军亦相互开战。为此，孙再电唐，力促滇、川、黔各军按计划援救李烈钧部。

　　①　吕、向、石、颜、黄、卢、刘、廖：即吕超、向育仁、石青阳、颜德基、黄复生、卢师谛、刘湘、廖子明。

　　②　韵松：即方声涛。

松,宜令其顾全大局,毋滋纷扰。四、悦卿为人不如玉堂①,而海军动须巨款,今欲使其出力,只有给钱,取其可用者用之。文已着手运动。五、已电王殿轮协同湘南大举。兄对于军事计划,希随时电告。此复寒电。孙文。篠。

据《国父全集》第三册(转录史委会藏原稿)

致王文华电

（一九二〇年三月十七日）

　　贵阳王殿轮总司令鉴:殿密。足下主张正义,欣慰之至。但婉劝莫督以大局为重,则是未知桂贼之用心。此次事变名为莫荣新助逆,实则陆荣廷以老奸巨猾之手段,行使其破坏护法、窃据西南、投降复辟首领之预定计划。假如莫等胜而协和败,两粤完全为陆势力,恐根源亦为李耀汉第二,何有于国会、军政府？即协和胜而莫等败,陆则归罪莫等,而自处调和地位,仍不失两粤地盘。强盗用心,肺肝如见。故为今之计,惟有以剿平桂贼、奠定西南为唯一之目的。足下逼近贼巢,一举足于冲破桂贼之腹。刻下竞存实行动员,先收湘南、广、肇方面。湘南居韶州上游,与桂军积有恶感,若足下就近电促湘南将领,率军南下,直抵韶州,非惟解协和之危,且制广州之命。其他钦、廉方面,亦可摇动南宁巢穴者,亦着着进行。甚望足下统率精锐,就近与唐、刘二公②协商出师方略。西南成败在此一举,若舍此不图,贻误滋大。希察纳赐复。此复元电。孙文。

据胡编《总理全集》第三集《讨莫之役致滇湘黔闽浙粤各省当局要电》

---

①　悦卿、玉堂:即林葆怿、程璧光。
②　唐、刘二公:即唐继尧、刘显世。

批陈卓平函*

（一九二〇年三月十七日）

内件代答以已照来示办了。

据《国父全集》第四册（转录史委会藏原件）

致□□□电**

（一九二〇年三月十八日）

一、云南已决定出兵。二、湘南可望援应，请由兄处发一电与谭延闿，晓以大义，请他协力与滇、粤一致讨桂。三、海军可以毋虞，此间当设法制之。四、沪上粤商筹款难望。五、港商甚望粤军回粤，请兄致一函与余育之，托彼纠合港商筹款。此函寄工商银行小儿孙哲生转交便妥。六、粤中计划，前本欲先起钦、廉以扰南宁，次起潮、汕为兄前驱，三起广属以助兄取省城。今事急先起广属，次起潮、汕，三起钦、廉。七、兄款未到，颇有迟滞，近已另为设法矣。孙文。

据《国父全集》第三册（转录史委会藏亲笔原件）

批胡文灿等函***

（一九二〇年三月二十一日）

焕廷^①代答以先生甚望火速进行，与他军协同讨贼。至于现

　＊　　陈卓平原函请求孙中山为其妹赴美留学作保。

　＊＊　此电似致陈炯明。

　＊＊＊胡文灿、唐提雄、卢则三从香港上书孙中山称，为驱除陆、莫出广东，拟集合同志，组织靖国讨逆军，并已着手购置军械云云。

　①　焕廷：即林焕廷。

实立有奇功,先生当必始终维持也。

据《国父全集》第四册(转录史委会藏原件)

致徐鹤仙电[*]

(一九二○年三月二十五日)

译交徐鹤仙鉴:前致协和电收否?何久不答?湘南可出全力攻桂,最好协和往湘南指挥,与竞存互相策应,同时进攻,则桂贼可平,而西南大局可以解决矣。务请协和速来沪,此间可设妥法安全通过各地。如何?即复。文。有(二十五日)

据《国父全集》第三册(转录史委会藏亲笔原件)

致王文华电^{**}

(一九二○年三月二十六日)

贵阳王殿纶〔轮〕总司令鉴:殿密。尊通电历数某会包办投降,目为西南蟊贼,词严义正,足寒奸胆。惟为根本解决之障碍物,西南方面不在某会而在游勇,篠日复足下元电曾经论列。尔时甚望足下出师,并电促湘西南同志将领,合力捣游勇巢穴。此电未知达否?不幸协和中辍,杨、鲁^①退兵,两广地盘完全落于游勇之手。

＊　　徐鹤仙为李烈钧代表。

＊＊　三月二十五日,李烈钧所部滇军克复南雄。军政府闻讯后,由岑春煊出面派吴介璋赴始兴前线调解。莫荣新亦表示让步,承认恢复滇军名义,改派不愿接受改编的杨益谦、鲁子材为驻粤靖国滇军第一军正副总司令,以示笼络,并孤立李烈钧。两部均移驻湖南边境,北江战斗停息。孙中山获此消息,致电贵州将领王文华,征询击败岑春煊、陆荣廷、莫荣新意见,并晓以利害,望其下决心讨贼。

①　杨、鲁:即杨益谦、鲁子材。

彼旦夕所谋直接与复辟首领讲和，不惮盗卖西南以求逞其私者，至此乃实现矣。吾辈不欲言救国则已，如言救国，则此根本为害之游勇，非先扑灭不可。或有以先剿游勇，有似内讧，恐为敌人所乘，不如北进讨贼，易得多数之同情。不知兵家之所忌，最在后顾之忧，昔孔明未出祁山，先擒孟获。盖内患不清，则外侮无由御。今两广完全为游勇占有，即欲前进，后方之补充接济，将何取资？况贵州与黔、桂犬牙相错，尤足扰害后方者乎？足下智勇过人，知必抱最大决心，以先扫游勇为清内患之唯一任务也。文已与冀赓、协和迭电商榷，均荷赞同，共筹讨贼，汝舟①兄亦曾电告。千钧一发，伟画如何？立候电示。孙文。宥。

据《国父全集》第三册（转录史委会藏原稿）

复吕志伊等函

（一九二〇年三月二十七日）

天民、方城、裕如②先生均鉴：

真日快邮诵悉。利害明白，规画切要，极佩。吾人及今团结一气，收之桑榆，未为晚也。广西游勇破坏大局，文为国计，早已着手准备，誓歼渠魁。不幸，又有莫荣新破坏滇督命令之事。荣廷态度暗昧，逆迹益彰，而协和犯冒危难，尤宜速救。比已分电各方，合力猛进矣。文之性情行事，天民兄所素知。今三兄愿牺牲一切，与文终始，以图利国家，前途光明，不待著卜。所嘱各节，自当视吾力所至，竭蹶图之。惟军行之际，间诡百出，稍一不察，辄启猜疑，往往

---

① 汝舟：即刘显世。

② 天民、方城、裕如：即吕志伊、段雄、李华林。

功败垂成，玩寇自祸，非疏通各军意志，不能免此。三兄滇人也，而久客于粤，幸留意焉。滇、粤军情，尚望随时见告。专此奉复，惟珍重努力不宣。

孙文　三月二十七日

据《国父全集》第三册（转录史委会藏亲笔原件）

复王文华函

（一九二〇年三月二十七日）

刘君少南来，重辱惠书，谦挹之至。非切实从事于革新者，不能为若言也。刘君备述尊状，极慰。

惟是革新之障碍，若不排除而廓清之，则其进步之难，难于填海。故兵者不祥之物，然亦视用之者如何。足下精兵数万，指挥运用以行伟抱，此其时矣。

广西当道，以游勇起家，不识国家为何物。辛亥以还，每遇军兴，彼游勇者靡不因以为利。此次护法，厥罪尤彰。近且破坏滇督易帅之令，从前假面揭露无余。若不亟加薙除，西南何以立足？文复兄电，计达览矣。

抑文尤有进者，西南内讧根本摇动，北伐之说，目前徒托空谈。且内部用兵，尤不能即与北战，盖背腹树敌，智者所不为也。今日之计，势不能不与北方周旋；然联络北方将帅者，不只一人，不曰联皖排直，即曰联直排皖，数年之间，其效可睹。文则以谓乱法卖国，直为罪首，皖为付从。今迫以势不得已，与之周旋，则当择其较有信义而不巧滑者，而后可以计事。且亦年来主张联某排某者之应行临机变计者也。此无他，要以使吾人计划畅行无阻而已。仆与段芝泉接洽，即本此意。足下英爽迈伦，期许甚厚，略布胸臆，惟

裁察之。并颂

勋祉

孙文　三月二十七发

据《国父全集》第三册(转录史委会藏亲笔原稿)

致　□　□　电

(一九二〇年三月二十七日)

　　梯云尚未到,若到则此款当然可交来。惟以钱而与以省长,此风不可开。海军不必买,只能得省城,则彼必来。今日之要,在兄能勇决猛进,余事皆可顺手,不必分心顾虑也。文。

据《国父全集》第三册(转录史委会藏亲笔原件)

致　□　□　电 *

(一九二〇年三月二十八日)

　　海军绝无可虑。就使方、魏①作祟,亦无能为力,只在我能破桂贼耳。倘桂贼胜,则彼必依桂,还以全闽亦不能动也。若我胜,则其中必有一大部分,仍唯我命是听。总之兄军能扑广州,则海军我可负完全责任。请放心速进。孙文。

据《国父全集》第三册(转录史委会藏亲笔原件)

给刘谦祥委任状

(一九二〇年三月二十八日)

　　委任状:委任刘谦祥为宿雾中国国民党支部交际科主任。

---

　*　此电函似致陈炯明。

　①　方、魏:即方声涛、魏邦平。

此状。

中国国民党总理　孙文

总务部主任　居正

中华民国九年三月二十八日

据《国父全集》第四册（转录史委会藏原件）

给叶独醒委任状

（一九二〇年三月二十八日）

委任状：委任叶独醒为宿雾中国国民党支部总务科主任。此状。

中国国民党总理　孙文

总务部主任　居正

中华民国九年三月二十八日

据《国父全集》第四册（转录史委会藏原件影印）

致李安邦李绮庵函*

（一九二〇年三月二十九日）

安邦、绮庵二兄同鉴：

据明堂①来函，彼已定为第四军，而兄不甚赞成等语。窃思此时名目，殊无要紧，兄不必以此介介也。至于将来军级之大少〔小〕高下，当以立功多少为定；而立功之主要在破敌多少论，不以得地

---

* 李安邦、李绮庵因讨桂军名义问题，与黄明堂稍存异议。孙中山因此致电二李。

① 明堂：即黄明堂。

广狭论。若得地而不进取者,亦以无功论;虽无地而能游击四方以破敌者,论功有加。幸兄等本此意以进行。

我信二兄特深,所以望于二兄者亦深。为此之故,所以兄对于其他之同志,当以事事让之以名誉,使能和衷共济为要。如广府能起事,未破省城之先,当注重两要点:一为长洲炮台,此当与海军疏通,然后占领为根据地,以重兵守之,此事当与邓鼎峰合作。二为尽夺其内河炮船,以控制各江之交通,而尤以绝塞西江为重,务使由三水至梧州,皆入我势力之下。如能达此两目的,则省城可不攻而下矣。

前日谋借之款,能得手否?速由电报知(此事可着小儿哲生电达)。如尚未得手,此间现在可如数筹汇。望将欠单交哲生缴消可也。此致,即候

壮安

孙文 三月二十九日

据《国父全集》第三册(转录史委会藏原件影印)

批黎萼等函[*]

(一九二〇年三月二十九日)

作答以如确有如此实力,如此组织,则当以起事为征。如能分头并起,以击桂贼,则文必竭力助成,务使各人成军也。如不能发起,则人械虽多,何济于事?故对于不能发起与一发而即散者,皆不欲与闻也。望公等竭力将各地人众造成事实,然后来商可也。

据《国父批牍墨迹》

---

[*] 黎萼等原函报告粤中军事布置情形与联络各军起事规复广州之计划。批件时间据来函收到的日期。

致 □ □ 电[*]

（一九二〇年三月三十日）

　　粤民望兄，如望云霓，此行回粤，必可成功。介石、仲恺有船即来。传闻协和已攻下大桥，离韶城四五十里，桂贼死六七百，伤者过千云。陆贼已急电岑调和，此可见贼胆已寒，贼焰已衰，可一击而破矣。速进。孙文。

据《国父全集》第三册（转录史委会藏亲笔原件）

致李绮庵李安邦电

（一九二〇年三月三十一日）

　　绮庵、安邦兄同鉴：电汇万元为安邦计划用。筹备后须与协和代表徐鹤仙接洽，查确协和无调和乃可动。若协和已调和则息。再则，绮庵须另备钦廉、潮汕同时发动，为粤军回粤之先导可也。孙文。卅一叩。

据《国父全集》第三册（转录史委会藏《总理与李绮庵来往函电》）

致孙科等电^{**}

（一九二〇年三月下旬）

　　电汇广东银行万元，收交李安邦用。前有借单一纸，在李绮庵手，向之收回取消可也。下电译交绮庵、安邦同鉴：兹电汇万元为

<small>　　* 此电似致陈炯明。

　　** 此电未署日期。查此电内容与三月三十一日孙中山电李绮庵等指示回粤方略文义相近，且与三月二十九日孙中山致李安邦等电部分内容吻合，故酌定此电发于一九二〇年三月下旬。</small>

安邦计划用。筹备之后，须与协和代表徐鹤仙接洽，查确协和无调和乃可动。若协和已调和息兵，则绮庵须另备钦廉、潮汕同时发动，为粤军回粤之先导可也。下电译交徐鹤仙鉴：兹着李绮庵、李安邦回粤起事，以解协和之围；请与接洽，将协和实情相告，以定进止为荷。文。转致子超先生，不来亦可。

据《国父全集》第三册（转录史委会藏亲笔原件）

致 □ □ 电 *

（一九二〇年三月下旬）

一、万元到时，当派人回粤发动，颇有把握。在广州则个月内可动，钦廉则两个月乃可。如协和尚可支持，则先发广州；如协已散，则先发钦廉而后广州。二、钦廉动，必当促潮汕继之，而兄又当继潮汕后而入粤。广州则以兄将到省城时方动，则效力乃大。三、海军不易夺，只能收买，此非大款不可。置之不理，想亦无后患，不必虑也。四、着〔若〕北方不扰南闽，当可办到。五、现正设法，欲使在厦浙军全部来助。六、子云处，姑着周子贞一试。

据《国父全集》第三册（转录史委会藏原件）

致陈炯明电 **

（一九二〇年三月下旬）

香港来电，海军愤兄攻方①，已与莫合派兵船，护泰顺轮载刘

---

* 原件日期、受电人不明。据电文称"万元到时，当派人回粤发动"，受电人似系陈炯明。又据三月三十一日孙中山致李绮庵等电中，提及"电汇万元为安邦计划用"，并指示李等相机发动以响应粤军回粤，故此电拍发时间亦应在三月下旬。

** 原件未署日期。据电中"桂贼今请岑与协和调和作缓兵计"内容，酌定为一九二〇年三月下旬。

① 方：即方声涛。

达庆兵来闽攻兄。海军不足畏，所患者仍为桂贼耳。闻兄曾阻海滨①图刘志陆，不先发制人，反使刘得从容灭伍②，及隔绝其部下之革命党人与外间通消息，致敌势固张，同志胆寒，殊为失策。此后汕头不可图矣。桂贼今请岑与协和调和作缓兵计，一面以大兵欲先灭兄。今刘志陆、刘达庆、沈鸿英及海军作三面围攻，而夏述唐、吕公望为内应。倘彼计得行，兄立陷于四面楚歌矣。兄为自救计，当破釜沉舟，勿恋防地，速集中军队为一大突进于东江流域，与协和联络而扑广州。广州一下，桂贼必瓦解，而海军可就范围矣。广属甚空虚，文已派李安邦起事，信其必有影响也。望兄速图利之。文。

据《国父全集》第三册(转录史委会藏亲笔原件)

致唐继尧电*
（一九二〇年三月下旬）

蓂赓兄鉴：港函，协和以侵日抵始兴，莫等散布协允调停之说，故各方稍持观望。来电以全权委协和，办法甚是。惟协和近为桂军、印军包围，消息不通，无从接洽。潮、澄伍旅③又被刘志陆逼令缴械解散。今所恃以救协和者，各路民军耳。非有正式大军以持其后，民军力薄，能救协和与否，尚不可必。近闻陆复派兵至永州，派代表至贵阳，有收复湘西民军势力之计划。请致电湘西各军，勿

---

① 海滨：即邹鲁。
② 伍：即伍毓瑞。
* 胡编《总理全集》将此电时间定为一九一八年。据该电言及李烈钧赴始兴，伍毓瑞部被缴械、四川军人"驱熊"诸事，此电应在一九二〇年三月下旬。
③ 伍旅：指赣军伍毓瑞部。

为所诱。要之,老贼心一而力齐,我则兵众而号令动作皆不一致,前途利钝未可逆料。又川事当即解决,即使不能遽行移兵而去熊①,亦大足为粤声援,不宜置于粤事之后。报载尊处又出师百色,此诚上着,亦救协和之急着。如尚未行者,宜火速举行。兄果出兵百色,文必促竞存同时入粤,及令钦、廉速起制之,则游勇可灭也。孙文。

据胡编《总理全集》第三集《讨莫之役致滇湘黔闽浙粤各省当局要电》

致徐鹤仙电

（一九二〇年三月）

徐鹤仙兄鉴:已派李绮庵兄回粤,解协和之围。即请转致协和兄,以励士气。孙文叩。

据《国父全集》第三册（转录史委会藏
《李绮庵函电》）

致林直勉函[*]

（一九二〇年春夏间）

直勉兄鉴:

本党创办英文报及印刷所计划,前经通告诸同志。现陆续接到复函,皆极表赞成,并多认定股款,足见诸同志对于本党宣传主

---

①　熊:即熊克武。

*　此函时间不明。据一九二〇年一月廿九日孙中山所发关于创办英文报刊及印刷所通告,规定海外各地认定股款于三个月内汇沪。今酌定发函时间为一九二〇年春夏间。

义之举倍极热心,将来本党发扬光大,皆我党员同心协力之所致也。

　　今因时势之要求,急须开办,而款项尚未完全认齐,故特托卫君一新前来各埠劝募。卫君乃芝城①老同志,向在芝办理英文报,鼓吹党义,声举〔誉〕极佳,其效力于本党之处不少,故今特托以募款之重任。请兄即本照此旨,分告所属各支、分部及通讯处,妥与卫君斟酌情形,尽力将款认定,以成盛举。想我海外同志,素抱热诚,今对此急要之图,自必争先恐后,当拭目以观厥成。此致,即询

毅祺

孙　文

据胡编《总理全集》第三集《民国九年为创办英文报致三藩市林直勉书》

致张敬尧电

(一九二〇年四月一日)

　　顷接廖湘芸电称,彼与桂派接战,连日不利,以械弹两缺,不能再振,以贯切〔彻〕初志云云。窃思桂派欲图足下,亦非一日矣。是足下与湘芸有利害共同之势,倘湘芸竟至一蹶不起,则足下之地位亦必难保。为利害计,务望足下力予接济,俾湘芸械弹不缺,以竟前功,早进桂境,以引起两广之内应,则山贼可扑灭也。幸速图之,并转致湘芸。孙文。东。

据《国父全集》第三册(转录史委会藏原稿)

---

　　①　芝城:即美国芝加哥。

复 黄 炽 函

（一九二〇年四月二日）

黄炽先生大鉴：

接二月二十七日来书，敬悉公等维持报务之苦心，并承挚爱之厚，至为感谢。请将存款比还以应支需一节，兹照致贵埠维持会一函，希代转达。如该款收回，即函报存案可也。此复，并颂

台安

孙文　九年四月二日

据《国父全集》第三册（转录史委会藏原件影印）

致李绮庵徐鹤仙电

（一九二〇年四月二日）

绮庵兄鉴：汇哲生交安邦万元，想已收到。广属筹划如何？有把握否？钦廉若确能起事，当再筹五千来。务望赶与竞存同时动作，幸甚。下电译交东京酒店徐鹤仙鉴：函悉。竞存后路现已肃清，即日动员回粤，望速传达协和，振作士气，同时攻击可也。孙文。冬。

据《国父全集》第三册（转录史委会藏《李绮庵函电》）

致张佐丞等电

（一九二〇年四月二日）

佐丞转同志各将领诸兄鉴：顷悉诸兄已决议解决四川问题，其

喜甚慰！惟四川问题解〈决〉之后，宜先统一南方，然后对付北敌，方为万全。若南方未统一以前即出师武汉，是以四川一隅而对付北方全体，且后面更有桂贼助敌以扰我，则胜算未可操也。北敌向分两派：冯派向守中立而与桂贼结，段派向主用兵。是南北之争，其在前线作战者，殆全属吾党与段派耳。近来段派大有觉悟，已与我党调解，愿归和好。是此时北敌全数可以按兵不动，我正可乘时以清内奸；内奸清则南方可以统一，而段派当可就轨道也。且目前之为患者，心腹为大，外敌为小；而吾党现有之力，攻桂为易，攻北为难。此孔明所以未出中原先擒孟获，吾党今日正宜师之。幸为留意。孙文。冬。（四月三日发）

据《国父全集》第三册（转录史委会藏亲笔原稿）

中国人之直言[*]
（一九二〇年四月三日）

中国不需要钱。我们需要智力与机器，但不需要钱。中国不能够经常对外进行借款。

北京政府正进行借款。美国人必须认清：北京政府不能代表这个国家；广州政府（案：指岑春煊、陆荣廷控制下的广州军政府），也同样不能代表中国。比较能代表中国的，倒是上海的商人，以及正在长成中的中产阶级——他们不多过问政治，而只想把国家的实业建立起来。

----

[*]　原文最初发表于一九二〇年四月三日美国《独立周报》（英文版），题为《中国人之直言》；周由廑用文言体译刊于同年四月三十日上海《时报》。一九七五年黄季陆等人编撰《研究中山先生的史料与史学》一书，陈福霖将此文译为《平白的话》。今题目据《时报》，译文据《研究中山先生的史料与史学》。

年青的中国——学生运动、抵制日货、鼓励本国实业、反对签订巴黎和约的中国，才是可以负责对外偿债的中国。外债的是否要赔偿，须视债务的性质，而非由于债权者的压力。当一个人不可能作任何别的打算时，往往会采沉船的行动。日本与其他国家，如果把政治的借款强加于吾人之身，则他们自己也将面临自招祸患的境况。

我们有大量的原料……可能比世界上任何国家都丰富。我们不需要进口什么东西。然而，我们的需要日益增加，我们的生产程序很慢，进一步说，我们购买你们的成果，较我们自己制造还要便宜。因为我们还不懂大规模的生产，我们还不能依现代的基础来组织我们的工业。不过，这种情形不会维持很久，中国利用自己的原料与自己的劳力，制造自己所需要的物品的日子很快即会到来。如果我们要缓慢而愚笨的进行，我们可以等待着，到自己能够制造机器，但那是非常不经济的办法。为什么我们要决定停留在落后与衰弱的情况？或是要以主权为担保而去借款？没有别的国家给予此种选择，为什么要强迫我们这样？日本已在这样压迫我们中国，但是我们相信美国是我们的朋友。因此，我们希望从美国借到两样东西：机器和教导我们如何使用机器的专家。

资本家们过去都是与政府打交道。他们喜欢由于一个政府的担保而予以借款。可是俄国、德国以及巴尔干诸国政府的崩溃，应可使银行家们认清政府的地位并非十分安全。法国人以为俄国的君主政府能永久存在，因而他们在俄国的投资也必能永久安全。事实却并不是这样的。每一个国家群众的觉悟以及群众们决心不以他们未来的命运作抵押来支持自私的当权者的事实，已使政府的借贷成为最不安全的交易。你们真的相信，欧洲诸弱小国家的人民有能力去赔偿大量的战债？你们以为任一国家的命运为另一国家的银行家们作为抵押时,这个国家能决定它的将来? 我是不能这样相信的。

资本家们也时常贷款给中国政府,但以后就不成了。当一个真正的国会集会时,我们将根除北京政府一切的非法借款;如果日本要为钱而与我们作战,那么就让他们来吧! 那将导致世界上另场战争——银行家的战争,但我们决定要这样做。中国每一家〔间〕学校里每一男女学生,都保证这样做。他们可以为了金钱而毁灭我们,我们也有足够大的空间拖他们同归于尽。任何银行家借款给中国北京政府,等于在挖他们自己财政上的坟墓。

你们美国银行家们,正犯着模仿英国和日本先辈们的错误。他们与北京政府谈生意,有的人提出让我们分享一点利益的话,来侮辱我们南方革命人士。我们不要任何的利益,我们要进行抵制,正如我们要求北京所采取的行动。我们没有南北之分,我们都是,以中国人的身分,认为如果美国那边有钱来,一定要采用机器、工程师、有效率的专家、管理等形式。

我的建议是:美国的资本家们与中国人联合,共同开发中国的实业。美国人提供机器,负担外国专家们的开支;中国人提供原料和人力。合作的基础建立于平等互惠的原则上。美国的资本当可获得应得的利益,但非过度的报酬。这样的一种关系,对美国的资本家而言,应该也是值得从事的,因为他们在国内正遭逢到各种的障碍。我更进一步提议由美国方面起草合约的条文,如此中国可于一定时期之后予以撤销。其基本的原则应当是具有厚利的短期的投资。这一情形,不能视作是政府贷款的牟利性质,今天象西北利亚铁路债券(Trans-Siberia bonds)那样的贷款又有何利可图?而且你何以知道任何政府到明天将有何变化!

另外一个应予说明的问题:中国不能永久购买那些本国易于制

造的物品,那样做是极其不合理的。中国迟早是要自己制造自己需要的东西。你们的产品将不再能够在中国与中国的国货竞争。因之,你们只有开始在中国与中国合作设厂,否则迟早都要被驱出中国市场。何以不开始在中国设厂?何以不在此地制造货品?

——上海

据中华民国史料研究中心编《研究中山先生的
史料与史学》(台北一九七五年版)

勉中国基督教青年

(一九二〇年四月三日)

中国四万万众向成一片散沙者,非其性然也。以亡国二百六十余年,备受异族专制之毒,集会有厉禁,言论无自由。遂至习非成是,几将吾人乐群之性,团结之力消灭净尽,此散沙之象所由呈也。第自海禁初开,基督教国以条约要求废去传教习教之禁律,于是中国之基督教徒始有集会之自由。清廷以既不能禁教徒之集会,而对于一般人民集会之禁令,亦渐放去。此中国人民之得集会自由,初实多教会之赐也。由是风气渐开,民智日进,至今竟能恢复中华、创立民国,其影响所至,不为不大矣。独惜专制之余毒仍未尽除,清朝之官僚依然作恶,而中国人民犹日在水深火热之中。是无异昔时之以色列人民,虽得摩西之超度,脱离唉及①奴隶之厄,而尚未至加南乳蜜之地,以享幸福之情况也。然教会之入中国,其直接间接之有造于中国人心社会,其结果既如此矣。继教会而兴者则有青年会,其仪式制度比教会为宽,其普及招徕比教会尤

---

① 唉及:今译埃及。

捷。青年会以德育、智育、体育为职务，吸收青年有志之士以陶冶之，而造成其完全之人格。此本基督救世之苦心，行孔子自立立人、自达达人之美意。如是青年会者，乃以团体而服务于个人者也。是会之设于中国，至今二十有五年，推行几遍全国，发达之速，收效之大，志愿之宏，结合之坚，洵为中国独一无二之团体也。今当二十五年庆祝之辰，予欣喜而为青年会贺，更欲进而为青年诸君勉焉，诸君皆曾受基督教青年会之德育、智育、体育之陶冶，而成为完全人格之人也。合此万千完全人格之青年，为一共进互助之团体，诸君之责任既重矣，而中国基督教青年会之责任更重矣。夫教会之入中国，既开辟中国之风气，启发人民之感觉，使吾人卒能脱异族专制之羁厄，如摩西之解放以色列人于唉及者然。以色列人出唉及而后，犹流离困苦于荒凉沙漠间四十年，而必待约西亚以领之，而至加南之地。今中国人民既由散沙而渐结团体，卒得脱离清朝之专制矣。惟脱离专制之后，反陷于官僚武人腐败横暴政治之下，如水益深，如火益热，困苦比前尤甚，其望约西亚之救也诚切矣。然统观中国今日社会之团体，其结合之坚，遍布之广，发达之速，志愿之宏，孰有过于中国基督教青年会者乎？是欲求一团体而当约西亚之任，以领带中国人民至加南乳蜜之地者，舍中国基督教青年会其谁乎？予既有望于青年会之深，而不禁勉青年诸君之切也。诸君既置身于此高尚坚强宏大之团体，而适中国此时有倒悬待救之人民，岂不当发其宏愿，以此青年之团体而担负约西亚之责任，以救此四万万人民出水火之中而登之衽席之上乎？中国基督教青年其勉旃，毋负国人之望。

孙　文

据北方杂志社国父遗墨筹印委员会编《国父墨宝》（北平一九四八年三月初版）影印原稿

致陈炯明电
（一九二〇年四月四日）

竞存兄鉴：闻协和已与桂贼调和归省，如此不武，殊出意外；然桂贼无能，亦于此见。今兄后路已肃清，正宜毅然猛击，先发制人，毋为人制，则必操胜算，万勿以协和息兵而馁。盖此正兄独立以建功立名之良机也。各路之响应视兄之进止为定。不审兄之决心有无因协和而中变，望为切实答复，以便转致响应者。文。

据《国父全集》第三册（转录史委会藏亲笔原稿）

批林修梅函
（一九二〇年四月五日）

内名片有住址，代函请王君①明日午后三时来见，并作复林，请他来沪。

据《国父全集》第四册（转录史委会藏原件）

复李绮庵暨粤舰队同志电
（一九二〇年四月六日）

绮庵兄鉴：微电悉。海军果确，则省城可袭，北舰可夺。二事得手，大功便成，不待粤军之回矣。如省城不能袭，只能夺北舰，亦

---

① 王君：即王恒。

可先握花地、河南及黄埔、虎门各要塞；然后一面合各路围攻省城，一面以舰队进攻西江，节节取之，至梧州为止，握而守之以堵桂贼之出路。若二事皆不得手，则以舰队收三水以下各邑为根据，而合水陆进攻西江如前，以待粤军之回，则大功可成也。下电译交粤舰队同志公鉴：顷得丁、陈①代表电，悉诸公有志杀贼，以救桑梓。三千万同胞将有出水火之望，快慰何似。进行方略请与安邦、绮庵详商，谋定后动，务期一举破贼可也。孙文复。鱼。

据《国父全集》第三册(转录史委会藏《李绮庵函电》)及原稿)

复陈树人函

（一九二〇年四月九日）

树人兄鉴：

昨接三月二十八日函，称爱国奖章已次第得收，并具报发给奖章办法，备悉。兄于发给奖章各事，异常慎重，感慰良深。至域多利交通部，爱国奖章亦统由兄查给，经三月十二日函达，料经照办矣。

顷接交通部部长李君翰屏暨党务兼文牍主任谢奕赉二月二十九日来函，以新章所载并无交通部名称，是域多利交通部似应取消，以符规则。惟交通部成立已久，且经居留地政府照准立案，为办理党务起见，应请变通办法，特别保存，以利进行等因。按李君等所称，亦属实情。兹为维持党务起见，该交通部准照旧留存，但内容办法，应照海外支部通则办理。凡该部各事，须承商总支部施行，即致各部公文，亦当多送总支部一份，以凭备案，而昭统一。除

----

① 丁、陈：似指丁培龙、陈策。

函复该部李君等遵照外，特此函达，统希查照为盼。此颂

公安

孙文　九年四月九日

据《国父全集》第三册（转录《布告录》第二十二、二十三号）

致李绮庵陈策电

（一九二〇年四月十日）

绮庵兄鉴：欠煤当在港设法为便，连发动费需款几何？竞存广属一动，即必出兵，兄能先动否？如不能动，则候竞存定期再报。下电译转陈策君鉴：令电委丁培龙为正指挥，黄达观为副指挥，统率舰队，协力讨贼。孙文。灰。

据《国父全集》第三册（转录史委会藏《李绮庵函电》）

批邓家彦函*

（一九二〇年四月十日）

作答：来意甚感。但此时向华侨筹款，已有缓不济急，且有不欲再向华侨筹款之意。

据《国父全集》第四册（转录史委会藏原件）

致孙科李烈钧电

（一九二〇年四月十五日）

今日由广东银行电汇二万元，以五千元备钦、廉用，五千元备

---

*　邓家彦原函请求赴美筹款。

买煤用,三千元备汕头用,二千元备朱本夫所谋之路用。以上皆当与绮庵详慎查明,确有把握,乃可支用。又支五百元,由绮庵交马伯麟用,余款作香港筹备用,由你酌量开支。各路筹备之后,钦、廉可先发,相机自由动作;潮、汕次发,当与粤军共同动作;广属后发,水陆一致动作。父。下电译交鹤仙转协和兄鉴:云南远水恐难救粤中近火。现闻湘南有望,请兄设法速离粤来沪,转入湘南,统率一部赴韶,与滇军联合,约定竞存同时进攻,桂贼必败。文。

据《国父全集》第三册(转录史委会藏亲笔原件)

致李绮庵电

(一九二○年四月十五日)

绮庵兄鉴:今日由广东银行电汇二万元,以五千元备钦、廉用,五千元备买煤用,三千元备汕头用,二千〈元〉备朱本夫所谋之路用。以上皆当与〔由〕绮庵详慎查明,确有把握,乃可支用。又支五百元由绮庵交马伯麟用,余款作香港筹备用,由你酌量开支。各路筹备妥当,钦、廉可先发,相机自由动作;潮、汕次发,与粤军共同动作;广属后发,水陆一致动作。孙文。删。

据《国父全集》第三册(转录史委会藏《李绮庵函电》)

批卢股民函[*]

(一九二○年四月十六日)

代答以《建设》杂志,先生处有者,可以奉送;其无者,请就市上

---

[*]　卢股民原函请求赠送《建设》杂志。

买之。二期三号已出版,亦可买之市上。

据《国父全集》第四册(转录史委会藏原件)

致 □ □ 电

(一九二〇年四月二十日)

巧电悉。一、子和①巧日往粤,日内当有确耗。二、陆战队半为邓鼎封〔峰〕所带,此人可以设法招致。三、兄处计划万不可因蒉赓转移,当进而转移蒉赓乃可。文。号。

据《国父全集》第三册(转录史委会藏亲笔原稿)

复李绮庵电

(一九二〇年四月二十日)

绮庵兄鉴:皓电悉。若要他方一致动作始能持久者,则不宜先发,须待各方筹备,然后由此电约乃可发。发时须照前电,钦先潮次广后。此议非得极佳之机,或遇万不得已之故,切勿更改。竞存动期未定,然若潮汕得手,彼必随时回粤。煤价不能多备,尽此五千,请告陈君②酌量善用可也。文。号。

据黄编《总理全集》(成都近芬书屋一九四四年七月出版)下册"文电"

复谭延闿函 *

(一九二〇年四月中旬)

组庵吾兄左右:

---

① 子和:即饶子和。

② 陈君:即陈策。

* 此函日期不明。据函末标四月,又:"得四月十三日手教",系指四月十三日谭致书孙中山报告湘情事。今酌置于四月中旬。

　　得四月十三日手教,谢君、刘君来晤,更详尊情,以左右与同胞辛苦奋斗,为国为民,此意当为海内外所感服。

　　然三年以来,历尽艰瘁而目的未达,前途犹远,此无他,湘、粤之事俱桂系制之,以粤为鱼肉,以湘为牺牲,惟其私利是视,故湘不独不能得有力之援助,即发愤自强,亦其所甚忌。湘之外敌,北兵也;其隐患则桂系也。某尝谓:欲达护法之宗旨,非先清西南内部不为功;欲复湖南〈人〉之湖南,尤非打破桂系努〔势〕力不为功。西南护法,始终为桂系所梗,延至今日,遂成一不战不和、不死不生之局。而彼最近对于滇军,野心阴谋,更复显著。往者以国会、军府在粤,故虽人怀义愤,犹有投鼠忌器之嫌;今则国会既去,军府无名,桂系遂为天下之公敌。闻賔赓已决从滇边进兵,贵州亦已携手,粤人恨桂实深,竞存更不能不急速回戈。惟湘当其中,须与首尾相应。鄙意以为当由竞存先发,而湘为应援,滇、黔更以精兵覆其巢穴。如此,则桂〈系〉必败亡,而大局可望有根本解决。否则,粤固永为赌盗横行之世界,湘亦受制于人,终为若辈所卖;吾辈提倡护法,徒为社会人民之痛苦而已。此时事机已迫,是非利害,均不待言而共喻,所望左右与同志诸公,速定大计,示我好音。

　　军用所需,已与秩庸切商为助;其他或更有可以致力者,亦不敢辞。专此,即颂

近安并祈赐鉴

孙文　四月

据《国父全集》第三册(转录《会书》之十"函札")

批胡万州函

（一九二〇年四月二十二日）

答以望切实进行，当以立功后，再由此间直接处理。

据《国父全集》第四册（转录史委会藏原件）

致李绮庵电

（一九二〇年四月二十三日）

绮庵兄鉴：竞存必动，惟期未定，广属须静候。闻刘志陆部下林百民有意来向，请绮庵派人密访此人如何？究可靠否？查实即复。孙文。梗。

据《国父全集》第三册（转录史委会藏《李绮庵函电》）

致伊斯拉函 *

（一九二〇年四月二十四日）

伊斯拉阁下：

拜读阁下来信及《以色列传讯报》（lsrael's Messenger），非常欣慰。

余愿就这项当代最伟大的行动之一，向阁下伸致同情之忱。

————————

*　原注：伊斯拉英文原文为 N.E.B.Ezra。收信地址为 29、rue Moliere（即莫利哀路 29 号，今香山路 7 号）。

所有爱好民主的人士，对于重建你们伟大而历史上著名的国家，必然会给予全心的支持与热烈的欢迎。这一国家，在世界文明方面具有重大的贡献，也应该在国籍〔际〕上赢得一个光荣的地位。

孙逸仙　四月二十四日于上海

据《国父全集》第三册（转译史委会藏英文函存底）

复卢永祥电*

（一九二〇年四月二十五日）

杭州卢子嘉先生大鉴：漾电奉悉。督军制不适于共和，一语破的。废督之要求，在今日已为有力之舆论。惟身任督军而肯牺牲个人权利以救国者，实以此为第一声；言人之所不敢言，舍人之所不能舍。天牖其衷，人心悔祸，谅必有群起而和之者矣！抑更有进者，废督军乃消极之行为，而救国则积极之意义。他人或有责执事先行其言，以为今日督军之表率者，而愚意则不止于此。昔日本之维新，其号召全国者，厥为尊王倒幕一义；今吾国国体不同，所尊者自异，而要倒者则同。督军恣行割据，祸国殃民，无殊于日之幕府，故欲号召全国，亦惟一义，曰尊民废督。《书》曰民为邦本；《孟》曰民为贵。吾国早有先觉之古训。苟能废督军而黜武力，是即民意之所归；于以尊之，以成民治，和平之根本即在是。执事若真欲舍身救国，即应树尊民废督之义，起而号召。文虽不敏，请从其后。再者，今之学生，无拳无勇，然犹全国罢课，奔走呼号，所亦此原电所谓"抱爱国之热诚，为爱国之运动"也。不图沪、杭军警，宣布戒

---

*　浙江督军卢永祥于四月二十三日发出通电，指出督军制是"和议之梗"、"政治之害"，与共和国体"似不相宜"，主张取消督军"请自永祥始"。

严,如临大敌;仇视学生,横加殴捕。此等军警之残民以逞,在他省屡〔原〕不足怪,惟皆隶于执事之麾下,适为漾电之反应,至觉可惜。果欲废督,当自约束军警以尊民始。率复布臆,惟亮察焉。孙文。径。

据上海《民国日报》一九二〇年四月二十六日《孙中山奖责卢永祥电》

批谢英伯函[*]
(一九二〇年四月二十八日)

代答:国会在沪无期,此间亦无所事,不来为妙。

据《国父全集》第四册(转录史委会藏原件)

致李绮庵电[**]
(一九二〇年四月下旬)

绮庵兄鉴:林良儒即仲循者,前电误告其兄名耳。慎密探查之,闻其人以权利为归。如能设法消其阻力,亦佳也。钦改期甚是,惟到时务望果决猛进;如得手,则广属与舰队当继之。此时粤军必能回也。孙文。

据《国父全集》第三册(转录史委会藏《李绮庵函电》)

---

[*] 谢英伯原函请求援助四川,并征求赴沪意见。

[**] 此电未署日期。据四月二十日孙中山电李绮庵谈及起事方略时谓:"钦先潮次广后"、"切勿更改"。此电则称"钦改期甚是",可见此电时间当在二十日后,现酌定为下旬。

《余健光传》序
（一九二〇年五月七日）

　　健光之死也，民党知与不知者，皆为叹伤，以谓使天假之年，获竟其志，其所造当什百倍于今日也。

　　惟健光则固以奋斗而死，自有志于革命以来，真所谓一息尚存，未尝少懈者。其生平自揆，亦曾无成败利钝之见，故不问健光所已建树于国家社会者奚若，而即此奋斗进取之精神，已足以移传于多数后起之青年而不朽。我知健光无复遗憾矣！

　　健光与同志助英士多年，英士多病，健光独强健年少。顾英士不死于病而死于敌，健光不死于敌而死于病，均出常人预测之外。然努力于其所职志，终以生命为之牺牲，则其死一也。因览汉民所为健光传，爰书数语以示吾党。

民国九年五月七日　　　　　　　　　　孙文识于上海

据胡编《总理全集》第一集

复陈树人函[*]
（一九二〇年五月七日）

树人兄鉴：

　　昨接四月一日来函，阅悉。

————————

　　[*]　此系孙中山为蒋宗汉代理加拿大国民党党部文书事致该地国民党总支部总干事陈树人函。

　　爱国奖章、奖状各件已如数得收,并经照办,加属机关日增,党员日众,无任欣慰。兄于劳病之中,复有出巡之举,具见舍身为党,竭诚任事,实令人感佩不置者耳！前次出巡,中途陡遭意外,致大功未成,殊为可惜。今党禁已开,大义获伸,此次出巡,想兄之扩充党务大计,当可如愿以偿。此则文所堪为预祝者也。

　　蒋君宗汉,诚毅有为,堪以代理一切文件,深庆得人,不胜厚幸。

　　此间所筹办大印刷所及英文机关报两事,各分部所认股份,希随时函报为盼。此颂

台安

孙文　九年五月七日

据《国父全集》第三册(转录《布告录》第廿二、廿三号合刊本)

复蒋宗汉函

(一九二〇年五月七日)

宗汉先生大鉴:

　　接阅四月八日来函,敬悉。

　　加属机关新进同志之多,以卡忌利分部为最优,其余亦陆续加增,至为喜慰。以据树人兄函报,称阁下任事诚毅,堪以代理一切文伴〔件〕等情,感佩良深。

台安

孙文　九年五月七日

据《国父全集》第三册(转录《布告录》第廿二、廿三号合刊本)

致许崇智电

（一九二〇年五月十四日）

汝为兄鉴：近日桂贼罪恶已显，西南各省同志皆欲去之；惟各存观望，不敢先发。李协和迫而走险，先试其锋，以千数百人当桂贼二万余众。桂贼尚无如何。倘协和稍为持久，各军冒险应之，则桂贼必可淘汰。惜蓂赓望竞存先动，竞存又要蓂赓先动，遂失良机，而使桂贼惊魂复定。今桂贼为生存计，知非先灭粤军不可，自与协和调解后，已聚全力以对粤军。今闻彼布置已定，日来以集大股于潮汕，为先发制人之计，其攻漳之期不远。文料彼一进攻，恐竞存不能抵御，漳州或致失陷。所幸我之计画亦将就绪，如桂贼深入闽南，则吾必能伤其要害于广州，及制其行动于潮汕。所虑者则漳州一失，恐致粤军全部解体耳。今特预先告兄，望兄有以备之。万一漳州失陷，请兄切勿张惶，务须镇静处之，集中部众于上杭、武平一带，为一突进东江之举，则必能转败为胜也。盖东江之防营、乡团及绿林皆已布置，到时必能欢迎助力。我则或到厦门与臧军[①]共同动作，或去珠江流域指挥皆未定。如兄尚能保存一部分粤军，则吾党必可再复广州也。湘西廖湘芸已增加数倍之力，不久再出攻桂；湘南谭延闿正在交涉中，或可转其联桂之心以攻桂；滇、黔则必不坐视，将必出兵相助。如此，则不患桂贼之势力不倒；所患者彼败后其余众复为游勇以害民耳。故先约滇、黔预备以堵其入山之路。予拟六月初离沪，往闽往粤，尚在未定。如至此时桂贼

① 臧军：即厦门镇守使、段系师长臧致平部。

尚未攻闽，吾决先击之，望兄集中所部以候令。余事由礼卿①另为详报。孙文。寒。

据《国父全集》第三册（转录史委会藏原稿）

在上海中国国民党本部的演说

（一九二〇年五月十六日）

本党自改组以来，我因有许多别项事故，不能常在本部专心办理党事，故将诸事付托诸君。今观诸君皆能本吾党进取之精神，奋勉从事，实为欣慰！

唯此后所应留意者有一事：诸君皆知中华民国何以成？以有同盟会。故从前同盟会开始不过数十人，一两年后就发展到若干万人，所以到了辛亥年，一举就成功了一个中华民国。但是那年武昌起义后，十二月间我到上海，有一种很可怪的空气，此空气为何？即是一般〔班〕官僚某某等及革命党某某等人所倡言的"革命军起，革命党消"是也。当时这种言论的空气充塞四围，一倡百和，牢不可破。我实是莫名其妙，无论如何大声疾呼，总唤不醒。所以后来革命党的失败，都是在这句话上面，这是我们大家不可不彻底觉悟的。现在的中华民国只有一块假招牌，以后应再有一番大革命，才能够做成一个真中华民国。但是我以为无论何时，革命军起了，革命党总万不可消，必将反对党完全消灭，使全国的人都化为革命党，然后始有真中华民国。所以我们的责任，以后就在造成一个真中华民国。

真中华民国由何发生？就是要以革命党为根本。根本永远存

---

① 礼卿：即吴忠信，时为许崇智部支队司令。

在,才能希望无穷的发展。譬如一棵大树,只要根存在,那怕秋冬时他的枝叶凋落,一到第二年春天,他就会发生新的枝叶,还要一年茂盛一年。我们中华民国算是一棵大树,我们革命党就是这树的根本,所以我们要格外留意,将根本好好培植。现在以上海为本部办理海外党事,只要本部办事有精神,则海外当然发达。要图本党发达,全在诸君办理。诸君须知党事为革命源起事业,革命未成功时要以党为生命,成功后仍绝对用党来维持。所以办党比无论何事都要重要。我常劝人要立心做大事,不要立心做大官。如从前宋钝初等,都是办党事很有才力的,到后来都拚命要做大官,无形中就把党事废置了。九年以来,我们得了许多经验,许多教训。以后我们要把三民主义的精神,同〔传〕他到全国,完全靠在这党的作用上面,我们同志非拿全副精神来办他不可。诸君切勿以为党事无足轻重,诸君如将党办得坚固,中华民国亦就坚固了。

现在办事要义:第一,须知党事为重,遇事就要办理,万不可稍有延滞,因为光阴比什么都贵。一件事早一刻办,就早一刻收效果。第二,形式与精神并重,形式完备后,才能振起精神。如海外保皇党,何以至今还尚存在,因为他还有一点形式之故。第三,我们以后要注意培养人才与延揽人才,将来种种事业,非有多数的人才莫可。前此所计划之大印刷所及英文报,事在必举,总以能早一日办起为好。

诸君一同办事,尽可于每礼拜集议,将本部事务共同研究。本党前途发展全在诸君身上,我对于诸君很有无穷的希望,愿与诸君共勉之!

据黄编《总理全集》下册《要造成真中华民国》

批朱和中函

（一九二〇年五月十八日）

元冲代答以各信收悉，子荫①已回沪。

据《国父全集》第四册（转录史委会藏原件）

批姚畏青函*

（一九二〇年五月二十一日）

代答以函悉。先生无分南北，只以主义同者则为同志耳。芝泉②近日大有觉悟，先生自乐与共图国事，使真正之共和能早日实现于中国也。

据《国父批牍墨迹》

批罗鉴龙函**

（一九二〇年五月二十三日）

代答以先生虽曾习医，然荒日久，故对此种专门之研究，非有心得，莫敢赞一辞。求序当谢不敏（并检对前函有无复答，措词与

---

① 子荫：即黄大伟。

* 当时直皖战争即将爆发，段祺瑞为牵制直系军阀，有与孙中山联络之举，孙中山为使其讨桂计划畅行无阻，亦有联段计划。姚畏青原函对孙中山联合段祺瑞的政策表示赞同。

② 芝泉：即段祺瑞。

** 罗鉴龙原函要求为其所著《子女唯心法稿》作序。批件所标时间据来函日期。

此相符否）。

据《国父批牍墨迹》

致 □ □ 电

（一九二〇年五月二十五日）

港敬电云：魏子浩带"海琛"、毛仲芳带"永丰"昨日开往汕头，海军陆战队暂由林悦卿兼领云。海军自饶子和回粤后，尚无一切实报告，其态度仍不明了。望兄注意。文。

据《国父全集》第三册（转录史委会藏原稿）

批孙祥夫函

（一九二〇年五月二十五日）

代答以奖勉辞，并言陈师有心来助甚好。待计画有定，再行通知。

据《国父全集》第四册（转录史委会藏原件）

致谭延闿电

（一九二〇年五月二十八日）

谭组庵先生鉴：靖密。西南护法，而桂系始终乱之，往昔行为，已为公论所不赦。最近对于滇军，贼谋益露，国会既去，军府无名，使人无复投鼠忌器之患。闻蒉赓已决从滇边进兵，贵州定与携手，竞存亦拟回戈图粤。湘当其中，若与首尾相应，则彼必败亡。且湘为桂所左右，纵胜北方，无异为渊驱鱼，前事已可为鉴。计宜共力先绝后患，于理于势，俱无疑义。兄与所部为国奋斗，久历艰瘁，今有机可乘，必能遂除民害，望速决定。军事准备，倘有可以为力之处，不敢辞谢。专电敬候好音。孙文。勘。

据《国父全集》第三册（转录史委会藏原稿）

复梅放洲函

（一九二〇年五月二十九日）

放洲兄鉴：

五月二十三日来函，已得收到。潮汕情形，如此进境，甚慰甚慰。以后凡关于桂军一切行动及其内容如何，一有见闻，务望详为报告。如属紧急之事，则由哲生电来为荷。

所请致永惠①一书，已照办理，请为转交便是。近日道路传闻，桂贼集大兵于东江，欲先发制人，有进击竞存之势。照兄所见，桂贼有此胆略否？竞存甚为戒备，然桂贼敢进攻与否？所关吾人计划甚大，此层务要切实确查详报也。

孙文　五月二十九日

据《国父全集》第三册（转录史委会藏抄件）

致陈永惠函

（一九二〇年五月二十九日）

永惠兄鉴：

兹得放洲兄来函，称兄热心爱国，已自行联络军队，以备驱除

---

① 永惠：即陈永惠。

桂贼而救粤民,意甚盛也。惟联络军队,须协同一致,不可分歧;一有分歧,则彼辈必借以居奇,必至两失效力。闻兄所联络之军队,有已为李绮庵兄所接洽者,故望兄务与绮庵兄一致动作,则必有事半功倍矣。至要至要! 此致。

孙文　五月二十九日

据《国父全集》第三册(转录史委会藏原件影印)

复王天纵函

(一九二〇年五月)

旭九先生执事:

王君携来大札,备悉壹是。国事蜩螗,连年莫解,不和不战,徒苦纷纭,此真有心者所同慨也。

执事经营鄂北,劳苦备尝,际此百务瘫痪,独能奋发,热心爱国,至可嘉尚。戎事多劳,惟策时努力,共达护法救国本旨,深所愿望。此复,并颂

时绥

附宣言书一纸。

孙文　五月

据《国父全集》第三册(转录史委会藏原件)

移设军政府宣言

(一九二〇年六月三日)

自政务总裁不足法定人数,而广州无政府;自参、众两院同时

他徙，而广州无国会。虽其残余之众，滥用名义，呼啸侪侣，然岂能掩天下耳目？即使极其诈术与暴力所至，亦终不出于两广。而两广人民之心理，初不因此而淹没，况云南、贵州、四川固随靖国联军总副司令为进止；闽南、湘南、湘西、鄂西、陕西各处护法区域亦守义而弗渝，以理以势，皆明白如此。固知护法团体，决不因一二人之构乱而涣散也。

慨自政务会议成立以来，徒因一二人所把持，论战则惟知拥兵通敌，论和则惟知攘利分肥，以秘密济其私，以专擅逞其欲，遂有所谓五条办法者，护法宗旨，久已为所牺牲。犹且假护法之名，行害民之实。烟苗遍地，赌馆满街，吮人民之膏血，以饱骄兵悍将之欲，军行所至，淫掠焚杀，乡里为墟，非惟国法所不容，直人类所不齿。文等辱以同列，委曲周旋，冀得一当，而终于忍无可忍，夫岂得已。惟既受国民付托之重，自当同心勠力，扫除危难，贯彻主张；兹已共同决议，移设军府。绍仪当受任议和总代表之始，以人心厌乱，外患孔殷，为永久和平计，对北方提出和议八条，尤以宣布密约及声明军事协定自始无效为要义；今继续任务，俟北方答复，相度进行。廷芳兼长外交、财政，去粤之际，所余关款，妥为管理，以充正当用途，其未收者，亦当妥为交涉。文与继尧倡率将士，共济艰难，苟有利于国家，惟力是视。谨共同宣言：

自今以后，西南护法各省区、各军，仍属军政府之共同组织。对于北方继续言和，仍以上海为议和地点，由议和总代表准备开议。其广州现在假托名义之机关，已自外于军政府，其一切命令、行动及与北方私行接洽之事，并抵押借款，概属无效。所有西南盐余及关余各款，均应交于本军政府。在军政府移设未完备以前，一切事宜委托议和总代表分别接洽办理。希北方接受此宣言后，了然于西南公意所在，赓续和议，庶几国难敉平，大局早日解决。文等不胜厚望,惟我友邦及国人共鉴之。

　　　　　孙文、唐绍仪、伍廷芳、唐继尧　六月三日

据《军政府公报》,"布告"一九二〇年十二月
四日,光字第一号《四总裁第一次宣言》

致张学济函[*]

(一九二〇年六月五日)

溶川兄鉴:

　　惠书及接晤罗君运闿,藉稔一是。

　　护法以来,历经艰阻,湘西局势原赖撑持。刻下谭、张①虽开战衅,不过局部之事〈未〉牵涉大局。文曾熟筹西南根本计划,只须将桂系遏平,余事即可迎刃而解。盖桂派护法其名,争权其实,把持军柄,捣乱全局,实为西南蟊贼。此派不除,吾侪正义的主张,终难实现,非今日得一城、明日获一城之所能奏绩也。

　　现在川中联桂之熊克武,已被川、滇、黔各军攻击,我方迭得胜利,桂派右臂已断,川局齐定,会师图桂,势若遣砾。至粤东方面,桂派实力不充,我方布置,各皆就绪,竞存已积极准备矣。前日与秩庸、少川、蒉赓宣言,谅能达览,北方有力者,皆表同情,当能圆满解决。协和于六日赴港,不日即往云南,赞助蒉赓,解决川局,此行必收大效,倒桂之举,决可实行。尚望秣马厉兵,以待大举。我方根本计划,决不容谭、张局部之战有变迁也。此复。

孙　文

据胡编《总理全集》第三集《民国七年勘讨莫各军书》

―――――――――――

　　* 此函胡编《总理全集》编入一九一八年。据函称"前日与秩庸、少川、蒉赓宣言",当在一九二〇年六月五日。

　　① 谭、张:即谭延闿、张敬尧。时谭、张两派在湘南冲突。

批李仲虁函 *

（一九二〇年六月九日）

代答以办法不合，不能照行。

据《国父全集》第四册（转录史委会藏原件）

致唐继尧电

（一九二〇年六月九日）

来电诵悉。比年以来，国家多故，民生疾苦，日以加甚，于是废督裁兵之议，遂成时势之要求，而为国民一致之主张。然此为有权位者所不乐闻也。独卢君永祥，曾一度宣言，天下犹相与称其立论之公，而不忍遽责其践言之缓。今执事毅然行之，以为天下倡，且不以独善为己是，而更欲行其所信于力所能及之地，谋国之忠，为议之勇，诚无愧于护法之柱石矣。韩愈有言：小人好议论，不欲成人之美。今之訾议者，动谓滇督之号虽去，联帅之权犹在，异名同实，于事何益？曾不知督军为定职，与联帅之临时设置、事平即已者，其性质截然不同。今督军于吏治民事，无所不干涉，省长供其颐指，与尊电所述联帅专心戎务，不问地方政事，以养成民治基础者，尤不可同日而语。故悠悠之口，可以置若罔闻。惟望执事削平大难，贯彻主张，俾平民政治，由云南而普及全国，则国民幸甚。孙文。佳。

据上海《民国日报》一九二〇年六月十日《孙总裁致唐总司令电》

---

* 李仲虁原函请求孙中山为其子证婚。

致廖湘芸函[*]

（一九二〇年六月上旬）

湘芸足下：

　　与贤来书悉。所陈各节，均属可行。张督既允负实力协助之义，则此后名义上，文可负完全责任。惟主要目的在扫平广西，以扑桂林为第一着，对于辰州之军队取切实联络，对于洪、溆之军队，可收用者尽先收用。其不可收用而必须征服者，则须以全力于最短时间击破之，勿招前此之失败。至成军后通电措辞，须将前此诛周则范及此次得张督协助之事，说明均系奉文命令，庶几可以间执谗慝之口。余由劲夫面述。

　　张督及绪先处，均另函专复矣。诸希珍重不一。

据《国父全集》第三册（转录史委会藏亲笔原稿）

致张敬尧函^{**}

（一九二〇年六月上旬）

　　湘芸此次出师，唯一之任务，以奉文命令，直扑广西，对内对外

<small>　　* 廖湘芸原为湘西镇守使兼第五区司令周则范部团长，杀周独立后，称靖国军。周之其余部分蔡钜猷、刘叙彝等起兵讨廖；廖兵败，投靠段系北军湘督张敬尧。蔡、刘则输诚于湖南省长谭延闿。谭遣部将吴剑学移兵湘西，准备进行武力统一。此函未署日期。据函中有"张督既允负实力协助"等语，则应在六月十一日张敬尧逃出长沙、退往岳州之前，现酌置于六月上旬。

　　** 此函未署日期。据其促张支持廖湘芸，当在六月十一日张退出长沙、湖南驱张战争结束之前，今酌定于六月上旬。</small>

一切名义，文可负完全责任，决不予人以口实，使督军为难。兹特派罗迈前来，具述鄙意，即着其驻湘，与湘芸商承一切，诸维亮察不备。并颂

戎安

据《国父全集》第三册（转录史委会藏亲笔原稿）

批沈声夏函

（一九二〇年六月十二日）

代答：现正用武之时，君为军人，何不即回国效力。

据《国父全集》第四册（转录史委会藏原件）

致李绮庵函

（一九二〇年六月十七日）

绮庵兄鉴：

兹派徐固卿先生回粤为总司令，统率各路讨贼军，望兄纠合同志，听总司令指挥，奋勇进取，务期扫除桂贼，肃清两广，为百粤人民造无穷之幸福，实为厚望。此致，并候

壮安

孙文　民国九年六月十七日

据《国父全集》第三册（转录史委会藏《李绮庵函电》中原件影印）

复李国柱函

（一九二〇年六月二十三日）

国柱先生鉴：

来书已悉。

足下率子弟兵为桑梓捍卫，热心毅力，至可嘉尚。所云有人欲攫贵部而有之，权利之争，今世不免。惟足下加意训练，巩固内部，严申纪律，发扬军誉，则彼野心者当亦不敢逞其志，勉之望之。

谭督处遇有相当机会时，自应电请维持也。此复，即颂

戎绥

　　　　　　　　　　孙文　六月二十三日

据《国父全集》第三册（转录《会书》之十"函札"）

复刘显世电

（一九二〇年六月二十四日）

贵阳靖国联军刘副司令鉴：篠电诵悉。废督之议，酝酿数年，徒以积重难返，致辜民望。今唐公与执事以身作则，毅然行之，诚所谓德不孤必有邻者。民国肇建，于今九年，奸宄屡作，兵革未息。彼拥兵自卫者，固不足道，即以拨乱反正自期者，亦以军事旁午，心有专注，以民治所不暇顾，坐视之故，治丝愈棼。得唐公与执事有此一举，然后尊崇民治之本心乃大白于天下。滇、黔本为护法之根据，行见风声所树，全国景从，而凡同立于护法旗帜之下者，尤宜当仁不让，乃得以顾名思义也。颇闻有綦此议者，以为不便邪图，因而妄作蜚语者，文于前复唐公电中，已辞而辟之。切望执事早芟大难，以定邦本，循民治之正轨，谋亿兆之安宁，是所至幸。孙文。敬。

据上海《民国日报》一九二〇年六月二十五日《孙中山复刘显世篠电》

批 谭 平 函

（一九二〇年六月二十四日）

代答：函悉，甚谢！以后凡有要闻，请时时函报为荷。

据《国父全集》第四册（转录史委会藏原件）

致李绮庵邓子瑜电

（一九二〇年六月二十八日）

绮庵、子瑜兄同鉴：钦、廉尚无发动消息①，恐不能办。款用之几何？如不能办，该处款能收回几何？桂贼集重兵于东江，子瑜所联络营兵、乡团当能活动，如不能，则当改响应为发难，与各路同时并起，以牵敌之后路。如何之处，复。孙文。俭。

据《国父全集》第三册（转录史委会藏《李绮庵函电》）

致李绮庵电*

（一九二〇年六月二十八日）

绮庵兄鉴：徐总司令（固卿）乘广利来，所定之期必动，切勿失

---

① 一九一九年夏，黄明堂受桂系排挤，所部离开琼崖后编入广东省长公署警卫队。后明堂往漳州见陈炯明，陈委明堂为粤军第四路军司令，黄奉命再回钦、廉招集旧部图起事。孙电殆即指此。

* 一九二〇年六月初，孙中山因陈炯明迟迟不动员粤军出师讨桂系，气氛沉寂，曾电孙科等催促广东省内各部先行发动，以使桂系统治动摇及促使依附桂系的实力派起分化。孙科、李绮庵、陈策等决定七月十五日晚十二时由江固等三舰先发动讨桂。此系孙中山告李绮庵等准期发动电文。

约,幸甚！一失约,则七月十五以后由总司令另行招集大众,以图发动可也。孙文。勘。

据《国父全集》第三册(转录史委会藏《李绮庵函电》)

批蒋尊簋函

(一九二〇年六月二十八日)

　　作答慰劳,并云此间现在毫无办法,如他日能得有办法以解决一切时,自必借重长才也。

据《国父全集》第四册(转录史委会藏原件)

致田中义一函[*]

(一九二〇年六月二十九日)

田中先生阁下：

　　久疏音问,时切驰思,惟德业日隆,动定吉祥为颂。

　　文避处沪滨,不直接与闻时局者经年,然关于国际关系之变迁,世界思〔潮〕流之移易,固亦注意研究之。至于亚洲之危险,及两国国交之恶化,此乃文之所素引为己责者,更未尝不时时计及,思有以救济之。鄙见所及,亦往往为日本人士之来访者告。今则时局益迫矣,其恶化之原因,颇关系日本之政策。盖日本为世界强国,亚洲先进,挟海陆军及资本之力,以主张东亚之特殊地位,凡东亚弱小之国,其治乱安危,未有不系于日本之意向者。据文所知,日本政治权力,恒以陆军为中枢,而对于亚洲大陆政策,尤为陆军

―――――――――

　　[*]　田中义一,时任日本陆军大臣。

当局者之马首是瞻。先生为日本现代军事上之最高指挥者,在事实上,亦能操纵群僚,主持政局,而于文之心事,亦知之最深。敢举最近之感想及希望,一一述之。

近代日本对于东亚之政策,以武力的、资本的侵略为骨干,信如世人所指;而对于中国,为达日本之目的,恒以扶植守旧的反对的势力,压抑革新运动为事。始则极力援助袁世凯,酿成民国四五年间之乱事。帝制问题既发生,中国人民排袁势力勃然爆发,日本舆论亦反对袁氏,日本当局知袁氏绝不能再维持国民信用,欲与中国排袁之势力相结纳,以图伸张日本在中国之势力,而又不欲民主主义者获得中国政权,因利用一守旧顽固且甚于袁氏之官僚如岑春煊者,使主南方政局。而在北方,则又假宗社党人金钱武器,贻后日无穷之祸。此中经过,先生为主要当事者之一人,当尚能记忆也。袁氏既殁,日本政府利〈用〉北洋派之武力,倡为援段之说,黎元洪之失势,国会之遭解散,无一不与日本之援段政策有密切关系。张勋复辟,说者亦谓出于日本有力者之赞同。其时适阁下游历中国,行未数月,而复辟之祸便起;且有人疑阁下与张勋之复辟有关。文虽未敢尽信其说,然亦不能断其真伪。盖中国复辟运动,与日本陆军系之政策,尝有不可离之关系在也。国会遭武人压迫而解散之后,文以护法为义不容辞,因纠合同志,帅领海军,建护法军政府于广东。是时日本政府标不干涉中国内政之名,行援段氏压民党之实,数以武器、金钱援助北京政府,使战祸延长,及今未已。当文领袖军政府之时,曾致正式公文于各国政府,声明吾人护法之理由,各国皆已收受;其拒不受者,惟日本一国。就此过去之种种事实论,则人之谓日本政府对于中国所持政策,专以援助反动党排除民主主义者为事者,将无可剖辩矣。

当护法军兴,南北相持者两年。其时日本所持政策,非标调和之名,行援段之实乎？数月以来,段氏鉴于穷兵之无益,武力主义之不容于世界,不容于国人,亦将幡然悔悟其昔日之非,愿与民党协调,弭兵祸而兴民治。乃双方谋和之协商尚未开始,而阻碍和平之恶耗已至,张作霖之突然入京,其征候也。张氏入京之目的,道路喧传,谓为阻段氏与民党言和,且与复辟阴谋有关,事之确否,虽未敢必,然而征诸前年张勋入京后之变局,固足令人疑骇也。张作霖本一胡匪,其能得今日地位者,纯出于日本之提挈。日本友人中曾列内阁之某君,尝谓张为日本政府之寒暖计,一切行动,无不仰日本政府鼻息。此论,文深谓然。就年内张之行动观之,已历历不爽。则今兹张之赴京,纵不出于日本之所指使,亦必为日本之所同意。倘风传果确,是日本又将移前日援段以破中国平和者,为唆张以破中国之平和。文窃为中国前途忧,且为东亚之和平虑。

　　近年以来,中国人民对日恶感日深,根本原因,实由于日本之政策与民国国是不相容,故国人咸认日本为民国之敌。若再以乱中国之和平为事,则国人之恶感更深,积怨所发,其祸将不止于排货。阁下为日本陆军之领袖,握政界之枢纽,当能鉴于世界之大势与东亚之安危,一变昔日方针,制止张氏之阴谋,以缓和民国人民对日之积愤,两国人民国际的感情,或可渐趋融和。阁下亦尝以亚洲之和平为说者,尚望深筹而熟思之。肃此敬颂
道安

　　诸维亮察不宣。

孙文　六月二十九日

据上海《民国日报》一九二〇年七月九日《孙中山致日本陆相书》

批徐东垣函[*]

（一九二〇年六月三十日）

代答以现宜潜养实力，不宜动作，俟各地养足实力，到有机可动之时，然后约定为一共同动作乃可也。

据《国父批牍墨迹》

致□廷槐函^{**}

（一九二〇年夏间）

廷槐兄鉴：

来书备悉。美洲同志现已意气融洽，至为欣慰。当今祖国危难，救国之责，端在吾党，非同志协力，何以成功？各同志皆具爱国热诚，自宜常体斯旨，以图共济。

救国储金业由恳亲大会通过，甚善甚善。飞机公司成立，将来致力于国家之处不少，俟蔡君到时，自当与商办法。

岑、陆等盘踞粤东，破坏护法大业，殊可痛恨。现与各方面协谋申讨，以贯彻我党正大之主张。将来大功告成，我党必愈见发扬。所望于海外诸同志，力为后盾，壮我义声，斯大局不难底定，而我党历年经营之苦志亦得申展耳。此复，即颂

---

*　原函未署年代，仅标六月三十日。据《国父批牍墨迹》编者定为一九二〇年。

**　此函胡编《总理全集》编于一九一八年。据其内容称"现与各方面协谋申讨"岑、陆，则其当发于援闽粤军誓师返粤之前，今酌定为一九二〇年夏间。

健祺

孙　文

据胡编《总理全集》第三集《民国七年勘讨莫各军书》

致陈炯明电[*]

（一九二〇年七月一日前后）

　　漳州：执信已来。介石有病，需两礼拜始能出院，出后，当劝之来助。先发制人，乃救亡上策，切勿中变。幸甚！孙文。

据《国父全集》第三册（转录史委会藏原稿）

批张铁梅等函

（一九二〇年七月一日）

　　作答奖勉，期会羊城。

据《国父全集》第四册（转录史委会藏原件）

致李绮庵电

（一九二〇年七月二日）

　　江门李总指挥鉴：成密。俭电悉。阳江克复，足壮军威。惟昨闻鹤山有警，尚望设法堵截，毋使内犯。尊电迭劝各方注重统一机关，具见苦心，尚望力任调和，共济时艰。孙文。冬。印。（二日）

据《国父全集》第三册（转录史委会藏原件）

---

　　* 此系为朱执信赴漳州致陈炯明电。原电无日期，电称"介石有病，需两礼拜始能出院"。按蒋六月二十五日得病入院，七月十五日出院。则此电应发于一九二〇年七月一日前后。

复黄德彰函

（一九二〇年七月三日）

德彰兄鉴：

来书备悉。桂贼罪恶贯盈，在所必讨；兄密集旧部，编隶陈君自先，已得十营之众，救国热诚，良堪嘉慰！

顷已致函陈君，告以以后动作当听广东讨贼军总司令命令，为一致之进行。希兄等努力排除困难，积极准备，届时大举，必告成功，至为勉望。此复，即颂

时绥

孙文　七月三日

据《国父全集》第三册（转录史委会藏影印件）

致陈永惠函

（一九二〇年七月六日）

永惠兄鉴：

放洲兄来①，言兄热心国事，始终不懈，殊足钦佩！

兹对于粤事，文已派定主持之人，汕头动作当与广属一致，庶收效更大也。余着放洲兄面详。此候

大安不一

孙文　七月六日

据《国父全集》第三册（转录史委会藏原件影印）

---

① 放洲：即梅放洲。

致邵元冲函

（一九二〇年七月六日）

元冲兄鉴：

　　兹有周炳炎为同志周献瑞之子,已在星洲英文学校毕业,现来美国求学,请为选择一适当学校,俾克成就。此致,即颂
日绥

孙文　七月六日

据《国父全集》第三册(转录史委会藏原件影印)

致马素函[*]

（一九二〇年七月六日）

马素兄鉴：

　　兹有同志周献瑞君之子炳炎,已在星洲英文学校毕业,现来美国求学,请兄为选一适当学校。又伊所带学费不充,若缺乏时,并请介绍一作工之处,俾得获资助学,玉成其志。此致,即颂
日绥

孙文　七月六日

据《国父全集》第三册(转录史委会藏抄件)

---

　　*　马素当时任中国国民党驻北美代表。

致三藩市总支部函

（一九二〇年七月六日）

启者：兹有同志周君献瑞之子炳炎，已在星洲英文学校毕业，现来美国求学，希即招待。将来无论入何学校，并希转知该校所在地之分部，随时照料。伊所带资费不多，若有缺乏，即可由所在地之分部代觅一作工之处，俾得获资助学，玉成其志。此致
三藩市总支部鉴

孙文　七月六日

据《国父全集》第三册（转录史委会藏原件影印）

复李绮庵电

（一九二〇年七月七日）

绮庵兄鉴：陷电悉。（一）事后当需款及担任起后可由地方筹款之议，不能不应。（二）各军只得称路，已再三申明，来函犹欲称军，决不能许可。徐总司令①已到港，一切指挥皆为彼命是听，兄不可总指挥。以后关于各路权限，悉由总司令定夺。望转各同志，务要遵照为是。孙文。阳。

据《国父全集》第三册（转录史委会藏《李绮庵函电》）

---

① 徐总司令：即徐固卿（绍桢）。

复李绮庵电

（一九二〇年七月九日）

　　绮庵兄鉴：齐电悉，甚慰。总司令十日左右可到，到后当赶速发动。潮汕与广属各起粤军，亦同时返攻，望赶速预备一切。孙文。佳。

据《国父全集》第三册（转录史委会藏《李绮庵函电》）

复李绮庵电

（一九二〇年七月十日）

　　绮庵兄鉴：两函悉，甚喜。粤舰果有八舰①能来起义，则粤省已在掌握中。惟所虑者兄等非军事专家，恐临时不善运用，致为敌所乘耳。故特派居正来粤为总司令，黄大伟为参谋长，由余面授作战方略。望各同志一律称路，不得称军。而各路司令悉听总司令指挥，〔而〕立功后乃再定等级。此次事成，兄之功当居第一，务望勉旃。孙文。灰。

据《国父全集》第三册（转录史委会藏《李绮庵函电》）

致陈炯明电

（一九二〇年七月十一日）

　　竞兄鉴：仲兄②往漳，曾致函述及刘志陆炮营营长事。今得港

---

　　①　粤江防舰队中八舰，即四江（大、汉、巩、固）和四广（元、亨、利、贞）为夺取对象。后实际参加起义者仅有"江大"、"江固"两舰；"江巩"舰虽经联络，但因用人不当，谋虑不周，未及发动即告失败。

　　②　仲兄：即邓铿，时任粤军参谋长。

消息，彼约三办法：一、兄进攻潮汕时彼即响应。二、如事前调出前线，则与粤军接时即倒戈。三、如以上两事皆办不到，则毁炮以消阻力等语。此间派梅放洲到汕联络；彼现尚在汕，可差熟人访之，便知详确情形也。广州李安邦确能响应，江防舰队全体可来归。请兄放胆回粤，而先以全力击破刘志陆之众，则破竹之势成，而三日粮两战弹，亦可于此得之矣。何日开始攻击，望先电闻。孙文。真。

据《国父全集》第三册（转录史委会藏亲笔原稿）

致梅放洲电

（一九二〇年七月十三日）

放洲兄鉴：得电甚喜。可着静候，以待各方准备，同时并举，则桂贼可灭也。到时再电。孙文。元。

据《国父全集》第三册（转录史委会藏原稿）

致陈炯明电

（一九二〇年七月十四日）

竞兄鉴：今日饶子和来谈甚久，说彼日内回粤，当竭力调解海军，使之释怨转圜，助粤攻桂，欲知兄处条件如何。文答以此事我可代竞存负责定之：一、海军当助粤军攻下汕头，汕头下后，竞存即回潮汕，悦卿可到漳州。二、海、粤两军一致行动合攻广州，广州下后，另议计划进取。饶对此甚满意，云到粤后四五日当有切实回答。倘海军能转圜,则广州自在掌握,而由海道出一奇兵于钦廉,以扑桂贼之老巢,亦易如反掌,诚便利也。如不能转圜,亦宜积极进行,不必畏也。惟对于悦卿部下,暂宜取缓和态度,以待饶之调解,结果如何,然后再酌。孙文。寒。

据《国父全集》第三册(转录史委会藏亲笔原件)

复刘泽荣电 *

(一九二〇年七月十六日)

　　莫斯科刘绍周君:莫斯科中国工人大会七月五日来电,我于七月十日在上海收到,并已立即向全国公布。但是,请允许我指出,当前中国仅仅在名义上是一个共和国,政权仍掌握在封建军阀手里,人民是没有自由的;还应再来一次革命,以扫荡这些当权集团,您来电中谈到的第四点内容①才能够实现。此复电因上海电报局拒绝拍发,只好托在纽约的马素转给您。孙中山。

据苏联《亚非人民》杂志,一九六三年第一期第七十二
至七十三页译出(周兴樑译,蔡鸿生校)

---

　　* 刘泽荣,又名刘绍周,广东高要县人,自幼随父刘兆彭应俄国之聘赴俄指导制茶工作,后在俄求学和工作。十月革命期间,刘泽荣任中华旅俄联合会会长。一九二〇年六月十八日,侨俄华工第二次大会在莫斯科召开,刘任大会主席,二十五日大会发表宣言,并电请孙中山赴苏俄访问。七月五日,侨俄华工第二次大会再致电孙中山及全国各界,请求中国政府及早承认苏俄劳农政府。此系孙中山对该大会七月五日来电的答复。

　　① 指准许侨俄华工通行无阻返国一事。

致何民畏函*

（一九二〇年七月十八日）

民畏兄鉴：

手书敬悉。

刻迭接川中确报，熊氏已走，川局自可大定。今后惟望主客各军极端融洽，则可分数路出兵：一由川中编定大军，东下宜昌，进规武汉；一由滇中联合贵州，出兵百色及柳州；一由在湘滇军直扑桂林。如是，则南征北伐，两向必胜，天下不难定也。天与不取，反受其咎，望转达寰公速图之。

刻下段氏失败，北洋派势力自断一股；而我方原定目标，亦已消灭。自我方言之，未始非最大利益。今彼派既将段氏打倒，直、奉之争乃又继续开幕。盖直曹奉张，其野心皆无底极，而两方势力又莫能相下。徐世昌今已为彼等所卵翼，更无涵盖之能力。由此观之，奉、直必因权利而冲突、而决裂，而皖系之余烬，又必不能不附我而图报复。然则乘此皖系未全消灭之时，我猝然出兵武汉，则凡前之愿为皖谋者，皆将为我效其死力；而曹锟恐奉军之独占京畿方面，又必不敢出兵相救，是武汉可探囊而取也。盖武汉主客各军，混乱已极，正有可乘之势，过此则直军内患全清，无懈可击矣。

至于粤东方面，兄所计划甚妥。刻下民军蜂起，江防舰亦已受

---

* 此函未署月日。据函称"刻迭接川中确报，熊氏已走"及"江防舰亦已受我运动，前日曾动作一次"，查熊克武受滇、黔军及四川倒熊各军夹击，于七月十日退出成都，而肇庆李耀汉、周之贞联合舰队起事，则发生于七月十六日，故此函当系发于七月十八日。

我运动,前日曾动作一次,因未同时并举,致有失败。然今犹继续进行,效力甚大。竞存亦准备进攻,粤垣已有风声鹤唳之势。滇、黔以战胜余威,由百色、柳州取建领〔瓴〕之势,而在湘滇军又冲入广西之腹,则桂贼老巢,岌焉震动,势必弃粤而逃。粤失则广西陷于夹攻之地,亦不能自存矣。此又肃清桂贼之好时机也。虽数路并举,实力似有不给,然就以上情况观之,实已占军事上种种优势,似无须专以力斗也。尊意以为然否?

正密本今特抄上,祈察收。有何消息,希时见告。此复,并颂大安

孙　文

据胡编《总理全集》第三集《民国九年护法之役致川中何民畏书》

致唐继尧电

(一九二〇年七月十八日)

蓂赓兄鉴:铣电悉。知兄处尚着着进行,甚喜。竞存处现筹备已竣,到时当能分桂贼大半之力。海军初以方事[1],几至与竞存决裂,今已设法和解,想可一致攻桂。如此,东面有粤军为中坚,海军为辅助,西面有兄大军以临之,钦、廉、广、肇更有民军以牵制之,桂贼必难兼顾,当可一扑而灭也。证之此次协和以千余人出巡,桂贼利用铁路以十倍之众作三面攻击,而协和犹能安全到始[2],与该处之滇军会合,桂贼复软而求和,可见桂贼之战略斗志殊不足畏也。孙文。巧。

据《国父全集》第三册(转录史委会藏亲笔原件)

---

① 方事:指前此陈炯明与亲桂滇军军长方声涛在闽粤边境发生冲突一事。

② 始:即广东省始兴。

致饶子和电 *

（一九二〇年七月二十一日）

粤江防舰队于铣日输诚，集中澳外准备讨贼，讵被贵舰队豫章、同安等舰追击，曷胜骇异。日前兄在港面约以海军取闽，粤军逐桂，各守中立为条件；纵不然，必不助桀为虐。况该条件已经文于文日电负责代粤军完全答应。今勿〔忽〕食前言，信义安在？请明白答复是盼。文。马。

据《国父全集》第三册（转录史委会藏原稿）

《新疆游记》序 **

（一九二〇年七月二十六日）

古人有言：大丈夫当读万卷书，行万里路。予亦尝勖同人曰：有志之士，当立心做大事，不可立心做大官。今读谢君晓钟之《新疆游记》，行路四万六千余里，记载三十万言，述其足迹所经，观察所及，以飨国人，使知国境之内，尚有此广大富源未经开发者，可为吾人殖民拓业之地，其兴起吾国前途之希望，实无穷也。

夫自民国创建以来，少年锐进之士，多汲汲于做大官，鲜留心

---

* 原件未署年代。据原编者称原标题为《七月二十二日代致饶子和马电》。按此电所指"粤江防舰队铣日输诚"，当系指一九二〇年七月十六日周之贞等联络粤舰队起义一事。故此电应发于一九二〇年。

** 《新疆游记》（又称《新阿游记》），谢彬撰。谢彬，字晓钟，湖南衡阳人，曾奉命赴新疆省阿尔泰地区调查，详谘博采，历时十五月（一九一六年十月十六日至次年十二月十六日），归来写成《新疆游记》一书。

于做大事者。乃谢君不过财政部一特派员，正俗语所谓芝麻绿豆之官耳。然于奉公万里，风尘仆仆之中，犹能从事于著述，成一数十万言之书，以引导国民远大之志，是亦一大事业也。如谢君者，诚古人所谓大丈夫夫哉！亦吾所钦为有志之士也。读其书毕，因喜而为之序。

民国九年七月二十六日　　　　　　　　　　　孙文序于上海

据谢彬著《新疆游记》（中华书局一九二三年四月印行）

重申护法救国宣言

（一九二〇年七月二十八日）

北京徐菊人先生、萨鼎铭先生，云南褚慧僧议长、转参、众两院诸公，各省省议会、督军、省长鉴：

　　西南义师之起，原以护法救国为职志。故无论南北，苟与护法救国主义相容者，友之；苟与护法救国主义相反者，仇之。此文等所以有六月三日之宣言，冀国民与友邦了然于是非邪正之所在也。宣言书发表后，北方通电赞成者，只有段祺瑞及其部曲等。而段祺瑞漾日答复宣言之电，悔祸之心，露于言表。文等本以护法救国为标，故和议条件，注重于取消中日二十一条，及宣布民国六年六月十二日非法命令之无效；在和议未赓续前，须先宣布废止中日军事协定以示决心，始有和之可言。于是北京边防处，遂有决定废止中日军事协定之寒电；而对于二十一条之废止，亦有承认之表示。由是言之，彼方既有改变外交政策、不计后此利害之决心，则和议当然有续开之期。乃北方内讧，由是而起，合法和议，为之顿挫。

　　文等持本国民公意，用再宣言：无论北方内讧如何结束，无论当局者为何派何人，惟我西南护法救国主张，必始终贯彻。北方果有希望统一诚意，必须首先废止中日军事协定，并有宣布废止中日二十一条之表示，然后和议乃可赓续，而国本乃不至动摇。倘有违背护法救国主张，复假借名义以谋个人权利者，不问南北、不问派别，当与国民共讨之！特此宣言。

　　　　孙文　唐绍仪　伍廷芳　唐继尧　俭

据上海《民国日报》一九二〇年七月二十九日《四总裁重申护法救国宗旨》

批朱□□函

（一九二〇年七月三十日）

代答以两害取其轻，两恶宽其小，吴佩孚与桂贼联结，假民意皮毛，无彻底之办法，为他人作嫁衣，挫去一段祺瑞，而招一张作霖（日本狗）。其无特识、无远见为如何也。请兄向之劝导，顺风转舵，投诚革命党，则其功业必有可望也。

据《国父全集》第四册（转录史委会藏抄件）

致李绮庵电

（一九二〇年七月三十一日）

绮庵兄鉴：钦、廉能起，甚佳。竞存不日动，各宜先后继起。舰队若遇被令分防，宜立即集中江门，与附近各营同时起事，立起少

---

　　* 朱□□似指朱和中。一九二〇年八月十九日批朱和中另一函中亦谈及与吴佩孚接洽之事。

　　** 此电《国父全集》定在六月三十一日。但六月仅三十日；又粤军在漳州誓师、分三路回粤讨桂，在八月十二日，与函中"竞存不日动"相吻合。故此电应是发于一九二〇年七月。

步队与数小舰进攻三水,握而守之,以断其交通之路;以大队水陆并进,取香山、顺德、握而守之,以容奇为舰队根据,以大良为步队大营,以甘竹、勒楼、黄连、紫泥菉、蕉门一带之水为防线,水陆军握而守之,为持久计。此防布置妥当,即分军进取虎门、东莞、石龙一带为右翼,以绝彼东江之交通。然后分东西路水陆夹攻:西路取道官窑石门,水路以攻石井;东路取道广九铁路,进攻长洲、牛山各炮台,得手进攻河南花地,与西路联络,而包围佛山陈村敌军,尽缴其械。如此省城可不攻而下矣。此作战方略之大要也,务望与舰队同志谨识而执行之。觉生[1]现改派往湘指挥,如兄等能临机应变,实行方略,则不必派人来,否则另择人来总粤事。子瑜[2]款筹得即汇。孙文。卅一。

据《国父全集》第三册(转录史委会藏《李绮庵函电》)

批朱□□函[*]

(一九二〇年七月下旬)

代答以言和当以第二次宣言为条件,此时想无希望;无已对于吴佩孚,可由公代表往说他同来革命,为根本之解决,以达利国福民之目的。此当胜于苟且言和也。如何?示复。

据《国父全集》第四册(转录史委会藏抄件)

---

①　觉生:即居正。
②　子瑜:即邓子瑜。
*　此批件对象及时间均不明。朱□□似即朱和中。据孙中山等七月二十八日发表第二次宣言及三十日批朱君函望劝导吴佩孚"投诚革命党"内容,此批件时间应在是年七月下旬。

复何成濬函[*]

（一九二〇年七月下旬）

雪竹兄鉴：

手书备悉。

川局未定，滇军自难兼顾粤东。惟现在川事已告成功，而长江形势，因直、皖关系又生变化，所以文意战略上应以攻取长江为第一计划。此时鄂省主客军队，甚为复杂，而皖系长江势力未尽消灭，显有欲罢不能之势。我方若以战胜余威，速组大军，急出宜昌，以图鄂省，乘其混乱之机，不难收复。一方面出陕，以断中原。现陈树藩已在惩办之列，势必归附我方，以取自保，此亦绝好机会。至于对桂，文觉只以滇中原有军队守备桂边，即堪巩固。而在湘滇军，再由蓂公临时调度，或取桂林，或由常、澧出长江，均为现今极要之图。

至若规复粤省，粤军方面犹觉力量未足，故尚在犹豫中。来书谓暂缓与桂冲突，切实整顿，文甚赞同。倘彼方果逼而挑战，至时当再电蓂公商办耳。请以此意代达蓂公，斟酌进行为盼。

关余本应分配，惟自涉讼以来，迄未提得，尚不知何时可以解决，殊恼人也。兄跋涉多劳，希珍摄为要。此复，并颂

时绥

孙　文

据胡编《总理全集》第三集《民国九年护法之役复何成濬书》

---

[*]　此函月份日期不明。据其内容应在一九二〇年七月下旬。

南北和谈通电*

（一九二〇年七月下旬）

护法之师本因戡乱诛奸而起。乱莫甚于坏法，奸莫大于卖国。尸其咎者，昔实以段祺瑞为罪魁，护法军自始即标讨段之旗帜。然如叛变之督军团、复辟之张勋及同谋复辟者，招集伪参议院，颁布伪两院选举法、伪国会组织法及依伪法招集安福国会者，与夫由安福国会产生之非法机关，凡属坏法卖国，无分皖系直系，罔不在应讨之列。此护法军之职志，早为国民共鉴者也。

惟自欧战告终，世界潮流趋于和平。吾国内乱，苟能以和平方法改正坏法卖国之事，自不必再事杀人而流血，是以有上海议和之会。其和平条件，约为对内对外两要点：对内期改正坏法之事，则在尊重约法效力，使前被非法解散之国会完全行使职权；对外期改正卖国之事，则在废止中日军事协定，并废止民国四年五月二十五日之中日条约，即通称之二十一条，使民国主权完全独立。乃条件甫提出，而和议即破裂，足征北方不愿改正坏法卖国之事。按之护法初衷，和既不成，即应再行致讨。无如西南之桂系，早与北方之直系暗中勾结。而军政府中之岑春煊，亦早为徐世昌之高等顾问。若辈惟务单独言和，阴排异己，只图造成一党一派之势力。而对于上海之正式和会，则惟恐其再开，是以欲战不能，欲和不可，遂成一

长此不战不和之局。其故皆由北方则直系争权，南方则岑、陆垄断，以致欧和已成，而沪会讫未续议。此文等所以有前之宣言，冀国民与友邦了然于是非邪正之所在也。

　　自宣言发布后，段琪〔祺〕瑞颇有悔祸之心，通电赞成，并由王揖唐表示言和诚意。而文等仍以改正坏法卖国之事为标的。在和会未赓续前，至少须先宣布废止中日军事协定，以示决心，始有和之可言。于是王揖唐遂有江日通电，声明准边防处函电……取销中日军事协定，现俟手续商妥实行正式废止等语。至废止二十一条，电中虽未述及，亦有口头之承诺。此又文等所认为有续开和议之理由，而不问对手方为何人，亦不问其为皖系、直系，凡愿改正坏法卖国之事者，即可与言和者也。不谓岑春煊等既思百计破坏，而北方则因此遂生直、皖两系之战争。在此议和时期，北方内讧，只能认为私斗。是以文等仍持与北方言和态度，于其内讧无所偏袒。今皖系已有失败之势，而岑春煊等乃竟附和直系讨段，将来皖系完全失败后，岑春煊等殆惟有投降于直系，岂有和议之可言？而坏法卖国之事，恐亦将置之不问。殊不知同为北方之人，不能分皖系与直系，纵使皖系已去，而直系如不愿改正坏法卖国之事，即与昔之皖系无异。是以文等为代表国民真意，特再宣言，无论北方内讧如何结束，今后国事仍当由上海和平会议根本解决，务期改正一切坏法卖国之事。将来北方如由直系主持和议，亦必须首先宣布废止中日军事协定，并承认废止二十一条，始能继续开议。倘岑春煊等此后竟与直系私和，而坏法卖国之事竟不改正，则国民仍当认为乱与奸而讨之。

据《国父全集》第一册（转录史委会藏原件）

实 业 计 划*

（一九二〇年七月）

批胡海山等函**

（一九二〇年七月）

　　代答以黎元洪现在拥资数百万，公等应在报上用明信向之求恤，想必能达目的也。先生亦当致代请，以得双管齐下，并调查确实伤者几人。

据《国父全集》第四册（转录史委会藏原件）

致朱执信函***

（一九二〇年八月四日）

执信兄鉴：

　　王绍一兄来港，请为接洽。王兄对于湘中出兵攻桂甚为尽力，此来亦欲促彼方速发也。此致

孙文　八月四日

据中国革命博物馆藏原件

---

　　*　　后来孙中山将此篇辑入《建国方略之二：实业计划（物质建设）》。今此篇随《建国方略》编在本集第六卷，以保持该著作的完整性，此仅存目。

　　**　　伤兵代表胡海山等原函请求孙中山发给伤兵川资。

　　***　　此函未署年代。据"湘中出兵攻桂"一事，应为一九二〇年。

在上海欢迎美国议员团时的演说

（一九二〇年八月五日）

中国现在是在极端混乱的状态里头。这三年之间，南北打仗。现在南边又分为云南、广西两部；在北边也就最近有直隶、安徽两派的战争。中国自古以来，再没有这样混乱的了。这个情形，似乎由坏变到更坏，卒之弄到许多国民绝了想出解决中国问题方法的希望为止。

然而在我相信，这问题如果循着正路走去，一定有解决法找得出的。要解决中国问题，须先晓得三层：

（一）这个不是纯然关于外国人的问题。二十年前，中国当八国联军占领北京的时候，随着他们喜欢怎样处置，几几乎瓜分了去了。有许多国赞成立刻瓜分中国，但是当时美国国务员约翰海发出一件通函到各国，从此这个问题就打销了。若使现在的中国问题仍旧纯然关于外国人，那外国政治家们立刻可以想出一个解决法。

（二）这个问题，又不是纯然关于中国人的问题。中国人常常自己弄妥关于中国人自己的问题，不要他人干预。他们可以把那独裁的政体变做民国，而且一切关于内政的问题，中国人自己可以解决得了。

（三）这个问题是复合的问题，不专关于中国人，又不专关于外国人，实在是两个混合起来的，所以顶难解决。一定要先把种种情形研究清楚，才能找出解决法。如果你看定了这个问题的性质，那找解决这个问题的关键，倒是很简单的。

　　我已经看出了如何才能够停止中国现在的混乱。这个问题解决的关键，就是废除二十一条款。如果这二十一条款能够废除，就再没有混乱了。

　　二十一条款之历史：

　　二十一条款是什么东西呢？许多人都想着以为这单纯是日本蚕食中国的。如果真是这样，那不过很简单的一个问题。因为一个统一的中国，尽可以对抗日本的压迫。然而实在这个条款，是由中国人起的。袁世凯有意承认日本这些特权，作为日本帮袁世凯做中国皇帝的代价。当初，日本还是逡巡犹豫，不敢提出这么激烈的条款。当时日本的外务大臣加藤高明男爵，预先留心查察袁氏是否可以答应？等到他看清袁氏愿意答应之后，他就要求袁氏绝对守秘密，在日本未提出以前，不许泄漏这个条款的内容。及至提出了以后，新闻泄漏了出来，中国人、外国人，各方面纷纷起来反对，就是袁氏自己的人也反对起来。袁氏于是乎告诉日本政府，叫他始终坚持，遇有必要的时候，就出兵来显一显武力。日本听了袁氏的策画，就派兵到中国来。当时日本人民都攻击日本政府这种无名举动；那日本首相就声明，这只是满、鲜驻屯军期将满，所以政府派兵去交代。这个完全是饰词，因为这些兵，是在所要的期间两个月前派出去的。但是日本首相就以此压止了国中的反对。

　　然而在中国，袁世凯就把日本派兵当做直接威吓，他好叫中国人相信他，除非答应了二十一条款；不然，日本就用武力。此种顶深的密谋，从来公众没有晓得的。却是除了了解这种事实以外，要寻中国问题的正当解决法，真是困难。

　　当时，日本舆论以为这个是日本政府外交上大失态，所以加藤外务大臣逼着要辞职。

　　中国全部的人，虽然一致反对这件事，袁世凯却命令他的首相、现做北京总统的徐世昌，和他的外交总长陆征祥，签订了硬把二十一条款压在中国上头的协定。等到二十一条款成为已成事实，日本人民也不再责备政府了。

二十一条款的效果：

这二十一条款所决定的，差不多完全把中国主权让给日本了。在这种协定底下，中国就要成了日本的附属国，日本的陪臣国，恰和日本从前在高丽所用方法一样。

二十一条款签押以后，日本军阀和政治家就起手整理他东三省和中国其他地方上面的优越权。此时日本政府看清了他们可以用外交来征服中国。于是乎英国只管有很可以注目的努力，来拿中国加进协商国里头去，日本却禁止中国，不许他参加世界大战争。

美国参战：

世界上的事情忽然变了，美国和德国绝交，并且请中国照他的样子做去。许多中国的有识者，都说这是从日本手里头救出中国来的唯一道路了。北京政府决定了跟随美国之后，不多几天，上海的日本总领事跑来找我，传一个消息给我，说他的政府要求中国和日本连起来，而且对德宣战。我问他日本政府为什么忽然间在这件事上变更政策？他不能够满足答复我。我就立刻十分耽心，晓得日本这种新动作，是有一个阴险的事情藏在里头。我告诉日本总领事说："我赞成日本维持中国中立的老政策，但是要用我的十二分力量，来反对日本把中国放在日本保护底下来参战的新计划。"

我那时看出日本不能希望单拿外交来征服中国，就在请中国参战这个表面名称里头，打算着用军事统辖来征服中国了。我晓得这是没有救的，因为所有协商侧〔国〕的国家都要中国参战的。

所以，他们不知不觉就帮了日本在中国上面得了军事的统辖。

　　我所能够走的，只有一条路，就是把中国拉开做两半。那北京政府已是因为盲从日本，给他缚住了。我就在广州建立一个政府，果然能够牵制着日本军阀的计划。日本政府随着段祺瑞的意思，供给饷械，想打灭我们南边。我们虽然拿着很缺乏的军装，而且内中不一致（因为南方军阀常常听北京来的指挥），然而还能够做到成一个要顾虑的抵抗。等到战斗起了以后，南方军阀看见舆论主张太强，逼着也要走到我们这一边来了。

　　世界事情又一变：

　　欧洲大战忽然间完了。五强国连日本也在内，递一个共同劝告书到南北两政府去，劝告速成国内平和，那就中国可以作为一个统一国家，派代表到巴黎和会去。经过若干犹豫之后，两边政府的议和代表派出到上海来了，和议开了。

　　在这当中，日本军阀已经想出了征服中国的成案，就是用中国的军阀来征服中国。于是制造出两个军阀头子来：在北京的军阀头子是段祺瑞，另外又做一个军阀头子在奉天。这个奉天军阀头子张作霖，得了日本的帮助，所以能够扩张他的势力，现在已经有三十万兵。段祺瑞所管的兵约有十万，于是乎中国的兵力就在日本的统辖底下。当和议开的时候，我主张恢复合法国会，容他行使法律上职权。因为照约法，一切外国条约要经国会批准，才有效力。我晓得这合法国会是不会批准二十一条款的。我的目的，就是用国会的行动来废除二十一条款。北边不肯答应恢复国会，撤回北方代表，自然上海和会从此而止了。

　　此后不久，段祺瑞起首对我接头，他说："南北战争，就是他和我的战争；其余南北他种军队，都是中立的。"他求我提出可以做平和协定基础的条件。我提给他第一个条件，就是废除所有对日密约。关于这一件，我和段祺瑞由个人代表来交换意见，将近一年，到底段氏允了我的条件，答应废除军事协约。于是我和我的同僚商量，发一个宣言，声明我们准备照从前一样的条件做基础，来重开上海和会。当时，段氏就拿个人名义方式复一个电，又由边防处发一个通电，宣言军事协约作废。从此引起最近的北方纷乱，结局成为段氏的失败。

段氏是被两种势力打破的，一种是吴佩孚做头领的排日势力，一种是张作霖做首领的亲日势力。吴佩孚是有全国舆论和外国的力量帮助的，许多人都以为段氏一打倒，这个情势总好一点。然而现在我们看清了，这是由不好走到更不好去。正是跳离了热锅，跳进了火炉。我的用日本所练的边防军，来打日本的计划，自从段氏失败以后，就销灭了。

不论现在有甚么商量在这里进行，我们对于留存二十一条款的提〔条〕件，万不承认。二十一条款和军事协约，是日本制的最强韧的铁锁炼〔链〕，来绑中国手脚的。实行二十一条款之统一的中国，就是日本把中国整个征服去了。我们革命党，一定打到一个人不剩，或者二十一条款废除了，才歇手。中国的大混乱，是二十一条款做成的，如果废除了他，就中国统一马上可以实现。

把这复杂的问题，详细研究过之后，我们晓得这个不是单纯的中国人问题，也不是单纯的外国人问题。所以要各种力量都并合起来做工夫，连中国人、连日本人中间的民主分子，都要算进去，帮助废除二十一条款。

用笔比用剑还有力，这是约翰海的通函能够防止瓜分中国，所已经证出的。我相信你们有名誉的团体，跟着我所指出的方向，发出好议论，也一定一样有力。所以我请你们议员团员帮忙解决这中国问题。

你们不久要到日本做客了。我相信你们可以用你们做人客的好力量，倡导废除二十一条款。这就是解决中国问题的唯一方法了。

据上海《民国日报》一九二○年八月七日、八日《中国问题之解决》

致粤军将领电

（一九二○年八月五日）

江电悉。拨弹既有要领，则竞兄决心必可充分施行矣。甚慰。昨日李代表余筹来见，察其言外之意，闽李之所以不拨者，以在厦浙军曾与南北海军有约图闽，恐竞存一发，彼等亦乘机而动，则殊难对付。故必要浙军撤回后，乃拨粤军子弹。如今浙军不日可以全数撤回，彼当在沪雇船云。此说与来电所说相符。以后支节，只陈部浙军问题耳。此问题若能解决，则子弹必不假也。文。歌。

据《国父全集》第三册（转录史委会藏原稿）

致康德黎夫人函

（一九二○年八月十日）

康德黎夫人鉴：

兹寄上余最近之演讲稿数份，请在英国广泛发布，藉向海外广大的群众说明中国之实际情形。

希望贵伉俪尊体康健。

孙逸仙　八月十日

据《国父全集》第三册（转译史委会藏英文原函照片）

致陈自先函[*]

（一九二〇年八月上旬）

自先兄鉴：

来书备悉。桂贼盘踞粤省，破坏西南，实非扫除不可。兄本爱国爱乡之热念，联络旧部，共襄义举，良堪嘉慰。

以后如何动作，当听广东讨贼军总司令命令，为一致之进行，庶桂贼不难歼灭也。希即努力准备，以待时机。策勋不远，至为勉望。此复，即颂

时绥

孙　文

据胡编《总理全集》第三集《民国七年勘讨莫各军书》

致洪兆麟函^{**}

（一九二〇年八月上旬）

湘丞兄鉴：

来书备悉。兄数年转战，劳苦功高。现值时局愈棼，势须肃清内患，兄能益加奋厉，共襄义举，热心毅力，殊堪嘉慰。

---

　　* 此函时间，胡编《总理全集》定在一九一八年。据函称陈"联络旧部，共襄义举"，以扫除"桂贼"，且促"努力准备"，则此函应发于一九二〇年八月十二日粤军誓师返粤之前。今酌定为八月上旬。

　　** 此函胡编《总理全集》收在一九一八年。洪当时系援闽粤军陈炯明部支队司令，驻漳州。据函中指示洪"积极准备，听候陈总司令命令，一致奋斗，以竟全功"，则此函应是发于一九二〇年八月十二日漳州誓师返粤之前。今酌定于八月上旬。

　　桂贼日逼,不可缓图,希即积极准备,听候陈总司令命令,一致奋斗,以竟全功,是所厚望。此复,即颂

戎绥

孙　文

据胡编《总理全集》第三集《民国七年勘讨莫各军书》

委派陈箇民职务令 *

(一九二〇年八月十一日)

　　特派陈箇民为驻西贡总支部总干事。

孙　文

据《国父全集》第四册(转录史委会藏原件)

致陈树人电 **

(一九二〇年八月十九日)

　　陈树人先生鉴:粤军讨桂,铣日、篠日连得大埔、黄岗、饶平等处,全线压入敌境百余里,桂贼溃降无数。请转电各分部及金山①。孙文。皓。

据《国父全集》第三册(转录史委会藏《布告录》)

---

　　*　《国父全集》原标题为《批谢持请派陈箇民为西贡总支部总干事》。
　**　陈树人当时系加拿大国民党总支部负责人。
　①　金山:即美国旧金山。

批朱和中函[*]

（一九二〇年八月十九日）

此间此后对北方武人，尚无一定办法，故来沪亦无所商。对于吴处[①]当先探悉其心，果有爱国之心，不是为出风头、争地位，乃可与之接洽。

据《国父全集》第四册（转录史委会藏抄件）

致□伯仙函[**]

（一九二〇年八月中旬）

伯仙兄鉴：

讨贼军总司令令已下，希为一致之进行，希兄等努力排除困难，积极准备，届时大举，必告成功，至为勉望。此复，即颂

时绥

孙　文

据胡编《总理全集》第三集《民国七年勘讨莫各军书》

---

　　[*]　《国父全集》编者注："原信封有民国九年八月十九日发邮'及北京礼士胡同朱缄'字样。当系朱和中来函。"此件所标时间系来函日期。

　　[①]　吴处：即吴佩孚处。

　　[**]　此函胡编《总理全集》收在一九一八年。据函称"讨贼军总司令令已下，希为一致之进行"，则此函应是发于一九二〇年八月十二日援闽粤军漳州誓师攻桂系之后。今酌定于八月中旬。

致颜德基电[*]

（一九二〇年八月中旬）

颜师长鉴：密。闻川局复变，甚诧！熊刘勾结，何以竟未防及？今事已至此，惟有迅速出师，协同戡定。吾人之驱逐熊氏者，实因于救川救国之计根本不能相容。今既干戈相见，再无所用其犹豫，以陷入进退失据之境。兄为吾党健者，又同盟军主要分子，甚望剑及履及，以竟全功。假令熊氏死灰复燃，则前之同盟反对者，必无相容之余地。兄共患有年，见事明敏，幸踊跃毋失时，至盼至勉。（八月）

据《国父全集》第三册（转录史委会藏《总理函稿》）

致陈炯明等电

（一九二〇年八月二十一日）

汕头粤军陈总司令鉴：请转粤军各路司令暨前敌诸将领均鉴：得悉陈总司令电，知粤军分路进兵，所向大捷，连得名城险要，使敌闻风而溃。良由执事等指挥素定，谋勇兼优。捷报传来，欣喜无量。由此绥定百粤，预祝最大之成功。孙文。箇。

据胡编《总理全集》第三集《讨莫之役致滇湘黔闽浙粤各省当局要电》

---

[*]　颜德基原系川军熊克武部第七师师长。一九二〇年七月初与吕超、刘湘、石青阳等参加唐继尧组织的"同盟倒熊"活动，并迫熊于是月十日离开成都。此电原未标日期。据函中"闻川局复变"、"熊刘勾结"等语，当系指熊克武退出成都后，与依附北军之刘存厚部勾结，举行苍溪会议、组成"靖川军"一事，熊且于八月上中旬连下广元、昭化及顺庆、合川等地，分两路对成都取钳形反攻态势。此电日期据此酌定为八月中旬。

复滇黔川三省军政长官电[*]

（一九二〇年八月二十一日）

飞急。云南参众两院议员、唐总裁，贵阳刘总裁，成都吕总司令、廖师长，简州滇、黔联军顾、赵、叶军长，袁、胡总副指挥，田梯团长，杨、邓、项、耿、朱、金、胡旅长，四川护法救国军卢总指挥，杨纵队长、邓旅长，绥定颜师长均鉴：诸公养、陷、东、梗、皓、鱼各电均悉。天祸民国，丧乱频仍，南中护法，于兹三载，不图奸人内讧，致兆离析，大法未伸，蹉〔嗟〕痛何似！乃者国会在滇，宣言移渝，重建中枢；复欣诸军克仗斧钺，肃奠巴蜀。昔殷少康以一旅重兴商祚，华盛顿率十三州建设美邦。前征未远，敢自后人？文等谨当随诸君后，共奠邦家，以新国命。专此奉复，并希审照。孙文、唐绍仪、伍廷芳。马。

据上海《民国日报》一九二〇年八月二十二日
《孙唐伍三总裁复滇黔川三省军政长官电》

复叶独醒函

（一九二〇年八月二十三日）

独醒兄大鉴：

手书奉悉。兄此次远道奔驰，为乡为国，皆已大尽其力，热心

---

[*]　前此因川滇军冲突，熊克武部于七月十日退出成都，在川各军推吕超为川军总司令，川局略定。滇、黔、川三省各界迭电沪上各总裁、各议员速赴重庆，组织合法政府。孙中山与唐绍仪、伍廷芳获电后，极表赞同，并急电答复该三省军政长官。

如此，实可钦迟。方声涛从前本为民党，不料被桂贼所饵，竟与莫逆合击粤军；致违民党护法之主旨，孤〔辜〕负同志之希望，殊为浩叹。今竞存已得潮、梅，更进惠州，全粤有传檄可定之势。

此后粤省得入我党手中，再商量闽省办法，必可得圆满之结果。切望便告闽中同志，静待时机，并仍疏通闽粤感情，一致助粤灭桂。

兄何时过厦出洋？并祈见告，以慰驰念。长途珍摄为要。此复，即颂

时绥

八月二十三日

据《国父全集》第三册（转录史委会藏《总理函稿》）

复陈树人函

（一九二〇年八月二十三日）

树人兄鉴：

来书已悉。所嘱再写总支部牌额，已照来信写就，交满提高船上同志带来；证书五百份（枇、杷、晚、翠、梧五个字号），亦已由党务部寄发矣。加属党务，经兄热心倡导，蒸蒸日上，至为欣慰，并希随时策励同志，实利赖焉。

粤军自本月十六日反攻桂军，二十日即将汕头重镇及潮、梅各属完全收复。现已进击惠州，桂贼闻风瓦解，省垣指顾亦可收复。此真粤人及西南大局之幸。请便告同志，以慰桑梓之念。此复，并颂

毅祺

孙文　八月二十三日

据《国父全集》第三册（转录史委会藏《布告录》）

复赵又新电*

（一九二〇年八月二十三日）

重庆黄总司令①译转泸州赵军长鉴：式密。支亥电诵悉。川乱原因，洞见症结。兄以出师为救川救国，标本之论，确切不移，无任佩慰。即望亟行准备，并商告各军一致主张，俟协和到川时，即可实行出兵。现得竞存来电，自铣日与桂军开战，粤军连日大捷，业将潮、梅各属、汕头重镇完全收复，现在前进惠州。闻惠州桂军已有内变，不难克复；惠州既得，则广州可传檄定矣。甚望此时蒉公能以一部出击广西，使桂贼首尾受敌，一举歼灭。巩固西南，回戈北指，奠定中原，奋斗先锋，非兄莫属。尚希时惠好音。盼切。孙文。梗。

据《国父全集》第三册（转录史委会藏《总理函稿》）

致陈炯明函

（一九二〇年八月二十六日）

竞存我兄惠鉴：

粤军讨贼，数日之间，收复潮、梅，神速至此，真令桂贼破胆；扫彼妖孽，还我河山，可预贺也。

翟浩亭君来，述其旧部三营在汕反正，得港来电，知须改编云

---

* 赵又新，时为驻川滇军第二军军长。

① 黄总司令：即黄复生，时任滇、川、黔靖国联军援鄂军第一路司令。

云。该三营系受翟君密意行动,与寻常降军不同,翟君亦早与此间接洽。翟君常〔尚〕有旧部多营,在广、惠一带,宜有以收降者之心,而为将来之劝励。此等部曲,早与桂贼为敌,倘得惠照,亦必踊跃用兵。兹因典虞、孟飞君等往汕,为之作书,一述梗概,请即酌量部署。关于各节,可由陈、陆两君接洽,本属同志旧人,自易妥贴也。专此,即颂

勋安

八月二十六日

据《国父全集》第三册(转录史委会藏《总理函稿》)

致陈树人函

(一九二〇年八月二十六日)

树人兄鉴:

自温汝辟①所发函,业已阅悉。温分部亦经购置党所,足见同志热心,甚为欢慰。嘱写匾额,当即本日照写另寄。

兄所巡视各处,目前见党务发达,同志生计亦较二年前优越,此真吾党前途之好现象。希即随处勖勉诸同志,整须兼程并进,以达救国之目的,至望至幸。此询

毅祺

孙文　八月二十六日

据《国父全集》第三册(转录史委会藏《布告录》)

---

① 温汝辟:即今加拿大温尼伯。

复王春初函[*]

（一九二〇年八月二十八日前）

春初先生大鉴：

手书诵悉。执事墨经兴师，报仇雪恨，古称孝勇，复见于兹，更以为国为湘之念，剖布丹忱，共襄大业，尺书远到，感慰交并。

兹特托于君若愚前来代劳，并斟商一切，即希接洽为幸。此复，敬询
素履

据《国父全集》第三册（转录史委会藏《总理函稿》）

复王春初函

（一九二〇年八月二十八日）

春初先生鉴：

前接大札，即作答托于君若愚携递台览，并托劳问。

兹建勋君来陈述近事，具见贵军袍仇，一致协力救国，至慰至佩。今更托建勋君回述一切。所愿本其孝勇，许国驰驱，报国报亲，两臻其极，曷胜企望之至。即询

---

[*] 一九二〇年七月十九日，湖南常澧镇守使王正雅在澧县、慈利之间貌儿峪地方，为副镇守使卿衡杀害。王子育寅（春初）旋在慈利县属东岳观起兵为父报仇，自称常澧护国军总司令，并派人与孙中山联系。孙此复函，原函无日期。查八月二十八日孙致王另一信中，提及前曾"托于君若愚"携函劳问一事，与此函内容相吻合。故此函当在八月二十八日以前。

素履

八月二十八日

据《国父全集》第三册（转录史委会藏《总理函稿》）

致姚雨平函[*]

（一九二〇年八月二十八日）

雨平兄鉴：

　　自小溪来函，诵悉。

　　此次反攻桂贼，诸同志奋勇争先，一心一德，师行所届，有若摧枯，于此见强蛮必不能敌公理也。现在亟宜作速前进，并令各地方同志多方并举，务使桂贼无暇布置，顾此失彼。则我师战愈利，气愈盛，而彼方乃风鹤皆惊，不战而溃矣。若稍迟顿，则彼挟两省之力，防御易周，攻之难破；而我方乃适得老师费财之病，此时机之不可不争者也。

　　至于沪上舆论，虽非吾党机关报，亦皆赞许，盖桂贼已为众怨之府矣。经济方面，文力所能到之处，自当援助，请告同胞努力杀贼，此回不复羊城^①，即沈永劫矣。战况如何？希随时报知为要。此复，并颂

戎绥

孙文　八月二十八日

据《国父全集》第三册（转录史委会藏《总理函稿》）

---

　　*　粤军于八月二十日克汕头后，任命姚雨平为汕头卫戍司令。

　　①　羊城：即广州市。

复吕一峰函

（一九二〇年八月二十八日）

一峰吾兄伟鉴：

　　手书诵悉。对于时事之观察与主张，大体吻合。吾人当视力所能及，积极进行耳。国民大会，鄙意当视国民自动之力如何，此非可由军阀或政客提倡者。若国民自力不足而为人利用，则其结果不良，无异袁、段时代之公民团；遑论根本解决不可能，即于现象亦只增纷扰，甚无益也。

　　川、滇致争之由，诚不出所指两点。兄可谓能洞见其症结矣。果使一方无侵略之野心，一方亦无闭拒之私意，则彼此猜疑尽泯，何事不成？汉群①令兄凤明大义，弟所深信；即滇、黔将帅积屡次之经验，创巨痛深，宁无觉悟？惟今日举事，稍识时务者不能不以舆论为依归。若能造成多数人之舆论，不生冲突龃龉种种问题，则亦不患当事者不降心相从。兄此行所抱志愿，虽不止此，然此亦可云着手之要点矣。

　　西南大局，而以桂系为梗，不徒两粤受害，即于川、滇亦极有影响。故弟决意用全力破此强盗之军阀。在闽粤军以铣日兴师，幸连战连捷，五日之间，收复潮、梅各属，刻已围攻惠州。民心所向，桂系当不能久支。粤军将帅尚知大体，倘在两粤破却武人专横之局，则可与蜀中同志彼此提携。我兄进行之目的，亦更易达到。

　　汉民、仲恺两兄此时暂未能往蜀。兄先旋梓里，请为问讯诸同

---

① 汉群：即吕超，时任川军总司令。

志为幸。专复,即颂

近安

孙文　八月二十八日

据《国父全集》第三册(转录史委会藏《总理函稿》)

致朱执信周之贞电

(一九二〇年八月二十九日)

　　执信兄鉴:函电皆悉。李、魏①尚有意效顺,则广州无难下也。各地民军,宜着立刻发动,以验真假。下电转之贞兄鉴:兄承宝安响应之责,今潮、梅已下多日,正合时机,务望速动,与虎门、东莞同志一致行动,以扰惠州后路。文。艳。

据《国父全集》第三册(转录史委会藏亲笔原件)

复邓家彦函

(一九二〇年八月三十日)

孟硕兄鉴:

　　久未通候,得函甚喜。蜀行尚无定期,若果需一行,当先期通知,望兄得报,即来与偕行也。

　　近日竞存已开始攻打游勇,甚为得手,五日之内,已收复潮、梅,破贼数万。如以后亦同此顺手,则今年之内,可将两广游勇灭尽矣。诚如是,则兄不必往蜀,当回桂以建设民治也。此候

---

① 李、魏:即李福林、魏邦平。

旅祺

孙文　八月三十日

据甘乃光编《中山全集》(上海良友印刷公司,一九三一年印行)影印原函

致伍学晃电
(一九二〇年八月三十日)

　　下译交伍学晃。学晃兄鉴:此次率先筹饷,以助粤军,热诚义侠,实深钦佩。现闻桂贼聚全力于惠州,以图抵抗,恐惠州一时未易攻下。此时能致桂贼于死地者,在令各地民军纷起,扰彼后方。而尤以钦、廉、高、雷起事,扑彼南宁老巢为要着。请兄与执信兄酌夺,分别拨款接济,务使各地能立即纷起,使彼首尾不顾,则惠州可破,而省城必下。千钧一发,幸即图之。孙文。

据《国父全集》第三册(转录史委会藏亲笔原件)

给锺公任委任状
(一九二〇年八月三十日)

　　委任状:委任锺公任为巴达斐亚中国国民党支部评议部正议长。此状。

中国国民党总理孙　文
总　务　部　主　任居　正
党　务　部　主　任谢　持
财　务　部　主　任廖仲恺

中华民国九年八月三十日

据《国父全集》第四册(转录史委会藏抄件)

致赵恒惕函

（一九二○年八月三十一日）

夷午总指挥大鉴：

　　湘局初定，想绥辑多劳，甚念。

　　据李国柱函称，伊有一营，前暂归尊处效力，尚未交还。查李所部完全系革命军，艰难缔造，有一枝枪一点血之苦。今湘省已入湘人之手，无须此项军队；而广东适为有事之秋，正赖革命军以资戡定。希念袍泽之谊，速将该营交还李部，俾便调遣。想执事大军在握，当不在此区区也。尚此，并颂

时绥

孙文　八月卅一日

据《国父全集》第三册（转录史委会藏《总理函稿》）

致谭延闿函

（一九二○年八月三十一日）

组安先生大鉴：

　　湘难频仍，闻辑绥渐妥，甚慰。

　　据李国柱函称，有所部一营前转归夷午师长处效力，现颇有编管之说。查李所部艰难缔造，有一支枪一滴血之苦。现在湘省已入湘人之手，无须此项军队；而广东适为有事之秋，正赖革命军以资戡定。希即告知夷午师长，顾念袍谊，迅将该营交还李君，俾得调用。

　　此次粤桂之战，实出于桂军迫人太甚。竞存为欲达护法救国之目

的，又不能听实力之毁灭，故竟存不得已而一战。时贤对于国局，各有政见与手段之不同。然是非之理，本出一源，且各省人，解决各本省事，已成今日之正论，固不难互相印证者也。今桂军已败溃不堪，而粤中游匪四起，欲早弭息，处处须兵。李部以革命党关系，甚愿出而助力，文意亦即拟调使赴粤，俾得纾其报国之志，且亦使湘省减轻负担。好在此军系统已早显明，在湘固应为湘效力；而出湘之后，其行动自不至令湘省负责。想执事襟怀磊落，当能听报国者之各行其志也。

据《国父全集》第三册（转录史委会藏《总理函稿》）

复李国柱函
（一九二○年八月三十一日）

石琴兄鉴：

周君带来一函及自邮寄来之函均悉。已并两函意作书谭、赵，不知有无效力。且兄须善为审度，毋使彼方徒生嫌怨，益置我于困境。若能设法自行拔出，则较求诸反对方面更为稳妥矣。

款项正在筹措，惟刻颇窘困，筹得后自当力为援助。此复，即颂戎绥

据《国父全集》第三册（转录史委会藏《总理函稿》）

致邓铿洪兆麟函[*]
（一九二○年八月下旬）

仲元、湘丞兄鉴：

自汕头所发捷书备悉。此次攻克潮汕重镇，时间迅速异常，固

---

* 此函未署日期。据函中有"自汕头所发捷书"等语，按粤军八月二十日下汕头，故此函当写于二十日之后，现酌定为八月下旬。

属人心助顺,然兄等指挥之善,奋斗之力,亦真可称为稀有,无怪桂贼之落胆而逃也。

此后重大战争,自在惠州。桂军虽各方麇集,然意志尚未统一;且又顾虑滇军及内部之钦廉军官,对于我方潜伏势力亦未明了,刻正在惊骇震荡之中。使我军乘胜急进,则桂贼又必似潮汕之草木皆兵矣。此次我军本处有进无退之势,故惟有扫除顾虑,迅赴时机耳。转战多劳,不胜驰念。战况如何,希勤电告。此复,并颂捷祺

据《国父全集》第三册(转录史委会藏《总理函稿》)

致陈炯明函 *

(一九二〇年八月下旬)

竞存兄鉴:

昨接赣军赖世璜来函报捷,并表献忠奋忱悃。查该部在赣军中,颇称善战,此次受桂贼摧残,自当拚命雪耻,其可资为我用。其饷械子弹等件,务望一律接济,俾得竭诚效死;且此为协和遗部,倘我随此好机发展,俾他日得达彼等素抱之目的,则友谊上亦极圆满也。

攻惠情形若何?希时电告。文意以急攻为宜,趁桂贼惊疑震荡之际,可一鼓歼之也。戎事多劳,至为驰念。此致,并颂捷祺

据《国父全集》第三册(转录史委会藏《总理函稿》)

＊　此函未署日期。据函有询问"攻惠情形若何"事,酌定为八月下旬。

致陈树人电[*]

（一九二〇年八月下旬）

粤军贺〔哿〕日收复汕头，请转各埠及金山。孙文。

据《国父全集》第三册（转录史委会藏《布告录》）

致粤军将领电^{**}

（一九二〇年八月下旬）

潮汕伍部^①多数同志早已跃跃欲动。兄此时宜速与伍切实磋商，着彼攻桂党。如伍不愿动，则可由文着其部下自动。

据《国父全集》第三册（转录史委会藏原件）

《中华民国宪法史》前编序

（一九二〇年八月）

宪法者，国家之构成法，亦即人民权利之保障书也。四千年之帝制易为民主，于是中华民国出现于世界，民国约法亦同时产生，此四万万人民公意之表示也。是故袁世凯以洪宪奸之于前而不可，张勋以复辟乱之于后而辄败，实物之教训，亦可以戢奸雄之野心，而正邪辟之乱萌矣。惟约法以宪法制定之权委诸国会，国会制

---

* 此电未署日期。据其内容，当在陈炯明收复汕头之后，今酌定为八月下旬。

** 原电无日期。据其内容"着彼攻桂党"，似应在八月下旬。

① 伍部：指伍毓瑞部。

宪乃久而无成,论者或以为口实。然考其经过,则妨害捣乱、使宪法不能告厥成功者,皆为不利有宪法之人。其人即假借武力,敢为国民之公敌者也。不是之咎,而咎国会,何其妄耶?

吴君宗慈编《民国宪法史》前编既成,嘱一言以为序。夫民国九年,人民求宪法而不见,今见此书,其感慨觉悟为何似?抑吾人懔荀子群众无斗之戒,既以护法为职志,则惟有努力奋斗,期必达目的而后止。吾知中华民国宪法必有正式宣告于海内外之一日,吴君其泚笔续记之。

中华民国九年八月

孙　文

据吴宗慈《中华民国宪法史》前编卷首(北京东方印书局,一九二四年印行)

致 □ □ 电[*]

(一九二〇年八月)

即汇二万两来沪,以还短期债。此款入粤军开消。孙文。

据《国父全集》第三册(转录史委会藏原稿)

批祁映寰函

(一九二〇年九月一日)

介绍往竞存处,并作详函与竞存。

据《国父全集》第四册(转录史委会藏原件)

----

[*]　据《国父全集》编者称:“文末并有胡汉民笔迹注云:‘六杜眉叔告唐少川谓浙卢前日已汇银十万往汕,或系经济臧用。’”原件受电人不明,未署日期,今据《国父全集》编订为一九二〇年八月。

复唐继尧电

（一九二〇年九月六日）

　　唐总裁鉴：密。感电诵悉。公急于粤事，至抽调在川滇军合力讨桂，至为感佩。惟桂贼已空其老巢，精锐尽赴惠、广，图最后抵抗，其濒湘一带，皆极空虚。以现在形势，只令在湘滇军移师攻之，已足制其死命。请公即日电在湘将领，返旆南征，使彼腹背受敌，粤事既指顾可定，山贼亦不能更为边患。此举关系至重，企速裁夺，立盼好音，以振起西南全局。再粤军收复潮、梅后，右翼进克老隆、龙川、河源、中路进占永安，左翼由海、陆丰直抵平山、三多祝，距惠城四十里，并此报捷。孙文。鱼。

据《国父全集》第三册（转录史委会藏原稿）

批张醉侯函*

（一九二〇年九月七日）

　　代答以请与夏君八日午后四时来谈可也。

据《国父全集》第四册（转录史委会藏原件）

批 章 昱 函**

（一九二〇年九月八日）

　　查明何人交来，并寄信者为何人，然后酌答奖励。

据《国父全集》第四册（转录史委会藏原件）

＊　张醉侯原函介绍夏某联络海军图粤。

＊＊　章昱原函提出欲经营西北以联俄。

复甘肃留日同乡会函

（一九二〇年九月九日）

甘肃留日同乡会诸君鉴：

大函奉悉。所云张广建加入护法团体，乃属报纸传闻，实无其事。诸君有心排除国蠹，实所乐闻。

弟救国只有两途，一为护法，一为革命。今言护法，南方树帜者已有数年，徒使岑、陆诸奸假借名义，窃取利权，国会分子，又复良莠不齐，有负人民厚望。现护法一途已有步步荆棘之象。北方吴佩孚高唱国民大会，似有微明，惜魄力不雄，见解不彻，不敢跳出徐、曹掌握，转以资其利用，驱一虎而进两狼，其愚孰甚！

北方已成徐、靳、张、曹宰割之局，南方亦有岑、陆狼狈之奸，而人民代表反觍然乞馋余于官僚强盗之门。此而欲以挽救，恐非革命无以成刷新之局。

诸君今尚为纯洁之学子，甚愿一本进取之精神，行高超之理想，课余之暇，于革命一途深加研究，庶国家之新机不绝也。倘有所见，不吝笔札，愿共商焉。此复，即颂

学健

九月九日

据《国父全集》第三册（转录史委会藏《总理函稿》）

复邓家彦函

（一九二〇年九月十二日）

孟硕我兄鉴：

手书诵悉。粤军已攻克惠州①，如此则彼曹形势已去，已弗能有而以与人，恐不能更售好价，此节可不深虑。

至从根本上说，则凡彼曹所有举动，吾辈经一再宣言，认为无效，何况此种暧昧偷窃之行事耶？知注甚感。若有要闻，更乞随时见告。即询

近安

孙文　九月十二日

据《国父全集》第三册（转录史委会藏《总理函稿》）

祭刘建藩文[*]

（一九二〇年九月十四日）

维中华民国九年九月十四日，护法政府总裁孙文代表周震鳞，谨以羊一、豕一、香花酒醴之仪，致祭于陆军中将、零陵镇守使刘公崑涛之灵席前曰：

呜呼！督军团造反，解散国会，破坏约法。文率海军欢迎国会入粤，开非常会议，建设军政府，誓讨国贼。当时桂系假名自主，盘踞广东，不知正义为何物。独我刘公，与二三同志，奋起零陵、衡阳之间，提携偏师，首张义帜，宣言护法。于是海内晓然于立国根本至计，非法武人不加诛锄，真正法制民国无由实现。旬日间克衡

山，复长沙，所向披靡；西路各省，乃纷起援应。桂系乘之，驱其土
匪游勇入湘，盗取联军名义，把持湘局；顿兵长沙一月，贻误戎机。
公则定计让权桂人，湘军专力前驱杀贼，而岳阳遂一鼓而下矣。是
时敌畏湘军如虎，望风逃遁，武汉已在掌握中。桂系则主张停战言
和，百计阻挠湘军发展，深恐护法政府之成功；复多方破坏，引其奸
党，出为把持，使敌援四集，反攻岳州。当湘军苦战获胜之际，桂军
不服调遣，无端溃退，扰乱军心，遗累全局不可收拾，岳、长相继不
守。公等百战争来之土地，尽付东流矣！义军退守衡州，北敌穷
追，云集攸、醴、衡山下游。公乃决疑定计，提师回攻，约桂军居守，
俟公长驱破敌。桂则背约，任意撤去后防，使公孤军陷入贼中，公
乃不能不死矣。固守湘南三军，不能北进一步，西南不战不和之局
成矣。文追念公之报国捐躯，文尤不能不太息，痛恨桂贼之误我
公、误湘人、误护法大业也。呜呼！公虽死于桂人，公之护法精神
则永留于湖〔湘〕人。试观湘军忍饥耐困，规复全湘，使今之湖南，
非北敌之湖南，非桂系之湖南，实为湖南〈人〉干净之湖南，实为护
法到底之湖南，实为欲竟护法全功之湖南也；则公虽身死，公之灵
魂真不死矣！尚飨！

据上海《民国日报》一九二〇年九月二十日《孙总裁祭刘故使文》

致陈炯明电

（一九二〇年九月十五日）

竞兄鉴：今日报载，顺德被民〈军〉攻陷，知事逃。又谭浩明电
调炮兵第三营第八连回桂，李子青率桂军四营来粤助战，五日抵罗
定，此足见响应续有。桂省尚要炮兵回防，来者不过零星数营，其

倾巢而出与我一拚者,实无可虑也。文。删。

据《国父全集》第三册(转录史委会藏原稿)

批余鹰扬函[*]

(一九二〇年九月十五日)

汉民拟稿答之,交卓文①处寄。

据《国父全集》第四册(转录史委会藏原件)

复四川省议会电^{**}

(一九二〇年九月十六日)

　　四川省议会鉴:敬电奉悉。西南自桂逆破坏,法统几乎中绝,幸贵省及时戡定,奠我宏基。自应本改造之精神,建民治之极轨,文虽不敏,愿随其后。忝承电促,感奋交并。特复。孙文叩。铣。

据《国父全集》第三册(转录史委会藏《总理函稿》)

复李明扬电

(一九二〇年九月十六日)

　　赣军李梯团长鉴:密。元电诵悉。并抄转伍、唐两总裁矣。执事奉命,踊跃兴师,见义勇为,实深嘉尚。此后师行所届,获地克

---

　　* 余鹰扬时任粤军第二十九路统领。

　　① 卓文:即朱卓文。

　　** 八月二十四日,四川省议会致电孙中山等,欢迎军政府迁川。此系孙中山对该电的答复。

城,自有因粮之便,文等亦当竭力接济,决不使赴义之师有枵腹之
困。前途努力,企听捷音。此复。九月十六日。

据《国父全集》第三册(转录史委会藏《总理函稿》)

复姚雨平函
(一九二〇年九月十七日)

雨平兄鉴:

　　六日手函奉悉。前敌后方,两应并重。潮汕得兄戍守,自必措
置裕如,曷胜佩慰!

　　东山余孽,现在如何? 想不足为患。碣石、甲子一带,海道堪
虞,兄先事预防,真为扼要。河源、马鞍,均闻大胜,现惠州不难攻
下。勉力为之,必以正义胜强蛮也。此复,即颂
戎祺

九月十七日
据《国父全集》第三册(转录史委会藏《总理函稿》)

复 邹 鲁 函
(一九二〇年九月十八日)

海滨兄鉴:

　　五日所发信,备悉一切。各方面联络均妥,甚快其慰!

　　所有如何进行之处,即请命竞存总司令,以便统筹全局,随机
策应。戎事多劳,至为驰念。惠城战况如何,深期各方努力,以达
我最大目的。此复,并询

戎祺

九月十八日

据《国父全集》第三册（转录史委会藏《总理函稿》）

复欧阳豪□松青函

（一九二〇年九月十八日）

靖国、松青两兄鉴：

四日所发函接悉。奔走勤劳，甚为慰念！

惟军事上应如何进行之处，即请命陈总司令，听其处理可也。此复，并询

戎祺

据《国父全集》第三册（转录史委会藏《总理函稿》）

复梅放洲函

（一九二〇年九月十八日）

放洲兄鉴：

九号函接悉。此次战役，兄多方协助，甚慰甚佩！

以后进行如何，自可请命竞存总司令，以便统筹全局，随机处理。深期各方努力，以达我最大目的。奔走多劳，至为驰念。此复，即询

时绥

据《国父全集》第三册（转录史委会藏《总理函稿》）

复陈继虞函

（一九二〇年九月十八日）

继虞兄鉴：

　　江电悉。兄等百战复兴，劳苦堪钦！

　　桂贼方张，尚赖努力，望即禀承竞存筹划。援桂事宜，海滨已任政务，碍难分遣。此复，即颂

戎绥

　　鸣亚（姓王）、敬三二君均此。

孙　文

据《国父全集》第三册（转录史委会藏《总理函稿》）

复叶夏声函

（一九二〇年九月十八日）

竞生兄鉴：

　　江电悉。桂贼犹存，战争未已，兵权不一，作战綦难。所有粤中军事，概宜听命竞存，免生枝节，是为至要。余维心照不一。

据《国父全集》第三册（转录史委会藏《总理函稿》）

致陈炯明电

（一九二〇年九月十八日）

　　竞兄鉴：今日报载民军占鹤山，桂军缴械降。又番禺有民军起事，破坏石龙、省城间之铁路。又日领消息，军政府与督军署拟迁

肇庆。由此观之,彼贼已无与我一拚之心矣。望毅力猛进,以博
〔搏〕最后之五分钟。文。巧。

据《国父全集》第三册(转录史委会藏亲笔原稿)

致李星阁函

(一九二〇年九月二十日)

星阁先生:

雅亭①兄来,具谂执事抱过人之略,而日以国利民福为心,远道闻风,钦佩奚似。

迩者直、皖一战,执事声威,震跃海内。惟时局纠纷,尚待解决,则所望于贤者,乃益重大。

文尝谓有力者能以主义相结合,而后统一可言;举事者能以民意为依归,而后成功可必。北有胡子,南有绿林,受所挟持,丧乱益甚。计惟革故取新,与民更始,乃可图根本之建设耳。形势日变,机会迫人,若组织有成,则外交、财政诸困难问题,当负责任。知执事热诚爱国,用敢率陈胸臆,惟冀亮察。即颂
勋安

九月二十日

据《国父全集》第三册(转录史委会藏《总理函稿》)

致赵予潭函

(一九二〇年九月二十日)

予潭先生执事:

雅亭兄来,具谂壹是。执事运筹帷幄,遂立奇功,乃更以莫大

---

① 雅亭:即姜雅亭。

之决心,谋根本之改革,远道闻此,惟有欢喜赞叹。

　　时局纷纠,解决非易。若得领袖军人有相当之觉悟,尤事半而功倍。文对于吴、李①两将军,属望至厚,专盼执事力赞其成。目前所谓中央受人穿鼻,必别有创造,与民更始,乃成真正统一之局。设如组织有绪,财政、外交之责,文敢任之。时机已熟,企速进行。敬请执事为我代表,以接洽北方将领,想以国事为重,必不我却。书未尽意,统由雅亭兄代达。专此,即颂

勋安并祈鉴照

九月二十日

据《国父全集》第三册(转录史委会藏《总理函稿》)

致毛济民函

(一九二〇年九月二十日)

济民先生执事:

　　侧闻英声,时殷羡仰。姜雅亭兄来,更谂执事素日怀抱,所谓非常之人,乃有非常之勋业。比者中原多故,时局益纷,此诚英雄立功报国之期会,执事倘有意耶? 南北拥兵者多矣,而其人多贪财自保,未尝一念及于国利民福,是以事变忽起,败不旋踵。惟二三能者,知顺民意以行事,则几于所向无敌,北之吴子玉,南之陈竞存是也。

　　武汉居长江上游,天下形势,凡百优胜。而某氏②阘茸,决不

---

　　①　吴、李:即吴佩孚、李纯。

　　②　某氏:指湖北直系督军王占元。

能守,若乘势取之,足为建设之基,此惟视执事之决心如何。至外交、财政文虽不敏,尚堪负责。兹因雅亭兄之行,托其道达一切。临楮未尽所欲言。专此,即候

勋安

孙文　九月二十日

据《国父全集》第三册(转录史委会藏《总理函稿》)

复余鹰扬函

(一九二〇年九月二十日)

鹰扬仁兄足下惠鉴:

比得手笺,藉悉新猷,欣慰之至。此次粤军返粤,以足下首义响应,用能于五日内,收复潮汕。足下之功伟矣!

粤军既能讨贼,于临时指挥作战,自以统一为宜。炮团改编,实为大局,有功能让,可作近日军人之模范。至假借利器,供前敌杀贼之用,一视同仁,不分畛域,此举尤不易得。

迩者我军已克惠阳,而虎门亦已反正独立,省城问题可迎刃而解。惟鄙意必将肃清桂孽,捣其巢穴,然后合西南之义师,进取中原。当此时机,惟贤者能展其骥足,此又仆所属望于足下者,尚祈为国努力。专复,即候

勋安

九月二十日

据《国父全集》第三册(转录史委会藏《总理函稿》)

复王永泉函

（一九二〇年九月二十日）

伯川仁兄执事：

顷荷佳翰，藉念新猷，欣慰奚似。自闽、粤当事接洽以来，已知足下爱国热忱，诚为北方军人之冠。此次子荫兄至闽交涉各事，尤仗大力斡旋其间，且踊跃用兵，当仁不让。粤得劲旅为援，翦除桂孽，将事半而功倍，此举实关大局，岂徒百粤专拜嘉惠。

计此书到闽，贵部定已出发，精兵所向，立树奇功，捷书传来，仆敢磨盾以待。先此奉复，即颂

勋安惟照不一

九月二十日

据《国父全集》第三册（转录史委会藏《总理函稿》）

致杨益谦函[*]

（一九二〇年九月中旬）

竹君兄鉴：

各电均陆续接到。粤军战况及贵军应行协击情形，亦迭令苏中[①]电告，谅能了悉。

粤军每战必克，每克必获枪械、子弹甚多，此种胜利，真为稀

---

[*]　原函日期不明。查上海《申报》一九二〇年九月十九日电称，虎门炮台于十六日宣布独立。据函中谓"顷得港电，虎门又已独立"，故此函时间当写于九月中旬。

[①]　苏中：即徐苏中，时任孙中山秘书。

有。现惠城已在掌握,桂军有欲遁不能之势,顷得港电,虎门又已独立,粤事不难解决。惟桂贼节经败溃,势必退归老巢。若第由粤军一方面追击,扫除不易,必须贵军趁其惊魂未定之际,猝加一击,则可全然消灭。否则,彼收山之计已定,必多费力矣。兄部在粤劳苦有年,嗣后以被逼出境,今不趁此于广西觅一发展之地,此后时机逸去,进取殊难。以兄于吾党关系甚深,故屡促出师,此不但为两粤肃清计,亦为兄部前途计也。余事并由化中面告。此致,即询

戎祺

据《国父全集》第三册(转录史委会藏《总理函稿》)

复□云章函*

（一九二〇年九月中旬）

修文先生鉴:

张君文甫转来大札,备悉壹是,已照送二百元交张君手收矣。

得粤军八、九等日来电,右翼在河源大破桂军,虏获其总司令卓桂廷及统领、营长等八名,陈〔阵〕毙统领、营长等四名,获枪炮甚多。中、左两路,均已迫近惠城。据连日外讯,皆云惠城已得,想不虚矣。如滇军能及机协击,两广指顾可平。惜以川事牵扰,恐坐失绝好机会耳。此复,即颂

时绥

据《国父全集》第三册(转录史委会藏《总理函稿》)

---

* 原件未署日期。查上海《申报》一九二〇年九月十八日载:惠州之县为十,今为陈炯明攻取者有八。此函中谓右路大胜,中、左两路均已迫近惠城等语,似即指此事。故此函时间酌定为九月中旬。

复李厚基电[*]

复李厚基电 [*]

（一九二〇年九月二十四日）

余田侯参议鉴：筹密。转呈李督军鉴：漾电敬悉。王旅[①]及厦门方面军队，已出发助防，俾粤军先无后顾之忧，铭佩奚似。此次粤军回粤，屡战获胜，俱赖尊处接济援助之力，已深感荷。惟我师转战月余，不无疲乏，而桂贼则尽倾两省之兵，死力相抗，故惠州未能即下。今王旅以精兵助我，声威立壮，尤企早清内患，即赶至前方，闽、粤合兵，一得惠州，则广、肇各地不成问题矣。今日得湘省祃电，云湘、赣两军已出发在途，计五日内必入粤边云云。此亦可分敌人兵力，知注并及。孙文。敬。

据胡编《总理全集》第三集《讨莫之役致滇湘黔闽浙粤各省当局要电》

复李烈钧电

（一九二〇年九月二十四日）

重庆李参谋部长鉴：黄密。元电奉悉。桂贼尚顽抗于惠州府城，粤军连战，颇见疲劳。赣军已开动，甚善。此间得李梯团长自湘元电，云不日出发。即于巧日汇去一万元，迄今未得复电，不知已行届何地？惟今日得湘中周道腴电，云湘军及赣军都已在途，五

　＊　此函胡编《总理全集》收在一九一八年。据函中有"惠州未能即下"等语，则函当发于一九二〇年援闽粤军返粤后围攻惠州之际。又函中称"我师转战月余"，函末又署"敬"日，故此函应系发于九月二十四日。

　①　王旅：即王永泉旅。

日可抵粤境，即望电令急攻；加派之别军，亦望兼程并进。接惠生①来电，兄将调杨、张②各部由左州直冲柳、桂，得此一着，桂贼必歼，请迅即行之。川事如何？至念。滇、川、黔相互之间，得兄为之中绾，内部定能巩固，想对熊、刘有余力也。孙文。敬。

据《国父全集》第三册（转录史委会藏《总理函稿》）

复 谢 持 电 *

（一九二〇年九月二十四日）

　　重庆黄总司令转惠生兄鉴：守密。青电据悉，已致电德基矣。惠阳铣日攻下③，但惠州府城尚未得手。连日未接战报，想迭有胜负。因桂贼陆续增援，李根源亦助逆，粤军久战颇疲，故待助甚急。今日报载根源已败，未知确否？兄电谓协和将调鲁④、张、杨各部，由左州直冲柳、桂，此着极佳，请就近催其实行。前星期虎门独立，邱谓南、执信前往主持，正为快意。不料一部民军内变，竟将执信击杀，闻报之下，痛惋难言，虽尽歼桂贼不足以偿也。今日得周道腴电，湘军七千人及赣军均已在途，约五日可入粤。此次组安决心尚好，亦情势使然耳。川事似须将滇、川、黔相互之间极力妥协，乃可应敌。近状如何，希速告。

据《国父全集》第三册（转录史委会藏《总理函稿》）

---

① 惠生：即谢持。
② 杨、张：即张怀信、杨益谦。
* 原电未署日期。据函中有"今日得周道腴电"等语。按孙接周电在九月二十四日，故此电应系发于是日。
③ 铣日即十六日。查攻占惠阳为九月七日，此说十六日攻下，时间疑有误。
④ 鲁：即鲁子材。

致吴忠信电

（一九二〇年九月二十六日）

　　粤军总司令行营转吴礼卿兄鉴：长江机会渐趋成熟，皖局尤佳，请兄速回沪助理进行，切勿延迟。至要至要。孙文。宥。

据《国父全集》第三册（转录史委会藏亲笔原稿）

批谢申岳函

（一九二〇年九月二十七日）

　　代答：函悉。先生望公努力进行。

据《国父全集》第四册（转录史委会藏原件）

批马育航函

（一九二〇年九月二十七日）

　　函悉。此部浙军不足靠，收之亦恐为患，不足惜也。

据《国父全集》第四册（转录史委会藏原件）

致李烈钧函 *

（一九二〇年九月二十八日）

协和兄鉴：

　　得冬电，当即奉复，计达。

---

　　* 原函未署日期。函中称"兹托罗绶笙、邱赞寅两兄代达一切"。据《国父批牍墨迹》第一三〇页载李烈钧一九二〇年十月十三日致孙中山书，有"罗邱二君来，得奉教札，并领尊旨，鲁日奉复俭日捷音"；又九月二十三、二十七日李烈钧、唐继尧分别致电孙中山，陈述用兵主张，与此函"兄来电谓已飞调赣军攻桂，寘赓兄来电，亦谓拟抽调在川滇军攻桂"等语吻合，故此函当系发于二十八（俭）日，即对二十三日李电的复函。

惠州形势，自粤军进至河源、平山后，桂贼已难抵抗。惟此后粤军主力，愈战愈疲，而桂贼防区缩小，不难负固，旷日持久，危险滋多。倘此次功败垂成，不特粤人永劫，西南局势，遂全入强盗范围。

我虽欲保有滇、川、黔三省，而滇与桂接，黔与湘连，处处受其威胁；川省尤为内忧外患之地，更无法可以控制；此则西南之不归消灭者几希矣。故文对于两广问题，实则关系于粤人治粤之观念，乃欲从此以行西南之根本解决。前者粤东无可动机会，故不得不先解决川局，以为局部巩固之计。今川局定矣，而粤局又正有全胜之势，若不遑此以全力促成西南之统一，则数年护法之役，将属徒劳。

兄来电谓已飞调赣军攻桂，赉赓兄来电亦谓拟抽在川滇军攻桂，足见彼此所见从同。惟文觉仅调赣军，势力似比较的薄弱，而在川滇军，又恐道远不及赴机。文意终以速调在湘滇军，就近反攻为宜。

兄综握韬钤，必多伟见，此次间关跋涉，倍极勤劳。兹特托罗缑笙、邱赞寅两兄，代达一切，并致殷问，即希见教为荷。此致，
顺颂
戎绥

据《国父全集》第三册(转录史委会藏《总理函稿》)

复王永泉函

（一九二〇年九月二十九日）

伯川仁兄执事：

前荷赐笺，当即奉答，计达左右。自粤军筹备返粤以来，深得

李督军援助一切，其中执事推挽之力，尤为可感。此次毅然以劲旅相助，俾我军声威倍壮，而桂贼闻风胆落，凡在粤人，俱深感激。

时局将次解决，正贤豪立功之机会。以执事之才气韬略，展布南中，谁与孟晋？此仆最所期望不置者也。军旅之事，拙速胜于巧迟。矧彼穷蹙之山寇，岂能当我一击？使惠州早定，百万居民即脱兵戈之祸，惟执事速图利之。专肃，即候
勋安

孙文　九月二十九日

据《国父全集》第三册（转录史委会藏《总理函稿》）

致李福林魏邦平电

（一九二〇年九月二十九日）

福林、丽堂两兄鉴：得丽兄沁电，为之狂喜，剿除桂孽，还我河山，兄等之功也。闻莫贼尚有要求，缓兵待救；我宜急击勿失，盖为我粤安全大局计，俱不能容此丑类，以遗后患。莫贼更罪无可逭，除恶务尽。贼兵非解除武装，勿俾轻走。请与朗廷[①]兄努力毋懈。领事团既向莫严重警告，彼必无力无胆与我抗也。孙文。艳。

据上海《民国日报》一九二〇年十月九日《孙伍唐三总裁反对调停》

致林葆怿等电

（一九二〇年九月二十九日）

译送林总裁、汤朗亭、林籁亚、饶子和、魏子浩诸先生鉴：桂贼

---

① 朗廷：即汤廷光。

绝灭公理,残我粤人,私媾和议,谋危西南大局;从前暗害玉堂总长,证据确凿。海军于公谊私仇,均宜讨伐。今者丽堂、福林两兄,声罪致讨,悦公①宜率海军,开炮助战,勿留余孽,以祸中国。粤人幸甚! 大局幸甚。孙文、伍廷芳、唐绍仪。艳。

据上海《民国日报》一九二〇年十月九日《孙伍唐三总裁反对调停》

致周震鳞电[*]

(一九二〇年九月二十九日)

周道腴先生鉴:道密。沁日魏邦平以所部及江防舰队进省,与海军、李福林联合,限莫贼二十四时退出,闻莫尚抵抗,省垣已有战事。惟湘、赣各军,应早入粤边,吾辈望之如岁,请促其兼程并进。北江空虚已甚,可以顺流而下。此时形势,若只遥为声援,非所望也。孙文。艳。

据胡编《总理全集》第三集《讨莫之役致滇湘黔闽浙粤各省当局要电》

复李国柱函

(一九二〇年九月三十日)

石琴兄鉴:

手书诵悉。贵部被人兼并,殊为惋惜。

惟前既函告谭、赵,嗣又电请赓赓,转请组安调赴攻桂,不意迄

---

① 悦公:即林悦卿(葆怿)。

* 此电胡编《总理全集》定在一九一八年。查广州警察厅长魏邦平、广惠镇守使李福林等率部在广州南岸宣布独立,以迎粤军回粤,事在一九二〇年九月二十七日。孙此艳(二十九)电,应是一九二〇年九月二十九日所发。

无效果。今又致组安一电,可否实行,尚不可知。此外别无良法,只好看将来如何理论而已。此复,并询

时绥

九月三十日

据《国父全集》第三册(转录史委会藏《总理函稿》)

复李明扬函

（一九二○年九月三十日）

师广梯团长鉴：

庞君子周持函来,晤谈一切,甚慰。

此次贵军协同讨桂,踊跃用兵,至为可佩。现在广东已可解决,所最要者,即趁此将桂贼划除净尽,使不得收山作贼,则西南内部巩固,可以达我救国目的矣。策功宏远,至勉至望。此复,即颂

时绥

九月三十日

据《国父全集》第三册(转录史委会藏《总理函稿》)

复林修梅函

（一九二○年九月三十日）

浴凡兄鉴：

临行留给手书诵悉。兄急于讨贼,剑及履及,所谓先行后言,一矫时流虚张之习,诚为佩慰。

刻广州由魏、李联同海军逐莫出境。粤局虽近解决,惟桂贼遗孽甚众,老巢不覆,难免收山;务趁其喘息未定,布置未周之

际,突入桂省,扫穴犁庭,则西南匪患可绝,乃可以达到吾人救国
目的。

兄仗义三湘,夙称勇毅,大勋所集,勉望弥殷。此复,即颂
戎绥

九月三十日

据《国父全集》第三册(转录史委会藏《总理函稿》)

致林葆怿等暨各界电

(一九二〇年九月三十日)

译送广东林总裁、汤海军次长暨海军全体将士、李镇守使、魏
总司令、虎门吴司令、教育会、总商会、七十二行、九善堂、各界联合
会、机器总会、学生联合会、报界公会、香港华商总会、东华医院、公
使馆公鉴:桂贼视我粤地方,为彼私产;视我粤人民,为彼奴隶;贪
淫残暴,无恶不为。数年以来,我粤同胞已痛深创巨。最近粤军回
粤,持粤人治粤主义,人民望风归附。而桂贼倾其巢穴,以阻我师,
且贼兵所至,奸淫焚杀,动数十村,不堪言状。是以魏、李各军,仗
义而起,联同海军,直取省城,志在歼厥罪魁,救民水火;露布传来,
天下动色。惟闻莫贼尚有要求,以缓我师而望外救。查莫等罪在
不赦,无调和之可言;其余众解除武装,亦不能附有何等条件。一
日纵敌,遗患无穷,狼子野心,势难姑息。即我有一部分之牺牲,歼
灭奸凶,永除祸害,亦当为全粤父老所共谅。为此飞电我军,急击
勿失,并布告粤城各界知之。孙文、伍廷芳、唐绍仪。卅。

据上海《民国日报》一九二〇年十月九日《孙伍唐三总裁反对调停》

给麦森委任状

（一九二〇年九月三十日）

委任状：委任麦森为嘡吃①中国国民党分部总务科主任。此状。

中国国民党总理孙文

总　务　部　主　任　居　正

中华民国九年九月三十日

据《国父全集》第四册（转录史委会藏原件影印）

复马育航函*

（一九二〇年九月下旬）

育航兄鉴：

八月三十日所发手书备悉。前在沪所筹款，已汇寄矣。此后如再有筹到，自当照来函直寄汕头。

连日报载，惠城已下。此间只得竞存攻下河源之电，究竟惠事如何？得有战报，请从速电知为盼。接周道腴电，谭延闿已派兵三旅助义，赣军李明扬部，亦已奉命准备出发，并告。此复，藉颂

时祺

据《国父全集》第三册（转录史委会藏《总理函稿》）

————————

①　嘡吃：即今新加坡拿吃。

*　此函未署日期。按孙中山致李烈钧电称，九月二十四日已接湘周道腴报告湘、赣两军出发电报。此函有"接周道腴电"等语，则此函应发于九月二十四日之后，今酌置九月下旬。

致唐继尧函[*]

（一九二〇年九月下旬）

蓂赓兄鉴：

感电奉悉，兄急于粤事，至抽在川滇军合力讨贼，至为感佩！

惟桂贼已倾老巢精锐，尽赴惠广，图最后抵拒，其濒湘一带，皆极空虚。以现在形势，只令在湘滇军移师攻之，已足制其死命。请兄即电在湘将领，返旆南征，乘桂贼左支右绌之时，必获事半功倍之效。倘借雄麾，得以早定粤局。从此桂寇消灭，西南无内顾之忧，滇、川得辅车之助，实国家之福利也。除鱼日已将此意电复外，兹因卫秉钧回滇之便，特再渎述，企速裁夺，立盼好音。

再：粤军收复潮、梅后，右翼进占老隆、龙川、河源，中路进占永安，左翼由海、陆丰击破三多祝，进抵平山，距惠城四十里。知注并闻。顺颂
筹祺

据《国父全集》第三册（转录史委会藏《总理函稿》）

致臧致平电^{**}

（一九二〇年九月下旬）

子荫^①兄鉴：转臧致平师长鉴：自闽、粤交涉以来，深荷援助，

　＊　此函未署日期。据函中有"感电奉悉"等语，故此函当在二十七（感）日以后。今酌定为九月下旬。

　＊＊　胡编《总理全集》将此电定为一九一八年。据电称"近顷粤垣发生巨变"，当系指一九二〇年九月二十七日魏邦平、李福林在广州南岸宣布独立一事。故此电日期当在一九二〇年九月下旬。

　①　子荫：即黄大伟。

至为纫感。竞存入粤,幸不辱命,俱麾下之力。近顷粤垣发生巨变,桂贼后方动摇,因拚命力战,以牵制我师而图自救。我军久战疲乏,故攻惠未能得手。闻麾下已请命李督开前助战,荩筹胜算,良足斡旋大局。今得闽电,知李督亦已同意,许麾下助战杀贼。计粤、桂合战后甚疲,一得精锐参加,成功必大;况麾下谋勇兼优,岂惟破惠,直可由兹底定百粤。师行贵速,敬盼露布捷音。孙文。

据胡编《总理全集》第三集《讨莫之役致滇湘黔闽浙粤各省当局要电》

致□亮章函

(一九二〇年九月)

亮章先生鉴:

北方局势变化以来,国事愈不可问。

吾人欲申张正义,不得不驱除障碍,以利进行。现鄂中正有可图,先生曾驻节彼间,情形熟悉,请即与各方面极力联络,待时而动。至盼。此颂

时绥

据《国父全集》第三册(转录史委会藏《总理函稿》)

致□霭堂函[*]

(一九二〇年秋)

霭堂兄鉴:

别来时以为念。以兄之热诚毅力,所事想已大就。此间因前

---

*　此函未署月日。据函称"前方军事发展,待饷益急",系指粤军陈炯明部返粤攻桂,战事未结束之际,今酌定为一九二〇年秋。

方军事发展,待饷益急,特派陈君从之前来提领,所有尊处筹得之款,即希随交陈君汇解为荷。尚此,即颂

筹绥

据《国父全集》第三册(转录史委会藏《总理函稿》)

复吴东垣函

(一九二〇年秋)

东垣兄鉴:

六月七日及二十八日两函均备悉。

我党停办数年,现复继续进行,办理艰难,固意中事。惟侨胞素具爱国热心,对于我党,大多信仰,得兄极力倡导,赞成者自必踊跃。惟望本奋斗之精神,以收人心,扩张党势,本党大有赖焉。

救国储金,一时虽难募集,惟此举关于本党者至大,仍望随时劝诱,必可成功。英文报款,陆续接各埠来函,多已认定,今已着手开办。兄意勉训同志捐助,甚善甚善!请即实行可也。

黄花岗烈士建坊捐款,及《香江晨报》股款,皆非由本部经理,请直接致函黄伯耀、夏重民两君交涉,较为妥便。并希解释此款之手续不清,不能怪及本部各同志,不得因此而灰其对党之热念也。余不什一。此复,顺询

毅祺

孙　文

据胡编《总理全集》第三集《民国九年复美洲葛峇埠分部长吴东垣函》

复林永伦等函 *

（一九二〇年秋）

　　径复者：本月二日来函已悉。筹饷事宜，既有端绪，足见热心讨逆，志切同仇，殊用嘉慰！

　　至汇款一节，尽可交由本部转寄陈总司令支用，不必烦陈君①亲往。其有应商之件，亦函由本部转达可也。

　　此时党务正赖扩充，筹饷又为急务，陈君责任繁重，刻不可离，希即转致陈君，请勿遽返为要。黄君伟卿以一时疏忽，惊及同志，闻之甚念。幸仗同志热心救助，毅力维持，不至牵动党务，是可慰也。此复

西贡总支部理事会林永伦、张化

成、刘柳波、陈金钟、黎赞新、陈

绍云、樊镇安诸同志兄公鉴

总理孙文

据《国父全集》第三册（转录《会书》之十"函札"）

致田应诏函

（一九二〇年十月一日）

凤丹先生惠鉴：

　　秋风劲爽，秩厉维劳。粤中自粤军鏖战惠州，桂贼精锐尽丧。

　　＊　此函未署月日。据函称林永伦等积极筹饷"热心讨逆"，则此函应发于一九二〇年粤军返粤期间。今酌定为是年秋。

　　①　陈君：即陈箇民。

现李福林,魏邦平又皆独立,进驻省城,海军联同一致,逼莫退出粤省;西江、北江,皆已克复多县,桂贼必然败退,此刻正在撑持。桂省老巢,调遣一空,贵军若能立即攻入桂林,必可唾手而得。桂林既得,则桂贼无可收山,两粤可以肃清,吾人救国之目的,不难达到。

贵省舆情,对于讨桂,已成一致主张。执事又素明远大,当此湘省疲惫之余,必为向外发展之计,盖攘外即以安内也。兹因周君重嵩回湘之便,特托持函,并面为致意,即希察纳为幸。

十月一日

据《国父全集》第三册(转录史委会藏《总理函稿》)

致赵恒惕函

(一九二〇年十月一日)

炎午先生惠鉴:

秋风劲爽,秣厉维劳。粤中自粤军鏖战惠州,桂省老巢,调遣一空。甚望贵省所派大军,兼程并进,犁庭扫穴,在此一举。大功之成,不特粤人受贶,国家实利赖之。

兹因周君重嵩回湘之便,特托持函,并面为致意,即希察纳为幸。

十月一日

据《国父全集》第三册(转录史委会藏《总理函稿》)

复冯自由函

（一九二〇年十月一日）

自由兄鉴：

二十四手函接悉。执信如斯而死,痛惜何似! 现闻李、魏允受调停,必堕莫贼缓兵之计,真属无可如何!

伯耀收受外埠寄《晨报》股款,此间不便与闻。请由重民答复各股东可也。此复,并询
时绥

十月一日

据《国父全集》第三册(转录史委会藏《总理函稿》)

复石青阳函

（一九二〇年十月一日）

青阳兄鉴：

丕承持来手书,并晤谈一切,备悉。

熊氏①附桂,破坏大局,得兄等协力讨伐,此功甚巨。惟川祸连年,皆因内讧,非力图向外发展,终无宁谧之日。

刻下粤事极为得手,惠州虽未遽下,破坏敌军不少。而广州则已有李福林、魏邦平宣布独立,进驻省城,联同海军,迫莫②出境,

---

① 熊氏:即熊克武。
② 莫:即莫荣新。

粤局不难解决。此后长江形势或有变动,则须调贵部出川,到时一接拔队之电,务必舍去川中一切,直趋武汉,必可以达吾等远大之目的也。此复,并颂

大安

十月一日

据《国父全集》第三册(转录史委会藏《总理函稿》)

复戴人俊等函 *

(一九二〇年十月一日)

人俊先生暨赵、周、张、吕诸先生鉴:

陶、彭两君携来大札,诵悉。

报纸、选举、矿业三事皆为要图。诸君次第举行,即可为实现民权、民生主义之基础,至为嘉佩! 文力所能到,无不乐助其成。惟今官僚、军阀填塞当途,不予扫除,莫能建设,此又望诸君之勠力一致者也。此复,并颂

筹绥

十月一日

据《国父全集》第三册(转录史委会藏《总理函稿》)

致陈炯明许崇智电

(一九二〇年十月一日)

竞存、汝为两兄鉴:省城除观音山一部已属完全占领。昨据翟

---

* 此系孙中山给贵州民生社戴人俊、赵希岳、周之德、张士仁、吕齐昌等人的复信。

汀①电，彼部已占清远、从化。现岑、温②逃沙面，托领事调和停战为缓兵计，久恐生变。兄等宜全军速移向长宁，取道从化，长驱进省，以定粤局，然后再行处置后方之穷寇可也。如行动为麻子③所缠，能灭则灭之，否则以权利联之。明日遣程潜往汕，赶赴前线，专为此事，可酌量图之。孙文。东。

据《国父全集》第三册（转录史委会藏亲笔原稿）

致 孙 科 电

（一九二〇年十月一日）

支日将飞机两架寄广生船来省。如省不稳，则在港设法上陆，或托利古公司代收运澳存放。因汕头前去过两架，今各船皆不肯再运该埠，故不得不冒险寄省也。父。东。

据《国父全集》第三册（转录史委会藏亲笔原稿）

致谭延闿电

（一九二〇年十月一日）

周道腴先生鉴：道密。转谭总司令鉴：据李国柱来信，曾迭请出兵攻桂。查李从事革命有年，极为可靠，该部组织，煞费苦心，今当桂贼猖獗之际，多一份兵力即多一份功效。况闻该部已有编并计划，文意即可令其协同攻桂，俾使向外发展，于粤于湘，两得其

---

① 汀汪：肇军总司令李耀汉部属，曾任代理广东省长、肇阳罗镇守使等职，前为桂系排挤，今起而逐桂。

② 岑、温：即岑春煊、温宗尧。

③ 麻子：即李根源。

益,谅可行也。文。再据港电,自魏、李独立①,海军同时逼莫离省。全局当可解决,乃有倡调和之说,莫利用之以缓兵,且要求条件,离间粤人,以遂狡计。除由文与唐、伍②诸公电告魏、李,速驱莫贼以安粤局外,特恐贼心不死,重以糜烂粤人,实不堪命。请念救兵如救火之义,迅饬所部,直下北江,驱除桂贼,岂惟粤人受赐,全局实利赖之。孙文。东。

据《国父全集》第三册(转录史委会藏原稿)

致李厚基电 *

(一九二〇年十月二日)

培之督军鉴:此次竞存回粤,得公之助,故能所向无敌,桂贼丧胆,四方响应。至虎门为民军占领以后,海军亦改态度助粤,于是魏邦平、李福林乃得占领广州,而莫荣新降服。粤事本可从此解决,独惜竞存不能同时以大军至省,而莫贼乃生狡狯,正图离间粤人。海军亦以是生心,欲由海军全握粤权,于是有以海圻舰长汤廷光为粤督之议,而绅商各界只图苟安,多附和之。魏、李本为部下所迫,今有调和之说,正中彼怀。倘此事终成事实,则不独竞存苦战四十余日之功终归幻影,而公一番玉成之力亦等空谈。且海军

---

① 魏、李:即魏邦平、李福林。

② 唐、伍:即唐绍仪、伍廷芳。

* 此电胡编《总理全集》列为一九一八年,台北版《国父全集》则定为一九二〇年十一月二日。按十一月二日,陈炯明已进驻广州,毋庸闽军千里赴助。此电促李厚基令所部助粤军行动以定粤局,应系发于粤军未攻占惠州之前;且粤军于八月十二日誓师返粤,至十月二日,与电文"苦战四十余日"之数相近。故此电发期应为一九二〇年十月二日。

必得陇望蜀，借调和而收拾桂系残部，大唱闽人治闽主义，而与公为难矣。今日为竞存挽回九仞之功，非有一师以上之生力军助战，不能歼灭东江之敌。此股一灭，则桂力全消，而魏、李不能不就竞存之范围，海军亦必随风转舵，如此则粤局可定，而闽局亦安矣。若公以为然，请速令王[①]旅兼程取道大埔、梅县以赴前线，并速令臧师[②]取道潮汕，助我左翼，则胜算必操，可无疑义。救兵如救火，不能一刻或延，如何？急切盼复。孙文。冬。

据胡编《总理全集》第三集《讨莫之役致滇湘黔闽浙粤各省当局要电》

复蔡钜猷函

（一九二〇年十月四日前）

钜猷先生大鉴：

周君来，得诵华缄，备谂壹是。年来国运屯蹇，使握兵符者皆如执事之明达事机，矢心救国，则大盗不足平矣。

刻下桂贼被粤军痛创，渐见消灭。惟盘踞两粤，历有数年，非各方协剿，难期根绝。执事局促湘西，宜图发展，请趁此桂贼败亡倾巢远出之际，迅即出兵桂林，捣其不备，必可收犁庭扫穴之效。如此，则贵军可以扩充实力，助成伟业，执事之壮志可酬矣。策功不远，企望维殷。此复，顺颂

戎绥

据《中央党务月刊》第十三期（一九二九年八月版）"特载"《复蔡镇守副使》

---

① 王：即王永泉。
② 臧：即臧致平。

复蒋国斌函

（一九二〇年十月四日前）

国斌先生鉴：

杨君绶荣持大札来，晤谈一切，甚慰。

执事维护后方饷糈，责任与前敌同重。不日饮至羊城，论饱腾之力，当推储峙之功。甚望奋励雄图，襄成伟业，至盼至勉。此复，即询

戎绥

据《中央党务月刊》第十三期"特载"《复蒋国斌》

复陈玉鋆函

（一九二〇年十月四日前）

玉鋆司令鉴：

查君荷生交到觉密电码一本，并接谈种切，甚慰甚佩。

西南师兴数载，大功不成，皆由桂贼窃据大权，居中破坏。今幸粤军勠力致讨，将莫贼驱逐出境，粤局将次解决。惟桂贼遗孽正多，老巢不覆，终为祸患。执事毅然以讨贼为任，甚望踊跃出发，攻入桂林，扫穴犁庭，在此一举。时机不可坐逸，所有讨桂进行与各方联络计划，统由查君荷生面达可也。此复，并询

戎绥

据《中央党务月刊》第十三期"特载"《复陈玉鋆》

致颜德基电

（一九二〇年十月四日）

绥定颜师长鉴：式密。来电所述，具见苦衷。现在又与同盟军协力讨贼，剑及履及，益见坚持主义，终始无渝。所望急将川局奠定，共出长江，企图远大，则于川于国两有其利。广州已被我军占领，莫荣新负固观音山，且夕可平，并告。孙文。支。

据《国父全集》第三册（转录史委会藏《总理函稿》）

复　翟　汪　电

（一九二〇年十月四日）

翟浩亭先生鉴：浩密。东电悉。淡然权利，一矢精诚，此为成功基础，至为佩慰。现莫氏负固待援，希即协助魏、李，迅速扫除，毋误调停，致滋棘手。切盼。孙文。支。

据《国父全集》第三册（转录史委会藏《总理函稿》）

复宫崎寅藏函

（一九二〇年十月五日）

滔天先生鉴：

两接手书，一祝一吊。所祝者尚未确，而所吊者已成真，良深痛恨也。惠州屡攻不下，至今尚在恶战之中。朱执信兄往虎门收降，为敌军一部所暗算，殊为不值。日者广州已附我，惠州当终归我有,可无疑义。

　　按今后支那大势,吾党不独可以得志于南方,且不久可以统一中国。英、美对我方针,近来大表好意,白人外患,可以无忧。此后吾党之患,仍在日本之军阀政策。倘日本仍行其扶旧抑新之手段,则中国之内乱,未有已期也。如此,则吾人亦不能不倒行逆施,亲英、美以排日也,而其咎则当归之日本。深望日本民间同志,有以纠正军阀之方针,不为同洲侵略之举,而为同舟共济之谋,则东亚实蒙其福,而日本亦终享其利。东亚经纶百年大计,无愈于此者矣。日本同志幸为图之。此复,并候

大安不一

　　头山翁、木堂翁、寺尾翁统此问好不另。

孙文谨启　十月五日

据胡编《总理全集》第三集《民国九年致滔天书》

致 孙 科 电

(一九二〇年十月六日)

　　一、传令琼州各军[①],即渡雷州,会合高、雷、钦、廉同志,直捣南宁,以破桂贼老巢。二、美商军器一事,恐有不实,须防骗局。三、水飞机两架已转载,纸交 Jowsing 名字收,可通知卓文。父。鱼。

据《国父全集》第三册(转录史委会藏亲笔原稿)

---

　　①　琼州各军:指前由李根源率赴琼崖的驻粤滇军赵德裕等部。

批沪江大学函[*]

（一九二〇年十月六日）

代答以不能如命。精卫亦不在沪。

据《国父全集》第四册（转录史委会藏原件）

批蔡荣华函

（一九二〇年十月六日）

代答以所说甚是，当另函着香港同志调解。即着内渡钦、廉，进攻南宁。

据《国父全集》第四册（转录史委会藏原件）

复陈炯明电^{**}

（一九二〇年十月八日）

广东老隆陈总司令鉴：支电悉。款已陆续分汇由港转汕，前后共十五万三千六百元。最后一批十万八千元，艳日湘芹由港带汕，此时想已达前线矣。惠州若一击不下，宜即变计，与乡民协同掘

---

*　沪江大学原函请孙中山在双十节时赴该校演讲，或请汪精卫代讲。

**　此电《国父全集》定在九月八日。据电中谈及前后汇款事及围攻惠州等情，谓"最后一批十万八千元，艳日湘芹由港带汕"，"赣军李明扬部定佳日返粤"云云。查古应芬系九月底携款离港，于十月二日抵汕头；赣军李明扬部九月下旬离赣赴粤，佳（九）日当是预定返粤日期。故此电应发于十月。

壕,围其东南面,分军队防守要点,与乡民策应,与敌相持。然后分小队两支取道新丰,一西袭英德,一南取从化,声言由此路以取省城。俟此两路发生影响,即引敌兵于北江方面,乃以大队由龙门、增城以取石龙。石龙一得,则惠州可不战而降,彼之军实,我可尽得矣。报传乐昌、坪石有战事,北江每日有数百伤兵至省云。湖南已决意出兵攻桂,赣军李明扬部定佳日返粤。桂贼对人言,宁失广西,断不愿失广东。故惠州为彼死守之地,我不宜老师于此,宜四出活动,保全朝气,则贼必立沮丧溃败也。孙文。齐。

据《国父全集》第三册(转录史委会藏原稿)

致卢永祥电*

(一九二〇年十月九日)

杭州督署石小川先生鉴:觉密。译呈卢督军大鉴:粤垣因各方面之障碍,魏、李未能急用武力驱除莫氏,自非由粤军剿除桂系在惠州之重兵,使其失恃,全局未易解决。此次培督节节相援,实赖执事间接助力,至为感荷。最近臧师长更决定开赴前线,与粤军合力讨贼,惟闻子弹不甚充分,求尊处为之接济。此举关系重大,粤军久战稍疲,一得精锐参加,破惠无疑,而省局亦迎刃可解。三省谊切同舟,早在洞鉴,望即赶拨臧师所需子弹,俾得助战,以成大功。有如欧战,美国援兵一到,德人即溃败无余。两方合战俱疲,有生力军援助,其效力至大。事机迫切,专电陈请,立盼明教。孙文。佳。

据胡编《总理全集》第三集《致杭州卢永祥电》

＊　卢永祥,时任浙江督军,与闽督军李厚基同属皖系,因段孙合作关系,故有以饷械援助粤军讨桂贼之举。

给马秋帆委任状

（一九二〇年十月十日）

委任状：委任马秋帆为薄寮①中国国民党分部评议部评议员。此状。

中国国民党总理孙文

总　务　部　主　任居正

中华民国九年十月十日

据《国父全集》第四册（转录史委会藏原件影印）

复马育航函*

（一九二〇年十月上旬）

育航兄鉴：

二十七日手书接悉。此部残余浙军②，甚不可靠，收之反恐为患，不如消灭之，更为妥当。

现莫荣新尚负隅观音山，魏、李胆小如鼠，不敢以武力解决。海军又派别不一，林葆怿惟以口舌调停，不见实力援助，恐日久变生，殊令人焦虑也。此复，即颂

———————

①　薄寮（Bac lien）：今越南薄寮市。

*　马育航系陈炯明重要部属。此函未署日期。据函称魏、李在广州宣布独立后，不敢武力逐莫及海军又不见实力援助等情，则时间应在一九二〇年十月上旬，今酌置此。

②　残余浙军：指浙军陈肇英部。

筹绥

据《中央党务月刊》第十三期"特载"《复马育航》

致赵德裕等电[*]

（一九二〇年十月上旬）

　　香港转靖国联军赵总司令、蔡、何^①、莫梯团长、蒋司令均鉴：东电敬悉。诸君扶持正义，一致讨贼，于粤有敌忾之功，于滇报夺军之仇，风声所树，义愤同钦，即希速出琼崖，共清珠海。特电驰劳，伫听捷音。文。

据《国父全集》第三册（转录史委会藏原件）

致李厚基电^{**}

（一九二〇年十月上旬）

　　余田侯参议鉴：密。转呈李督军鉴：前电谅达左右，未蒙赐答，至切悬盼。粤省局以海军徘徊，故魏、李不能急攻逐莫。桂贼知后方动摇，则亟以死力反攻粤军，欲令我军受创，且不能分力援省，彼乃回兵图魏、李，故连日粤军不甚得手，此为成败紧急之关头。盖彼已首尾受敌，我有全胜之势，惟粤军久战甚疲，彼亦窥我弱点。若粤军援〔无〕助，则彼贼得伸缩自如，渡过难关，转败为胜。目前

---

　　*　十月一日，滇军赵德裕部在海南宣布独立，致电孙中山表示拥孙逐莫。此电未署日期。据本年十月六日孙中山致孙科电，"传令琼州各军即渡雷州"等语，酌定此电发出日期为十月上旬。

　　①　赵、蔡、何：即赵德裕、蔡炳震、何福昌。

　　**　此电胡编《总理全集》标为一九一八年。据该电催促李厚基令所部援粤，系魏、李在广州宣布独立而未能以武力逐莫之际，且其时惠州未下，故此电应发于十月上旬。

救急之着，专在麾下，有如欧战，美国援师一到，德人即溃败无余。以两方久战俱疲，故生力精锐之援师成功至大。闽、粤安危一体，臧师、王旅早办助防，开往前线助战，只须更进一步。臧师善战，尤为桂贼所畏惧；臧师长、王旅长亦素秉承麾下意旨，决心杀贼。敬望麾下即速电令臧师出发，开至前线，粤军得此，则破贼无疑。若彼贼前方大兵溃败，省局亦迎刃而解。成败得失，只数日间事，想我公此时必不忍使粤事败于垂成，而吝此最后之援助。事机至迫，惟企速行。专电陈请，立盼捷音，并祈复电。再，北京已无力约束各省，公以锐师破惠，大局竟解决，彼必不敢责难。而臧师、王旅在外，适可而进，公固不患无词以相抵也。孙文。

据胡编《总理全集》第三集《讨莫之役致滇湘黔闽浙粤各省当局要电》

复马伯麟函

（一九二〇年十月十一日）

伯麟先生鉴：

　　手书备悉。艰困之状，自应援手，请稍候时日，大局一定，当为设法。兹先助报费贰百元，祈即察收。因拮据已甚，未能多筹，聊用小补之耳。

十月十一日

据《国父全集》第三册（转录史委会藏《总理函稿》）

致卢永祥电*

（一九二〇年十月十一日）

　　佳电想已达典签。顷得竞存来电，言七九子弹告乏，闽督已无

---

　　* 此电胡编《总理全集》列在一九一八年。据该电催促卢永祥以子弹支援陈炯明，以解陈部七九子弹"告乏"一事，应系一九二〇年援闽粤军返旆作战之时。

可拨，请求尊处济以百万，解由闽督转交。此事不落痕迹，而粤军受惠至大。故敢代陈，幸为援助，无任感盼，并候复教。孙文。真。

据胡编《总理全集》第三集《讨莫之役致滇湘黔闽浙粤各省当局要电》

复湖南省议会电[*]

（一九二〇年十月十二日）

长沙省议会鉴：庚电悉。此次粤人驱逐桂匪，实迫不获已。贵省人民及统兵长官，多数主张出师援粤，义声所播，溥海同钦。目下战事正在进行，匪势仍未潜销，所望共抒互助精神，以清西南余孽。上月王育寅派员来称，愿率所部攻桂以抒粤患，颇嘉其知义；当嘱务与湘中将领一致进行，并派林君修梅前往察看助理矣。护法军兴，扰攘数载，民生之憔悴亦甚矣。顾欲减缩痛苦之期限，惟有相率而起，速清内奸。桂匪祸粤，非名〔片〕言所能罄。湘人好义，实出自第二天性，尚乞督促进行，不胜盼祷，孙文。侵。

据胡编《总理全集》第三集《讨莫之役致滇湘黔闽浙粤各省当局要电》

批黄秉衡函

（一九二〇年十月十二日）

代答奖励，须稍为忍耐，俟粤局大定，当可从事于飞行学校。刻下各事，当听朱卓文调度可也。

据《国父全集》第四册（转录史委会藏原件）

---

* 此电胡编《总理全集》编于一九一八年。据电述援粤攻桂事为一九二〇年。

致李烈钧电*

（一九二〇年十月十三日）

重庆李协和部长鉴：黄密。粤事相持未决，湘军又徘徊不进，故前电极望兄由湘入粤，肃清两广。湘中我方可靠军队，亦有万余，尚敷调遣。惟今时局忽生剧变：一、李纯确于昨日自杀身死。二、西报载北京谋复辟，张作霖兵逼京津，曹锟南逃。三、林葆怿真日与北方海军联名通电，宣告统一。四、浙、闽为自卫计，皆有动机。五、鄂中段系军队，已陆续发动；赣陈①又与赣南军队恶感其深，与赣西、赣北镇守使均有猜忌。似此长江机会绝佳，亟宜统筹全局，确定大计。现得竞存报告，李根源军队被我截获子弹三百箱，并击毙团长一名，李军大困，粤事渐可解决。长江形势，今较粤为急为重，务请兄迅驾来沪，决定机宜。至盼，并速电复。

据《国父全集》第三册（转录史委会藏《总理函稿》）

致陈炯明电

（一九二〇年十月十三日）

老隆陈总司令竞存鉴：真电悉，甚喜！此时宜乘时扑灭麻子，以振军威，而寒贼胆。传闻桂贼欲将惠州交与李根源，调回林虎、马济，以对李、魏。有从桂军中来者云，目击桂军士气沮丧已极，战

斗力差极,若我军能再振作士气,仍取攻势,则最后之胜利,必归诸我也。昨日李纯自杀于南京,张作霖兵逼京津,曹锟南逃,将有复辟之举。真日林葆怿、蓝建枢通电,南北海军统一。此最近南北之变局也。孙文。冬①。

据胡编《总理全集》第三集《讨莫之役致滇湘黔闽浙粤各省当局要电》

批欧阳豪函 *

(一九二〇年十月十三日)

代答以桂林事若确〈有〉把握,当可进行。赣事且缓,以待时机可也。苏中办理。

据《国父批牍墨迹》

致陈炯明电 **

(一九二〇年十月十四日)

竞存兄鉴:本省响应之事,因江防被海军击怕后已失去最重要之力,又以粤军动后,此间财力悉以供大军之用,不欲分耗于小举。然前所谋及者,今已陆续生效,则不能起之处,亦费桂军数营之力。

---

① 冬,即为二日,原文疑系笔误。电称"昨日李纯自杀于南京",据苏督李纯于十月十二日在南京自杀,故此电发期当为十月十三日。

* 欧阳豪,江西人,原函陈述经营赣事情形,请孙"倾师援粤之时,设法蹩乱其后",用杨青山及桂林失势之军官等出任其事,且称拟聚集赣省军事人材,以实行赣人治赣。来函未署份,应是一九二〇年。此件时间据来函日期。

** 此电《国父全集》定为十一月十四日。据此电中有"望兄再振其锐气,分小队猛扑北江,以大力强取石龙,则惠州可不攻而下"等语,所指系十月二十二日粤军攻克惠州之前事。故此电应系发于十月十四日。

彼贼已有风声鹤唳，草木皆兵之恐，处处设防，断不敢尽抽其兵于一处也。据近日报上广州消息，乐昌、坪石确已开战事，遂溪、新兴已失，香山小榄轮渡不通，四邑①有警，此皆二十日内响应之影响也。又传桂省已分东西北三面设防，防滇、黔、湘之进攻。陆裕光有折回桂之消息，陆、岑有向北乞救，愿取消两广自主之举。其主要人物一切举动，悉属手忙脚乱，而兵士已无斗志，孤注一挱，彼贼实已无此能力矣。望兄再振其锐气，分小队猛扑北江，以大力强取石龙，则惠州可不攻而下。近日李根源部下及钦、廉绅士俱有代表来，欲谋响应。已促他等回去，相机即动，想不日必有影响也。孙文。寒。

据《国父全集》第三册（转录史委会藏亲笔原稿）

批黄大伟函[*]

（一九二〇年十月十五日）

亲军名目，切勿浪用，酌用他种名目便可。

据《国父全集》第四册（转录史委会藏原件）

批　蔡　涛　函

（一九二〇年十月十七日）

代答以可先函商各军队，如得复函确有办法，乃有相商之地。

据《国父全集》第四册（转录史委会藏原件）

---

① 四邑：即广东台山、恩平、开平、新会四县。
* 此系致黄大伟转达居正等人之批件。

批唐宝锷函

（一九二〇年十月十八日）

代答：函悉。以后有消息，请常报闻。

据《国父全集》第四册（转录史委会藏原件）

致陈炯明函[*]

（一九二〇年十月中旬）

竞存兄鉴：

　　皖人王懋功，系现任马济部下团长，资格最深，现伊亲戚陆辅廷往与接洽，向文要求响义后不得记念战仇，即加解散，并须一律待遇。文以该部响义，事关重要，业经照允，并书函交陆辅廷往该团接洽矣。如果来归，务希照此议办理，以昭大信。此致，即颂

捷祺

据《国父全集》第三册（转录史委会藏《总理函稿》）

复林修梅函^{**}

（一九二〇年十月中旬）

浴凡兄鉴：

　　五日来手书接悉。兄以起义首功，登高振臂，三湘正气，为之

---

*　此函未署日期。据函称王懋功请求"响义后不得记念战仇"等语，应是桂系势力未逐出广州之前。今酌定为十月中旬。

**　原函未署日期。据一九二〇年十月十二日《复湖南省议会电》称，为王育寅率部攻桂以抒粤患事，派林修梅前往察看助理，与此函所述内容一致。故酌定此函发出时间为一九二〇年十月中旬。

一伸,快其慰甚!

　　所举各端,均当照办。惟款项以前此挪贷一空,刻虽从事续筹,尚无着落,故一时未能办到,现正在极力设法。谭、赵①前有电反对王育寅君,经此间去电解释,并请赞助讨桂矣。兹并寄上誓约贰佰张,俟滇〔填〕后寄沪换取登记书可也。特复,即颂
筹绥

据《国父全集》第三册(转录史委会藏《总理函稿》)

致王懋功函[*]

(一九二〇年十月中旬)

懋功团长仁兄执事:

　　素闻英声,恨未良觐。贵戚陆辅廷来,藉谂执事素日怀抱。

　　此次粤军返粤,实以粤人自治为宗旨。而粤省数年强受压制于桂贼三五辈之手,不堪其痛苦,亦海内所共闻知,岂有贤者而肯为彼辈之用耶?执事明于大义,而干略过人,若遂倒戈助吾人以杀贼,则建树奇勋,只指顾间事。所望当机立断,更无犹豫。粤军有洪湘丞②者,固昔日从秦炳直守惠州之人,尝与竞存血战,一旦携手,遂倚作股肱,今且使独当一面。故执事惠然肯来,竞存必极欢迎;对于所部,必不歧视。此仆所能保证者,即托陆君道达鄙意。临楮不尽所欲白。顺候

_____

①　谭、赵:即谭延闿、赵恒惕。

*　此函未署日期。据函称"粤军返粤",欢迎王"倒戈助吾人以杀贼",并保证陈炯明能善于对待,则此函应是发于广州尚未由粤军占领之前,与前录《致陈炯明函》同为十月中旬。

②　洪湘丞:即洪兆麟。

勋祺

据《国父全集》第三册（转录史委会藏《总理函稿》）

复吴宗慈函[*]

（一九二〇年十月中旬）

蔼林先生鉴：

手书奉悉。崇论宏议，至为钦慰。魏、李优柔，不能及机解决，以至旷日持久，为祸转大，殊为可惜。

军府、国会问题，只好听其自然，文固毫无成见。所望曾共患难之朋友，一致觉悟，同心协力，本创造之精神，谋彻底之解决，一扫拘牵固陋之弊，使吾人素持主义，得以次第实现，则数年来战祸之牺牲，庶不致于虚掷也。此复，即颂

筹绥

据《国父全集》第三册（转录史委会藏《总理函稿》）

致谭延闿函^{**}

（一九二〇年十月中旬）

组庵先生执事：

纯苏兄来，得奉手笺，至为欣慰。

---

　*　吴宗慈，时任军政府政务秘书。此函未署日期。据函称"魏李优柔，不能及机解决，以至旷日持久，为祸转大"，则此函应系于魏邦平、李福林在广州宣布独立，莫荣新则以"让城"谈判作缓兵计之时。今酌定为十月中旬。

　**　此函未署日期。据函称"今莫贼虽待死观音山，尚挟五羊数十万生灵，以拚命而攻惠"等语，并促谭"飞檄在途各军，兼程并进"，则此函应是魏、李在广州宣布独立后而粤军尚未占领惠州之时，今酌定为十月中旬。

　　湘省以执事得告清宁，民治基础，自兹确立，其感甚感。惟粤省被桂军盘据，宰割朘敝，无所不至；且资以捣乱西南大局，使国家永不得宁。此獠不除，其流毒必不让于北方军阀。执事鱼电，推己及人，不以陆氏之冥顽而不告，用心至厚；嗣复毅然出师，一致申讨，此心如见，吾道不孤。惟今莫贼虽待死观音山，尚挟五羊数十万生灵，以拚命而攻惠，粤军又以久战而疲，未能遽下。此时所望贵部，星夜进攻，以拊其背，则桂贼全军骇溃，指顾可平。楚师救赵，破釜沉舟，今粤事之关系大局，犹逾于赵，请亟图之。

　　陆、莫盗性未除，罔知信义，凡与周旋，并遭吞噬。贵省之幸免于荐食者，固执事因应得宜，亦粤人攻之急，而后驰归自救耳。不然，马济、沈鸿英岂不居然湘省驻防哉？尚望飞檄在途各军，兼程并进，促粤之成，绝湘之患。且湘省财少兵多，亦当以向外发展为善后要策，所谓攘外而安内也，伟见当以为然。临书不胜殷望之至。此复，并颂
筹祺

据《国父全集》第三册（转录史委会藏《总理函稿》）

致李厚基电[*]

（一九二〇年十月中旬）

福州督署余田侯谘议鉴：筹密。译转李督军后〔鉴〕：海军各舰

---

　　[*]　此电胡编《总理全集》定在一九一八年。据一九二〇年十月十一日上海《申报》载：海军统一问题，业由双方将领协商就绪，专候军费实行拨付，所有在粤海军，一律开出粤境，服从北京政府，云云。此电谓"海军各舰决意北归，开向厦门，与北舰合力"等语，即系指此。故此电时间应为一九二〇年十月中旬粤军尚未攻下惠州之时。

决意北归,开向厦门,与北舰合力,以图占领马江各要塞,现已准备出发等语。查北廷买收海军,屡用巨款;以闽籍人多,图闽之说亦早有所闻。最近桂贼虑海军助粤,更多用贿赂与之联络,恐将次第见于事实。此间已电省港同志,竭力设法阻止,俟得当再报。惟海军中人素来胆怯,且无陆军为助,则更退缩观望。其在诏〔潮〕安、汕头坐观粤军攻取潮汕,不敢为桂贼及方声涛之助,可见一斑。近日惟见粤军形势稍钝,阴谋又露,其易为利用、易为威慑如此。今日为闽、粤共存之计,惟有催促藏师、王旅,同时并进,火速攻破惠州,使桂贼重兵溃败,粤垣大局定见解决,则海军无援,其势亦必不敢逞。兵法有"以攻为守"者,此类是也。若非扩张目前之势力,使彼不敢相逼,而我仅言自守,则北方有反对我者,不难于其时以一纸命令买海军之欢心,此时我亦失先发制人之机矣。事势万急,而胜算在我,故急电奉闻。望速裁定,以挽大局。孙文。

据胡编《总理全集》第三集《讨莫之役致滇湘黔闽浙粤各省当局要电》

复三藩市《少年中国晨报》函*
(一九二〇年十月二十三日)

敬复者:九月二十五日寄来启事一纸、股票一张、息金一百三十二元,均已收妥。

兹遵照来启,寄上亲笔填写之委权纸一张,委托现在三藩市本埠之林直勉君为股东之代表,依期出席股东大会,代行本股东之职权,即希查照为荷。此请

---

* 《少年中国晨报》设于美国旧金山大埠古里街,创刊于一九一〇年冬。

三藩市《少年中国晨报》股东大会公鉴

　　　　　　　　　　总理孙文　十月二十三日

据《国父全集》第三册(转录《会书》之十"函札")

复陈树人函

（一九二〇年十月二十三日）

树人兄鉴：

　　甄胜君经沪带到兄函及港五仟元汇票壹纸，已照收妥，并转竞存兄矣。各函所详筹款办法，具见竭尽心力，以济军饷，至为感慰！

　　粤军右翼，前拟绕道增、龙①，以达广州。讵中途为李逆根源所部梗阻，致未能速进。昨接竞兄来电，已将李部击破无余，我军已迫近惠、博②，而桂贼纷纷退却，不日即可收复惠阳，直进粤城云云。希即陆续筹款，俾照转达可也。

　　至加属党务，得兄悉心办理，故收效日广，幸勿稍萌退志，致亏前功。

　　旅费一节，已着财政部划付千元，以为本年津贴，刻将收条奉上。该项即于应缴本部款项内比收，照报财政部，届时当照入数，刻另夹上甄君带返之款收据，希照收存为盼。此复，并颂

台安

　　　　　　　　　　孙文　九年十月二十三日

据《国父全集》第三册(转录史委会藏《布告录》)

---

　　①　增、龙：广东省增城县、龙门县。

　　②　惠、博：广东省惠州市、博罗县。

致陈炯明电

（一九二〇年十月二十三日）

竞兄鉴：马电悉。战局有此转机，诚属大幸。此后粤军势力当不可摇。魏、李之适时响应，实为粤军之救命汤。然桂军之退，万不可掉以轻心，测其用意，必为集中大力，先将魏、李击灭，然后对付粤军。粤军久战疲劳，不堪再遭失利，兄以为独力能解决粤局，实恐不然。务望促臧师全部速来为要，盖非此粤局必难遽定也。千万毋忽。孙文。漾。

据《国父全集》第三册（转录史委会藏亲笔原稿）

致徐世昌等电[*]

（一九二〇年十月二十三日）

北京徐菊人先生、靳翼青先生，各省、各议会、各报馆均鉴：粤军回粤两月以来，全省九十余县为粤军收复及响应附义者，计逾八十。就省会言，各车歪炮台、中流砥柱等要塞、菁华所在之西关一带、河南全岛，及海防、江防全数舰队，均隶粤军范围。莫荣新困守老城，负隅抗拒，岑、陆计穷力蹙，惧失地盘，先后派遣代表，星夜晋京，促签条件，卑鄙龌龊，摇尾乞怜，殆欲趁此在粤生机垂尽之时，求与北方订约，冀得现在或今后之援助。以事实论，岑、陆匪特不

---

*　粤军十月二十二日攻占惠州城，桂军溃退，广东局势解决在望，岑春煊、陆荣廷却以军政府名义代表西南，企图与北京当局签订和约，孙中山等人因此致电徐世昌、靳云鹏及各省各议会各报馆，坚表反对。

能代表西南,广东一省,已十九为粤军所有。以法律论,七总裁缺其四,广州已无军政府。岑、陆私人签订之条件,直等废纸,绝对不生效力。倘或北方不察,贸然与签,固不能拘束西南,亦足贻笑中外。文等护法救国,矢志靡他,酷爱和平,岂在人后? 北方果诚意谋和,不仅图纸上空文之统一,则固不必与秘密勾结暮夜乞怜之辈,订定条件;应将一切法律事实问题,付之沪上和会,公开解决。迭经文等郑重宣言,邦人君子,其共鉴之。孙文、唐绍仪、伍廷芳、唐继尧。

据《军政府公报》一九二〇年十月二十三日"布告"光
字第一号《四总裁第三次宣言》

复李伟赵伸函 *

(一九二〇年十月二十五日)

毅丞、直斋两兄鉴:

来函备悉。吴山往滇,此间并未知悉,其所言动,均非〔文〕所委嘱,实属虚饰。然因此乃得两兄详报,藉悉所经营铁工及煤铁二厂规模之大,不啻于无意中发见异宝。既有此丰富之煤铁,将来必能为中国发展实业之一大助。俟大局稍定,自当注力为之,惜刻下尚无从为力耳。此项煤铁两矿,积量如何? 尚望详细报知,以便计划。至盼。此复,即询

时绥

据《中央党务月刊》第十三期"特载"《复李伟赵伸》

致赵恒惕等电*

（一九二〇年十月二十五日）

　　长沙赵总指挥、宋、廖、鲁旅长，林处长①，各司令、各团、营长，周道腴、李懋吾先生，各报馆均鉴：粤军讨贼，义师景从；然寇势虽穷，尚未去粤。倘邻省同张挞伐，何难歼厥渠魁。前据周君震鳞等电称，贵省各军多主张出兵援粤，近复征诸舆论，则更对于援粤万众一心。即谭总司令仗义执言，亦有粤人治粤之鱼电。夫桂匪非能容纳人之忠告，若不临以武力，直所谓对盗贼谈仁义也，文窃以为不然。曩者王育寅派员前来，自请援粤。文以其颇知大义，遂令林修梅亲往该处视察一切。顷据来电，公推林修梅为湘西靖国军总司令。林修梅就职后，复有攻桂之通电。湘中民气，素有激昂慷慨之称。林君起义衡州，艰难百战；今又勇于讨贼，登坛誓师，此湘军之光荣，亦前民之矩获。望赞此义举，毋使林君独为其难，且树之风声，尤能得民意之助，他日荡涤瑕秽，攘除奸凶，公等之功，皆在民国矣。孙文。有。

　　　　　据胡编《总理全集》第三集《讨莫之役致滇湘黔闽浙粤各省当局要电》

批赵伸李伟函[*]

（一九二〇年十月二十五日）

　　作答以吴山往滇，此间并未知悉，其言行如此，实属招摇。然由此乃得二公之详报铁工并煤铁二厂状况，则不啻无意中之获异宝。有此丰富之煤铁，将来必能为中国发展实业之一大助，俟大局稍定，必注力于是也。而刻下则无从为力，惟望将煤铁之积量详查报闻。

据《国父批牍墨迹》

复田应诏函

（一九二〇年十月二十六日）

凤丹先生惠鉴：

　　周参谋佩玮赍函来，得稔一切。执事义愤填膺，矢诚救国，曷胜感佩。惟今粤事未定，根基尚未稳固，且筹款一节，刻下罗掘俱穷，万难应付。文统筹全局，执事此时若能助林修梅统一湘西，进兵桂、柳，获有土地之后，乃能设法行彻底之解决。此为万全之策，执事既有决心，必有成功之日。惟缓急先后之间，尚希斟酌为幸。此复，并询

---

　　* 原函与批件均无日期，今据《中央党务月刊》第十三期与《国父全集》第四册，定批件为一九二〇年十月二十五日。

毅祺

二十六日

据《国父全集》第三册（转录史委会藏《总理函稿》）

致湖南省议会电[*]

（一九二〇年十月二十六日）

　　长沙湖南省议会议员诸君均鉴：新成密。元电计达。窃此次粤人力谋自决，与湘中军士力谋援粤，而助其自治，皆人类最合理之冲动，实为中国政治之一线生机。贵省当局亦既有鱼电与粤人之自主矣。然桂匪始终不悛，则湘人为维护人格计，托林君修梅回湘肩此重任，并电致赵师长等，劝其与林君一致。今惠州、石龙虽已克复，然桂匪之占据粤境，备极残暴者，其地尚广。粤人现视桂匪之在粤，比虎、疫、蝮蛇之近在盘匜枕席间者尤甚。为今之计，惟有速求解除粤人此等恐怖观念，缩短其时间，缩小其区域，勿使再为一晷一寸之延长，故不得不亟望湘人之互助。且此举亦正惟平昔富于公义心、勇敢心之湘人及湘军，乃能堪之。故甚望贵省军事当局，勿再有所瞻徇，与林君为一致之行动。尤望贵议会代表人民之真意，促进贵省行政当局，维持其宣言，庶美国国会宣言助欧之名誉，不能专美于西方也。人类伦理上之最高善意，决不能以孤立之抽象名词代表之，亦非与世推移所能取得，惟能及时努力抵抗，或征服社会所公认之恶魔如桂匪者，乃真善耳。惟诸君实利图之。

---

　　* 此电胡编《总理全集》定在一九一八年。据电称"此次粤人力谋自决，与湘中军士力谋援粤"，及"今惠州、石龙虽已克复，然桂匪之占据粤境，备极残暴者，其地尚广"等语，应系指粤军已占惠州（二十二日）而未克广州之时，故时间应为一九二〇年。

孙文。（廿六）

据胡编《总理全集》第三集《讨莫之役致滇湘黔闽浙粤各省当局要电》

批 孙 科 电 *

（一九二〇年十月二十六日）

倘莫到港①，即当搜罗证据，控彼私吞公款，以归形〔刑〕事犯，闻彼寄存台湾银〈行〉数百万云。

据《国父批牍墨迹》

批田应诏函 **

（一九二〇年十月二十六日）

作答：此间现在无力量，若能助林修梅统一湘西，而进兵桂、柳，据有土地人民，当可设法。

据《国父全集》第四册（转录史委会藏抄件）

批冯自由函 ***

（一九二〇年十月二十六日）

所言极得我心，然办法一时尚未能定。

据《国父批牍墨迹》

---

　　*　孙科原电报告广州莫荣新等将逃等情，告以陈炯明到惠州，并汇报自己筹饷购械等事。今所标十月二十六日系该电到上海日期。

　　①　莫荣新于十月二十六日离穗赴香港。

　　**　《国父全集》编者注：原件无年月，编于一九一九年，亦未标明来函者姓名。今据孙中山一九二〇年十月二十六日复田应诏函，内容与此相同。故此批件时间当与复函同。

　　***　冯自由原函陈述对于党务之意见，提出"扫除积弊"、"再造本党之办法"五条，且表示愿意承担此任。批件所标时间系冯自由来函日期。

复蓝天蔚函 *

（一九二〇年十月二十七日）

秀豪先生惠鉴：

　　冯君启民来晤，得奉手书，备悉一切。

　　川事已不可收拾，此时转而图鄂，亦恐未易得手，正宜协集各省散涣之力，为一坚固团体，以助湘中民党，统一湘省，确立根基，然后用湘力以扫除游勇，以统一两广，则西南民党之大势可成，而民治可建，民国乃有希望也。若实力不充，多方发难，实有务广而荒之弊，执事荩筹，当以为然。此复，即颂

　　戎绥

据《国父全集》第三册（转录史委会藏《总理函稿》）

复□苇棠函

（一九二〇年十月二十七日）

苇棠兄足下：

　　来函备悉。足下关怀桑梓，至佩至幸。

　　文觉党务为革命之基础，革命乃建国之首功。九年以来，革命尚未能达到目的，皆由党务不振；党务不振之故，又由于人才缺乏。如沪上本部为联络海外各支分部之枢纽，而尚欠缺一深悉海外华

---

　　* 蓝天蔚时系鄂西靖国军第一军军长，十月中下旬为熊克武部刘湘等从万县夔州逐回鄂西恩施、鹤峰一带。

侨之人,以为联络感情及招待过往同志。未知足下能牺牲个人之事业,以尽义务于本部否？如能致力一二年,以联结海外与本部成为密切团体,当必于国事大有裨益。足下热心素著,故殷望之。此复,即颂

时绥

二十七日

据《国父全集》第三册(转录史委会藏《总理函稿》)

复赖世璜函

（一九二〇年十月二十七日）

兆周支队长鉴：

　　来书备悉。此次驱除桂贼,为伸张正义、恢复人格之举,执事敌忾同仇,捷音频报,勋劳甚著,义勇可钦。即望努力争先,翦平余孽,不特助粤人成功,亦为赣、滇两军雪耻也。此复,即询

捷佳

二十七日

据《国父全集》第三册(转录史委会藏《总理函稿》)

致谭延闿函

（一九二〇年十月二十八日）

组安先生惠鉴：

　　粤事得左右主持,公论者再三,使海内晓然于是非所在。赣团由湘而下,敌益惊骇。本月养日,粤军遂克复惠州,梗日克博罗,有日进占石龙。省城附近,当有战事,然料莫等难于固守,指顾可下。

今后或退守西江，与我相抗；惟陆、莫未除，不独粤东隐患未消，即大局亦难言解决。

兹特倩何雪竹兄来湘请师，企多得部队，更为粤省援助，使桂乱早日肃清。其当如何筹画成行，统望左右为之训导，予以助力。雪竹兄相知有素，此行裨益西南，可预信也。专此，即颂

勋安，敬维察照不一　　　　　　　　　　　　十月二十八日

据《中央党务月刊》第十三期"特载"《致谭组安函》

批 梁 泮 函[*]

（一九二〇年十月二十八日）

请焕廷^①兄查明，酌量设法。

据《国父全集》第四册（转录史委会藏原件）

致蒋中正函^{**}

（一九二〇年十月二十九日）

介石我兄惠鉴：

竞存此番回粤，实举全身气力，以为党为国。吾人亦不惜全力以为竞兄之助，同德同心，岂复寻常可拟。

我望竞兄为民国元年前之克强，为民国二年后之英士，我即以当时信托克强、英士者信托之。我所求者，惟期主义政策，与我一

＊　梁泮原函请求接济返美旅费。

①　焕廷：即林焕廷。

＊＊　粤军回粤攻抵东江期间，蒋介石任第二军（许崇智部）参谋长，随又兼右翼军前敌总指挥。

致,即我所谓服从我三十年来共和主义,而岂若专制之君主,以言莫予违为得意耶? 兄与英士共事最久,亦知我所以待英士矣。兄不妨以我之意思,尽告竞兄也。

执信忽然殂折,使我如失左右手。计吾党中知兵事,而且能肝胆照人者,今已不可多得。惟兄之勇敢诚笃,与执信比,而知兵则又过之。兄性刚而嫉俗过甚,故常龃龉难合,然为党负重大之责任,则勉强牺牲所见而降格以求,所以为党非为个人也。兄以为然耶否耶? 专复,即颂

近安

孙　文

据毛思诚编《民国十五年以前之蒋介石先生》
(一九三七年三月印行)第三编

复李兴高函

(一九二〇年十月二十九日)

兴高参谋长鉴:

来书经孙先生阅悉。

执事运筹帷幄,获遂同仇之愿,至为佩慰。

现岑、莫虽已遁逃,惟余匪未清,尚难告罢;且广西为游匪老巢,非完全改造,不但无以固粤局,亦无以拯桂人。故我军正须再接再厉,直捣黄龙。滇军勇毅著闻,当必乐于长驱也。此复,即颂

戎绥

十月二十九日

据《中央党务月刊》第十三期"特载"《复李兴高》

复陈炯明电

（一九二〇年十月三十日）

俭戌电悉。致悦卿等电已照办。惟彼辈最后态度，亦视兄力为转移。此后战略宜大变更：集中全力速趋省城为上策，集中全力以扑灭麻子为中策。缩短战线，握要固守，以保势力而待援军亦为一策；惟不忍舍去地土，与敌相持，分薄兵力，则为下策。望兄速酌施行。孙文。卅。

据《国父全集》第三册（转录史委会藏亲笔原稿）

否认北方政府伪统一宣言

（一九二〇年十月三十一日）

窃文等尝以南北构争数年，海内困苦，而友邦劝告，亦望早息兵争。文等夙爱和平，因而与北方开诚相见，企外交、法律一切问题，得正当之解决。盖西南兴师，所以护法救亡，非有个人权利之见，故和会公开，将使天下无所私隐，中虽一度议无结果，然和会正式之机关并未废止。文等亦既于六月三日、七月二十八日、十月二十三日再三宣言，通告中外，以为北方苟有诚意谋和，决无有舍正式公开之和会，而与一二不负责任之人，私相勾结，认为得当之理。

最近粤军回粤，岑、莫败亡，乃相率逃窜之余〈敌〉，辄为取消自主之说，其情可怜，其事可笑。初不意北方竟引为口实，据闻有伪统一之宣布，似此举动，过于滑稽儿戏，直〔真〕无否认之价值。惟深察北方之用意，实思以伪统一之名义，希图借取外债，以延长其非法政府之命脉。

文等用不惮烦，更为正式宣告：须知岑春煊早丧失地位、资格，而军政府依然存在，初不因岑等个人反复，致生问题。此次北方宣言，文等绝不承认，内而国民，外而友邦，勿为所欺。北方既毫无诚意，而用此种狡狯无聊之手段，使大局更起纠纷，咎有所在。为此通告中外知之。

孙文　唐绍仪　伍廷芳　唐继尧

三十一日（印）

据《军政府公报》一九二〇年十二月四日"布告"光字第一号《四总裁第四次宣言》

复陈继虞函
（一九二〇年十月三十一日）

继虞司令鉴：

铣邮电悉。克复琼崖，勋劳特著。嗣以滇军响义，又复推诚相与，转饬他行，处置有方，甚善甚慰。

惟现省中已经克复，贵部当即合力进攻南宁，将游匪全行扑灭，使广西同时改造，然后两粤乃得奠安，可以进而解决大局矣。刻正游匪失魄之际，亟宜乘胜进取，事半功倍。此复，并询

捷绥

十月三十一日

据《中央党务月刊》第十三期"特载"《复陈继虞》

批陈继虞函[*]

（一九二〇年十月三十一日）

着合力进攻南宁。

据《国父全集》第四册（转录史委会藏抄件）

复胡景翼函[**]

（一九二〇年十月三十一日）

立生先生鉴：

来书奉悉。执事脱身虎阱，再绾铜苻〔符〕[①]，所历弥苦，所志弥坚，诚可为晚近军人之励，实嘉尚焉。

留琼[②]学生赵绳先等十七人到此，已各给川资伍拾元，差堪敷衍，以此间拮据已极，故未克从丰耳。

广州自岑、莫遁逃，业已大体解决。继此即当改造广西，使两广成巩固之局，民治基础，庶乎有赖。徐世昌据岑、陆临死哀鸣，发表统一伪令，滑稽已极，已与唐、伍诸总裁通电辟之，计能达览。现彼方既已显认新国会为非法，自失依据。我更当再接再厉，以完我

────────────

[*]　此件《国父全集》未标月日。今所标时间据《中央党务月刊》《复陈继虞函》标明时间酌定。

[**]　此函未署日期。据函称"广州自岑莫遁逃"及"已与唐伍诸总裁"通电否认徐世昌伪统一等语，故酌定此函于十月三十一日。

[①]　胡景翼前此被陕西督军陈树藩囚于西安，直皖战争结束后，胡得释，返抵三原军中任职。

[②]　原文如此，疑为留法之误。

救国之大业。陕西险据中原,为南军入北之冲要,幸善守之,以俟时局之变化。书不尽意。此复,即颂

戎绥

　　附已给川资之学生名单一纸。

复李福林函[*]

（一九二〇年十月下旬）

登同司令鉴:

　　二十一日大札奉悉。执事与丽堂树帜粤垣,同仇敌忾,救乡救国,实所钦迟。

　　现岑、莫均逃,我军之任务,除清剿粤中余寇外,尚须继续攻入广西,歼灭游匪。务使两广人民同脱强盗之羁绊,辟民治之宏规,斯为尽善。执事晓畅兵机,热心国事,诸惟努力,用竟全功。至盼。此复,并颂

戎绥

复杨寿彭函^{**}

（一九二〇年十月下旬）

寿彭兄鉴:

　　来书备悉。各同志热心桑梓,踊跃输将,解囊者之慷慨与劝募

---

　　*　此函未署日期。据函称"现岑、莫均逃,我军之任务,除清剿粤中余寇外"等语,当系发函于粤军占领广州后,今酌定为十月下旬。

　　**　此函未署日期。据函称"现岑莫两贼均已遁逃",则应系发于十月下旬粤军占领广州之后,今酌定于此。

者之勤劳,两臻其美,可感可佩!

现岑、莫两贼,均已遁逃,今后正须肃清粤境余匪,并进而改造广西,建真正民治之基础,所赖于众力者尚大也。

北方五省饥馑,胞与之谊,自应拯救。惟官僚办事,往往藉公营私,往年曾有以水灾名义,借入巨款,供其私用者,是在捐款人之严行监督,乃能实惠及民耳。此复,即颂
旅祺

据《中央党务月刊》第十三期"特载"《复杨寿彭》

复陈自先函*

(一九二〇年十月下旬)

自先兄鉴:

九月二十二日来函接悉。现所组织,既已达十八营以上,所请改称救国第八军,自可照准;应即立行进攻南宁,以覆敌人老巢。此时桂贼倾巢来粤,乘虚而入,自易得手,毋稍徘徊,致虚殷望。此复,即询
戎绥

据《国父全集》第三册(转录史委会藏《总理函稿》)

复何卓竞函**

(一九二〇年十月下旬)

卓竞兄鉴:

来函备悉。各同志热心桑梓,踊跃输将,解囊者之慷慨与劝募

者之勤劳，两臻其美，可感可佩。

现在岑、莫两贼皆已遁逃。惟余寇尚须清剿，且须进取广西，以为划绝根株之计，故所须军费尤亟浩繁。所望各同志继续捐助，俾得早清游匪，建立民治，是所至望。此复，即颂

任绥

据《中央党务月刊》第十三期"特载"《复何卓竞》

批陈自先函

（一九二〇年十月下旬）

作答：许彼称为第八军，着速攻南宁。

据《国父批牍墨迹》

致赵德裕函

（一九二〇年十月）

德裕先生鉴：

删邮电奉悉。执事倡义琼崖，协驱桂贼，同仇之义，佩慰殊深。已照电粤中各军，一致提携，共完伟业。现在桂贼未清，亟望统率戎行，迅速兜剿，以绝国家无穷之匪患，至要至盼。即颂

戎绥

据《国父全集》第三册（转录史委会藏《总理函稿》）

复 戴 任 函

（一九二〇年十月）

尹圣兄鉴：

九月二十四日手书接悉。所云各节，见解独超。

粤事未平，川事又生纷纠，殊堪浩叹。兄现在渝，必多赞助，尚望勉为致力。如有高见，随时惠告可也。此复，即颂

筹绥

据《国父全集》第三册（转录史委会藏《总理函稿》）

复 何 畏 函

（一九二〇年十月）

民碞兄鉴：

二十九日手书接悉。唐公[①]委兄收拾滇军，尽力助粤逐桂，足见志同道合，至为感纫。

所望迅速进行，俾减敌势。至所需急款，本应筹措，奈刻下罗掘俱穷，绝无良法。所望对该军切实晓以大义，彼等既怀唐公威信，又植〔值〕桂贼败亡之际，谅必来归；即或不然，亦做到一分是一分，请勿为经济所阻也。此复，并询

筹绥

据《中央党务月刊》第十三期"特载"《复何畏》

---

①　唐公：即唐继尧。

复吕一夔函

（一九二〇年十月）

一夔先生惠鉴：

　　手函诵悉。执事扶持正义，洞见深远，至慰。

　　桂、粤于地理历史皆有关连，岂宜自画？惟以陆、莫等恃其游勇之力，视两粤地方为其鼎窝，朘敲宰割，畅所欲为。此不特粤之罪人，亦桂之恶障。为造福人民计，自当不分省界，协力扫除游勇，以致真正之民治。俟粤局定后，即可尽粤省之力，以助桂省。亟望努力，共企成功，至幸。此复，即询

时绥

据《中央党务月刊》第十三期"特载"《复吕一夔》

批张海涛函

（一九二〇年十月）

　　代答：务要由湘出兵助粤，以驱除游勇，助桂以改造广西，免游勇盘踞作恶为要。

据《国父全集》第四册（转录史委会藏抄件）

批三藩市《少年中国晨报》函

（一九二〇年十月）

　　作答：辩明报载朱执信之死难实情，并奖励筹饷。往卢君讨回

亚戾收条,着律师告他破约、并骗飞机公司钱,以追回傤纸①。此事当交由律师办理,详情面授焕廷知之。

据《国父全集》第四册(转录史委会藏抄件)

复孙科电
(一九二〇年十一月二日)

冬电悉。若钦、廉如报上所言黄志垣已在该处独立,则桂贼已尽失海口,无地可以接收军器矣。然此等〈军〉器亦正合吾人之用,可与前途交涉云。现款一时难得,但在沪可觅银行担保,俟粤局定后,则当先以关余还之。可约其船先驶入汕头停泊。若交易不成,当通知沿海一带同志防备,免其偷接。并请李锦纶向美领抗议可也。父。冬。

据《国父全集》第三册(转录史委会藏亲笔原稿)

复林修梅函
(一九二〇年十一月三日)

浴凡兄鉴:

十月十六日手函奉悉。贵军可即称为讨桂军,以免牵混。至移师计划,兄可相机行之。款项正在筹措,因前挪贷一空,故颇难得手,然必极力设法也。

现粤事已可结束,协和将由黔入湘,前月廿九到遵义。吕汉

---

① 傤纸:即支票。

章、石青阳、卢锡卿三军,亦有暂抛川局之计划。兄亟宜联络湘中同志,统一湘西,与协和一致行动,并速派人与吕、石、卢联络,团成一片,巩固实力,然后相机解决大局,是为至要。

北庭前日发表统一伪令,滑稽可笑,已通电驳斥,谅达览矣。此复,即颂

戎绥

据《国父全集》第三册(转录史委会藏《总理函稿》)

致许崇智电*

(一九二〇年十一月三日)

火急。广州潮州会馆许汝为军长鉴:新成密。顷得粤讯,知兄于东日抵省,元气旺盛,至为欣慰。桂贼窃据粤东,盗憎主人,非徒粤民饮恨,吾党革命事业,实滋梗厉。幸赖兄等回戈,亲冒矢石,肉搏争先,血战二三月之久,遂能放逐蛮酋,用康屯难,固公理之战胜,亦策略之靡遗。民国九年粤军战史,第一功当属兄矣。会当把晤,为兄策勋。尚希再厉戈矛,迅图扫穴,出桂人于强盗之手,使两粤联为一气,固我初基,进而解决大局,庶三民主义得有贯彻之日。文愿与诸兄共勉之。

据《国父全集》第三册(转录史委会藏《总理函稿》)

---

　　*　此电未署日期。按粤军于十月二十九日克复广州,粤军第二军军长许崇智于十一月一日进入广州,孙中山致电嘉奖。据此电文义,发出时间应在许进入广州之初,今酌定为十一月三日。

在上海中国国民党本部会议的演说

（一九二〇年十一月四日）

　　本部章程是在日本东京定的。当时才经讨袁失败，大家灰心，以为革命党势力已尽，一时再难振兴了。但是我觉得事业虽然失败，一般同志依然存在，尽可再接再厉。我很怕大家冷淡下去，就要涣散了。所以我急急设法团结起来，发起这中华革命党；不过那时候都在海外亡命，和在内地办党的情形不同，所以当时章程只准着海外情形来定的。现在我们既已能够在国内立脚，打算在国内进行党务，那章程自然有多少要修改的地方。

　　我们要国事和党事分开来办。国事无论怎么样，这总是要办的。我们要晓得党是什么一件东西？这党的目的是要怎样的？我们造一个党，是因为要把我们的主义和目的贯彻到底。当初创造同盟会，我也就抱着三民主义。不过当时同志鼓吹革命，全凭着一腔热血，未曾计划革命成功以后怎样的继续进行，怎样的完全达到我们的目的和主义。所以武昌起义成功以后，同盟会的同志就不能再往前做去，以致失败。武昌革命成功的快，原来也是出人意外的。一般同志都匆卒跑到政界去了，所以这革命的进行就未免半途而废。距武昌革命不到三个月，我到上海，就听得一种舆论，那舆论，也就是革命党同附和革命党的人发出来的，说是"革命军起，革命党消"。我当时听了很觉奇怪，怎么革命军起，革命党就要消呢？实在不懂他们所说的意义。现在看起来，我们的失败就在这个地方。那是〔时〕革命党就没有继续下去，到后来统一告成，便有许多的党纷纷起来争握政权；只有革命党迟之又久，才改做了政党,然因一时拼命去罗致人才,以致内部十分复杂,中坚人物又冷了心,原来的革命党都退缩出来,所以结果就大大的失败了! 后来,我鉴于这个失败,所以就另行组织中华革命党,以便实行我们所抱负的主义。

中华革命党有几个条件,当时老同盟会中人觉得不好,很有许多反对的;卒之至于分道扬镳,不肯加入。其实他们很不了解,因为党与国原有不同之处,最要分得清楚。党所重的是有一定的主义;为要行一定的主义,就不能不重在人。本来旧国家的政治也是重人,现代新国家乃重在法。但法从何来? 须要我们人去造成他。所以党的作用,也就不能不重人。党本来是人治,不是法治。我们要造法治国家,只靠我们同党人的心理。党之能够团结发达,必要有二个作用:一是感情作用,二是主义作用;至于法治作用,其效力甚小。明白这个道理,方知道我要设置那些条件的道理。譬如我有一个要服从我革命的信条,大家觉得不对。其实我要求这个条件,也有理由,请一考究第二次失败的病根,那就明白了。本来第二次革命的时候,我们这方面较袁氏地大力充,财足兵多,何以竟至失败? 这个缘故,就是袁氏统一,民党不统一。要救这个弊病,自然只有也用统一的法子,所以我就要要求这一个服从的信条。但当时同志多不赞成,后来过了五六年之经验,乃知道这办法很对的。还有我党的三民主义,当初同盟会还只明白民族主义,拼命去做;至于民权、民生两主义,不很透彻,其实民族主义也还没有做完。至于我主张的五权宪法,那时不懂的更多。原来美国的三权宪法,乃是模仿英国的。当初英国没有政党,政治习惯上好象三权分立,美国模仿,乃规定在宪法上,分晰清楚。英国也有人主张四权的,但我觉得非分为五权不可。我所说的五权,也非我杜撰的,就是将三权再分出弹劾及考试两权。所谓三权者,就是将君权之行政、立法、裁判独立起来。但中国自唐、宋以来，便有脱出君权而独立之两权：即弹劾、考试是也。现在我们主张五权，本来即是现时所说的三权，不过三权是把考试权附在行政部分、弹劾权附在立法部分。我们现将外国的规制和中国本有的规制融和起来，较为周备。外国无考试，只有英国有文官考试。英国明白说过，考试是取法中国，足见这考试制是最好。一九〇四年，我和王宠惠在纽约曾谈到五权宪法，他自赞成。后来他到耶耳大学专攻法律，反疑惑起来，说："这五权分立，各国的法律都没有这样办法，恐怕不行。"这也奇怪，中国固有的法制，他倒抛荒了。他起初很赞成，后来学了法律反不赞成，足见他的思想为一方面所锢蔽。能融通了悟的，实在难得；现在已十余年了，还是没有什么人懂得。但我们〈如〉实行起来，后来必博法律家大大的赞成。譬如英国的政治，到了孟德斯鸠出来，才赞成他。所以我的主张，必定要做到五权宪法。否则，无论如何总要革命。这就是我党一定的目的。

民族主义，当初用以破坏满洲专制。这主义也不是新潮流才有的。向来我们要扩充起来，融化我们中国所有各族，成个中华民族。若单是做到推倒满族的专制，还是未曾完成。至于民权，现在也未做到。即使单单做到民权，不实行民生主义，也就不能使人〈民〉享受福利。象美洲等国，可谓民权发达，怎么还有革命的事发生呢？只为人民的生活太难，贫富的阶级相去太远，那社会革命的事自然就免不了。所以中国纵使做到美国民权发达的地步，也还是要革命的。不过象中国现在的情状，旧潮流还没有弄清，那新潮流更是无人注意。我们最好是把他来一次解决，以免祸乱叠生。有人说："各国百年前，只是民权革命，直到现在，乃有社会革命。我们也要分开步骤才好。"不知他们那时候还没有这个状况，到了现在，经济发达，资本制的流毒已经弥满世界，中国也感受这种恶潮。请看上海，房租日高，地价奇贵，工钱稍稍加点，贫民生活反不如从前的容易。据此看来，这恶潮不是已经到了吗？怎么还可把百年前外国的状况来比呢？所以，我们的三民主义应该一贯做去，扫除一切不平的事。如民族主义，即是扫除种族之不平；民权主义，即是扫除政治之不平；民生主义，即是扫除社会之不平。这种种的不平，既然都在眼前，所以我们同时就要解决，免得枝枝节节，而且不如是，就永远不能适应世界的潮流了。所以我党就要以三民主义为宗旨、五权宪法为目的，合拢这两条来做革命。

我们有个最好的同志，就是朱执信。他的学问是很好的，对于革命事业又非常热心。他尝问我："革命何以要服从个人？"我说："这容易解释，就是服从我的主义便了。譬如道统，也是把个人来做代表的，如说孔子之道；又如宗教亦然，如说耶苏教、佛教之类。学说也是这样，如进化学叫做达尔文学说；我中国讲良知的，也叫做阳明学。又如一种政策，也可以个人代表，如孟禄主义，即是代表防备欧洲政策的。以上都是以个人来代表的。我这三民主义、五权宪法，也可以叫做孙文革命；所以服从我，就是服从我所主张的革命；服从我的革命，自然应该服从我。"本来民国不是三民主义行不过去，只因推倒帝制以后，革命党就已消灭，没有人切实去做。所以我趁着亡命之后，把这些同志约束起来。当时许多的人反对我把个人做主义去办党，不知党本是人治，不象国家的法治。这话前头已经说过了。综而言之，党用人治的长处很多，人治力量乃大。

我们革命失败，全是日本捣鬼：起初助袁世凯以摧残民党，后来经民党多方运动，不助袁氏，乃又偏偏要抬出岑春煊来扶植官僚势力。无奈讨袁之后，我们党已解散，没有势力抵抗他。现在我们又渐渐恢复了。我们就赶紧在国内扩张起来，实行这三民主义、五权宪法。现在为便利起见，把从前的章程，大家来参酌修改。

我还将民族主义发挥一遍。有人说："清室推翻以后，民族主义可以不要。"这话实在错了。即如我们所住的租界，外国人就要把治外法权来压制中国人，这还是前清造的恶因。现在清室虽不能压制我们，但各国还是要压制的，所以我们还要积极的抵制。我看，暹罗在国际上比中国地位还高，所以我们定要积极的将我四万万民族地位抬高起来，发扬光大。现在说五族共和，实在这五族的名词很不切当。我们国内何止五族呢？我的意思，应该把我们中国所有各民族融成一个中华民族（如美国，本是欧洲许多民族合起来的，现在却只成了美国一个民族，为世界上最有光荣的民族）；并且要把中华民族造成很文明的民族，然后民族主义乃为完了。现在实还没有做到，所以我们还是三民主义缺一不可。这是确定不能改易的。所有章程，大家可以商量修改。

据《中央党务月刊》第七期(一九二九年二月出版)《民九修改党章之说明》

复唐绍仪函
（一九二〇年十一月五日）

少川先生鉴：

来函诵悉。曾询问马君武兄，据云此为造棉花火药必需之原料，广东无烟药厂前向美洲定购，价约每磅四角（粤币）云云。是此药必须购办，即请转知贵友订购，并言明在广州交货为祷。此复，即颂

日绥

十一月五日

据《国父全集》第三册(转录史委会藏《总理函稿》)

复靳云鹏电[*]

（一九二〇年十一月五日）

　　北京靳翼青先生鉴：奉卅一日尊电，藉悉壹是。窃以西南兴师，服膺两义，护法救国，中外闻知。曩岁文等鉴于海内望和之殷，友邦劝告之切，亦尝披肝沥胆，与北方对等议和。事令纷歧，停顿匝岁，每一念至，辄用怆心。近者岑、莫避薶，情急求和，北方不察，竟据以宣言统一，中外各报，咸肆讥评，谓为滑稽，良非无故。执事自问，当亦哑然。中国通病，在一伪字。执事斧柯在手，正宜力矫积习，导人以诚。文等之愚，以为欲解南北纠纷，图全国事实上之统一，必自赓续和议，该军事协定，乘时取销，各种密约，完全废止，法律问题完满解决始。否则，求统一而去统一愈远，言和平而破坏和平愈甚。天下其谓之何？辱承明问，敢布区区。言尽于斯，诸维亮察。孙文、伍廷芳。歌。

据上海《民国日报》一九二〇年十一月九日《两总裁电质靳云鹏》

复　周　行　函[**]

（一九二〇年十一月六日前）

天槎兄鉴：

　　来函已悉。现粤事已大体解决，继当进图广西，扫除桂系，出

----

[*]　靳云鹏，字翼青，原属皖系，为段祺瑞"四大金刚"之一，当时倾向直系，任北京政府国务院总理。

[**]　此函《中央党务月刊》编者注明"香港——总部转"。

广西于游勇之手,施行民治。兄既与桂籍军人浃洽,亟宜晓以此旨,使与粤军提携共进,实行改造桂省,福利乡邦,使两粤成为民治首善之区,实获辅车之益。至要至盼。此复,即询

时绥

据《中央党务月刊》第十三期"特载"《复周行》

复 凌 钺 函

（一九二〇年十一月六日前）

子黄兄鉴:

来书备悉,惨淡经营,至为心佩。

西南兴师,亦阅数稔,原欲维持约法之原状,依序进图因革,贯彻主张,建民治之极轨,获共和之实利。何意奸人捣乱,内患横生,委曲求全,终无善法,徒有拘牵之苦,终成溃裂之局。"护法"二字,几于狐埋狐掘〔掘〕,亦何可叹! 幸粤中尚能勉收余烬,再苗生机;然所存者仅矣。

今后倘各鉴前车,同心一致尚不难收桑榆之效,若犹是不能达到目的,则惟有进而为革命耳。徐、岑辈虽奸诡百出,其奈之何?所望我同志彻底了悟,但以主义为皈依,不以诡随为应付,则虽万变纷乘,我正义之主张,终当贯彻也。此复,即颂

时绥

据《中央党务月刊》第十三期"特载"《复凌钺》

复齐燮元函

（一九二〇年十一月六日）

抚万先生执事：

　　顷奉手教暨秀公①遗书一册。自秀公之死，北方有力者，屡遣人来，谓秀公自杀，并非实情，中有黑幕，言词之间，竟有所指。今得来函，并影有遗笔数通，以是表彰秀公而镇靖人心，诚不可少。惟遗书笔迹已见报章多日，何以北使纷驰沪上，造谤不休，想必有人欲攫取地盘，而先陷当局者以莫须有之罪。世情崄巇，殊可慨叹！

　　执事镇抚一方，责望綦重，而北方政出多门，更有人为之奔走捣乱，此恐非语言文字所能释谤而止纷。夫当非常之事变，要有非常之干略。彼人诪张为幻，且挟居高临下之势，不审执事何以应之？文好直言，既有所知，即无隐讳。专复，顺颂
勋安并候明教

十一月六日

据《国父全集》第三册（转录史委会藏《总理函稿》）

复蒋道日关墨园函*

（一九二〇年十一月六日）

道日、墨园兄鉴：

　　九月十二日来函已悉。古巴党务，赖兄等之热心与毅力，蒸蒸

---

　　①　秀公：即李纯，字秀山。

　　*　驻古巴中国国民党总分部接获孙中山有关筹饷助讨莫荣新电令后，即提公款电汇香港工商银行转交港币三万元，此为孙中山收到款后的复函。

日上,殊深欣慰。

所请改称支部一节,自应照准。已着总务部照缮委任状,并颁发新印信矣。仍望我侨古巴诸亲爱同志,本互助博爱之精神,谋团体永久之巩固,一心一德,共济时艰,祖国光荣,实利赖焉。

此次粤军讨贼,承古巴侨胞捐助饷银三万元,解囊者之慷慨,与劝募者之勤劳,热诚伟绩,古之卜式,不是过也。现粤军已于十月二十八日收复广州[①],桂贼狼狈西逃,广东全局,大旨粗定。我古巴诸亲爱侨胞,闻此佳音,想必欢声雷动也。

吴君文安,现不能应《民声报》之聘,文已改派周雍能君前往承乏。周君现定本年十二月七号搭"中国"邮船由本部起程,取道三藩市,以赴古巴。启行时总务部当有电告。此复,顺颂
毅祺

孙文　十一月六日

据黄鼎之编《驻古巴中国国民党党务概观》(三民印书局一九三六年版)

批齐燮元函

(一九二〇年十一月六日)

作答:北方有力者遣人来言,秀公之自杀,并非实情,中有黑幕,言辞之间多注意在公。今得来函并秀公遗笔,始怃〔涣〕然冰释。然北使纷驰沪上,非陷公于罪名不止,公将何以处之? 愿闻明教。

据《国父全集》第四册(转录史委会藏抄件)

---

① 粤军于十月二十九日晨攻克广州,此处日期有误。

与上海通讯社记者的谈话

（一九二〇年十一月八日）

记者：山东问题之救济法，因现下舆论纷呶，尚未定有举国一致之最后办法。请孙先生表示意见。

孙答：余始终未尝表示何等之意见。惟现下照余个人观察所得，则此时似不必用狮子搏兔之全力尽注于该问题之上，实应将目光放远一步，专行注力于满洲、高丽两方面。其第一步办法，应先要求取消《马关条约》，扶持韩人独立，以缓其冲。第二步办法，要求取消二十一条卖国条约，以锄其攫取山东之根。因养成今日之局势者，皆此二十一条中承继山东德人权利一条有以酿成之也。该两步办法如能办到，则吾国藩篱已固，山东问题亦即可以连带解决。故余意目下殊可不必汲汲于山东一隅之问题也。

记者：两步办法极佳。惟如何实施之法，可得闻乎？

孙答：目下似宜先行造成一种强固之舆论，以博各国之同情。后日列强如有大半表同情于吾，然后再定实施之法，或直接向日本要求，或提交国际联盟会公判。公道自在人心，胜算即不难预卜云。

据上海《民国日报》一九二〇年十一月九日《孙中山先生之外交谈》

给骆连焕委任状

（一九二〇年十一月八日）

委任状：委任骆连焕为东京河内中国国民党支部会计科副主

任。此状。

中国国民党总理孙　　文
总务部主任居　　正
财政部主任廖仲恺

中华民国九年十一月八日

据《国父全集》第四册（转录史委会藏原件影印）

在上海中国国民党本部会议的演说

（一九二〇年十一月九日）

　　"训政"二字，我须解释。本来政治主权是在人民，我们怎么好包揽去作呢？其实，我们革命就是要将政治揽在我们手里来作。这种办法，事实上不得不然。试看民国已经成立了九年，一般人民还是不懂共和的真趣，所以迫得我们再要革命。现在我不单是用革命去扫除那恶劣政治，还要用革命的手段去建设，所以叫做"训政"。这"训政"，好象就是帝制时代用的名词，但是与帝制实在绝不相同。须知共和国，皇帝就是人民，以五千年来被压作奴隶的人民，一旦抬他作起皇帝，定然是不会作的。所以我们革命党人应该来教训他，如伊尹训太甲样。我这个"训"字，就是从"伊训"上"训"字用得来的。

　　又须知现在人民有一种专制积威造下来的奴隶性，实在不容易改变。虽勉强拉他来做主人翁，他到底觉得不舒服，我举个实例：美国林肯放奴，这是何等一件好事！论理，这奴隶要怎样的感谢林肯。他不但不感谢，反把林肯做了他们的仇敌，以为把他们现在的生活弄掉了，竟至把林肯刺杀了。这不是习惯难改吗？还有那坐牢的人，坐到十年之后，他就把牢狱当他的正当生活；一旦放他出来，他很不愿，因为要他去自寻生活，他就没有办法。所以国家并要替他们设个收养所，去教训他。这不是很奇怪的吗？

中国奴制已经行了数千年之久，所以民国虽然有了九年，一般人民还不晓得自己去站那主人的地位。我们现在没有别法，只好用些强迫的手段，迫着他来做主人，教他练习练习。这就是我用"训政"的意思。斐律宾的自治也是美国人去训政，现在二十年了，他们已经懂得自治，所以美国给他自治；不过中央政府还要美国派一个监督去训练他。

据《中央党务月刊》第七期《训政之解释》

中国国民党总章

（一九二〇年十一月九日修正）

第一条　本党以三民主义为宗旨。

第二条　本党以创立五权宪法为目的。

第三条　本党进行分二时期：

（一）军政时期　此期以积极武力，扫除一切障碍，奠定民国基础；同时由政府训政，以文明治理督率国民建设地方自治。

（二）宪政时期　地方自治完成，乃由国民选举代表，组织宪法委员会，创制五权宪法。

第四条　自革命起义之日至宪法颁布之日，总名曰革命时期。在此时期内，一切军国庶政，悉由本党负完全责任。

第五条　凡中华民国人民成年男女，皆有进本党之权利义务。

第六条　凡进本党者，必须立约宣誓，永远遵守本党信条。

第七条　凡党员,须纳入党金十元,每年年捐一元;但曾效力于革命及现在为革命奔走者,得由本部认可,免纳入党金。

第八条　本党组织本部,置各部如左:

一、总务部;

二、党务部;

三、财政部;

四、宣传部。

第九条　本部总理一人,每部部长一人,副部长一人,干事长及干事若干人。

第十条　总理有全权总揽本党一切事务。

第十一条　各部长、副部长、干事长、干事,悉由总理委任,执行各该部主管事务。

第十二条　本党规约及本部、各部之各种规则,另定之。

第十三条　本党设支分部于国内各省区、各县,及国外之华侨所在地。

第十四条　各地支部长,由各地党员推荐,总理委任。

第十五条　各地支部长得派人创设分部于其所属地方而指挥监督之。

第十六条　本党由总理召集大会及组织各种会议。大会及各种会议规则另定之。

第十七条　本总章之修改,须由本部职员过半数或支部长十人以上之提议,得开大会修改之。

第十八条　本总章自议决之日施行。

据《中央党务月刊》第一期(一九二八年八月出版)《中国国民党总章》

致护法各省各军电[*]

（一九二〇年十一月九日）

（衔略）组庵东电，否认岑、陆、林宣言及岑漾、敬两电，词严义正，钦佩莫名。自西南护法，国会南迁，由各省、各军合组政府，原期同心协力，贯彻始终。不意劣马害群，莠草乱苗，岑、陆与政学系诸奸，盘踞军府，扰乱国会，种种罪恶，罄竹难书，揭其大端：（一）对于湘军，则长、岳既复，则力阻其进行，专利自私，致并弃湘省以资敌。（二）对于北廷，则密使往还，日夕私议条件，以破坏上海之正式和议。（三）对于宪法，则地方制度将完二读，彼少数人即结合捣乱，屡次缺席，致功败于垂成。（四）对于驻粤滇军，初则擅易师长，继则助逆抗命，终则威迫改编，致内讧不已，竟召分裂。（五）对于川事，则挑拨熊氏，反对联军出师，并离间滇军之顾、赵^①，使川军与川军战，与滇、黔军战，致联军失败，出师绝望。（六）对于粤军，则汀、漳方复，则断其后援，近复逞其假道灭虢之计，增兵进逼，欲消灭之而甘心。及粤军自卫反攻，桂军屡战皆北，岑、莫逃亡，乃通电取消军府及广东自主，滑稽儿戏，无聊亦复无耻！竞存来电，谓彼等仅能取消其窃据之名器，及其自身之人格。诚哉是言！夷午东电，提议联省组织，尤其卓识。窃念我西南各省、各军，以护法救国为职志，支撑数载，艰险备尝，现在人民自决，潮流所趋，吾人正

　　＊　此系致唐继尧暨西南各省各军通电。《国父全集》作为两件（一为原稿，一为抄件）分别收入。今据上海《民国日报》正式发表之文字，并参校《顺天时报》一九二〇年十一月二十四日《孙唐伍大放厥词》一文收入。另件作为同题异文附后。

　　①　顾、赵：即顾品珍、赵又新。

宜本真正之民意，革故取新，推广平民教育，振兴农工实业，整理地方财政，发展道路交通，裁撤无用军队，实行地方自治。我护法各省，联合一致，以树全国之模范。诸公艰难共济，久证心期，尚望共策进行，国家前途，实利赖之。孙文、唐绍仪、伍廷芳等。佳。

据上海《民国日报》一九二〇年十一月十日《孙唐伍宣布革故取新之主张》

附:同题异文[*]

（衔略）组庵东电否认岑、陆、林宣言及岑漾、敬两电，词严义正，钦佩莫名。自西南护法，国会南迁，由各省各军合组政府，原期同心协力，贯彻始终；不意劣马害群，莠草乱苗，岑、陆、林、莫与政学系诸奸，盘踞军府，扰乱国会，种种罪恶，罄竹难书，揭其大端：（一）对于湘军：则长、岳既复，则力阻其进攻武汉，致并弃湘省以资敌。（二）对于北廷：则密使往还，日谋单独乞降，以破坏上海之对等和议。（三）对于宪法：则地方制度，方经二读，彼少数人即结合捣乱，屡次缺席，致功败于垂成。（四）对于驻粤滇军：初则擅易师长，继则助逆抗命，终则威迫改编，致讧不已，竟召分裂。（五）对于川事：则挑拨熊氏反对联军出师，并离间滇军之颜〔顾〕、赵，致川军与川〈军〉战、与滇、黔军战，致联军失败，出师绝望。（六）对于粤军：则汀、漳方复，则断其后援，近复逞其假道灭虢之计，增兵进逼，欲消灭之而甘心。及粤军自卫反攻，桂军屡战皆北，岑、莫临逃，乃通电取消军府及广东自主。滑稽儿戏，无聊亦复无耻。竞存电谓：彼等仅能取消其窃据之名器及自身之人格。诚哉是言。因思我西南各省、各军，坚苦卓绝，转战数年，支撑危局，砥柱中流。此后仍

_*　《国父全集》收入时题为《致护法各省各军责岑春煊等破坏护法经过通电》。

宜联合一致,共策进行,本护法之初衷,成救国之大计,实行民治,永奠国基。艰难共济,始终如一,惟诸公实图利之。

据《国父全集》第三册(转录史委会藏原稿)

统一国民党译名通告

(一九二〇年十一月十日)

　　本党自成立以来,国外各部曾经以国民党名义向各该地政府注册,但其所用英文名称,各处未能一律,殊多不便。兹特规定英文译音,并译意式如左:The Kuo Min Tang (Chinese Nationalist Party)。至他国文,则只译作 Kuo Min Tang。自此规定通告之后,仰各总支部、各支分部一体遵用,以免纷歧,此布。

中华民国九年十一月十日

孙文启

据《中央党务月刊》第五期(一九二八年十二月出版)
"特载"《总理划一本党译名通告》

复谢英伯函

(一九二〇年十一月十日)

英伯兄鉴:

　　世邮电奉悉。所举四端,皆为切要。现以事实便利,已委竞存为省长,兼粤军总司令矣。刻下粤省虽复,桂逆犹存,所望桑梓人士,夹辅当局,用竞全功;庶民治基础,得以巩固,国难其有豸乎。此复,即颂

时绥

据《国父全集》第三册(转录史委会藏《总理函稿》)

致龚振丹函

（一九二〇年十一月十日）

振丹兄鉴：

　　手书奉悉。虎门为粤海咽喉，得兄绾领机缄，可称北门之固。惟今粤省虽复，桂逆尚存。须乘我壮直，犁彼酋庭，方足以清后患而计永安。兄晓畅戎机，当必有所策划也。

据《国父全集》第三册(转录史委会藏《总理函稿》)

致陈炯明电 *

（一九二〇年十一月上旬）

　　竞存鉴：粤军未返旆时，江防有丁基龙、陈策两同志纠合舰队，约同李安邦、李绮庵举事，以破坏桂贼势力。事虽不成，然已足令桂贼失措，不无微劳。丁、陈为海军难得之同志，欲谋粤局巩固，以防北方运动，宜量才录用之，以固江防团体；二李则现带民军，亦望善遇之。孙文。

据《国父全集》第三册(转录史委会藏亲笔原稿)

---

　　* 原电未署日期。据电称"粤军未返旆时"及"欲谋粤局巩固"等语，此电当是发于一九二〇年十月二十九日粤军占领广州之后。今酌定为十一月上旬。

致谭延闿等电[*]

（一九二〇年十一月上旬）

长沙周道腴先生：道密。转谭总司令、赵总指挥鉴：歌电悉。王育寅原电，此间尚未接到，究竟内容如何，无从悬揣。惟前者粤桂战事发生之时，湘中将领多主张援粤讨桂。育寅亦曾派人来此接洽，愿率所部前驱，以其响义心切，当即嘱其与各将领联络进行，并派林君修梅前往查察是否出于诚意。兹接来电，似与前项事实稍有歧异。如果育寅仍系依据前情，出师援粤，似未可指为悖谬。且其人前以复父仇，行动稍有逾轨，于情尤有可原。应请两公体察情势，勿遽加兵，并将育寅原电迅速转示，以便商处。一面仍由文径电林君，从速查复。特此电闻，并希见复。孙文。

据胡编《总理全集》第三集《讨莫之役致滇湘黔闽浙粤各省当局要电》

致陈炯明电^{**}

（一九二〇年十一月上旬）

竞兄鉴：今得湘、赣、燕等处秘密消息，我军在惠相持之际，桂

---

* 原电未署日期。前王育寅起兵为父报仇，攻占大庸、慈利等地，为湘督谭延闿所不容；林修梅亦因受谭排挤，互有夙怨。一九二〇年十月，以林修梅、王育寅为正副司令的湘西靖国军，要求假道援粤，十五日林修梅部进攻常、澧，湘省守军迎战失利后，谭延闿即派第一旅宋鹤庚部攻林，至十一月二日，谭部省军攻下慈利、大庸、桑植等县，王育寅逃往汉口。孙中山在此电中谓"勿遽加兵"，当系指上述谭部进攻林、王一事。据此，此电当发于十月底至十一月初。今酌定为十一月上旬。

** 原电未署日期。据粤军于一九二〇年十月二十九日攻占广州，北京当局于三十日发表统一通电，孙中山等于次日宣言否认伪统一。按此电称"四期之作战"，当系指十一月十五日出兵攻肇庆之计划。今酌定此函发于十一月上旬。

贼电使纷驰于三处乞援,定有计划,以惠州为战略之退却,而固守
省城或肇庆。北方则派某某取道赣南而趋东江,派张宗昌取道湘
南而趋北江。二路援军一到,桂贼则反攻。今幸我军追击之猛,民
军牵制之力,使彼一退而不可收拾,北方为之失望,我可得一息安
全。惟北方随有宣布统一之令,此实为援桂之先声,粤局此时犹未
得以为安也。四期之作战,以速为妙,否则桂贼惊魂一定,必有反
攻,而北敌则随之而至,粤恐成为垓下矣。此时一面宜解散桂之嫡
派降军,以清后患;一面宜厚抚民军,以致多助;使民军速进桂边,
以扰彼归路,然后以大军临之,一溯西江以取梧、浔,一由海道集中
钦州,以取邕、龙,则桂贼可全灭矣。最妙使藏军从汕航钦,能办到
否？再朱卓文前由此间委为飞机队司令,今两方已联络,应由兄处
委他,并接济其饷费,以归统一。孙文。

据《国父全集》第三册(转录史委会藏亲笔原稿)

致何成濬电[＊]

(一九二〇年十一月上旬)

　　雪竹兄鉴:我军艳日克复广州,莫、林、沈^①诸逆俱逃。马济拟
率残部绕道北江回桂,粤事当可稍定。岑、陆见难再容于西南,遂
公然降〈北庭〉。北庭亟欲假统一以借外债,为征服异己之图,遂置
护法各省之主张、中外共认之和会于不顾,悍然以伪总统一纸命
令,宣布统一。此不独视西南为一二桂贼所私有,蔑视我护法团体

　　＊　此电未署日期。据电称"我军艳日克复广州"、"马济拟率残部绕道北江回桂,
粤事当可稍定",及"某等为护法救国计,不得不有十月三十一日之宣言"等语,则此电应
系发于十一月上旬。

　　①　莫、林、沈:即莫荣新、林虎、沈鸿英。

之人格,外人不察,滥予援助,北庭愈有所恃,以遂其毁法卖国之私,和平将永无望。故某等为护法救国计,不得不有十月三十一日之宣言。组庵护法决心,至所佩仰,前沪报载其反对桂系单独媾和,义正词严,尤足慑服群奸。此次对于北庭统一伪令,想必有坚决之表示,以慰群望。会间希为致问,并盼示复。孙文。

据《国父全集》第三册(转录《会书》之九"文电")

复李翰屏函

(一九二〇年十一月十一日)

翰屏兄鉴:

　　来书备悉。同志爱乡爱国,踊跃输将,助平逆贼,至慰至佩。

　　所云购办枪械一节,是何种类? 能办多少? 价值若干? 运送之法如何? 均请速行查复,以便筹划。现粤省虽经克复,桂贼老巢尚在,非犁庭扫穴,莫竟全功。尚望我诸同志协力一致,完此伟业也。此复,并颂

时绥

十一月十一日

据《国父全集》第三册(转录史委会藏《总理函稿》)

复周之贞函

(一九二〇年十一月十一日)

之贞先生鉴:

　　来书已悉。执事轸念乡邦,毅然敌忾,西江要地,赖以规复,至佩至慰。

　　方今桂贼未清,我军亟宜继续前进,扫穴犁庭,乃可以告全功。

至军队名义,自以统一为宜,毋须过虑。请致力肃清境内,迅即西征为要。此复,并询

戎绥

十一月十一日

据《国父全集》第三册(转录史委会藏《总理函稿》)

复林直勉电 *

(一九二〇年十一月十二日)

直可回,芦隐①准署总干事。孙文。(十一月十二日)

据《国父全集》第三册(转录《党务杂志》第七号)

复唐继尧电

(一九二〇年十一月十五日)

云南唐总裁鉴:申密。歌电奉悉。北庭三十日发表伪统一令,自欺欺人,腾笑中外。尊电谓不独关于国家正义主张,吾辈为保存人格计,万不能中道背驰。肝胆之言,我心如一。已联列尊衔暨秩庸、少川两公通电否认,计邀省览。现广东虽复,若不改造广西,仍多后患;兹正促令诸军,鼓勇前进。惟滇、桂密迩,可与粤成犄角之势,旋师稍息,尚望转向桂边,并图犁扫。桂定,则滇、粤脉络贯通,西南可成强固之局。彼盗国者虽百方控纵,莫能破我中权矣。希图利之。十一月十五日。

据《中央党务月刊》第十三期"特载"《复唐继尧电》

---

* 林直勉原呈请辞去美洲三藩市国民党总支部总干事职务,孙中山电准辞呈。

① 芦隐:即刘芦隐。

致蒋中正电

（一九二〇年十一月十六日）

宁波濠河头新顺行转蒋介石先生鉴：刻有要事面商，请即返沪。孙文。铣。

据毛思诚编《民国十五年前之蒋介石先生》（一九三六年十月版）第六编

致加拿大等处华侨函 *

（一九二〇年十一月十八日）

□□诸同志鉴：

粤人困处桂贼之下，于今数载，奸淫虏掠，百苦备尝。今幸我师回戈一指，旧物重光。将士则气奋风云，人民则欢同霖雨，足见我五羊壮气，终不为桂贼所摧。□□同志方事之般〔殷〕，解囊助饷，不遗余力，士马既获饱腾，战斗更增勇壮。昔卜式输边，著称好义；鄭侯转饷，论列首功。今□□〈同〉志之助成规复，真可与冲锋陷阵者媲其勋绩也。

兹因马素兄来美，特赍片言，用申奖谢。惟是陆逆未诛，尚多后患，必使桂省人民亦脱出强盗之手，乃得与我提携，共臻巩固。继此即应进攻桂省，大军远出，需费甚繁，而粤中疮痍之补救，新政之设施，事功浩大，赖助尤多。切盼再鼓热诚，共完伟业，造两粤成

＊　此系孙中山分缮致加拿大、三藩市、古巴、墨西哥暨美洲各处华侨劝捐军饷的函件。

民治首善之区,于以发扬光大,使全国人民实享共和之福。是即我曹之所祈祷,而亦我国内外同胞所当共引为责任者也。勉之望之。此询

公祺

据《中央党务月刊》第十三期"特载"《致加拿大、古巴、墨西哥、三藩市美洲华侨》

中国国民党规约

(一九二〇年十一月十九日)

第一章 总 纲

第一条 本党以实行三民主义为宗旨。

第二条 本党以创立五权宪法为目的。

第二章 党 员

第三条 凡中华民国人民成年男女,与本党宗旨相同,愿确守本党信条者,由党员二人介绍,并具誓约于本党,由本党发给党员证书,始得为本党党员。

第四条 党员入党时须纳入党金十元,每年年捐一元;但曾效力于革命及现在为革命效力者,得由本部认可,免纳入党金。

第五条 前经入中华革命党领有党员证书者,得换取或补给新证书。

第六条 凡党员须遵守本党一切规则。

第七条　党员不得兼入他党,并不得自行脱党。

第八条　党员如有违背规约,或以个人行为妨害本党名誉者,经干事会审查确实议决后,得宣告除名。

第三章　机关及组织

第九条　本党设本部于上海,管理全党事务。

第十条　本党设支分部于国内各省区、各县,及国外之华侨所在地,并因交通上之关系,得设总支部,总支部之应设地点,由本部定之。

第十一条　总支部、支部、分部之通则,另定之。

第十二条　本党总理一人,代表本党总揽党务。

第十三条　本党本部分为总务部、党务部、财政部、宣传部;其他直隶于本部之必要机关,得依总理命令创设之。

第十四条　总务部之职务如左:

　　一、掌握本党机要;

　　二、管理本部庶务;

　　三、接洽国内外各总支部、支部、分部;

　　四、办理不属他部之事。

第十五条　党务部之职务如左:

　　一、主管入党事务;

　　二、保管誓约及册籍;

　　三、调查党员履历。

第十六条　财政部之职务如左:

　　一、管理部〔本〕党度支;

　　二、征收党费及义捐;

三、调制预算及决算报告。

第十七条　宣传部之职务如左：

一、书报编纂及译述事项；

二、演讲事项；

三、教育事项。

第十八条　各部部长〈承〉总理之命，综理各该部事务。

第十九条　各部副部长辅助部长处理各该部事务；部长有事故时，得代理之。

第二十条　各部干事长、干事承各该部部长之命令，分掌各科事务。

第二十一条　各部部长、副部长任期二年。

第四章　会　议

第二十二条　本党每年由总理召集大会一次；其有特别重大事件，由总理召集临时会。

第二十三条　大会以总理为会长。

第二十四条　大会会期由总理定之。

第二十五条　大会会议，本部各部会议及特种会议，另以规则定之。

第五章　党　费

第二十六条　本党党费以左列各款充之：

一、党员入党金；

二、党员常年捐；

三、党员特别捐；

四、借债。

第二十七条　本党财政，按月由财政部长造具清册，汇齐公布。

第六章　附　则

第二十八条　本部、支部、分部及总支部间之关系，另以规则定之。

第二十九条　本规约经本部职员过半数或支部长五人以上之提议，得修改之。

第三十条　本规约自公布之日施行。

据《中央党务月刊》第一期"特载"《中国国民党规约》

中国国民党总支部通则

（一九二〇年十一月十九日）

第一条　总支部为谋各支分部与本部统一进行之联贯起见，设立于交通主要地点，掌理该地特定区域内各支分部事务如左：

一、关于各支分部之交通事务；

二、关于各支分部之联络及招待事务；

三、关于整率各支分部之进行事务；

四、关于调查报告各支分部之成绩事务；

五、关于解释各支分部之权限争议事务；

六、关于汇理各支分部之款项事务；

七、关于其他不专属各支分部之管理事务。

第二条　总支部设职员如左：

一、理事七人；

二、总干事一人；

三、主任干事四人，干事若干人。

第三条　理事，由总支部于特定区域内各支分部党员全体，连〔运〕记〔用〕无记名投票法选举之，以得票多数者为当选。

理事当选后，由总理加委，组织理事会处置党务。

理事会开会，以五人出席为足数，由理〔各〕各〔理〕事轮流主席。以过半数议决各项规程及事件，交由总干事执行之。但各理事有散处各支分部所在地不及法定人数开会者，得由总干事负责执行，于下次开理事会时提出，请求追认。

第四条　总干事，由本部特派，执行总支部一切事务，对于本部及理事负责任。

第五条　主任干事，依第三条之选举法举之。当选者，由总理加委，分掌课务，对于总干事负责任。

第六条　干事，由总干事报告本部委任，承主任干事之命，分掌事务。

第七条　总支部设四课如左：

一、总务课；

二、交际课；

三、调查课；

四、会计课。

第八条　总务课掌事务如左：

一、关于庶务；

二、关于党务；

三、关于第一条第五项及第七项事务。

第九条　交际课掌事务如左：

一、关于党外各项交际事务；

二、关于第一条第一项及第二项事务。

第十条　调查课掌事务如左：

一、关于调查该特定区域内之侨商各种情况；

二、关于第一条第三项及第四项事务。

第十一条　会计课掌事务如左：

一、关于总支部收支事务；

二、关于第一条第七项事务。

第十二条　总支部各课办事细则自定之。

第十三条　总支部于该特定区域内，有党员十分之一以上署名，得提起设立、改正、废止总支部一切规程，并罢免理事、总干事以下各职员之案，请求该区全体党员投票。

前项党员数目，以该总支部选举投票数为准。

第十四条　前条提案签名足数后，寄交总支部；总支部即登之于本党机关报，并声明征求赞成、反对之理由。每一案，标明题目。（如无机关报，则印刷分配于各党员）

前项自登报之日起，以两个月为截止。截止之日，即行投票。

第十五条　投票期，由总支部通告各支分部党员，在就近各支分部投票，用记名投票法。如投票所决不止一案，须于每一案题目下注明赞成、反对。

第十六条　投票由就近各支分部长监视，其期间不得迟出总支部所定期间一星期之外。每党员有一投票权。

第十七条　投票汇齐后，由各支分部寄交总支部，由理事会监视开票。

第十八条　开票之结果，由理事会宣告。总支部总干事应即执行之。

第十九条　本规则自公布达到之日施行。

据《中央党务月刊》第一期"特载"《中国国民党总支部通则》

中国国民党海外支部通则

（一九二〇年十一月十九日）

第一条　本通则适用于海外各支部。

第二条　海外支部之设立，须能担任本部事务所之经费每年千元以上，并具左列资格之一：

一、原有中华革命党支部及洪门，全部党员加入改组者；

二、由本部直接委任组织者；

三、联合原有数分部党员至千人以上者；

四、各种团体人数过千，照章写立愿书，缴入党捐而改组者。

第三条　原有分部，结合数分部，依于前条第三项之规定，直接报告本部，或由总支部请求，得成立为支部。

第四条　凡党员愿书，应由支部直寄本部事务所，领取证书。在有总支部地方，须交总支部汇寄。海外各支部，对于党员，不得自发证书。

第五条　海外支部，直接归本部统辖。如关于交通、党务、财政，须受总支部、党务部、财政部之区处。

第六条　海外支部与支部，或支部与分部，有责任不明了、或有争执时，应提出本部或总支部审定。

第七条　海外党员，除照本部规约尽义务、享权利外，有左列之权利：

一、享本党共同保护之权利；

二、享本党抚恤之权利；

三、享本党表彰之权利。

第八条　海外支部以执行部、评议部组织之，一律由总理发委任状，以重职守。

　　一、执行部置左列各职员：

　　　　正支部长一人；

　　　　副支部长一人；

　　　　主任四人、副主任四人；

　　　　书记一人或二人；

　　　　干事若干人。

　　二、评议部：

　　　　正议长一人；

　　　　副议长一人；

　　　　书记一人；

　　　　评议员十人乃至三十人（党员达三百人以上者定十人，达六百人以上者定二十人，达千人以上者定三十人）。

第九条　正部长、副部长及主任，由该支部党员选举之。

第十条　书记、干事，由支部长荐任。

第十一条　评议员由该支部党员选举之，评议长由选出之评议员互选之。

第十二条　评议部书记，由评议长于评议员中指定之。

第十三条　海外支部正部长，总管支部全体一切事务，为该支部之代表，对于本部负责任。副部长辅助之；或正部长有事故时，得代理之。

第十四条　主任承支部长之命，掌管一科事务。副主任辅助之;或主任有事故时,得代理之。

第十五条　书记承支部长之命,掌管文书起草,及保存机要文件,典守印章事务。

第十六条　干事承主任之命,掌理所属事务。

第十七条　海外支部设左之四科:

一、总务科;

二、党务科;

三、交际科;

四、会计科。

第十八条　总务科掌左列事项:

一、关于书报社之管理及整理事项;

二、关于支部内之庶务;

三、关于支部内之文件收发及分配事项;

四、关于支部内办事规则之起草事项;

五、关于支部内之应接事项;

六、调查党员职业及经历,报告于本部及总支部;

七、调查侨胞在该埠之总人数(合男女及土生者),报告于本部及总支部;

八、调查侨胞在该埠之农、工、商、矿事业,报告于本部及总支部;

九、关于不属各科事项。

第十九条　党务科掌左列事项:

一、关于党员入党事项;

二、关于传布主义事项;

三、关于愿书按月汇齐邮寄本部事项;

四、关于党员名册调制事项;

五、关于分部收入党员、按月责成将愿书交支部注册转寄本部事项。

第二十条　交际科掌左列事项：

一、关于招待及联络事项；

二、关于党外交涉事项；

三、关于接洽他支部及分部事项；

四、关于演说事项。

第二十一条　会计科掌左列事项：

一、关于入党捐及年捐征收事项；

二、关于会计报告事项；

三、关于支部内之收支簿记事项；

四、关于捐册调制并收据保管或转发事项。

第二十二条　评议部议决左之事项：

一、支部长交议事项；

二、议决支部内之预算及决算；

三、议决党员之建议案或评议员之建议案；

四、议判党员之处罚事项；

五、对于执行部职员失职或旷职之质问事项。

第二十三条　评议部之开会，通常由评议长召集，以过半数出席。但支部长认为必要时，得请求评议长召集开会。如评议长因有事不能到会时，得由副议长主席。

第二十四条　海外支部机关之经费，由党员负担。其征收法，由支部自定之，但不得挪用入党金及年捐。

第二十五条　海外支部职员之任期，以一年为一任，但得连举连任。

第二十六条　海外支部，每经过三个月，须将办理之成绩报告本部；但关于必要时，须临时报告。

第二十七条　海外支部，须于每半年中召集该支部所辖全体党员开大会一次。每星期开职员会一次。评议会每月一次。演说会无定期。

第二十八条　海外支部办事细则，由支部自定，经评议会之议决。

第二十九条　海外原有中华革命党分部及新进党员满五十人以上者，得成为分部，受该支部之管辖。

第三十条　海外分部通则，除不设副主任外，适用本通则之规定。

第三十一条　海外分部党员人数较少者，得以一人兼两科之主任。

第三十二条　本通则自公布达到之日施行。

　　　　附则

第三十三条　本通则如有海外十个以上支部之提议，得交本部修改之；但提议须说明理由及应修改之条文。

据《中央党务月刊》第一期"特载"《中国国民党海外支部通则》

复唐继尧函[*]

（一九二〇年十一月中旬）

荩赓兄鉴：

吴厅长来，业经款接，藉稔勋猷丕盛，至慰。

---

　　*　此函未署日期。据函中有"近复以徐树铮潜遁出京"等语。按直皖战争结束时，徐逃入日本兵营，十一月十六日，日本驻华公使小幡酉吉照会北京政府外交部，谓徐已逃走无踪。此函当写于十一月十六日以后。今酌定为十一月中旬。

时事愈益艰难,惟我主持正义者百折不回,终当贯达。北方自宣布依旧法改选后,新议员群起反噬,徐氏①根本动摇。近复以徐树铮潜遁出京,北庭更形惶遽。以我之整,当彼之乱,尚觉优势在我,伟见当以为然。此复,并颂

筹祺

据《中央党务月刊》第十三期"特载"《致唐继尧》

复李福林函*

(一九二〇年十一月中旬)

登同司令鉴:

曾君先齐来,得奉琅笺,并聆缕述,其佩甚慰。

此次粤省恢复,贵军当机立断,建义羊城,遂使莫贼遁逃,厥功甚伟。今肇庆已复,希再秣厉,迅速西征。不扑桂贼老巢,死灰易燃,终为后患;且新军骤增不少,亦必难于消纳,此不可不竭蹶图之者也。所有军事计划,请悉与竞存商酌,同心勠力,所向无敌,告成不远,勉望其殷。此复,并颂

戎绥

十一月

据《中央党务月刊》第十三期"特载"《复李福林》

---

①　徐氏:即徐世昌。

*　原函未署日期。函中有"今肇庆已复"等语。系指粤军攻克肇庆事,时在十一月十六日。故此函当发于十六日之后。今酌定为十一月中旬。

与记者的谈话 *

（一九二〇年十一月二十三日）

予明日当与唐绍仪、伍廷芳二君偕同胡汉民、汪兆铭二人，搭乘"支那"轮船赴广东。业经决定广东之形势，业告肃清，广东省内已无广西军踪影，但未可遽以为乐观。盖广西今虽在孤立状态，然陆荣廷之势力却不可轻视。今次粤桂战争，广西军已丧失其大部分，现在足为陆荣廷手足之军队者，虽不过三万余，然尚可与北方（经由安南）自由传达消息。我等如不压迫之，至于消尽，则深信难达南方统一之目的。故予抵广东后，当讲攻略之策。

今广西内部有反陆荣廷派，即与我等提携。如广西同志会欲改造广西，是其一也。陆荣廷亦当无安闲之日可过耳。

目下最为中国障碍者，北有张作霖，南有陆荣廷。推倒此两人，则可达统一之目的。外间以我等之南下，当开南方分立之局，此乃误之甚者。今后南方行将统一北方耳。

据北京《顺天时报》一九二〇年十一月二十五日
载上海二十三日东方电《孙中山气势焰焰》

致各同志函

（一九二〇年十一月二十三日）

同志先生鉴：

敬启者：朱执信君，勠力国事，垂二十余年，毅力清操，久为吾

＊　孙中山等人应粤军许崇智之请，于十一月二十五日由上海启程经香港，二十八日抵达广州。此系孙离沪行前与来访记者的谈话。

党钦仰。此次为剪除桂贼，仓卒被戕，家无宿粮，孤寡堪悯。目前衣食，尚赖诸友之馈遗；将来诸儿教育所需，尤不能不早为筹备。

凡我同志，念执信兄凤谊者，尚祈转为告语，量力相助，毋忘旧交，实深盼望。如有捐款，祈汇交廖仲恺兄代收为荷。即颂
公绥

孙文启

据《中国国民党本部通信》第六十期（一九二一年一月三十一日出版）

致郑占南函

（一九二〇年十一月二十三日）

占南同志兄鉴：

来函已悉。诸同志热心桑梓，慨助义捐，以助成讨桂之举，厥功甚伟，至佩至慰。

今粤局幸已告宁，不日即令大军西上，扫穴犁庭，改造桂省，以固两粤提携之局，而为建设民治之基础，还须诸同志再鼓热忱，共完伟业。

执信兄为中国有数人才，乃因虎门乱军冲突，挺身排解，致遭狙击。我党失此长城，同深震悼。今正严拿凶手，穷究真因，以慰忠灵，而申义愤。此复，即颂
毅绥

孙文　十一月二十三日

据《国父全集》第三册（转录《党务杂记》第七号）

致成谷采等电

（一九二〇年十一月二十三日）

译交中环康乐道中四十六号四楼尚信李兴高先生收，谷采、柱洲、德裕三兄均鉴：吴倚沧兄到沪，详报各情，知滇军志存讨贼，欲与粤军取一致行动，扫除游勇，巩固西南，实深欣慰。至于名义一节，惟诸君之意是从。此时惟望立即击桂，以为表示诚意。文当负完全责任，与竞存方面疏通，可保得美满之结果。兹并汇上小费三千元，交成谷采兄收。望速进行，幸甚。孙文。漾。

据《国父全集》第三册（转录史委会藏原稿）

批上海基督教妇女节制协会函

（一九二〇年十一月二十三日）

代答：礼士夫人，捐款为基督妇女青年会，前函错答，星期二午后可见。

据《国父全集》第四册（转录史委会藏原件）

致□文德□佐文函

（一九二〇年十一月二十四日）

文德、佐文兄鉴：

桂贼荼毒粤省，无所不至，凡有血气，莫不愤激。今贵处侨胞慨然组织后援会，捐集巨款，援助义军，见义勇为，至为钦佩。

今幸粤省恢复，乡里藉免豺虎之患。惟疮痍之补救，新政之设施，事事需财，尚多赖助；且桂贼老巢未覆，死灰易燃，非再事西征，难消后患，糇粮远出，所费尤繁。诸侨胞满抱热诚，自当始终不懈！末次所汇二千元，既寄小儿转交，收到后谅有复音，容俟询之可也。

十一月二十四日

据《中央党务月刊》第十三期"特载"《复□文德□佐文》

致谭延闿函[*]

（一九二○年十一月二十五日前）

组安仁兄伟鉴：

接读东电，义正辞严。岑、陆之所谓取消自主，只自暴其款敌潜逃之丑，曾不能蔽贤哲之聪明，于兹益信。惟西南一面拒抗北方之强权，一面须谋实在之建设。虽地方事务不妨各自为政，而国家大计，仍有共同职责。官僚之下无民生，强权之下无幸福，非共履艰危，无以出斯世〔民〕于水火。现已定赴粤，重组军府，共策进行。炉火之上，非所敢居，兴亡之责，匪异人任。

执事支持危局，始终不渝，盖志在卫国，劳怨有所不辞；区区之忱，亦正如此。加之中国局面，就现状以谋解决，只益纠纷，必有进一步之主张，始能得实在之平和。兹因李锜君回湘之便，附泐数行，务望时锡南针，共定国是，所有各方情势，可由李君面达。匆此布臆，不尽规缕。即颂

---

* 此函未署日期。据函称"现已定赴粤，重组军府，共策进行"，应在十一月二十五日孙中山离沪赴粤之前。今酌定为十一月二十五日以前。

勋安

据《中央党务月刊》第十三期"特载"《致谭组安》

致赵恒惕等函[＊]

（一九二○年十一月二十五日前）

夷午仁兄、阜南先生、韵庵先生、护芳先生大鉴：

　　湘中首义，军旅久劳，虽护法救国之志，尚未尽偿，而逐寇追逃之功，为世共见。顷者北庭乘岑、陆潜逃之后，竟尔宣布统一。得臣犹在，晋忧未歇；黄初僭号，汉责益重。湘中将领冬日宣言，义正辞严，正符斯惌。

　　〈文〉现已定赴粤，重组军府，共策进行，贯始义之初衷，求民生之幸福。夙佩执事竭诚卫国，始终不渝，丁此艰危之会，当有远大之谋。务望时锡南针，共定国是。兹因李锜君回湘之便，附泐数行，不尽之忱，统希亮察。顺颂

戎安

据《国父全集》第三册（转录史委会藏《总理函稿》）

与《字林西报》记者的谈话^{＊＊}

（一九二○年十一月二十五日）

　　孙君云：吾人虽渴望和平，然不能承认北京政府之统一命令，

　　＊　此系分缮致赵恒惕、宋鹤庚、鲁涤平、陈嘉佑同文函件，未署日期。据函称"现已定赴粤，重组军府，共策进行"，应在十一月二十五日孙中山离沪赴粤之前。今酌定为十一月二十五日以前。

　　＊＊　此系孙中山乘船离沪赴粤时的谈话。

必须北方以正当方法，与吾人讨论各大问题，如宪法、外交等等。吾人之议和代表固留待于上海，如北方有电来，表示愿对等议和，吾人即可中止广州之行。惟吾人不要私人媾和，不要苟且之和平。当陈炯明将军驱桂军出粤后，岑春煊、温宗尧等鼠窜逃生，同时乃发表南北统一之宣言，此事太滑稽，不值一顾。乃北京政府欲欺骗外人贷以金钱，遂遽以宣布统一命令。夫岑春煊早已为军政府所逐，彼又安能宣布统一乎？

访员问：北京如缔借外债，若等承认之乎？

孙君曰：决不承认。吾人今足法定人数，以后照旧进行，当力除军阀主义，而以禁赌为第一要务，以次及于禁妓。总之，吾人当竭力以民治主义，改革广东，如上海及香港然。余尚拟行一新例，其始不免遭人反对，即凡百官吏于就职，必发誓奉公守法，不取贿赂；以后有违誓者，必尽法惩治之。总之，吾人当竭力整理护法各省之政治，俾人民蒙其福利，而得有为他省之模范也。

据上海《民国日报》一九二〇年十一月二十六日《三总裁启程赴粤记》

在广东省署宴会的演说*

（一九二〇年十一月二十八日）

陈总司令此次为粤人光复广东，〈余〉代表粤人致谢。

吾国必须统一，唯以民治为统一方法，然后可期永久；武力不过辅助民治之不及，非不得已，不宜轻用。试观欧洲诸共和国，建设已一世纪，现仍时有革命运动，盖其贫富阶级，相去过远，有以致

　　＊　此演说辞见载于上海《民国日报》者有二处：一为一九二〇年十二月一日"本社专电"；一为同月下旬所刊藏季陶演说辞中。今以前者为正文，戴氏演说辞中所引述者，作同题异文附后。

之。我国今日，若不为之预防，则将来恐不能免。预防方法，即提倡民生主义，厉行民治精神，务使社会财产渐趋平均。家给人足，则天下归仁，统一自然成功，且永无革命分裂之忧。吾辈此次归来，即本斯旨，于广东实行建设，以树全国之模范，而立和平统一之基础。

粤省为护法根本策源地。此行与各总裁回粤主持军府，发扬民治主义，于根本策源地，务须实行保护，使粤省民治发达，足为各省之模范。吾辈改造广东，使广东成一种最良好之风气，而此种良好风气传入各省，各省亦必发生一种良好变化。

此次俄国革命后，实行社会主义。俄国遂酿成一种良好风气，而此种风气传及欧洲，欧洲各国竟莫能抵抗。英国欲与俄国议和，其中有一条件，即令俄国之风气，以后勿令传到英国。此种条件，可谓奇极。然于此可见一国既酝酿成一种好风气，则他国必受感化。吾辈希望广东亦复如是，务使改造广东之良好风气传及各省。（中略）此次驱除桂贼，恢复广东，全系陈总司令与各司令之力，此后改造广东，亦责无旁贷。

据上海《民国日报》一九二〇年十二月一日《本社专电》

附：同题异文

【现在，我把孙先生在广东省公署欢迎会席上的演说，略为讲讲。】

"我们中华民国，是由以三民主义为基础的革命造出来的。三民主义是什么呢？就是民族主义、民权主义、民生主义。满清皇帝推倒之后，民族主义算是有一半成功，民权、民生两主义，却是因为官僚和强盗的压抑，连一点影子都没有现出来。现在我们有了广东这一省，我们就希望大家一心一意的团结起来，把这两个主义，从事实上去实现出来。一定要做到年幼的人，没有一个不受国家的扶养和教育；成年的人，没有一个不从事于社会公共的事业；年老的人，残废者，没有一个不受国家的扶养；病人，没有一个不受国家的治疗。道路治，桥梁修，山不童，薮不涸，野无荒地，市无游民。政治的组织，便要人民真有直接立法的权利，直接废止法律的权利，选举官吏的权利，罢免官吏的权利。所谓民之所有、民之所治、民之所享，这一个民主主义的格言，完全实现，然后方算是我们革命成功。

"至于谋中国的统一，只有两条路：一条路是用兵力去征服各省；一条路是用文治去感化各省。用兵力统一中国的事，绝对做不到，也绝对不可做，这是人人晓得的了。用文治感化来统一中国，就是要靠宣传，却是宣言的宣传，是没有真实的力量的。我们现在是要把广东一省，切切实实的建设起来，拿来做一个模范，使各省有志改革的人，有一个见习的地方；守旧固执的人，也因此生出改革的兴味。这个实际建议〔设〕，就是极大的文化宣传，中国的统一，只有靠这一个宣传，然后才做得出来的。所以我们政府的方针，就是实际的建设，就是实行的宣传文化。

"要改革广东的政治，先要废除广东政治上的积弊。要革除积弊，先要研究积弊之所由生，并且要研究作弊的人，如何会作弊？如何作弊？明白了弊害，然后才能除弊（所以中山在政务会议最初的提案，就是扫除积弊，设积弊调查委员会，直隶于内务部，中山先生自任委员长）。"

【关于援桂问题，孙中山先生说：】

"将来广西的发展，一定要广东人去援助他。从什么地方去援助呢？ 就是从实业上去援助。广西的政治，是要广西人自己理的，却是广西有工业知识、农业知识的人太少，经济力又小，所以赶走绿林之后，立刻就要合起广东全省的余力，去帮助他们发展教育，帮助他们发展农业。广西的地质是狠好的，但是荒地没有人种的，却有几百里，如果开垦起来，增加十倍的农业，并不算难事。要肃清广西的强盗，只要从这一点下手。要使广西人增加自己的文化，也要从这一点下手。而且广东的食粮不足，广西的农业如果不发达，广东还要靠南洋方面接济。这是不行的。所以我的援桂意见，就是在开发广西的精神的文化和物质的文化。"

据上海《民国日报》一九二〇年十二月二十二、二十三、二十四日戴季陶《改革期中的广东》

内 政 方 针[*]

（一九二〇年十一月下旬）

（一）地方自治局

甲、调查人口；

乙、拟定地方自治法规；

丙、监督各地方自治机关。

（二）社会事业局

甲、育孤；

　　＊　孙中山于一九二〇年十一月二十八日到达广州，二十九日重组军政府，自兼内政部长。为在广东首先实施民有、民治、民享政治，他拟定此项方针。原件日期不明，似在十一月二十九日重组军府并自兼内政部长之后。今酌定为十一月下旬。

乙、养老；

丙、救灾；

丁、卫生防疫；

戊、收养废疾；

已、监督公益及慈善各团体。

（三）劳 动 局

甲、保护劳动；

乙、谋进工人生计；

丙、提倡工会。

（四）土 地 局

甲、测量土地；

乙、规定地价；

丙、登记册籍；

丁、管理公地。

（五）教 育 局

甲、筹办普及教育；

乙、改良已立学校；

丙、振兴高等教育；

丁、改良风俗；

戊、办理通俗讲演。

（六）农 务 局

甲、制造并输入机器肥料；

乙、改良动植物种类；

丙、保护农民；

丁、开辟荒地；

戊、培植及保护森林；

己、兴修水利；

庚、提倡农会。

（七）矿 务 局

甲、调查矿区；

乙、考验矿质；

丙、草定矿律；

丁、监收矿税；

戊、监督官案〔业〕；

己、奖励民业。

（八）工 业 局

甲、奖励民厂；

乙、草定工厂法及工人卫生条例；

丙、输入机器及原料；

丁、监督各工厂。

（九）渔　业　局

甲、保护渔民；

乙、建筑渔港；

丙、改良渔船及渔具；

丁、保植渔种。

（十）商　务　局

甲、奖励国货；

乙、检查国货优劣；

丙、保护专利及牌号；

丁、奖励海外航业；

戊、监督专卖事业；

己、设立贸易银行及货物保险公司。

（十一）粮　食　局

甲、管理国内粮食；

乙、核定并监督粮食之输出入。

（十二）文官考试局

甲、普通文官考试；

乙、高等文官考试。

（十三）行政讲习所

（十四）积弊调查所

据上海《民国日报》一九二一年一月四日《孙总裁之内政大方针》

致陈炯明暨粤军诸将士电 *
（一九二〇年十一月下旬）

广州陈总司令并分转各军司令、指挥、统领暨诸将士鉴：新成密。桂贼恃其凶悍，盘踞两粤，假窃名义，实作内奸，西南护法之不达目的，彼实厉阶。今幸我师回戈一指，大盗立摧，士气则凌厉无前，人心则壶浆以待。此非独粤人之幸，实民治前途之福。惟念诸君擐甲戎行，躬冒矢石，虽凭义愤，允著勋劳，特以诚恳之词，用劳袍仇之友。此际桂人尚殷请命，西征在即，秣厉尤劳，勉完康济之功，用造承平之局，实嘉赖焉。

据《中央党务月刊》第十三期"特载"《致粤军各将领》

致陈树人函
（一九二〇年十一月）

树人兄鉴：

加埠创设党所，适在我粤省恢复之岁。国内者，康济时艰，启

＊ 此电未署日期。似发于十一月二十五孙中山离沪赴粤前后，今酌定为十一月下旬。

革新之局;国外者,勤劳党务,立坚固之基,于以见我党之兴隆,即可以转移国运也。

　　落成盛典,理应祝贺。兹特派马素君前来代表,用申敬意,并致欢忱。美奂美轮,既见艰难之缔造;如川如阜,益崇久大之规模。此致,即颂

公绥

据《中央党务月刊》第十三期"特载"《致陈树人》

复　张　韬　函
（一九二〇年十一月）

昆伯支队长鉴:

　　来函已悉。桂贼捣乱西南,荼毒粤省,实为人民公敌。执事洞明大义,翻然改图,遂使粤军得成破竹之势,其后预防兵工厂炸裂,尤为烛及几先,厥功可纪。今既经陈总司令编为第二支队,其望同心协力,以竟全功。余寇待清,策勋未远。此复,即颂

戎绥

据《中央党务月刊》第十三期"特载"《复张韬》

致薛木本函
（一九二〇年十一月）

木本兄鉴:

　　前接来函,拟将《光华日报》^①扩充篇幅,并添聘编辑一人,足

---

　　①　《光华日报》原为缅甸中国同盟会机关报,创刊于一九〇八年八月,至三十年代始歇业。

见对于文化鼓吹,不遗余力,至佩。

兹经觅得同志陈君承谟愿来担任,学识亦颇可观。已将前汇来川资交付,克日即可南来,特携此函介绍。惟刻下盾价低落,每月能给与四百五十元,则颇能敷裕也。此致,即颂

日绥

据《中央党务月刊》第十三期"特载"《致□木本》

复 邹 鲁 函
(一九二〇年十一月)

海滨兄鉴:

来文备悉贵军情形,其为欣慰。

桂贼祸粤,于兹数载,此次粤军举义,贵军首先发难,厥功尤伟。而陈司令继虞,又复统率将士收复琼属。数月以来,驱兹丑类,势如破竹,未始非诸将士用命之功也。惟余孽未灭,隐患兹多,尚望再接再厉,统率西征。总冀捣其巢穴,扫清孽氛,则粤防于以巩固,而大局庶可有为矣。特此函复,并希转励诸将士为幸。此颂

戎绥

据《中央党务月刊》第十三期"特载"《复海滨》

致叶独醒函
(一九二〇年十一月)

独醒兄鉴:

来函备悉。兄为乡为国,跋涉长途,备尝劳瘁,久为心佩。

现粤省幸得恢复,而桂贼老巢未覆,后患滋多,故亟令西征,以

期犁扫。一俟两粤内部全清，基础确定，大局即可迎刃而解矣。

小吕宋支部经兄倡导，慨助粤饷，足征好义。其有冷淡者，尚希随时晓以党员对于国家之责任义务，不能不助我党军之战胜也。

展堂兄刻须回粤治理一切，不遑游美，并告。此颂

任绥

总理孙文　十一月

据《国父全集》第三册（转录《会书》之十"函札"）

复李能相□介藩函*

（一九二〇年十一月）

能相、介藩同志鉴：

来函已悉。诸同志热心桑梓，慨助义捐，以勷成讨桂之举，厥功甚伟，至佩至慰。

今粤局幸已告宁，不日即令大军西上，扫穴犁庭，改造桂省。以固两粤提携之局，而为建设民治之基础。还希诸同志再鼓热忱，完成伟举也。

自今我党获有实施之根据〈地〉，发扬光大，是可为诸同志慰焉。此复，并颂

毅祺

总理孙文　十一月

据《国父全集》第三册（转录《会书》之十"函札"）

---

* 李能相为稳梳中国国民党分部副部长。

复何成濬电

（一九二〇年十一月）

　　长沙督军署转何雪竹先生鉴：濬密。真电悉。组安与我同心，至为欣慰。惟粤省虽复，不亟将桂省根本改造，则游匪死灰复燃，终成后患。况彼既附北，而居我湘、粤之背，联鄂即可覆湘，联赣即可祸粤，此形势之显然者也。组安既准定出师，务请即由郴、永①突入广西，扫彼老巢，清吾内患。西南兴师已阅数载，虽中多波折，然局势近乃转佳。盖借名窃利者，今已揭穿假面；而真正主张正义者，正可成纯粹之团体，一致行动，以解决大局，较之左支右绌者尤愈也。即望转告组安，勠力扶持，使省民自治之义，得推及兄弟之邦，庶可相扶共进，不陷于踽凉之境。组安洞明治乱，所见当同也。

据《中央党务月刊》第十三期"特载"《复何雪竹》

复赵恒惕电

（一九二〇年十一月）

　　长沙赵总指挥鉴：新成密。歌电奉悉。桂贼强横是恃，自取灭亡，于兹益信军阀无存在之理。执事殷望联省组织，亦实救时之策；惟民治畅行之日，必在强梁摧尽之时。执事手绾乡邦，已达湘人自治目的，尚祈推己及人，抑强扶弱。如桂人今图自治甚急，乃尚为强盗所压，非藉外援，莫能突起；且此贼未除，民治基础亦难巩

---

　　① 郴、永：指湖南省郴州、零陵。

固。切望贾其余勇，协力驱除。吊伐之师与侵略者根本不同，想执事必能成此宏愿也。

据《国父全集》第三册（转录史委会藏《总理函稿》）

建设方针宣言

（一九二〇年十二月一日）

各省省长、总司令、督军、省议会、各团体、各报馆均鉴：

文等前因北方军阀毁法祸国，乃在粤建立护法政府。中经奸人扰乱，致阻进行。兹则障碍既除，建设伊始，谨为宣言以告国人曰：

民国成立，于今九年，始以袁世凯称帝，继以督军团叛国，张勋复辟，祸乱相寻，建设事业，百未一举。今当以护法诸省为基础，励行地方自治，普及平民教育，利便交通，发展实业，统筹民食，刷新吏治，整理财政，废督裁兵，进国家于富强，谋社会之康乐。共和政治，民为主体，同心协作，有厚望焉。

孙文　唐绍仪　伍廷芳　唐继尧　东（印）

据《军政府公报》一九二〇年十二月四日"布告"光字第一号

致各省军政长官电

（一九二〇年十二月一日）

各省省长、总司令、督军、省议会、各团体、各报馆均鉴：本军政府于十一月二十九日在广州重开政务会议，继续执行职务，特此通告。孙文、唐绍仪、伍廷芳、唐继尧。东（十二月一日）。

据《军政府公报》一九二〇年十二月四日"通告"光字
第一号《军政府通告重开政务会议继续执行职务电》

致卢焘等电

（一九二〇年十二月二日）

　　贵阳卢代总司令暨胡、谷、张、窦①各旅长鉴：养电悉。诸君出任艰巨，对于大局计划，仍与西南护法各省一致主张，甚为佩慰！望即本此决心，共策进行。孙文、唐继尧、伍廷芳、唐绍仪。冬。

据《军政府公报》一九二〇年十二月二十日"公电"光字第二号

为粤军返粤平乱宣言

（一九二〇年十二月六日）

　　三年以来，本政府欲以和平之方法，使毁法卖国之人厌乱悔祸。对内必使法律之效力胜武力，对外必使卖国条件悉行废弃，俾建设事业得以具举，是以停战言和。乃岑春煊等与北方暗中勾结，各谋私利，本政府乃令粤军返粤，将内乱之人，悉行驱除。

　　今再宣言曰：北方频年行动，最有害于国者三：一、利用军阀盗窃政权；二、以善后赈灾等为名，欲欺骗新银行团，而得未经国民承认之借款，擅加国民之负担；三、宣布伪统一，自认非法，而又以无国法上地位之机关，擅令各省举行伪国会选举。凡此三者，苟有其一，已足破坏和平，陷国家于危境。本政府仍盼北方速行屏除军阀，停止借款，取消伪令，庶可相见以诚，继续和会，为正当之解决，

————————

　　①　胡、谷、张、窦：即胡瑛、谷正伦、张春甫、窦居仁。

以副人民之希望。

孙文　　唐绍仪　　伍廷芳　　唐继尧

据《军政府公报》一九二〇年十二月六日"布告"
光字第二号《四总裁第六次宣言》

慰劳诸将士宣言
（一九二〇年十二月十日）

　　自护法战争以来，诸将士转战前敌，既逾三年，劳苦甚矣。共和既达，付托非人，军阀盗魁，乘之而起，遂致政治不良，社会退化，武人积富万亿，人民困苦死亡，无所告诉。文等与民国关系至深，乃亲见其败坏至于如此，宁不痛心？两广受盗祸尤深，遂至官开赌博，暴敛横征，竭百姓之膏脂，供贼酋之挥霍。今幸赖诸将士之力，恢复全粤。尤望继续奋斗，肃清贼巢，使两省人民重睹天日，从此改良政治，发展生计，以南方诸省为民国巩固基础，诸将士之功勋，诚永世不朽矣！

据上海《民国日报》一九二〇年十二月十九日《军政府慰劳将士宣言》

致蒋道日关墨园函*
（一九二〇年十二月上旬）

道日、墨园兄鉴：

　　《民声报》馆编辑，前经派定同志周君雍能前来担任。兹周君

---

　　* 此函未署日期。按孙中山一九二〇年十一月六日致蒋、关函称，周雍能定十二月七日乘"中国"邮船从上海启程赴古巴。此介绍函件，似应写于周动身之际，今酌定为十二月上旬。

已定乘"中国"号船赴古巴，特携此函介绍。以后相聚一方，尽可互为辅益，使党务发扬无已也。此致，即颂

日绥

据《中央党务月刊》第十三期"特载"《致蒋道日关墨园》

给黄德源委任状

（一九二○年十二月十一日）

委任状：委任黄德源为仰光中国国民党支部会计科主任。此状。

中国国民党总理孙　文

总 务 部 部 长居　正

财 政 部 部 长杨庶堪

中华民国九年十二月十一日

据《国父全集》第四册（转录史委会藏原件影印）

给陈东平委任状

（一九二○年十二月十一日）

委任状：委任陈东平为仰光中国国民党支部会计科副主任。此状。

中国国民党总理孙　文

总 务 部 部 长居　正

财 政 部 部 长杨庶堪

中华民国九年十二月十一日

据《国父全集》第四册（转录史委会藏原件影印）

给陈甘敏委任状

（一九二〇年十二月十一日）

　　委任状：委任陈甘敏为仰光中国国民党支部评议部评议员。此状。

中国国民党总理孙文

总　务　部　部　长居正

中华民国九年十二月十一日

据《国父全集》第四册（转录史委会藏原件影印）

给朱锦乔委任状

（一九二〇年十二月十一日）

　　委任状：委任朱锦乔为仰光中国国民党支部评议部评议员。此状。

中国国民党总理孙文

总　务　部　部　长居正

中华民国九年十二月十一日

据《国父全集》第四册（转录史委会藏原件影印）

给黄壬戌委任状

（一九二〇年十二月十一日）

　　委任状：委任黄壬戌为仰光中国国民党支部评议部评议员。

此状。

中国国民党总理孙文

总　务　部　部　长居正

中华民国九年十二月十一日

据《国父全集》第四册（转录史委会藏原件影印）

给许寿民委任状

（一九二〇年十二月十一日）

委任状：委任许寿民为仰光中国国民党支部评议部评议员。
此状。

中国国民党总理孙文

总　务　部　部　长居正

中华民国九年十二月十一日

据《国父全集》第四册（转录史委会藏原件影印）

给云金发委任状

（一九二〇年十二月十二日）

委任状：委任云金发为暹罗中国国民党支部评议部正议长。
此状。

中华民国九年十二月十二日

中国国民党总理孙　　文

总　务　部　部　长居　正

党　务　部　部　长谢　持

财　政　部　部　长杨庶堪

据《国父全集》第四册（转录史委会藏原件影印）

给陈辉石委任状

（一九二〇年十二月十三日）

委任状：委任陈辉石为仰光中国国民党支部评议部评议员。此状。

中国国民党总理孙文

总　务　部　部　长居正

中华民国九年十二月十三日

据《国父全集》第四册（转录史委会藏原件影印）

与梁长海伍于簪的谈话[*]

（一九二〇年十二月中旬）

希望君等以其创立国民银行之计划，创立全国粮食管理局，以杜商人之垄断，而减轻贫民之负担。此为欧战后各国政府最新而最有效之善政，中国应速仿行，以裕民食。

据上海《民国日报》一九二〇年十二月十九日《孙总裁对港商之谈话》

致吴忠信函

（一九二〇年十二月二十一日）

礼卿我兄大鉴：

别来无恙。此间一切仍旧，尚无发展之机。吾人所切望者，首

---

[*]　港商梁长海等向广东省长陈炯明建议，设立国民银行与粮食管理机构。陈以兹事体大，介绍梁等见孙中山面呈此议。据报载，孙对此议大为嘉许，"梁等以孙总裁以此重任相责，均甚满足，拟日内开出进行办法，然后商议进行"。此件为谈话大意，本书刊录时稍作过整理。谈话时间不明，今据报载酌定为十二月中旬。

在攻桂,次则进取武汉,以窥长江,而定中原,雅不欲株守一隅,使人得以察我。尚希努力进行,助我声援,岂惟吾党之本,民国前途,实利赖之。手此,顺颂

旅安

孙文　九年十二月二十一日

据《国父全集》第三册(转录史委会藏原件影印)

给刘宗汉委任状

(一九二○年十二月二十一日)

委任状:委任刘宗汉为新加坡东路中国国民党分部总务科主任。此状。

中国国民党总理孙文

总　务　部　部　长居正

中华民国九年十二月二十一日

据《国父全集》第四册(转录史委会藏原件影印)

批马希元函

(一九二○年十二月二十九日)

代答:函悉。书尚未出版,有便请将甘省人心时事,常常详报为荷。

据《国父全集》第四册(转录史委会藏原件)

复黄景南□少穆函

（一九二〇年）

景南、少穆执事惠览：

来电备悉。执事以侨商急国难，仗剑从军，义勇可感。

惟是人各有能与不能，强不能以为能，必功少而劳多。欧美大贤豪，多投身于实业，执事既为商界翘楚，似不如仍致力于实业，为国家谋建设；所事虽殊，收效则一，固不必攘臂跂踵于赳赳者之破坏事业始云为国也。辱承厚爱，用掬忱悃，余维鉴原不备。

据《国父全集》第三册（转录史委会藏《总理函稿》）

致陈卓平等函

（一九二〇年）

卓平、曜平、鼎卿诸兄鉴：

江电悉。李君天武等被赦，甚慰。

狴犴狰狞，久撄念虑；虎口余生，亟思一见。如来，当优延纳也。幸为致问，冗不及。

孙　文

据《国父全集》第三册（转录史委会藏原稿）

在广州军政府的演说

（一九二一年一月一日）

今日为南京政府成立纪念日。中华民国成立以来，于兹九载。

当初吾人原抱定巩固民国基础，削平变乱之决心，不意事与心违，致成今日如斯之局面。若长此敷衍以往，漫说九年不为功，即九十年亦不为功。然吾人须用若何方法，始能使中华民国基础巩固乎？若仅就民国成立言之，武昌起义之日即算成立。不过至元年元旦，方再正式成立耳。南京政府未成立以前，外人不知有中华民国。成立以后，外人方知之，于是惹起全世界之注目。故论民国成立，当以元年元旦为始。然而成立虽成立，基础并未巩固。九年之中，袁世凯推翻民国一次，张勋又推翻一次，幸为时不久，即行恢复。段祺瑞于反对袁世凯称帝及驱逐张勋之后，自以为大功无伦，悍然不顾，为毁法卖国之事。吾人忍不能忍，始率海军南下护法，期解决外交、法律等问题。数载以来，初而坚持不稍让步，继而不惜委曲求全，与北方诚意谋和。迨和会停顿之后，段祺瑞似亦渐觉悟不能以武力统一中国，对于法律、外交问题表示让步，并允定期取消军事协约。遂为排日派之曹锟、吴佩孚，亲日派之张作霖等联合，将段推倒，该项问题遂无商量之余地。其后岑春煊等只顾谋和，投降条件业经议妥，迨粤军达回粤目的，其议自寝。彼等乃于仓皇出走之际，取消自主，而北庭竟据以宣告统一。此种行为，类于儿戏。余与伍、唐诸君曾通电否认。

此次军府回粤，其责任固在继续护法，但余观察现在大势，护法断断不能解决根本问题。吾人从今日起，不可不拿定方针，开一新纪元，巩固中华民国基础，削平变乱。方针维何？即建设正式政府是也。盖护法不过矫正北政府之非法行为，即达目的，于中华民国亦无若何裨益。况护法乃国内一部分问题，对内仍承认北京政府为中央政府，对外亦不发生国际上地位之效力。所以数载以来，北政府尚自命为中央政府，外人仍承认之，而视我等则为土匪，视我等护法区域则如土匪区域。无他，〈所〉取[此]名义狭而不正也。

且我取义既狭,对于北庭既不肎承认其为中央政府,外人承认彼,而蔑视我,不亦宜乎? 又护法区域,前有川、桂等省加入,范围较大,今已缩小,愈见护法不适宜矣。至以军政府机关而言,外人眼中视之,殆与前清时代之营务处等。此种机关,岂能代表中华民国而与北庭对抗乎? 就以上种种观之,足见建设正式政府之不容一日缓也明矣。且北政府前虽以正式政府自命,今徐世昌已公然下令,以旧国会选举法选举新总统,即是公然宣布彼之总统实为非法选出,亦即公然不敢自命为正式政府。此正吾人扫除污秽不堪之北京政府,建设良好干净之正式政府,巩固中华民国基础,削平变乱之时,何可放弃此种责任? 但建议设立正式政府之权,全在国会。国会在北京不能行使职权,而在广州能自由行使,是望国会诸君建议,仿南京政府办法在广东设立一正式政府,以为对内对外之总机关,中华民国前途其庶几乎! 余认广东此时实有建立正式政府之必要。愿以此重大之事,作中华民国十年一月一日之新纪念焉。

据上海《民国日报》一九二一年一月十一日《孙总裁元旦之演辞》

在广州中国国民党本部特设
驻粤办事处成立会的演说[*]

(一九二一年一月三日)

民国虽已十年,祸乱相寻,实际未达共和境界,不过将满洲统

---

[*]　查上海《民国日报》一九二一年一月二十九日"本社专电"载孙中山《在中国国民党交通部成立大会的演说》,内容与此件相同,但因发表时间有异,现仍分两处收录。

治权,换入腐败官僚和复辟派手中。北方政府实在不是民国政府。
我等要造成真正民国,还要将辛亥革命未了的事业做个成功。但
欲革命成功,便须巩固基础;基础之巩固,就在主义之坚定与人心
之固结。我党以三民主义为圭臬,备历艰阻逾二十年,基础固早卓
立,但对于国家之改造与进步,尚须有卓绝之党人负完全责任,运
用机能指导群众,法、俄等国莫不皆然,吾党宜勉之。

据《国父全集》第二册(转录《中国国民党本部通讯》第六十期)

致吴景濂电

(一九二一年一月四日)

法界①渔阳里一号吴莲伯先生鉴:子超②于冬日抵粤,盼速偕
留沪议员来粤开会。孙文、伍廷芳、唐绍仪、王伯群。支。

据《国父全集》第三册(转录《中华民国法统递嬗史》)

致蒋中正电[*]

(一九二一年一月七日)

转介石兄鉴:援桂克日出师,请兄速来臂助。兄本允赴粤追
随,勿再迟延为幸。盼复。孙文。阳。(印)

据毛思诚编《民国十五年以前之蒋介石先生》第六编

---

① 法界:即上海法国租界。
② 子超:即林森。
* 此函时间,《国父全集》定为一月十二日,系蒋收电日期。今据电文"阳印",应
为七日。

统一南北意见 *

（一九二一年一月八日）

　　统一南北，固余日蕲之而不可得者。惟非打破军阀专制，则民治之精神无由实见。今北方各省军阀，余感较前尤盛，纵迁就言和，不久亦兆分崩之祸，与其敷衍一时，何如坚持到底？余之所亟亟从事于联省制者，即欲以自治之基而造就巩固不拔之统一政府。北方如诚意谋和，必先复上海和会。然和会开日，余之所持之联省制与其废督裁兵之两大条件，非完全承认无磋商之余地。广州为护法省份，将来统一告成后，南北应有对等之兵力。而统率南北军权之最高机关，应设在广州。否则，余非达到以南方统一北方之目的不止。

据《北京日报》一九二一年一月八日

内政部新官制 **

（一九二一年一月九日）

军政府令

　　兹修正军政府内政部官制公布之。此令。

---

　　*　此篇谈话对象不明，所标时间系《北京日报》刊载日期。

　　**　此系孙中山自兼广州军政府内政部长时制定的官制。所标时间系上海《民国日报》刊载日期。

内政部官制

第一条　内政部设官如左：

内政部长一人，内政部次长一人，司长二人，秘书二人，司员九人。书记官无定额，由内政部长定之。直辖局所职员另定之。

第二条　内政部长管理内务行政及地方自治、社会事业、劳工、教育、工地、农务、矿务、工业、渔业、商业、粮食、卫生等行政事务。

第三条　内政部次长帮助内政部长整理本部事务。

第四条　秘书承内政部长之命，助理左列事务：

一、钤用及典守本部印信。二、收发及公布本部文件。三、草拟不属于各司之文牍。四、办理本部所管经费，并各项收入之预算、决算及会计。五、稽核本部所辖各官署之预算、决算及会计。六、本部职员之任免铨叙等事项。七、管理本部官产、官物。八、本部庶务。

第五条　司长承本部长官之命，分理左列事务：

一、人口户籍及国籍事项。二、选举事项。三、地方行政事项。四、地方自治事项。五、育孤、养老、救灾、收养废疾，及监督慈善各团体事项。六、警察事项。七、卫生防疫事项。八、改良风俗事项。九、保护劳动事项。十、筹办普及教育及改良振兴各种学校事项。十一、著作权及艺术特许事项。十二、报纸事项。十三、行政区域及分割变更事项。十四、国道及桥梁事项。十五、海、河堤防及水利事项。十六、振兴工业及监督、奖励各工厂事项。十七、保护及改良渔业事项。十八、管理粮食事项。十九、礼制及国乐事项。二十、宗教事项。二十一、地方官吏之任免、奖恤、铨叙等事项。二十

二、土司事项。二十三、文官考试事项。二十四、文官惩戒事项。二十五、统计事项。司之分置及事务之分配，由内务部长定之。

第六条　司员承长官之命，助理各司及秘书处事务。

第七条　书记官承长官之命，缮写文件，并助理一切庶务。

第八条　本部得设左列各局，分理事务如左：

（一）土地局。甲、测量土地。乙、规定地价。丙、登记册籍。丁、管理公地。

（二）农务局。甲、制造并输入机器肥料。乙、改良动、植物种类。丙、保护农民。丁、开垦荒地。戊、培植及保护森林。己、兴修水利。庚、提倡农会。

（三）矿务局。甲、调查矿区。乙、考验矿质。丙、草定矿律。丁、监收矿税。戊、监督官业。己、奖励民业。

（四）商务局。甲、奖励国货。乙、检查货品优劣。丙、保护专利及牌号。丁、奖励海外船〔航〕业。戊、监督专卖事业。己、设立贸易银行及货物保险公司。

第九条　本官制自公布之日施行。

据上海《民国日报》一九二一年一月九日《军政府内政部新官制》

咨陈政务会议就职日期文

（一九二一年一月十一日）

为陈报事：九年十二月七日奉军政府令："特任孙文为内政部长。此令"等因。奉此，遵于是日就职，理合咨陈贵会议，查照备案。谨咨

陈政务会议

内政部长孙文

中华民国十年一月十一日

据《军政府公报》公文(一九二一年一月十五日)光字第十一号

任命吴东启职务令

(一九二一年一月十四日)

委任吴东启为垦务督办。此令。

部长孙文

中华民国十年一月十四日

据《军政府公报》内政部委任令第一号(一九二一年一月十九日)光字第十二号

致 □ □ 电*

(一九二一年一月十七日)

琼崖租法,奸人造谣,并无其事。孙文。篠。

据《国父全集》第三册(转录《党务杂纪》一九二一年出版)第七号

祭朱执信文

(一九二一年一月二十三日)

呜呼执信,而至是耶。一柱颓毁,万夫咨嗟。惟君之生,钟灵河岳。濯濯须眉,崭崭头角。君之秉德,实毗阳刚。高视阔步,不狷而狂。獬豸触邪,姜椒蠋秒。有不如意,唾若蝼蚁。沈沈黄梦,亦越千秋。扼腕屑涕,虎睨鹰眸。掞张民权,与余同志。只手空

---

* 此电系为辟谣传将海南岛租借给法国致某人电。

拳,不假指臂。崎岖粤峤,奔亡扶桑。艰难险阻,与君备尝。天命不违,卒伸民气。还我自由,廓清专制。中更事变,又历岁年。再蹶再兴,不磷弥坚。晚顾维桑,豺屯虎穴。君曰歼旃,义旗斯揭。气吞桂孽,目愦岑峹。国人望岁,迟君东还。荆棘锄耰,来襄义举。奈何睚眦,忽生龃龉。虎门突兀,日黔风厉。枪急人呼,歼我良士。蚍蜉撼树,鬼蜮射影。赍志夭年,死宜不瞑。呜呼!生死患难,最感余心。倾河注海,有泪沾襟。呜呼执信,而今已矣。朱家亡侠,缓急谁恃?呜呼执信,身殒名称。生则为英,殁则为灵。丹荔黄蕉,长与荐馨。尚飨!

孙文　唐绍仪　伍廷芳　唐继尧

据《朱公执信哀挽录》(手抄本,藏广东省社会科学院)

挽朱执信文

(一九二一年一月二十三日)

嗟天道之无知兮,哲人早摧。诚民国之不幸兮,失此旷世之逸才。早岁读书兮,既于学无所不窥。惟文章与道德兮,为朋辈所交推。既嫉恶其如仇兮,复见义而勇为。誓以身殉我祖国兮,革命之役无不追随。广州之战幸免于难兮,伤黄花岗荒冢之累累。满清之既覆亡兮,偕自由以来归。民军累万兮,凭君如意之指挥。早知袁氏之不可恃兮,无以破国人之迷痴。学问之猛进兮,君乃处亡命之时期。以文章发挥真理兮,君实为国民之导师。护法南下兮,遂朝夕以相依。逢强寇之抵抗兮,致百事与愿相违。自治之战争既起兮,复挺身以为先驱。虎门之坚垒已下兮,喜恢复之可期。以一身为媒剂兮,欲调和群帅之参差。降军之反复无常兮,痛长城之崩颓。生物莫不有死兮,君之死则举世所共悲。山川变其颜色兮,日月失其光辉。世界之奇才必早死兮,若文学界之摆伦①、物理学界之赫支②、音乐界之苏伯特③、政治界之拉沙儿④。前例既历历可举兮,世称为自然界之忌才。惟君之死乃以身殉祖国兮,树永久之模范于将来!

孙　文

据《朱公执信哀挽录》(手抄本,藏广东省社会科学院)

菲律宾碧瑶爱国学校祝词

(一九二一年一月二十三日)

嗟夫! 廿世纪之国民,一科学互竞之国民也。国于今日,而弗克俾其青年学子循途齐轨,作而育之,则国民可安事此尸居余气之当局为哉? 我国年来神奸攘政,盗财垂罄;戎车屡警于通衢,弦诵斩然于四境。少数青年之犹得苟且学问者,不远涉重洋,问业于异邦之学校,即因陋就简,负笈于外人教会,以教为用之学科,学风不昌,文化阻塞,于以欲企图人材之蔚起,国势之振兴,亦戛戛乎难乎! 本党海外菲律宾碧瑶埠支部同志,有见及此,毅然起而振之。经营拮据,煞费苦心,历时两载,遂庆厥成,定其名曰"爱国学校"。盖将以作育吾国侨菲之青年子弟,由非途轨进,而为他日研钻高深之学科,以与世竞,抑以供献祖国也。语云:"椎轮实大辂之始。"则于其落成典礼也,能不致其最大之属望于未来者耶? 是为祝。

孙文祝

据《国父全集》第四册(转录《中国国民党本部通信》第六十期)

---

① 摆伦:今译为拜伦(1788—1824),英国浪漫主义诗人。
② 赫支:今译赫兹,全名为亨利希·卢道夫·赫兹(1857—1894),德国物理学家。
③ 苏伯特:今译舒柏特(1797—1828),奥地利作曲家。
④ 拉沙儿:今译拉萨尔(1825—1864),德国工人运动中的机会主义派别首领。

复陈树人函

（一九二一年一月二十四日）

树人兄鉴：

接阅十一月二十七日来函，敬悉。

绍介刘儒堃等归国襄办粤事各情，具足〔见〕兄与诸同志爱粤之热诚，至为欢慰。文拟设立工商、农矿各局，以发展实业，正赖海外同志商界健者返国相助。惟值粤局初定，军饷急巨，应付已艰；而禁赌裁捐，收入骤短，弥补之法，亦非旦夕所能办妥。因之建设事业，每为经济所限，急速中不能实行，此种苦衷，尚希转达诸同志为荷。

顷接满地可①同志刘国钧来函，以致公堂中不良分子常与吾党同志为难，亟宜设法融和，以免纷扰等语。按刘国钧兄所请设法除患，洵为当务之急，希转各部机关，如致公堂同人明达之士愿归附吾党者，能照入党手续，可准其加入吾党，则逐渐归并，而该党同人自不能与吾党为敌矣。专复，并颂

台安

孙文　十年一月廿四日

据《布告录》第二十九号（一九二一年四月十五日出版）

---

①　满地可：Montreal，另译满地好，今加拿大蒙特利尔。

在中国国民党交通部
成立大会的演说[*]

（一九二一年一月二十七日）

民国虽已十年，祸乱相寻，实际未达共和境界，不过将满洲统治权换入腐败官僚和复辟派手中。北方政府实在不是民国政府。

我等要造成真正民国，还要将辛亥革命未了的事业，做个成功。但欲革命成功，便须巩固基础；基础之巩固，就在主义的坚定与人心之团结。我党以三民主义为圭臬，备历艰阻，逾二十年，基础固早卓立；但对于国家之改造与进步，尚须有卓绝之党人，负完全责任，运用机能，指挥群众。法俄等国，莫不皆然，吾党宜勉之。

据上海《民国日报》一九二一年一月二十九日"本社专电"

在国民党粤省支部成立会上的演说^{**}

（一九二一年二月一日）

第一，民族主义非推翻满族主权便了，须使各民族都平等。第二，民权主义须人民有普通选举、立法、免官之权。第三，民生主义须趁此资本家、地主不多之际，行资产国有制，借机器以兴实业，普利一般人民，消灭阶级战争。

据上海《民国日报》一九二一年二月一日"本社专电"

---

*　此系孙中山演说要旨。其内容与一月三日《在广州中国国民党本部特设办事处成立会的演说》相同，而演说时间和地点相异，今照录于此。

**　此系孙中山演说三民主义之提要。所标时间系上海《民国日报》刊载日期。

任命黄骚职务令

（一九二一年二月三日）

任命黄骚为本部技士。此令。

部长孙文

中华民国十年二月三日

据《军政府公报》内政部委任令第六号（一九二一年二月五日）光字第十七号

任命容觐彤职务令

（一九二一年二月三日）

任命容觐彤为本部技士。此令。

部长孙文

中华民国十年二月三日

据《军政府公报》内政部委任令第六号（一九二一年二月五日）光字第十七号

与日本东方通讯社记者的谈话 *

（一九二一年二月十二日）

【日本东方通讯社驻广东通信员小林氏就云南局面急变往访孙逸仙氏，询问其观察。】

孙氏曰："唐继尧之失足，因彼对于南北两方面，向持首鼠两端

---

* 此件所标时间系上海《民国日报》刊载日期，收录本书时文字稍加整理。

之态度，只知以己之地位为本位，趋于私利。因此颇招一般人士之恶感与本省人民之离叛。此际突遭顾品珍等之反抗，遂至难以立足也。军政府向不信任唐氏，且该省人民与军政府理想符合，故必无重大之影响。若仅以顾品珍等应李根源等政学会派运动之结果，而遽加以判断，则未免失诸过早矣。顾氏与军政府，以前虽无何等之谅解；但即使将来云南局面归顾氏支配，顾氏亦绝对不能与余对敌。是以川、黔、湘各省，亦不致有重大之变化也。"

【小林氏又提及关税问题。】

孙氏曰："军政府现正向外交团交涉，要求交付以前之关系〔余〕，大约可望交付。至于讨伐广西问题，倘广西求和，则军政府亦愿允之。否则，只得武力解决耳。"

据上海《民国日报》一九二一年二月十四日《日人电传孙总裁谈话》

致南洋各埠华侨函

（一九二一年二月十二日）

南洋各埠侨胞公鉴：

溯自清政失纲，国将不国。文内察人民心理，外审世界潮流，知非改建共和，不足以言救国；非推翻清室，不足以建共和。用是大义一宣，四海景从。诸君热诚爱国，赞助独先；或牺牲头颅，或佽助军实，同心勠力，清室以墟。不幸共和既建，付托非人，帝孽官僚煽其余波，盗酋军阀肆其痈毒，开国十稔，而人民之痛苦，非惟未减于畴昔，且加甚焉，夫岂诸君革命之初志哉？去秋粤军回戈，祛除桂贼，为时三月，全省肃清，翳谁之力欤？固由诸将士陷阵冲锋，而诸君出其血汗之资，供三军粮秣之费，其功尤不可没也。诸君远适异邦，惓怀祖国，一举而光复汉室，再举而光复粤东。方之卜式输财助边,子文毁家纾难,殆或过之。今粤局底定矣,文与伍、唐、陈诸子誓本民治之精神,图根本之改造,举其荦荦大者,如禁赌、裁兵、废督、撤镇道,已一一实现。其他兴革,亦将次第推行,以为各省模范。其诸不戾于吾辈革命救国之旨乎!

兹派方君瑞麟为南洋华侨宣慰使,以次周历各埠,举政府进行计划,宣告于众。当此民治思潮,奔腾澎涨,改造主义,世界同趋。吾国既为国际团体之一员,岂能违此公例? 将来新中国建设事业,待举者至多。望诸君勿废前功,合力赞助,是文之所厚望也。

孙　　文

据上海《民国日报》一九二一年二月十二日《孙总裁慰问南洋华侨》

与《字林西报》记者的谈话*

（一九二一年二月十七日）

【孙君接见余于亚洲旅馆,时在彼迁往城市后面山上小屋中之前数日。彼以彼所特具之微笑迎余,初言欢迎余来广州,继以极谦和之状,赞余平日写述中国事情,具有使人信服之力,是为中国恶弊之劲敌;又谓若余处此纪述事情之真相,则更为有益。】

【寒暄既罢,余告孙君,在北京甚寂寞,故不嫌跋涉而来广州,来时以为将见孙君与陈炯明实行互相排抵,岂知事乃不尔。】

孙君答曰:"此间决无公然破裂之理,至于意见不同,确无可讳。惟吾人皆抛弃客气,故能免除争端。凡在正式方面,如有意见不同时,往往用客气方法以期免去争执。岂知意见酝酿愈深,决裂

---

　　* 此系《字林西报》驻北京记者解尔般脱访问孙中山的谈话记录,内容由该记者披露。

终不能免。今吾人已抛弃此项客气习惯，遇事皆开诚讨论，和衷商榷，故能消弭意见。此种办法，今已确有成效。目下外间一切广州将有乱事之预言，皆以北京之谣言为根据耳。"

余复问广州税关将被占领之说。

孙君断然答曰："绝无此事。税关为一种中国政府之服务机关。吾人并不承认北京，吾人乃中国之政府也。今对于关余问题，吾人依赖美国、英国及他国人民之正义观念，必有公平之判断。夫北京自能不顾西方民治国之舆论，而悍然行动。但假令北京竟用炮舰来攻吾人，则西方之人，自有最后之公论。吾人所赖者，即此正义观念耳。总之，吾人将不为任何鲁莽行动也。"

旋又谈及去夏北京之战事及孙君与段祺瑞之联合。

孙君云："此乃容易解释者。段氏向我保证，彼愿取消二十一条要求及由此发生之各协约。夫中国南北之分裂，即为此问题而起。段既宣言愿向日本提议此事，吾自愿与段谋和而共同行动。今使北京愿与吾人提携，解决此问题及宪法问题，则吾人亦可与北方媾和也。去夏之战，吴佩孚所以成功者，其惟一原因，乃在张作霖奉日本之命，反抗段氏。而日本之所以如此，其惟一理由，乃在段氏允余取消二十一〈条〉要求也。"

据上海《民国日报》一九二一年二月十七日《〈字林报〉通信员披露广东真相》

复刘节初等函

（一九二一年二月十八日）

节初、抱一、赓堂、辅周、寅安各兄均鉴：

来函奉悉。川中党务困难之状，自在意中，故往者叔实还川时，只委同志数人，专司支部之筹备。至支部成立之迟速，自当审度川中情形及政局为准。来函谓现在宜仍作筹备时间，自属确有意地。惟国内各省，每省只能设一支部，川省虽在筹备时代，亦当合全川同志谋党事之进行，断不可划分成、渝为二。来函云成、渝两处拟皆作为筹备期间。又曰必欲公开，则非联络成、渝为一气，会同全川同志云云。似现在有分别区域各自为政之状，办法既乖，尤非党务前途佳象也。叔实到成都后，有电报告筹备处之成立，及筹备处各科主任姓名，请加委任。此间本部特设办事处以未接到详细公文，尚未核办。

又数月前，酉阳已设立本党机关，称为酉秀黔彭支部。接报告后，业令改为中国国民党四川支部酉秀黔彭第一办事处，委刘、杨为处长。似此川省党务公开与否，已不成问题。当审酌者，支部成立之时期与支部所在之地点耳。开办之初，易涉歧异，年来同志中又因政治影响，略有异同；且于党事之进行，亦或有不甚明晰之处，如往者成都同志中，有误认主盟人为首领者是也。全赖明达热心之士，委婉维护，以底于成。兄等办理此事，已历有年，请本此意，为各同志反复开陈，务令划除畛域，一致进行，若网在纲，有条不紊，庶不愧为组织完善之政党。若各树一帜，不相为谋，是所谓治丝而棼之也，乌〔焉〕足以谋政治之改进？言不尽意，即颂

刻安

孙文　二月十八日

据《国父全集》第三册(转录史委会藏抄件)

任命李禄超职务令

（一九二一年二月十八日）

任命李禄超为内政部农务局秘书。此令。

部长孙文

中华民国十年二月十八日

据《军政府公报》内务部委任令第八号（一九二一年二月十九日）光字第廿号

挽粤军阵亡将士联
（一九二一年二月二十日）

杀敌致果，杀身成仁；为民请命，为国捐躯。

据上海《民国日报》一九二一年二月二十八日《追悼粤军阵亡将士纪》

任命黎泽闿等职务令
（一九二一年二月二十四日）

任命黎泽闿署内政部商务局秘书；刘善余、李宸珊、源泰来、易剑泉代理内政部商务局局员；崔权、冯执简、侯昌龄为内政部商务局书记官。此令。

部长孙文

中华民国十年二月二十四日

据《军政府公报》内政部委任令第九号（一九二一年二月二十六日）光字第二十二号

在广州海陆军警同袍社春宴会的演说
（一九二一年二月二十五日）

予屡欲向诸君有所宣言，今乃得此机会，甚善甚善。

军人天职在护法，护法之事断非安坐可致。回忆去年十月粤军初下石龙,即迭电沪上邀予回粤,及予等回粤,而桂军已退出粤境,粤军遂谓从此可安乐太平,不复再有举动。须知予等为革命党,无日不当有革命行动。今迎予等回粤,而不能赞助予等之革命行动,是否欲予始在粤与尔辈实造"享福"二字?予为粤人,粤人有无福享,与予大有关系。今大敌当前,日谋伺隙而动,以予自身观察,绝不觉有享福之处。就尔辈论,则今日粤省诸赌已禁,财政又统一,子女玉帛不能予取予求,有何乐处?且桂系诸人,日前饱尝粤省乐趣,今被逼回桂,其心未尝忘粤,我不援桂,桂亦攻我,到此境地,是不惟无福可享,而且祸害及身,此则自杀而已。

又人有恒言:"军人不干预政治。"不知此语大有分别,有时事关损害国威,则军人自当出而干预。如前者军府因争关余不得,拟将海关收回,外人反对,竟调炮舰来粤示威。此等举动,直视军府如无物,辱我如此,尔辈不闻一致力争,为军府后盾,此应干预而不干预也。关余应交军府,而外人不交,且敢以兵临我,是视军府如土匪耳。予感此痛苦,以为名之不正则言不顺,故有组织正式政府之提议。正式政府成立,则全国政权皆归掌握,何独此区区关余,致受外人阻挠?乃发议以后,国会议员固有一部分反对,而反对之最力者,不料竟属尔辈。欢迎予回粤者,尔们;而反对予之政见者,亦属尔们,究竟是何心理(言至此声色俱厉)?一辈之议员持论,甘于组织军政府或护法政府,即以此政府代行国务院职权,是宁愿予为靳云鹏,而不愿予为徐世昌,可谓绝无意识。不料尔等武人亦竟附和其说,是不应干预也。现在革命事业既不敢行,正式政府又不成立,简直一不痛不痒之现象。外人之所以敢以兵临我,尚谓以土匪待我,以予思之,则此不痛不痒之局面不知何者方可比拟,无以名之,则直私娼而已。广州市有商店名"三坑瓦"者(帽业),地虽极小,而因其具有店号,营业居然发达。今西南统治之机关,乃无有正式名称,人之喜欢者则与之交接,否则可置之不理,如此则与私娼何异？尔辈欢迎予回粤,而乃以私娼之事业强加予身,则是爱予者,适以辱予耳！予因尔辈欢迎而回粤,苟尔辈厌弃予者,予可即时离粤。又予等为革命党,尔辈苟长甘此不痛不痒之局面而无所进行者,予等留此亦有何味？则终亦必离粤而已。

独念欧洲各国,有地仅当吾粤之一府一县者,亦能堂堂正正成立一个国家,虽其大国不敢侮辱。吾粤有地九万里,人民三千万,主权既归粤人之手,所谓土地、人民、主权之三要素,均已具备,乃独不敢组织正式政府,任人以土匪、私娼待我,而不知耻,此更不知是何心理也！闻尔们不愿组织正式政府及援桂,系一种怕打仗心理。怕打仗之事不能以畏惧可免。尔不打人,则人将打尔,苟至桂来攻时,试问尔辈何法能免打仗？故今日予特到此解释一切,愿尔辈放开眼界,坚持大无畏主义,建立大功。

据重庆《国民公报》一九二一年三月三十一日

与东方通讯社特派员的谈话

(一九二一年二月二十六日)

中国各地及日本方面所得之孙、陈不睦,乃某国(非日本)及反对党所散布之谣言。其实予与陈炯明多年患难之交,其关系有欲离而不能离。

近时日本国民渐次有了解中国之倾向,诚为可喜之现象。从来日本人抱过国家的观念,因有时暴露其排外的言行。吾人对于友邦冀一律亲善,故不鼓吹亲美排日等偏见。但由人文地理上之关系,中日两国比之他国有更须亲善之必要。然过去十年间之事实,反与此相反。而每至意见隔膜,其原因已为两国民所深知,不必赘言。但刻下问题，在如何改善两国之国交，以保善邻之谊而已。依予所见，贵国对于中国当废去从来政略的卖恩的或利用的权谋术策，专图对华经济的提挈。

由此观之，两国实业家之接近，实为国交改善之捷径。日本政府囊〔曩〕受政略的借款，滥发之余币，至于对华借款发表自缚之声明书，因此大受约束，遂至〔绝〕经济的投资亦受影响。吾人实不胜其遗憾！关于此点，予促日本实业家早日觉悟，对华投资须以非侵略的、对等的，而以增进中国国民幸福为要紧。

据重庆《国民公报》一九二一年三月二十二日

复吴忠信函

（一九二一年二月二十七日）

礼卿兄鉴：

来函并张、江两函已悉。兄可作答云：张公①不宜到粤出兵，但须联络旧部，在长江一带等候，俟粤军出到长江时响应，而后由长江出发，以讨北京。如此乃能事半功倍也。现在西南局面只要先扑灭广西游勇，则长江以南便可大定。粤军但须借道湖南，以会师武汉、南京而已。若张公到粤，恐反惹湖南之误会，以彼为复仇，必至不肯假道，则武汉未易到也云云。望兄本此意以转告前途②为荷。此致，即候

---

① 张公：指张敬尧。

② 一九二〇年九月二十六日，孙中山以"长江机会渐趋成熟，皖局尤佳"，电粤军总司令行营，令吴忠信回沪工作，"助理进行"。十二月二十一日，孙又致函吴忠信，告以"吾人所切望者，首在攻桂，次则进取武汉，以窥长江，而定中原"，望吴"努力进行，助我声援"。吴忠信当时受命在沪联络长江一带反直势力，包括段系失意军人张敬尧。此处所指"前途"，系指段祺瑞。

大安

孙文　二月二十七日

据《国父全集》第三册(转录史委会藏原函影印)

给叶独醒委任状

(一九二一年二月二十八日)

委任状:委任叶独醒为宿雾中国国民党支部党务科主任。此状。

中国国民党总理孙文
总 务 部 部 长 居 正
党 务 部 部 长 谢 持

中华民国十年二月二十八日

据《国父全集》第四册(转录史委会藏原件影印)

给林不帝委任状

(一九二一年二月二十八日)

委任状:委任林不帝为宿雾中国国民党支部干事。此状。

中国国民党总理孙文
总 务 部 部 长 居 正

中华民国十年二月二十八日

据《国父全集》第四册(转录史委会藏原件)

中国国民党全美洲同志恳亲大会祝词

（一九二一年二月）

　　芸芸众生,原属平等。合群互助,生存之本。强权竞张,公理斯泯。种种阶级,为进化梗。西方民族,猛起于前。争自由战,奋斗百年。东陆同胞,尚在倒悬。不有先觉,谁与救援。巍巍我党,顺天应人。大业富有,盛德日新。肇迹兴中,发祥美洲。东西南朔,声应气求。光复旧物,改建共和。鼎新之力,吾党独多。九载以还,丧乱频纪。吾党牺牲,不知凡几。百夫扶拾,自强不息。再合大群,同心勠力。多方多士,济济一堂。磁吸电感,斯道大光。苍苍青天,皎皎白日。烈烈赤云,洪潮四激。金山在望,共申盟誓。祗进一辞,同人万岁。

孙文暨本部同人谨祝

据《中央党务月刊》第七期《中国国民党美洲同志恳亲大会祝词》

致唐继尧电

（一九二一年三月四日）

　　云南唐总裁鉴:此间政务诸待协商,望即命驾来粤,共图进行,无任延伫。孙文、唐绍仪、伍廷芳。支。(印)

据《军政府公报》公电(一九二一年三月五日)光字第廿四号

在中国国民党本部特设
驻粤办事处的演说

（一九二一年三月六日）

列位同志！

今天是中国国民党特设办事处开成立会，兄弟先有一个感想，就是我们底中国国民党到底是个什么东西？我可说一说。回想从前我们推翻满清，建设共和，组织了一个国民党。这个国民党关系中国底前途很大，自从国民党横被解散，中国就乱，且乱过不了。可知历年底祸乱，民不聊生，都是国民党解散底反响。我们民党虽时时与那些国贼奋斗，然而北方底各省到现在还没有完全入我们范围，南方亦只有广东一片干净土成立了支部。诸君第一要明白这个中国国民党不是政党，是一种纯粹的革命党。当民国二年国民党解散，我们同志出亡海外，即由海外同志组织中华革命党继续革命。今日用的这个中国国民党，实在就是中华革命党。但是无论名目如何，实质总是一样的。

共和建设虽已十年，基础未固，不能算为成功，就是本党底责任并未终了，仍须努力奋斗的，必待共和基础十分巩固，才算成功。且我们中国国民党，与其他底种种政党大不相同，就如明末清初底时候，有些明朝底遗老组织天地会，亦叫做洪门，在我们中国南部亦叫做三点会，长江一带又叫做哥老会。他的宗旨在反清复明，光复汉族，本来也是一个革命党，不过他们只主张民族的革命，所以不同。我们底革命，乃主张三民主义、五权宪法的革命党。

三民主义，什么叫三民主义呢？就是民族、民权、民生。那个时候满虏正盘踞中原,革命家只致力于民族主义,而于民权、民生二主义都未置意。五权宪法,关系开国的建设方针极大。在未光复以前,党人一般底心理,以为一经光复,就可达到国利民福底目的。于今乃知不然,这个都是当日同志仅知注重在民族主义,而轻视民权、民生二主义之过,亦即是我们本党底责任未了之处。要知道民权、民生两个主义不贯彻,民族主义虽达目的,亦不能稳固,何况今日民族主义还没有完全达目的呢?

一、民族主义　何以说民族主义还没有完全达到目的呢?自从满洲来到中国,我们汉族被他征服二百几十年之久。今日满虏虽被推翻,光复汉业,但是吾民族尚未能自由独立。这个原因,就是本党只做了消极的功夫,没做积极的功夫。自欧战告终,世界局面一变,潮流所趋,都注重到民族自决。我中国尤为世界民族中底最大问题。在东亚底国家严格讲起来,不过一个暹逻,一个日本,可称是完全底独立国。中国幅员广大,人民众多,比较他们两国何止数十倍。但是幅员虽大,人民虽众,只可称个半独立国罢了。这是什么原故呢?就是吾党之错误。自光复之后,就有世袭底官僚,顽固底旧党,复辟底宗社党,凑合一起,叫做五族共和。岂知根本错误就在这个地方。讲到五族底人数,藏人不过四五百万,蒙古人不到百万,满人只数百万,回教虽众,大都汉人。讲到他们底形势,满洲既处日人势力之下,蒙古向为俄范围,西藏亦几成英国底囊中物,足见他们皆无自卫底能力,我们汉族应帮助他才是。汉族号称四万万,或尚不止此数,而不能真正独立组一完全汉族底国家,实是我们汉族莫大底羞耻,这就是本党底民族主义没有成功。

由此可知,本党尚须在民族主义上做功夫,务使满、蒙、回、藏同化于我汉族,成一大民族主义的国家。试看彼美国,在今日号称世界最强、最富底民族国家。他底民族结合有黑种,有白种,几不下数十百种,为世界中民族最多底集合体。自美国国家成立,有英国人、荷兰人、德国人、法国人,参加入他底组织中。美国全部人口一万万,德国人种在美国的约有二千万,实占他底人口总数五分之一;其他英、荷、法各种人在美国的数也不少。何以美国不称英、荷、法、德、美,而称美利坚呢?要知美利坚底新民族,乃合英、荷、法、德种人同化于美而成底名词,亦适成其为美利坚民族,为美利坚民族,乃有今日光华灿烂底美国。看看民族底作用伟大不伟大?美国底民族主义,乃积极底民族主义。本党应以美国为榜样。今日我们讲民族主义,不能笼统讲五族,应该讲汉族底民族主义。或有人说五族共和揭橥已久,此时单讲汉族,不虑满、蒙、回、藏不愿意吗?此层兄弟以为可以不虑。彼满洲之附日,蒙古之附俄,西藏之附英,即无自卫能力底表征。然提撕振拔他们,仍赖我们汉族。兄弟现在想得一个调和的方法,即拿汉族来做个中心,使之同化于我,并且为其他民族加入我们组织建国底机会。仿美利坚民族底规模,将汉族改为中华民族,组成一个完全底民族国家,与美国同为东西半球二大民族主义的国家。

　　民族主义国家,必有种种底关系因果,有历史底关系,有地球底关系。如瑞士国,他那国家已成了一个完全的民族主义的国家。瑞士位于欧洲底中部,他底国界,一面与法接壤,一面与德接壤,又一面与意大利接壤。但国土无论与何国交界,或与法国交界,或与德国交界,或与意国交界,其人民底语文、种族皆与相同,而又能组成一完全底瑞士民族的国家,是真难得。且瑞士为行使直接民权底国家,法国则为间接民权国家。全世界中行使直接底民权,以瑞士为第一,民权发达已臻极则,国内底政治及民族底结合,与美国大致相同,真是我们一极好底先例。故将来无论何种民族参加于我中国,务令同化于我汉族。本党所持底民族主义,乃积极底民族主义。诸君不要忘记。

我们抱三民主义的革命党，又与各国的革命党不同。各国的革命党，只有抱一个主义，或是两个主义的，向来没有抱三个主义的。有，就算我们国民党是第一了。查美国既离英国独立，完全是为民权主义，不是民族主义。法国大革命，却又是抱民权主义合民生主义的。他们两国的民权革命，业已成功。但法国的民生主义，却是失败。所以他们两国，目前完全是要讲民生主义了。美、法底民族、民权两个主义可称成功，而社会问题没有解决，亦就在此伏着个革命底导火线。回头再看我们中国底现状，又是一个什么样子？我们党人革命数十年，只可说达到半个民族主义。他人底民族、民权均达目的，我们则尚须在民族主义上做功夫，这个即是与美、法不同之点。又如俄国底劳农政府，或曰苏维埃政府，乃注重民生主义，而无民族主义的意味；至民权一层，乃其附属品而已，此亦与吾人不同。兄弟底三民主义，是集合中外底学说，应世界底潮流所得的。就是美国前总统林肯底主义，也有与兄弟底三民主义符合底地方，原其文为 The government of the people，by the people，for the people，这话苦没有适当底译文，兄弟把他译作"民有"、"民治"、"民享"。of the people 就是民有，by the people 就是民治，for the people 就是民享。他这"民有"、"民治"、"民享"主义，就是兄弟底"民族"、"民权"、"民生"主义。由是可知，美国有今日底富强，都是先哲底主义所赐。而兄弟底三民主义，在彼海外底伟人已有先得我心的。兄弟回想从前在海外底时候，外人不知什么叫三民主义，常来问我的，兄弟当时苦无适当底译语回答他，只好援引林肯底主义告诉他，外人然后才了解我底主义。由此可知，兄弟底三民主义，不但是有来历，而且迎合现代底潮流。

二、民权主义　现在请讲民权主义。瑞士为民权最发达底国家,前已说过。现在应声明那代议制不是真正民权,直接民权才是真正民权。美、法、英虽主张民权主义,仍不是直接民权。兄弟底民权主义,系采瑞士底民权主义,即直接底民权主义。然间接民权,已非容易可得,不知流了多少碧血以作代价,始能得之。从这里看起来,直接民权,更是可贵,但是却一定要有很大的代价。直接民权,一是"选举权"。人民既得直接民权底选举权,尤必有"罢官权"。选之在民,罢之亦在民。又如立法部任立一法,人民因其不便,亦可起而废之。此种废法权,谓之"复决权",言人民可再以公意决定之。又人民应有"创制权",即人民可以公意创制一种法律。直接民权凡四种:一选举权,一复决权,一创制权,一罢官权。此为具体底民权,乃真正底民权主义。

三、民生主义　再讲民生主义。民生主义即时下底社会主义。诸君想想,兄弟提倡民生主义是在什么时候?今日国人才出来讲社会主义,已嫌迟了。但是社会主义底学说输入中国未久,兄弟将"社会主义"原文译为"民生主义"较为允当。然国人往往误解民生主义真谛。资本家开一工厂,佣数千工人作工,每人每日给工资几许,资本家复夸于众曰:我讲民生主义。我这是讲民生主义,诸君试想此资本家讲底民生主义,同真正底民生主义相差多远!资本家凭借他金钱魔力,牢笼工人替他个人出死力,工人出血汗赚得少许工资。这种工厂底组合,在西籍中谓之"血汗店",真是不差。时人谈民生主义的离题尚远,不啻坠入五里雾中,此亦国人不求其解之过。兄弟底民生主义,固有具体底办法,非彼好奇底人,徒托空谈,以快一时。办法维何?即归宿到"土地"和"资本"两样。现在留心世道底人,多说中国目下没有资本家,用不着讲社会主义,或又说待有资本家产生,再讲社会主义,此亦太不得要领。以如此底人而讲社会主义,难怪他看着社会主义,前路茫茫,正不知从那里下手。且社会主义底真旨，不是专靠几十本书，或几百本、几千本书可以看得出来的。要有机敏底会心，确实底心得。我常说中国人读书，越读越糊涂，大约就是这种人。

　　三民主义底大旨已经说过了，唯今日世界大势如彼，国人底需要三民主义又如此。兄弟敢断言一句，吾党同志对于三民主义，没有讨论的余地，只有实行的，故不厌重复道之。一、民族主义：自推倒满洲，民族主义已算达到一消极之目的，而向未做积极的功夫。吾人应为汉族发扬光大，令彼与我共同建国之各民族同化于我，而于东亚大陆建一中华民族底国家，使汉族威名遍扬寰宇。二、民权主义：欲达到真正民权目的，应实行四种直接民权，即（一）选举权，（二）复决权，（三）创制权，（四）罢官权。三是民生主义：关于这个主义，兄弟已定有办法，就是实行"平均地权"。从前中华民国政府在南京成立时，兄弟即倡议平均地权，试行本党底民生政策，吾同志中有不表赞同的，兄弟问他们道：君等不曾宣誓不违背党义的吗？

　　所谓要实行民生主义，缘因于贫富不均。何以说贫富不均？古代虽有贫富阶级之分，然无如今日之甚。今则贫富悬殊，不可方物，富者敌国，贫者无立锥。其所以养成此种贫富不均底现象，由于古今底生产力不同。如古时木工，所有器械，不过是斧、凿、锯子罢了。故古人言工欲善其事，必先利其器。今则工业发达，可用机器以代人力，所得结果，事半功倍。例如耘田，最初底时候仅用腕力，自用犁及牛马代手，而速率倍增，成功亦易。前之专靠手力，费数天之功耕一亩，今则日耕一亩而有余。迄欧、美改用汽力、电力，日可耕千亩，此千与一之比例，岂非很惊人底成绩吗？又如运输，徒恃人力的，一人负百斤，日行百里，不可谓非苦事。自有火车、轮船以供运输，较专恃人力的，其速率何止千倍！此为生产及分配与

昔不同的。大致生产不同属有限的,分配不同乃无限的。彼外国
谈民生的,今日只有资本及工人两个问题。工人无工可做,即无面
包可得。富的愈富,贫的愈贫,其现状又与我们不同。中国今日情
形在上下交困,大家都穷,无甚差别。由此可知,外国患不均,中国
患贫,此又中外不同之点。或曰中国无大资本家,此语诚然,以吾
国之地大物博,资本千万之人,统计全国不及百人,尚何资本之足
云?若曰中国可不讲社会主义,此语大错。须知前车之覆,后车之
鉴。彼欧美今日之患不均,即予吾人良好底教训。故兄弟提倡民
生主义而归宿于"土地"及"资本"两样。

我们请先言"土地"。土地制度在欧美诸国都不同。英国底土
地乃封建制,美国则由资本家出资所购得的。兄弟底民生主义主
张"平均地权",亦是杜渐防微底意思。况今日已见其端倪吗?就
眼前而论,广州自马路开通,长堤一带及其他繁盛地方底地价,日
贵一日,今已索值数万元一亩的。此在中国内地之市场,洵属罕见
之事。若在伦敦或纽约,其地价之昂,较之吾国,固不可以道里计,
有数十万、数百万元一亩之地。吾国古时,常有井田之制,与平均
地权,用意正同。本党底民生主义,以国利民福为指归,平均地权,
即其最大关键。及今速图,犹未为晚。美为资本主义的国家,美之
大多数人民并无幸福可享,彼享幸福的乃资本家。善观人国者不
可徒观其表,美国有个哲学家名轩利佐治(Henry George),说现代
文明如尖锥入社会之中,在尖锥上的社会,却升之使高,在尖锥下
的社会,却压之使下。所以近代文明,有发财愈发财,贫穷愈贫穷
的趋势。今国人既讲到社会问题,即要讲本党底民生主义。我们
底民生主义,是有办法的。其办法为何?即"定地价"。按关于地
价一层,前英国办此事有定地价底衙门,又有不服所定地价之控诉
衙门。此为英国规定地价大体办法,中国可以不必仿行。中国人

怕兴讼,怕到衙门,倘定一地价而要两度到衙门,必觉得不堪其扰,这是人人不愿意的。兄弟底办法,极简单而又极公平,即令人民自己报价,政府则律以两种条件:其一、按所报的地价照值百抽一而收税;其二、则照价收买。此可使他不敢隐瞒公家,不敢以多报少,或以少报多,其法至善。何以说不敢以多报少?譬如人民将自己所有之地报价后,公家就随时可照价收买其地,想瞒税的,反要受报价的亏损;彼以少报多者以为其计甚得;设公家不收买,则又须照其所报之价纳税。报价多纳税亦重,此希冀收买而以少报多的一方面可以毋虑;但是报少价的虽可减轻税银,若果公家照值收买其地,彼必亏本,此希冀减税而以多报少的一方面可以毋虑。所以那些地主想来想去,报多报少,皆有危险,结果不如报一折中底实价为愈。如此办法,公家不甚费力可坐收税银,而在地主方面亦甚有利。法之至善,无逾于此。就广州市政言,设再筑一马路直达黄埔,假定此时购入之地价,每亩以二百元计,再加十倍之数,即可造成马路。待马路告成,地价亦必腾贵,将来恐尚不止如长堤值五万元一亩之数。土地问题既如上述,彼穷人又当如何?故求幸免于欧、美贫者愈贫、富者愈富的恶例,非讲民生主义不可。讲民生主义,又非用前同盟会所定的平均地权方法不可。今日革命事业并未成功,想革命成功,当先解决土地问题。

我们请再说资本。资本问题,是今天世界上最大的问题,也是最难解决的问题。凡是资本发达的国家,业已没有办法。中国幸而资本尚未发达,我们应该未雨绸缪,赶紧设法,免得再蹈覆辙。对于这个问题的解决,兄弟有《实业计划》一书,主张以外资从事建设生利事业,开辟市场,兴建工厂,建筑铁路,修治运河,开发矿产,举凡一切天然物产皆归公有,各种新事业之利润悉归公家。如北京借外资修筑底铁路,如京汉、京徐、津浦,都很赚钱。现在中国底铁路线,不过五六千迈,核其每年收入约七八千万元,实比全国地丁尤巨。全国中底各项收入,以铁路收入为第一,如将铁路线延长至五六万迈,岂不更赚钱吗?以外资开矿,亦是很有利底事业。开矿本无蚀本之理,间有蚀本的,实办理不善所致。但兄弟所谓借外资,乃借外人掌器械,从事于生利事业。又如京奉铁路筑成后,利息甚厚,外人不肯予赎,乃以其余款复筑京张,今且一直达到绥远城了。总之,外资非不可借,借外资应办生利的事,不可做消耗的事。

但是兄弟还有要说的,那英、美两国的政治虽称完善,却是他们鼓动社会革命是常常有的。这是为着甚么原因呢?就是民生主义未贯彻的原故。须知社会革命的惨痛,比政治革命流血更多。吾党自排满革命后,民族主义虽告一部分成功,而民权、民生未收丝毫效果。现在不但是要实行民权、民生两个主义,并且要迎合现代底潮流。自从欧洲大战停止后,美国威尔逊总统鉴于世界潮流,大倡民族自决。这民族自决,就是本党底民族主义。到了巴黎和平会议完了,欧洲中部就成立了许多新独立底民族国家,如捷克斯拉夫等是最著名的。诸君可以见得现代底民族思潮了。

现在本党底最大目的,要把"民族"、"民权"、"民生"三种功夫同时做完,这就是本党底主义,这才是国利民福,人民才可享真正的幸福。实行党义,还要希望诸君努力的,更要希望诸君宣传的。我们今日要实行本党主义,固有绝好底机会,因为广东已在我们同志的手中。广东有三千万人民,必将这个主义宣传到广东全体底人民,使人人脑中了解我们底主义。我们现在若不从速宣传,或将来广西绿林有反攻底举动,我们就没有时机从事宣传底功夫了。十余年前,余草革命方略,在地方自治,主张县长民选。现在广东陈竞存总司令已决议实行县长民选,积极提倡民治。诸君试想,广东人民有没有这个程度？在兄弟看来,恐怕他们没有这个程度;既没有这个程度而又要实行,是不是要闹乱子？但是民治主义是我们党里本来底主张,当然不容怀疑的。想将来不要闹乱子,实现我们底主张,就在宣传底功夫了。

最近兄弟有一个感想,彼英、美政治虽如此发达,却是政权不在普通人民手里。究竟在什么人手里呢？老实说,就是在知识阶级的手里。这就叫做政党政治。我记得,我们这次刚回广东底时候,香港有一家报纸说我们此番回来,并不是粤人治粤,是"党人治粤"。兄弟想,这句话在彼说的固别有用意,但是我们也甚愿意承认"党人治粤",因为英、美已有这个先例的。果能实行本党底主义,也是我们粤人莫大之幸。我们此刻应即下手结合团体,操练本党党员,宣传本党主义。诸君对于三民主义,倘有未明了之处,尽可随时来问兄弟,兄弟必一一详细解答。所谓先知先觉,必自觉才能觉人;未有自未觉而能觉人的。现在广州已成立中国国民党本部特设办事处,这个就是我们操练宣传底总机关。由此推行,前途无限。将来广东全省为本党实行党义底试验场,民治主义底发源地。由广东推行到全国,长江、黄河都要为本党底主义所浸润。诸君须知本党底主义,所以急于要操练、要宣传的,因为民国虽然成立了十年,一般人民并未了解共和是个什么东西,他们自视也不是国民,乃是遗民,他们正待真命天子出现,预备好做太平臣子百姓哩！诸君试想这个样子,如何能够县长民选？我们要想将来不要偾事,惟有积极操练三民主义,就以"党人治粤"。凡事尚要依赖我们党人努力去做,三民主义操练精熟。其次就要积极实行五权宪法。三民主义和五权宪法,即是本党底精神,从此由广东发扬传播到全国。

据《国父全集》第二册(转录《孙大总统三民主义演说》铅印原本,参照黄昌谷编《孙中山先生演说集》校勘)

与宫崎滔天萱野长知的谈话[*]

（一九二一年三月十二日）

世界在变化。不过中国国民始终还是中国国民。随着时代的变化，虽然也可以看出思想多少有些进步，但其实质仍是中国的。如果我中国国民对我们的主张有几分了解，我将喜出望外。多年来我们所主张的三民主义，我认为它没有更改的必要，并期待此一主义得以贯彻实行。至于说什么亲美之类的话，现在在彼此之间也再无说明的必要了。若有人还有疑问的话，那么，与其问我，不如去问日本当局好些。因为欲以亲美派、亲英派等名目强加予我者，不过出于日本当局的一厢情愿罢了。

> 据《宫崎滔天全集》（日本平凡社一九七八年二月出版）
> 第一卷《广东行》译出（李吉奎译，黄友谋校）

致各省军政长官电

（一九二一年三月十六日）

广东参众两院，陈总司令兼省长，云南顾总司令、周省长，贵阳卢代总司令、任省长，长沙赵总司令、林省长，三原于总司令、张副司令，各省省议会、军民长官公鉴：卢子嘉先生佳、江两电，根据法

---

[*]　一九二一年初，日本有的报纸评论孙中山在搞"赤化"和亲美活动。宫崎等人于是年三月自日本经上海、香港赴广州，访问孙中山。当宫崎等人谈到在日本有人把孙当作过激派或者亲美派的时候，孙中山笑着作了答复。宫崎的这一谈话记录，曾发表于上海《日日新闻》。

律参证事实，对于北庭选举，力加反对，钦佩无已。自民国六年正式国会被违法解散之后，北京伪政府以旧选举法于己不便，乃号召私人创立所选举法，召集新国会，产生北京非法之伪总统。今被选出之伪总统，又以新选举法为不便，而旧选举法较为有利，复欲用旧法选举国会。对于国家重要法律，可以上下其手，随意变更，法律何辜，乃为奸人播弄一至于此？徐世昌本为非法新国会所选出之非法总统，虽无法律上之地位，尚有一非法地位，今乃自行取消新选举法，是即自行取消其非法总统，则并〔其〕非法之地位，亦丧失无余，何从有权施用旧法重召国会？前者南北和会，本有合法解决和平之希望，而徐世昌则以舞文弄法之手段破坏之，又复伪称统一，以欺天下，而图自固其私人篡据之地位。曾不思公论在人，识者早议其后。可知护法大义，本无南北可分。是非既明，顺逆斯见。我国人之取舍从违，至此，亦可不烦言而决矣。孙文、唐绍仪、伍廷芳、唐继尧、刘显世。铣。（三月十六日）

据《军政府公报》公电（一九二一年三月十九日）光字第二十八号

颁发阮日华爱国奖状

（一九二一年三月二十二日）

爱国奖状

阮日华君储助巨资，赞襄义举，赍兹永宝，以彰爱国。

中国国民党总理孙文

中华民国十年三月二十二日

据《国父全集》第四册（转录史委会藏原件影印）

颁发高连泗爱国奖状

（一九二一年三月二十二日）

爱国奖状

高连泗君储助巨资，赞襄义举，赍兹永宝，以彰爱国。

中国国民党总理孙文

中华民国十年三月二十二日

据《国父全集》第四册（转录史委会藏原件影印）

颁发高敦焯爱国奖状

（一九二一年三月二十二日）

爱国奖状

高敦焯君储助巨资，赞襄义举，赍兹永宝，以彰爱国。

中国国民党总理孙文

中华民国十年三月二十二日

据《国父全集》第四册（转录史委会藏原件影印）

致蒋中正电

（一九二一年三月二十九日）

介石兄鉴：西征关系重要，一切须在事前筹划，兄来更速进行，幸即趣装。孙文。艳。

据毛思诚编《民国十五年以前之蒋介石先生》第六编

致康德黎函 *

（一九二一年四月二日）

我亲爱的康德黎博士：

随函寄上甫经出版之近作——《中国的国际开发》，藉以向先生及夫人聊表感谢与敬爱之情。

我极希望柯尔逊爵士（Lord Carzon）为此书写一序言，如蒙先生携带我的函件与该书，亲往请求，则不胜感激之至。另请先生给予协助，请将此书在英国发行。在美国，我也将发行此书。伦敦有一名叫詹金斯（Jenkins）的发行人，似为一位企业人才。他曾多次来信，希望发行我的任何文学著作，但因我当时尚无英文写作，故未曾回信。先生可否代我访问这个发行人，并且与他安排此书的发行？我愿将英文本版权，给予接纳此书之任何商人；如果无人接纳，则请函示，并告知需要若干出版费用，以便我将稿件寄给你。此书及所用地图，均有若干错误，我将寄上订正本，以便重新印行。此事敬烦先生惠予照顾为感。

希望先生及夫人均极康健。我目前工作非常繁忙，因此没有机会离开。我甚盼会晤先生之公子，甚盼他来东方时，可以相见一叙。

接读先生最近来信，至感愉快，尚请常赐来示。

向你和康夫人谨致以最热忱的祝愿。

孙逸仙　四月二日于广州

＊　此函译文据《国父全集》，并参照该书第五册英文原函校正。

再者：请要求发行人为此书编一目录表及索引。又此书每页仅印三十行，以便增加页数与厚度。逸仙又及。

据《国父全集》第三册（译自史委会藏英文原函照片）

在广州陆军学堂的演说[*]

（一九二一年四月四日）

军队的灵魂是主义。有主义的军队，是人民和国家的保障。举例如法国，他们将平等、自由、博爱做主义，三色的国旗，便是表示出这三种主义来的。法国有了这种军队，所以能革命成功。军界同胞，也应象法国般，勉为有主义的军队才行。

据上海《民国日报》一九二一年四月五日《孙总裁阅兵记》

在广东省教育会的演说^{**}

（一九二一年四月四日）

今天讲题为"五权宪法"。五权宪法是兄弟所创造，古今中外各国从来没有的。诸君皆知近世一二百年来，世界政治潮流趋于立宪。"立宪"二字，在我国近一二十年内亦闻之熟矣。到底什么

---

   * 孙中山此次讲演全文未见，此系演说摘要。

   ** 孙中山于一九二〇年十一月从上海到广州，重组中华民国广州政府。此系他在筹建正式政府过程中到广东省教育会所作的一次演说。台北编的《国父全集》第二册根据不同版本收入《五权宪法》演讲两篇，分别标为"一九二一年三月二十日在广东省教育会演讲"；"一九二一年七月在中国国民党特设办事处演讲"。查两篇演讲内容及所讲顺序完全相同，仅文句略有差异，且两篇末段均谓："前天在省议会已将五权宪法大旨讲过"。据此，两篇实为同题异文。今据《广东群报》所刊演说稿，时间（四月四日）为该报首载日期；并将黄昌谷编《孙中山先生演讲集》所收的《五权宪法》（对中国国民党特设办事处演讲，民国十年七月）作为同题异文收录附后。

叫做宪法？所谓宪法者，就是将政权分几部分，各司其事。各国宪法只分三权，没有五权。五权宪法是兄弟所创。自兄弟创出这个五权宪法，大家对之都狠不明白。到底五权宪法有什么来历？讲到他底来历，兄弟可以讲一句实在话，就是从我研究所得思想中来的。至讲到五权宪法底演讲一层，十数年前在东京同盟会庆祝《民报》周年纪念底时候，兄弟曾将五权宪法演讲一过。但是兄弟虽然演讲，在那个时候大家将〔对〕于这个事情都没有十分留心。此事说来已十余年了。在当时大家底意思，以为世界各国只有三权宪法，没有听见讲什么五权宪法的，大家觉得这个事情狠奇怪，以为兄弟伪造的。但兄弟倡此五权宪法，实有来历的，兄弟倡革命已三十余年，自在广东举事失败后，兄弟出亡海外；但革命虽遭一次失败未成，而革命底事情仍是要向前做去。奔走余暇，兄弟便从事研究各国政治得失源流，为日后革命成功建设张本。故兄弟亡命各国底时候，尤注意研究各国底宪法，研究所得，创出这个五权宪法。所以五权宪法可谓是我独创的。

当美国革命脱离英国之后，创立一种三权宪法，他那条文非常严密，即世人所称之"成文宪法"。其后各国亦狠效法他订定一种成文宪法，以作立国底根本法。兄弟亦尝研究美国宪法。而在美国底人民自从宪法颁行之后，几众口一辞，说美国宪法是世界最好宪法。即英国政治家也说自有世界以来，只有美国底三权宪法是一种好宪法。兄弟曾将美国宪法仔细研究，又从宪法史乘及政治各方面比较观察，美国底三权宪法到底如何呢？研究底结果，觉得他那不完备底地方狠多，而且枝〔流〕弊亦不少。自后欧美底学者研究美国宪法，所得底感想亦与我相同。兄弟以最高尚的眼光、最崇拜的心理研究美国宪法，毕竟美国宪法实有不充分之处。近来世人亦渐渐觉察美国底宪法是不完全的，法律上运用是不满足的。

由此可知，凡是一个东西，在当时一二百年之前以为是好的，过了多少时候，或见〔是〕现在亦觉得不好的。兄弟比较研究之后，有见于此，想来补救他底缺点；即英〔美〕国学者也有此思想。然而讲到补救的事，谈何容易。到底用什么法子去补救呢？既没有这样底书可以补救，又没有什么先例可供参考。

　　说到这里，兄弟想到从前美国哥伦比亚大学有一位教授喜斯罗，他著了一本书名叫《自由》。他说三权是不够的，他主张四权。他那四权底意思，就是将国会底弹劾权取出来作个独立底权。他底用意，以为国会有了弹劾权，那些狡猾底议员往往行使弹劾权来压制政府，弄到政府动辄〔辄〕得咎。他这个用意亦未尽完善，但是兄弟觉得他这本书在美国固可说已有人觉悟〈到〉了，他们底宪法不完全，想法子去补救。但是这种补救方法仍是不完备。何以言之？在美国各州，有许多官吏是由民选而来。但是民选是狠繁难底一件事，民选底流弊亦狠多。于是想出限制人民选举底法子：要有资格才有选举权；以财产为资格者，必有若干财产才有选举权，没有财产的就没有选举权。但这种限制选举与现代底潮流平等自由主旨不合，且选举亦狠可作弊，而对于被选底人民，亦没有方法可以知道谁是适当。想补救他，单单限制选举人亦不足〔是〕一种好底方法。最好底方法是限制被选举人。人民人人都有选举权，这个就是"普通选举"，即是近日各国人民〈所〉力争的。但是普通选举固好，究竟选什么人好呢？若没有一个标准，单行普通选举，毛病亦多，而且那被选底人不是仅仅拥有若干财产，我们就可以选他。兄弟想：当议员或作官吏底人，必定要有才有德，或有什么能干，若是没有才没有德，又没有什么能干，单靠有钱是不行的。譬如有这种才德、能干资格底人只有五〈十〉人，即对于这种资格底人来选举。然则取得这种资格底人如何来定呢？我们中国有个古法,那个古法就是考试。在中国,从前凡经过考试出身底人算是正途,不是考试出身的不算正途。讲到这个古法,在中国从前专制底时代,用的时候尚少。因为那君主即在吃饭睡觉底时候,亦心心着念全国的人材。谁是人材,好叫谁去做官。君主以用人为专责,他就狠可以搜罗天下底人材。在今日的时代,人民实没有功夫可以办这件事,故在君主时代可以不用考试,在共和时代考试倒不可少。于是兄弟想加一个考试权。考试本是一个狠好底制度,是兄弟亡命海外底时候,考察各国底政治宪法研究出来的,算是兄弟个人所独创,并没有〈向〉那一国学者抄袭的。兄弟想这个制度一定可以通行有利。

从前在东京同盟会时,本以三民主义、五权宪法为党纲,预计革命成功就要实行五权宪法。不想光复之后,大家并不留意及此,多数心理以为推翻满洲就算了事。所以民国虽成立了十年,亦没有看见什么精神,比前清更觉得腐败。这个缘故,我们就可以知道,兄弟细说必以五权宪法为建设国家底基础。我们有了良好底宪法,终能建立一个真正底共和国家。

自兄弟发明五权宪〈法〉演讲之后,一班人对于这个五权宪法都不很清楚。即专门学者亦多不以为然。记得二十年前有个中国学生,他本是大学法科毕业,在美国大学亦得了法学士底学位,他后来还想深造,又到美国东方底一个大学读书。此人兄弟在美国纽约城遇见,兄弟问他:"此回你又入美国东方底大学,预备研究什么学问?"他说他想专门学宪法。兄弟听他说是要学宪法,就将我之五权宪法说与他听,足足与他讨论了两星期。他说这个五权宪法比什么都好。兄弟心喜他既赞成这个五权宪法,就请他到了学校里,将这五权宪法详细研究。其后他就在美国东方耶路大学三年毕业,又得了个法律博士底学位。这耶路大学是美国东方狠有名誉底大学，他得了这个大学底博士学位，他底学问自然是很好的。他自耶路大学毕了业，后来他又到英国、法国、德国考察各国底政治宪法。辛亥革命成功，他亦回到中国，兄弟又遇见了他，我就问他："当日你固赞成我底宪法，现在你研究之后，可有什么心得？"他说："五权宪法，各国都没有这个东西，这个恐怕是不能行的。"当时兄弟听了这话，就狠不以为然。谁知我们那班同志听了他这话，以为这位法律博士说各国都没有这个东西，想来总是不大妥当，也就忽视这个五权宪法了。还有一个日本底法律博士，兄弟在南京底时候请他做法律顾问，有许多法律上底事情想与〈他〉商量。后来讨袁之役，兄弟亡命在东京，遇到了这位博士。他问兄弟什么叫五权宪法，兄弟就与他详细讲解，相处三个月底功夫，合计讲解总在二三十小时，后来他也就明白了。此时，兄弟觉得法律博士，还要讲了许多底时候才能明白，若〈遇〉着一班普通人民又将如何？难怪他们不懂了。适才所说底这两个博士，一个是中〔美〕国底博士，一个是东洋底博士。那中国底博士，在纽约遇着他底时候，讨论了两个星期，他狠赞成这个五权宪法。在这个时候，他不过是个学士底学位，只算是半通底时候；待他得了博士底学位，可算已到大通底时候了，他说各国没有这个东西。又那个日本底博士，兄弟与他研究了好几个月底功夫，他才明白。兄弟想这个东西实在狠难，现在虽没有人懂得，年深月久，数百年或数千年以后，将来总有实行的日子。

我们要想把中国弄成一个庄严华丽底国家，我们有什么法子可以使他实现呢？我想亦有法子，而且并不为难，只要实行五权宪法就是了。兄弟在东京庆祝《民报》周年底时候讲演五权宪法之后，到现在差不多二十年了，而赞成五权宪法的人仍是寥寥，可见他们心中都不以为然。今天我们想要讲五权宪法本是狠好底事情，但是要将五权宪法详细的说明，虽费几天底功夫亦说不了，而且恐怕越说越不明白。兄弟想了一个法子，要想就五权宪法之外来讲，侧面底讲比正面底讲容易懂得。中国不尝有句成语吗？就是"不识庐山真面目，只缘身在此山中"。这个意思，就是必离开庐山一二百里，才可看到庐山底真面目，若在庐山里头，反看不出庐山的真面目。兄弟今天讲五权宪法，亦是用这个法子。

诸君想想，我们为什么要这个宪法呢？要知道我们要宪法底用意，应先把几千年以来底政治取来看看。政治里面有两个潮流，一个是自由底潮流，一个是秩序底潮流。政治中有这两个力量，正如物理之有离心力与归心力。离心力之趋势，则专务开放向外；归心力之趋势，则专务收合向内。如离心力大，则物质必飞散无归；如归心力大，则物质必愈缩愈小。两力平均，方能适当。此犹自由太过，则成为无政府；秩序太过，则成为专制。数千年底政治变更，不外夫这两个力量的冲动。中国历史，是从自由而入于专制；西国历史，是从专制而入于自由。孔子删书，断自唐虞。唐虞之世，尧天舜日，号为黄金世界，极平等自由之乐。而降及后世，政治弄到如此不好，这又是什么缘故呢？其故就是人民享得自由太多，因此而生厌，遂至放去其自由，而野心之君主承之，以致积而成秦汉以后之专制。外国底政治乃从专制而渐趋自由，其始人民有不堪专制之苦，故外国有句话叫做"不自由毋宁死"。他底意思，是人民不能自由，宁可死去。此可见当时外国政治专制之烈也。中国底政治是由自由而进于专制。中国古代人民"耕田而食，凿井而饮"，原是很自由的。而老子所说底"无为而治"，亦是表示人民极自由底意思。当时底人民有了充分底自由，不知自由之可贵，至今此习仍存，故外人初不知其理，甚异中国人民之不尚自由也。若在欧洲底历史，则与此不同。欧洲自罗马亡后，其地为各国割据，以人民为奴隶,在近世纪底时候有许多战争发生,都是为争自由而战。

兄弟从前倡革命,于自由一层没有什么讲到,因为中国人只晓得讲改革政治,不懂得什么叫自由。中国历代底皇帝,他只晓得要人民替他完粮纳税,只要不妨碍他祖传帝统就好,故外国人批评中国人不晓自由。近来有几个少年学者,得了点新思想,才晓得"自由"两个字。本来中国人民是不须争自由的。如诸君在此,晓得空气是什么东西。空气要他作什么? 我们在这房子里空气是很够的,人之在空气中生活,如鱼之在水中生活,鱼离水就要死,人没有空气,亦是要死的。但人不晓得空气之可贵,到底是个什么呢? 因为空气不竭也。试将人闭之于不通空气底屋子里,他知空气可贵矣。欧俗人不自由,故争自由。中国人尚不竭自由,故不知自由。这个两种底潮流,一专制,一自由,就是中国与欧洲不同底地方。

政治里面又有两种人物,一是治人者,一是治于人者。孟子所谓:"有劳心者,有劳力者;劳心者治人,劳力者治于人。"治人者必有知识的,治于人者必无知识的。从前底人可说是同小孩子一样,只晓得受治于人,现在已渐长成,大家都明白了,已将治人与治于人底阶级打破。欧洲近世纪已将皇帝治人底阶级打破,人民才得今日比较底自由。兄弟这个五权宪法,亦是打破治者与被治者底阶级,实行民治底根本方法。

现在再讲宪法底出产地,宪法创始于英国。英国自大革命后,将皇帝底权渐渐分开而成为一种政治底习惯,好象三权分立一样。其实英人亦不自知其为三权分立也,不过以其好自由之天性行其所适耳。乃二百年前有法国学者孟德斯鸠,他著了一部书叫做《法意》,有人亦叫做《万法精义》,发明了三权独立底学说,主张立法、司法、行政三权分立。但英国后来因政党发达,已渐渐变化。现在英国并不是行三权政治,实在是一权政治。英国现在底政治制度是国会独裁，行议会政治，就是政党政治，以党治国。孟氏发明三权分立学说未久，就有美国底革命，订定一种宪法。美国即根据孟氏底三权分立学说，用很严密底文字订立成文宪法。孟氏乃根据英国底政治习惯，草成此种三权分立主张。后来日本底维新及欧洲各国底革命，差不多皆以美国为法订立宪法。英国底宪法并没有什么条文，美国则有极严密底条文，故英国底宪法又称活动底宪法，美国底宪法是呆板底宪法。英国以人为治，美国以法为治。英国虽是立宪底鼻祖，然没有成文底宪法。以英国底不成文宪法，拿来比较我们中国底宪法，我们中国亦有三权宪法，如：

第一图：
比较宪法

中国宪法 ┤ 考试权　君权—兼┤立法权　行政权　司法权　弹劾权

外国宪法 ┤ 立法权—兼—弹劾权　行政权—兼—考试权　司法权

　　就这个图看来，中国何尝没有宪法：一是君权，一是考试权，一是弹劾权。而君权则兼有立法、行政、司法之权。考试本是中国一个很好底制度，亦是很严重底一件事。从前各省举行考试底时候，将门都关上，认真得很，关节通不来，人情讲不来，看看何等郑重。但是到后来，也就有些不好起来了。说到弹劾，有专管弹劾底官，如台谏、御史之类，虽君主有过，亦可冒死直谏，风骨凛然。好象记得广雅书局内有十先生祠，系祀谏臣者，张之洞题有一额曰"抗风轩"，言其有风骨能抗君王底意思。可知当日设御史、台谏等官，原是一种很可取底事情。美国有个学者巴直氏是很有名的，他著了一本书叫《自由与政府》，谓中国底弹劾权，是自由与政府间底一种最良善之调和法。

　　刚才兄弟讲底这两个潮流，自由这个东西，从前底人民都不大讲究。极端底自由，就是无政府主义。欧洲讲无政府主义，亦是认为一种很新底东西，最初有法人布鲁东[①]、俄人巴枯宁及现已逝世之俄人克鲁泡特金。在他们讲这种主义，不过看了这种东西很新，研究研究罢了。近来中国底学生们，他无论懂不懂，也要讲无政府，以为趋时，真是好笑。讲到无政府主义，我们中国三代以上已有人讲过。黄老之道，不是无政府主义吗？《列子》内篇所说底"华胥氏之国，其人民无君长，无法律，自然而已"，这不是无政府主义吗？我们中国讲无政府主义已讲了几千年了，不过现在底青年不懂罢了。象他们现在所讲底无政府主义，就是我们已不要的。兄弟讲自由与专制两个潮流，要调和他〈们〉，使不各趋极端。如离心力与归心力一样，单讲离心，或是单讲归心，都是不对。有离心力，还要有归心力，片面底主张总是不成的。两力相等，两势调和，乃能极宇宙之大观。

　　宪法的作用犹如一部机器，兄弟说政府就是一个机器。有人说尔这个譬喻，真比方得奇。不知物质有机器，人事亦有机器，法律是一种人事底机器。就物理言，支配物质易，支配人事难。因科学发明，支配物质很易，而人事复杂，故支配人事繁难。宪法就是一个大机器，就是调和自由与统治底机器。我们革命之始，主张三民主义，三民主义就是民族、民权、民生。美国总统林肯他说的"The government of the people，by the people，for the people"，兄弟将他这主张译作"民有、民治、民享"。他这民有、民治、民享主义，就是兄弟的民族、民权、民生主义。要必民能治才能享，不能治

---

　　① 布鲁东：今译蒲鲁东。

焉能享？所谓民有总是假的。"劳心者治人，劳力者治于人"，今欲破除之，亦未尝无方法。人力非不可以胜天，要在能善用不能善用耳。世界有千里马，日能行千里，有鸟能飞天、鱼能潜海，人则不能。假如我们人要日行千里，要飞天，要潜海，我们能不能呢？兄弟可以说能，我们只要用机器就能。我们用一辆自动车，何止日行千里；我们用飞行机，就可以上天；我们用潜航艇，就可以下海。这个就是人事可以补天功。从前希腊有一人日能行千里，但这种人是贤者，是天赋的特能，不可多得的。今日人类有了这种机器，不必贤者，不必要天赋的特能，亦可以日行千里，飞天潜海，随意所欲。我们现在讲民治，就是要将人民置于机器之上，使他驰骋翱翔，随心所欲。机器是什么？宪法就是机器。如：

第二图：五权宪法 $\begin{cases} \text{立法权} \\ \text{司法权} \\ \text{行政权} \\ \text{弹劾权} \\ \text{考试权} \end{cases}$

　　这个五权宪法，就是我们底摩托车、飞机、潜艇。五权宪法，分立法、司法、行政、弹劾、考试五权，各个独立。从前君主底时代有句俗话叫"造反"，造反就是将上头的反到下头，或是将下头的反到上头。在从前底时候，造反是一件很可〔了〕不得的事情。这五权宪法，就是上下反一反，将君权去了，并将君权中的行政、立法、司法三权提出，作三个独立底权。行政设一执行政务底大总统，立法就是国会，司法就是裁判官，与弹劾、考试同是一样独立的。

　　以后国家用人行政，凡是我们的公仆都要经过考试，不能随便乱用的。记得兄弟刚到广州的时候，求差事的人很多，兄弟亦不知那个有才干、那个没有才干，其时政府正要用人，又〈苦〉没有人用，这个缘因,就是没有考试的弊病。没有考试,虽有奇才之士,俱〔具〕飞天的本领,我们亦无法可以晓得,正不知天下埋没了多少的人材呢!因为没有考试的缘故,一班并不懂得政治的人,他也想去做官,弄得乌烟瘴气,人民怨恨。前几天,兄弟家里想找个厨子,我一时想不到去什么地方去找,就到菜馆里托他们与我代找一个。诸君想想,我为什么不到木匠店托他们代找,要跑到菜馆里去呢?因为菜馆是厨子专门的学问〔堂〕,他那里必定有好厨子。诸君试想,我〔找〕一个厨子是很小的事情,尚且要跑到那专门的地方去找,何况国家的大事呢?可知考试真是一件最要紧的事情。没有考试,我们差不多就无所适从。譬喻省议会到期要选八十个议员,其时有三百〈人有〉候补的资格,我们要选八十个议员,就在这三百人中选举。

美国选举的时候,常常要闹笑话。曾记有两个人争选举,一个是大学毕业的博士,一个是拉车子的苦力。到将要选举的时候,两人去演说。那个博士学问高深,讲的无非是些天文地理,但他所讲的话,人家听了都不大懂。他这个拉车子的苦力随后亦上去演说,拉车的说:"你们不要以为他是博士,他是个书呆子。他靠父兄的力能进学校里读书,我没有父兄的帮助,不能进学〈校〉读书。他靠父兄,我是靠自己的,你们看那一个有本领呢?"这一番话说得那班选举人个个拍掌,说那个博士演说的不好,一点不懂;这个拉车子的演说很好,入情入理。后来果然拉车子的当选。诸君想想,这两个人,一个是博士,一个是车夫,说到学问当然是那个博士比拉车的好,然而博士不能当选,这个就是只有选举而没有考试的缘故。所以美国的选举常常就闹出笑话。有了考试,那末必要有才、有德的人,终能当我们的公仆。英国行考试制度最早,美国行考试才不过二三十年,英国的考试制度就是学我们中国的。中国的考试制度是世界最好的制度。现在各国的考试制度亦都是学英国的。

　　刚才讲过立法是国会，行政是大总统，司法是裁判官，其余弹劾有监察的官，考试有考试的官。兄弟在南京的时候，想要参议院立一个五权宪法，谁知他们各位议员都不晓得什么叫五权宪法。后来立了一个约法，兄弟也不理他，我以为这个只有一年的事情，也不要紧，且待随后再鼓吹我的五权宪法罢。后来看他们那个"天坛宪法"草案，不想他们果然又把自己的好东西丢去了！

　　五权宪法是兄弟创造的，五权宪法如一部大的机器。譬如你想日走千里路，就要坐自动车；你想飞天，就要驾飞机；你想潜海，就要乘潜艇；你想治国，就要用这个治国机关的机器。如（第三图）

　　这个就是治国机关。除宪法上规定五权分立外，最要的就是县治，行使直接民权。直接民权才是真正的民权。直接民权凡四种：一选举权，一罢官权，一创制权，一复决权。五权宪法如一部大机器，直接民权又是机器的制扣。人民有了直接民权的选举权，尤必有罢官权，选之在民，罢之亦在民。什么叫创制权？假如人民要行一种事业，可以公意创制一种法律。又如立法院任立一法，人民觉得不便，可以公意起而废之，这个废法权叫做复决权。又立法院如有好法律通不过的，人民也可以公意赞成通过之，这个通过不叫创制权，仍是复决权。因为这个法律仍是立法院所立的，不过人民加以复决，使他得以通过。就是民国的约法，也没有规定具体的民权；在南京所订民国约法，内中只有"中华民国主权属于国民全体"一条是兄弟所主张的，其余都不是兄弟的意思，兄弟不负这个责任。

　　前天当在省议会将五权宪法大旨讲过，甚望省议会诸君议决通过，要求在广州的国会制定五权宪法，作个治国的根本法。今天兄弟是就侧面底观察来讲五权宪法，因时间短促，意尚未尽，希望诸君共同研究，并望诸君大家都来赞成五权宪法。

第三图：治国机关

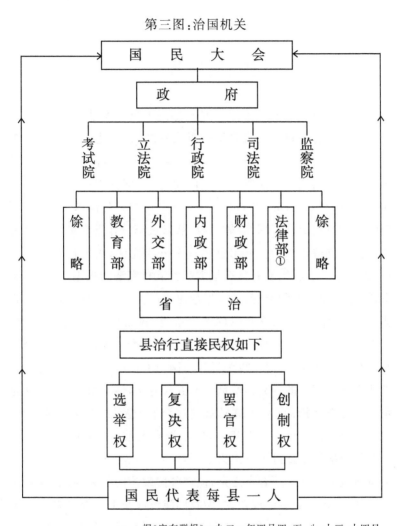

据《广东群报》一九二一年四月四、五、八、十三、十四日

———————————

① 法律部：在黄昌谷编的《孙中山先生演说集》（上海民智书局一九二六年二月出版），作"军政部"。

附：同题异文

　　今天的讲题是五权宪法。五权宪法是兄弟所独创，古今中外各国从来没有讲过的。诸君知道近来一二百年，世界上的政治潮流都是趋重立宪。立宪两个字，在近来一二十年内，我们都听惯了。到底什么叫做宪法呢？简单的说，宪法就是把一国的政权分作几部分，每部分都是各自独立，各有专司的。各国的宪法，只有把国家的政权分作三部，叫做三权，从来没有分作五权的。五权宪法是兄弟创造出来的。兄弟创出这个五权宪法，大家都有点不明白，以为这个五权宪法有什么根据呢？五权宪法的根据，老实说起来，就是我研究各国宪法，独自思想出来的。至于讲到五权宪法的演讲，十数年前，只有在东京同盟会庆祝《民报》周年纪念的时候，演讲过了一次。但是那个时候，大家对于这个道理，都没有十分留心。在当时大家的意思，以为世界各国只有三权宪法，并没有听见过甚么五权宪法的。兄弟所创出的五权宪法，便觉得很奇怪，以为是兄弟凭空杜撰的；不知道兄弟创这个五权宪法，实在是有根据的。兄弟提倡革命三十多年，从广东举事失败以后，便出亡海外，兄弟革命虽然是遭过了一次失败，但是并不灰心，把革命底事情还是向前做去。在全球奔走之余，便把各国政治的得失源流，拿来详细考究，预备日后革命成功，好做我们建设底张本。故兄弟当亡命各国的时候，便很注意研究各国的宪法。研究所得的结果，见〔觉〕得各国宪法只有三权，还是很不完备；所以创出这个五权宪法，补救从前的不完备。所以五权宪法就可说是兄弟所独创的。

　　世界各国成立宪法最先的就算是美国。当美国革命，脱离英国,成立共和之后,便创立一种三权宪法,世人都叫他做成文宪法,把各种国利民福的条文,在宪法之内订得非常严密。以后各国的宪法,都是效法他这种宪法来作立国底根本大法。因为美国的宪法有这样的重要,所以兄弟也去详细研究过了。美国的人民自从宪法颁行之后,几乎众口一词说:美国的宪法是世界中最好的。就是英国政治家也说:自有世界以来,只有美国的三权宪法是一种很完全的宪法。但是依兄弟详细的研究,和从宪法史乘及政治学理种种方面比较起来,美国的三权宪法到底是怎么样呢?由兄弟研究底结果,觉得美国宪法里头,不完备的地方还是很多,而且流弊也很不少;以后欧美学者研究美国宪法所得的感想,也有许多是和我相同的。兄弟以最高上〔尚〕的眼光同最崇拜的心理去研究美国宪法,到底美国宪法还是有不完备的地方。就是近来关于美国宪法里头,所有不完备和运用不灵敏的地方,世人也是渐渐的知道了。由此可见,无论甚么东西,在一二百年之前以为是很好的,过了多少时候,以至于现在便觉得不好了。兄弟研究美国宪法之后,便想要补救他的缺点。当时美国学者也有这种心理,想要设法补救的。但是讲到补救的事,谈何容易!到底要用什么方法才能补救呢?理论上固然是没有这样书籍可以作补救,事实上又没有甚么先例可以供参考。研究到这里,兄弟想起从前美国哥伦比亚大学有一位教授叫做喜斯罗,他著了一本书叫做《自由》。他说宪法的三权是不够用的,要主张四权。那四权的意思,就是要把国会中的“弹劾权”拿出来独立,用“弹劾权”同“立法权”、“司法权”、“行政权”作为四权分立。他的用意以为国会有了弹劾权,那些狡猾的议员,往往利用这个权来压制政府,弄到政府一举一动都不自由,所谓“动辄得咎”。他的这个用意,虽然不能说是十分完善,但是他能够著这本书,发表他的意见,便可见在美国里头,已经是有人先觉悟了。

　　美国的宪法不完全,他们便有人要想方法去补救,不过那种补救的方法还是不完备。因为在美国各州之内,有许多官吏都是民选出来的。至于民选是一种很繁难的事,流弊很多。因为要防范那些流弊,便想出限制人民选举的方法,定了选举权的资格,要有若干财产才有选举权,没有财产的就没有选举权。这种限制选举和现代平等、自由的潮流是相反的。而且这种选举更是容易作弊,对于被选的人民,也没有方法可以知道谁是适当。所以单是限制选举人,也不是一种补救的好方法。最好的补救方法,只有限制被选举人,要人民个个都有选举权。这种选举,就是近日各国人民要力争的选举,这就是叫做普通选举。普通选举虽然是很好,究竟要选甚么人才好呢?如果没有一个标准,单行普通选举,也可以生出流弊。那些被选的人,当是拥有若干财产,才算是合格。依兄弟想来,当议员或官吏的人,必定是要有才、有德,或者有甚么能干,才能胜任愉快的。如果没有才、没有德、又没有甚么能干,单靠有钱来做议员或官吏,那末将来所做的成绩,便不问可知了。但是有这种才德和能干的资格之人,只有五十人,便要照这种资格的人来选举,我们又是怎样可以去断定他们是合格呢?我们中国有个古法,那个古法就是考试。从前中国的官吏,凡是经过考试出身的人,便算是正途,不是考试出身的人,不能算是正途。讲到这个古法,在中国从前专制时代,用的时候尚少。因为那个时候,做君主的人在吃饭、睡觉的时候,都念念留心全国的人材,谁是人材好,才叫谁去做官。君主以用人为专责,所以他能够搜罗天下的人材。到了今日的时代,人民没有功夫去办这件事。所以任用官吏,在君主时代可以不用考试,共和时代考试是万不可少的。故兄弟想于三权之外,加多一个考试权。考试本是一个很好的制度。兄弟亡命海外的时候,考察各国的政治宪法,见〔觉〕得考试就是一件补救的好方法。这个方法可算是兄弟个人独创出来的，并不是从外国学者抄袭出来的。宪法中能够加入这个制度，我想是一定很完备，可以通行无疑的。

我们从前在东京同盟会时代，本是拿三民主义和五权宪法来做党纲，预计革命成功了，我们就拿来实行。不料光复以后，大家并不注意，多数人的心理，以为推翻了满清，便算是革命成功。所以民国虽然成立了十年，不但没有看到甚么成绩，反比前清觉得更腐败。这个缘故不必用兄弟来说，大家都可以知道了。我们要除去这种腐败，重新来革命，一定是要用五权宪法来做建设国家的基础。我们要有良好的宪法才能够建立一个真正的共和国家。

不过兄弟发明了五权宪法之后，一班人对于这个道理都很不明了，就是专门学者也有不以为然的。记得二十年以前，有一位中国学生，他本来是大学法科毕业，在美国大学也得了法学士的学位。后来他还想深造，又到美国东方一个大学去读书。有一次兄弟在纽约城和他相遇，大家谈起来。兄弟便问他说："你这次入美国东方大学，预备去研究甚么学问呢？"他说："我想专门学宪法。"我就把我所主张的五权宪法说与他听，足足的和他讨论了两个星期。他便说这个五权宪法，比较甚么宪法都要好，极端赞成我的主张。兄弟在当时便很欢喜，见〔觉〕得他既是赞成这个宪法，就请他进了学校之后，把这个五权宪法的道理详细去研究。过了三年之后，他便在耶路大学毕业得了一个法律博士学位。耶路大学是美国东方很有名誉的大学，他能够在这个学校毕业，得了博士学位，学问自然是很好的。他从耶路大学毕业之后，后来又到英国、法国、德国去考察各国的政治宪法。到辛亥革命成功的那一年，他刚回到中国。兄弟见了他，就问他说："你从前很赞成我的五权宪法，近来研究了各国的宪法，有一些甚么心得呢？"他回复我说："五权宪法这个东西，在各国都没有见过，恐怕是不能行的。"兄弟听了这话之后，就很以为奇怪，很不以为然。不料我们那一班同志听了他的话之后，都以为这位法律博士且说各国都没有这个东西，总是有些不妥当，所以对于五权宪法便渐渐不大注意了。还有一位日本的法律博士，兄弟在南京政府的时候，请他做法律顾问，有许多关于法律的事情都是和他商量。后来讨袁之后，兄弟亡命到东京又遇见了这位博士。他还问兄弟说："甚么是叫做五权宪法呢？"兄弟就和他详细讲解，谈了两三个月的工夫，合计起来总有二三十小时，后来他才明白了。在那个时候，兄弟便觉得这位法律博士，还要我讲这些时候才能够明白，若是和一般普通人民讨论，更是不知道怎么困难，难怪他们都是不懂了。刚才所说的两位博士，一位是美国的博士，一位是东洋的博士。我在纽约遇着美国博士的时候，讨论了两个星期，他很赞成这个五权宪法。当时他不过是一个学士，只算是半通的时候；后来他在美国耶路大学毕业得了博士学位之后，可算大通的时候了，他反说各国没有这个东西。那位日本博士，兄弟与他研究了好几个月的工夫，他才明白。可见五权宪法这个东西想拿来实行，实在是很难的。现在虽然没有人懂得，年深月久，数百年或数千年以后，将来总有实行的时候。

我们要想把中国弄成一个富强的国家，有甚么方法可以实现呢？这个方法就是实行五权宪法。兄弟在东京庆祝《民报》周年讲演五权宪法之后，现在相隔差不多有二十年了，但是赞成五权宪法的人还是寥寥无几。可见一般人都不大明白，所以今天我还要拿来和大家说明。但是要把五权宪法来详细说明，我想用几天的功夫还是不够，而且恐怕越说越不明白。所以现在想出一个法子，要想在五权宪法范围之外来讲。因为一个问题，从侧面来讲，每每要比从正面来讲是容易明白些。中国有句成语说："不识庐山真面目，只缘身在此山中。"这句成语的意思，就是说看庐山的人，要离开庐山一二百里以外，才能够看到他的真面目；如果在庐山里头，便看不出他的所以然了。兄弟今天来讲五权宪法，所用的方法，就是根据这个意思。

我们为甚么要实行五权宪法呢？要知道这个原因，便应该把几千年以来政治拿来看看。政治里头有两个力量：一个是自由的力量，一个是维持秩序的力量。政治中有这两个力量，好比物理学里头有离心力和向心力一样。离心力是要把物体里头的分子离开向外的，向心力是要把物体里头的分子吸收向内的。如果离心力过大，物体便到处飞散，没有归宿；向心力过大，物体便愈缩愈小，拥挤不堪。总要两力平衡，物体才能保持平常的状态。政治里头的自由太过，便成了无政府；束缚太过，便成了专制。中外数千年来的政治变化，总不外乎这两个力量之往来的冲动。中国的和外国的政治，古今是不同的。中国的政治，是从自由入于专制；外国的政治，是从专制入于自由。孔子删书，断之唐虞。唐虞的时候，尧天舜日，极太平之盛治，人民享极太平等自由的安乐。到了后来，政治一天败坏一天。这是甚么缘故呢？就是人民在从前太平时代，享受自由太多，不知道怎么样宝贵，不知不觉的渐渐放弃了；野心君主便乘机利用这个机会，所以酿成秦、汉以后的专制。至于外国的政治，是从专制趋于自由。因为外国古代君主专制太过，人民不堪其苦，于是大家提倡自由。故外国有句话说："不自由毋宁死。"这句话的意思，就是人民不能自由，宁可死去，不必贪生。可见外国政治专制在当时是甚么样子了。

中外政治不同的地方，我们还可以再来比较比较。中国的政治，是从自由入于专制。因为中国古时有尧、舜的好皇帝，政治修明，人民得安居乐业，所谓"凿井而饮，耕田而食"。向来是很自由的。老子说"无为而治"，也是表示当时人民极端自由的状况。当时人民因为有了充分的自由，所以不知自由的宝贵。普通外国人不知道这些详细情形，便以为中国人民不知道自由的好处，不讲究自由；不知道中国人民自尧、舜以来，已经享受过了很充分的自由，到了周末以后，人民才放弃自由，秦始皇才变成专制。当中国周末的时候，就是和欧洲罗马同时。欧洲自罗马灭亡了之后，罗马的土地被各国割据，当时各国用兵力占据一块地方，大者称王，小者称侯，都是很专制的。人民受不过那种专制的痛苦，所以要发生革命，拚命去争自由，好象晚近几世纪发生许多战争，都是为争自由一样。兄弟从前主张革命，对于争自由一层没有甚么提倡。当中原因，就是因为看到了中国人民只晓得讲改革政治，不晓得甚么叫做自由。中国历代的皇帝，他们的目的，专是要保守自己的皇位，永远家天下，子子孙孙可以万世安享。所以他们只要人民完粮纳税，不侵犯皇位，不妨碍他们的祖传帝统，无论人民做甚么事，都不去理会。人民只要纳粮便算了事，不管谁来做皇帝，也都是可以的，所以人民并没有受过极大专制的痛苦。外国人不明白这个缘故，故常批评中国人不晓得自由。近年以来，有许多青年学者稍为得了一点新思想，知道了"自由"两个字，说到政治上的改革，便以为要争自由。不知道中国人民老早有了很大的自由，不须去争的。因为不须去争，所以不知道宝贵。比方我们呼吸空气，是生活上最重要的一件事，人类在空气里头生活，好比鱼在水里头生活一样。鱼离了水，不久就要死，人没有空气，不久也是要死的。我们现在这个房子里头，因为空气很充足，呼吸很容易，所以不晓得空气的宝贵；但是把一个人闭在不通空气的小房子里头，呼吸不灵，他便觉得很辛苦，一到放出来的时候，得了很好呼吸，便觉得舒服，便知道空气的宝贵。欧洲人从前受不自由的痛苦，所以要争自由；中国人向来很自由，所以不知自由。这就是中国政治和欧洲政治大不相同的地方。

　　政治里头又有两种人物：一种是治人的，一种是治于人的。孟子说：“有劳心者，有劳力者；劳心者治人，劳力者治于人。”就是这两种人。治人者是有知识的，治于人者是没有知识的。从前的人民知识不开，好比是小孩子一样，只晓得受治于人。现在的人民知识大开，已经是很觉悟了，便要把治人和治于人的两个阶级彻底来打破。欧洲人民，在这个二十世纪，才打破治人的皇帝之阶级，才有今日比较上的自由。兄弟这种五权宪法，更是打破这个阶级的工具，实行民治的根本办法。

　　现在再把宪法的来源讲一讲。宪法是从英国创始的。英国自经过了革命之后，把皇帝的权力渐渐分开，成了一种政治的习惯，好象三权分立一样。当时英国人并不知道三权分立，不过为政治上利便起见，才把政权分开罢了。后来有位法国学者孟德斯鸠著了一部书叫做《法意》，有人把他叫做《万法精义》。这本书是根据英国政治的习惯，发明三权独立的学说，主张把国家的政权分开，成立法、司法和行政三权。所以三权分立，是由[于]孟德斯鸠所发明的。当时英国虽然是把政权分开了，好象三权分立一样，但是后来因为政党发达，渐渐变化，到了现在并不是行三权政治，实在是一权政治。英国现在的政治制度是国会独裁，实行议会政治，所谓以党治国的政党政治。孟德斯鸠发明了三权分立的学说之后，不久就发生美国的革命。美国革命成功，订立宪法，是根据于孟氏三权分立的学说，用很严密底文字，成立一种成文宪法。后来日本维新和欧洲各国革命，差不多是拿美国的宪法做底本，去订立宪法。英国的宪法并没有甚么条文，美国的宪法有很严密底条文。所以英国的宪法可以说是活动的宪法，美国的宪法是呆板的宪法。此中〈原〉因[为]是由于英国是以人为治，美国是以法为治的。英国虽然是立宪的鼻祖,但是没有成文宪法。英国所用的是不成文宪法。拿英国的不成文宪法,和我们中国专制时代的情形来比较,我们中国也是三权宪法,象下面的第一图:

第一图:比较宪法

$$
中国宪法
\begin{cases}
考试权 \\
君\quad 权——兼\begin{cases}立法权\\行政权\\司法权\end{cases} \\
弹劾权
\end{cases}
$$

$$
外国宪法
\begin{cases}
立法权——兼——弹劾权 \\
行政权——兼——考试权 \\
司法权
\end{cases}
$$

照这样图看起来,可见中国也有宪法,一个是君权,一个是考试权,一个是弹劾权;不过中国的君权兼有立法权、司法权和行政权。这三个权里头的考试权,原来是中国一个很好的制度,也是一件很严重的事。从前各省举行考试的时候,把试场的门都关上,监试看卷的人都要很认真,不能够通关节、讲人情。大家想想是何等郑重。到后来有些不好,便渐渐发生弊病了。说到弹劾权,在中国君主时代,有专管弹劾的官,像唐朝谏议大夫和清朝御史之类,就是遇到了君主有过,也可冒死直谏。这种御史都是梗直得很,风骨凛然。譬如广州广雅书局里头有一间十先生祠,那就是祭祀清朝谏臣的,有张之洞的题额"抗风轩"三个字,这三个字的意思,就是说谏臣有风骨,能抗君主。可见从前设御史台谏的官,原来是一种很好的制度。从前美国有一位学者叫做巴直氏,他是很有名望的,著过了一本书,叫做《自由与政府》,说明中国的弹劾权,是自由与政府中间的一种最良善的调和方法。由此可见,中国从前的考试权和弹劾权都是很好的制度,宪法里头是决不可少的。

兄弟刚才所讲的政治里头有两个力量,一个力量是自由。自由这个东西，从前的人民都不大讲究。极端的自由，就是无政府主义，是一种很新的学说。提倡这种学说的，最初是法国人布鲁东、俄国人巴枯宁和近来已经逝世的俄国人克鲁泡特金。在他们要讲这种主义，不过是把这种理论看得很新，便去研究研究罢了。近来中国的学生们，对于这种理论并没有深切研究，便学人去讲无政府主义，以为是趋时，这真是好笑。讲到无政府主义，我们中国在三代以上便有人讲过了。象黄老的学理，是不是无政府主义呢？列子内篇所说的"华胥氏之国"，其人民无君长，无法律，自然而已。这又是不是无政府主义呢？我们中国讲无政府主义已经有了几千年了，不过现在的青年不来过细研究，反去拾取外国的牙慧罢了；殊不知他们现在所讲的无政府主义，就是我们几千年前讲过了的旧东西，现在已经是抛却不顾了。兄弟所讲的自由同专制这两个力量，是主张双方平衡，不要各走极端，象物体的离心力和向心力互相保持平衡一样。如果物体是单有离心力，或者是单有向心力，都是不能保持常态的。总要两力相等，两方调和，才能够令万物均得其平，成现在宇宙的安全现象。

宪法在政府中的作用，好比是一架机器。兄弟说政府是一架机器，不明白道理的人，以为这个比喻真是比方得很奇怪。其实物质里头有机器，人事里头又何尝没有机器呢？法律就是人事里头的一种机器。就人情同物理来讲，支配物质是很容易的，支配人事是很艰难的。这个缘故，就是因为近来科学的发明很进步，管理物质的方法很完全，要怎么样便可以怎么样，飞天、潜水的机器都可以做得到，所以支配物质，便是很容易。至于人事里头的结构是很复杂的，近来所发明管理人事的方法又不完全，故支配人事便很不容易。政治上的宪法，就是支配人事的大机器，也是调和自由和专制的大机器。我们最初革命的时候，便主张三民主义。三民主义就是民族主义、民权主义和民生主义,和美国总统林肯所说的 of the people,by the people,and for the people 是相通的。兄弟从前把他这个主张,译作"民有"、"民治"、"民享"。他这个民有、民治、民享主义,就是兄弟的民族、民权、民生主义。人民必要能够治,才能够享,不能够治,便不能够享。如果不能够享,就是民有都是假的。孟子说:"劳心者治人,劳力者治于人。"要打破这种阶级,未尝没有方法。古语说:"人力可以胜天。"动物里头有千里马,一日能够走一千里。鸟能够飞天。鱼能够潜海。假如我们要学千里马一日可以行千里,要学鸟可以飞天,鱼可以潜海,试问我们能不能够做得到呢?因为我们人类发明了科学,能够制造机器,只要用机器便能够一日行一千里,便能够飞上天,便能够潜入海。譬如我们坐自动车,更不止是日行千里。我们坐飞行机就可以飞上天,坐潜水艇就可以潜入海。这就是人事可以补天功。古书说从前希腊有一个人,一日能够行千里。这是天赋的特能,不是可以常有的。今日人类有了机器,便不必要有天赋的特能,也可以日行千里,也可以飞天、潜海,随意所欲。我们现在来讲民治,就是要把机器给予人民,让他们自己去驾驶,随心所欲去驰骋翱翔。这种机器是甚么呢?就是宪法,下面所列的图就是五权宪法。

第二图:

$$
\text{五权宪法}\left\{
\begin{array}{l}
立法权 \\
司法权 \\
行政权 \\
弹劾权 \\
考试权
\end{array}
\right.
$$

这个五权宪法,就是我们近世的汽车、飞机和潜水艇。把全国的宪法分作立法、司法、行政、弹劾、考试五个权,每个权都是独立的。

从前君主时代，有句俗语叫做"造反"。造反的意思，就是把上头反到下头，或者是把下头反到上头。在君主时代，造反是一种很了不得的事情。这个五权宪法不过是上下反一反，去掉君权，把其中所包括的行政、立法、司法三权，提出来做三个独立的权，来施行政治。在行政人员一方面，另外立一个执行政务的大总统，立法机关就是国会，司法人员就是裁判官，和弹劾与考试两个机关，同是一样独立的。

如果实行了五权宪法以后，国家用人行政都要照宪法去做。凡是我们人民的公仆，都要经过考试，不能随便乱用。兄弟记得刚到广州的时候，求差事的人很多，兄弟也不知道那个有才干，那个没有才干。这个时候政府正要用人，又苦于不知道那个是好，那个是不好，反受没有人用的困难。这个缘故，就是没有考试的弊病。没有考试，就是有本领的人，我们也没有方法可以知道，暗中便埋没了许多人材。并且因为没有考试制度，一班不懂政治的人都想法做官，弄到弊端百出。在政府一方面是乌烟瘴气，在人民一方面更是非常的怨恨。又像前几天兄弟家里想雇一个厨子，一时想不到要从甚么地方去雇，就到酒菜馆里托他们替我去雇一个。诸君想一想，为甚么不到木匠店内或者是到打铁店内托他们那些人去雇呢？为甚么一定要到菜馆里去雇呢？因为菜馆里就是厨子的专门学堂，那里就是厨子出身的地方。诸君再想想：雇一个厨子是一件很小的事情，还要跑到专门的地方去雇，何况是国家用人的大事呢？由此便可知考试真是一件很要紧的事情，没有考试，我们差不多就无所适从。好比举行省议会选举，要选八十个议员，如果定了三百个人是有候补议员资格的，我们要选八十个议员，就在这三百个人中来选举。若是专靠选举，就有点靠不住。因为这个原因，美国选举的时候，常常闹笑话。我记得有一次美国有两个人争选举，一个是大学毕业出身的博士，一个是拉车子出身的苦力，到了选举投票的时候,两个人便向人民演说,运动选举。那个博士的学问很高深,所讲的话总是些天文、地理、政治、哲学,但是他所讲的高深道理,一般人民听了都不大明白。这个车夫随后跟上去演说,便对人民讲:你们不要以为他是一个博士,是很有学问的,他实在是一个书呆子。他是靠父兄的力量,才能够进学校里去读书。我因为没有父兄的帮助,不能够进学校内去读书。他是靠父兄,我是靠自己的,大家想想是那一个有本领呢? 用这一番话,说得那班选举人个个都拍掌,都说那位博士的演说不好,一点都不明白,这个车夫的演说很好,真是入情入理。选举结果,果然是车夫胜利。诸君想想:这两个运动选举的人,一个是博士,一个是车夫。说到学问,当然是那位博士要比车夫好得多,但是那位博士不能够当选,这就是只有选举没有考试的弊病。所以美国的选举常常闹笑话。如果有了考试,那末,必要有才能、有学问的人才能够做官,当我们的公仆。考试制度在英国实行最早,美国实行考试不过是二三十年。现在各国的考试制度差不多都是学英国的。穷流溯源,英国的考试制度原来还是从我们中国学过去的。所以中国的考试制度,就是世界中最古最好的制度。

　　我刚才讲过了,五权宪法的立法人员就是国会议员。行政首领就是大总统。司法人员就是裁判官。其余行使弹劾权的有监察官。行使考试权的有考试官。兄弟在南京政府的时候,原想要参议院订出一种五权宪法,不料他们那些议员,都不晓得甚么叫做五权宪法。后来立了一个“约法”,兄弟也不去理他,因为我以为这个执行约法,只是一年半载的事情,不甚要紧;等到后来再鼓吹我的五权宪法,也未为晚。后来那些议员搬到北京,订出来的“天坛宪法”草案。不料他们还是不顾五权宪法,还是要把自己的好东西丢去不要,这真是可惜。大家要晓得五权宪法是兄弟创造的。五权宪法就好象是一部大机器。大家想日行千里路,就要坐自动车;想飞上天,就要驾飞机;想潜入海,就要乘潜水艇;如果要想治一个新国家,就不能不用这个新机器的五权宪法。下面的图,便是宪法里头构造的制度,好象机器里分配成各部分一样。

第三图:治国机关

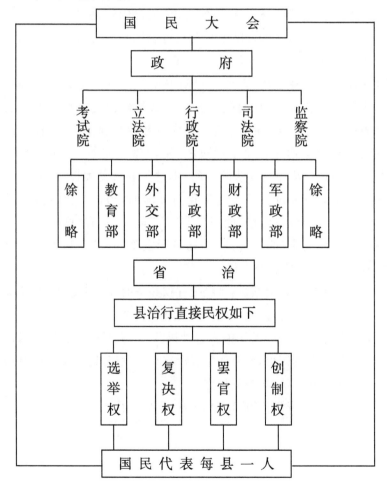

　　上面这个图,就是治国的机关。除了宪法上规定五权分立之外,最〈重〉要的就是县自治,行使直接民权;能够有直接民权,才算是真正民权。直接民权共有四个:一个是选举权,二个是罢官权,三个是创制权,四个是复决权。五权宪法好象是一架大机器,直接民权便是这架大机器中的掣扣。人民要有直接民权的选举权,更要有罢官权。行政的官吏,人民固然是要有权可以选举,如果不好的官吏,人民更要有权可以罢免。甚么是叫做创制权呢?人民要做一种事业,要有公意可以创订一种法律;或者是立法院立了一种法律,人民觉得不方便,也要有公意可以废除。这个创法废法的权,便是创制权。甚么是叫做复决权呢?立法院若是立了好法律,在立法院中的大多数议员通不过,人民可以用公意赞成来通过。这个通过权,不叫做创制权,是叫做复决权。因为这个法律是立法院立的,不过是要人民加以复决,这个法律才是能够通过罢了。至于我们民国的"约法",没有规定具体的民权,在南京订出来的"民国约法"里头,只有"中华民国主权属于国民全体"的那一条,是兄弟所主张的,其余都不是兄弟的意思,兄弟不负那个责任。

　　我前天在省议会演讲,已经把五权宪法的大旨讲过了,很希望省议会诸君议决通过,要求在广州的〈国〉会制定五权宪法,做一个治国的根本大法。今天兄弟的这种讲法,是从五权宪法的侧面来观察。因为时间短促,所有的意思没有充分发挥,还要希望诸君细心来研究五权宪法,赞成五权宪法。

据黄昌谷编《孙中山先生演说集》(上海民智书局一九二六年八月出版)

致蒋中正等电

（一九二一年四月五日）

介石、静江、季陶、展堂、仲恺诸兄鉴：昨开大会，以外交紧急，不可无政府应付，已决议设立建国政府，并通过克日北伐案。万端待理，务恳诸兄速来商筹大计。精卫如可分身，亦望一临，无任企盼。文。歌。

据毛思诚编《民国十五年以前之蒋介石先生》第六编

与美国记者辛默的谈话*

（一九二一年四月上旬）

孙：各国如能任中国之自然，不加干涉，则中国情形必日有佳象。

记者：阁下之驻〔指〕谓各国者，美国亦在内欤？

孙：否。余意中所述者乃日本耳。日本之意，盖无〈不〉欲在中国扩充其势力，彼拟以施诸高丽人之手段，复施诸吾人，将中国改成日本之殖民地。惟日本此种政策，幸尤非日本臣民均所赞同，乃系彼军阀中之野心家主张而已。当余在日时，日人告吾，谓一千九百十五年向中国提出之"二十一条"，彼等几忘之矣。此何谓耶？彼"二十一条"当其提出之时，直至今日，固仍同样存在，彼等并未

---

*　此次谈话时间不明。据其内容，称今广州合法国会另选一人为总统，故谈话当在广州非常国会选举总统之时。今酌定为一九二一年四月上旬。

将其取消,且百计谋我加以承认。现彼政策之目的,达[合]到者尚无几,固仍思以他种手腕以图我焉。

记者:然则北京政府如何乎?

孙:北京政府系无能力之政府,彼等之举措,不能出于日人意中所欲之范围以外。至彼总统,亦非合法总统。缘合法组织之国会,今乃在广州集会,并另选一人为总统矣。而彼总统为日人之所选择而已。至吾人若论美国,则其承认徐世昌为中华民国总统一事,实有害于国民。惟余以为美国对于此种情形,其自己必膜然卜知,且彼历年来固未尝故意欲中伤中国也。

记者:阁下以为帝政将有复辟之机会乎?

孙:复辟之事,有人正暗中图谋,然其不能成功,则可必也。中国人民,无〈分〉南北,对于此举均所反对。惟日人则希望之,且助其进行焉。此种运动,即使一时成功,其政府亦决不能久存。盖吾人当能以敏捷之手段而覆灭之也。

记者:人言张作霖与谋复辟然乎?

孙:此余不能言。惟张之亲日,则人所共知。当日俄战争之时,彼尝助日以攻俄。其时张尚系匪徒,逮战后始借日人向中国之提议,归降华军,充当头目。彼之势力现布满北京。而在天津之曹锟,亦有欲将其兵力推向至于北京之意。惟两人之势力终不免于冲突。故乃发起此天津会议以谋调和。

记者:所谓长江七省联盟果,据何重要之地位?

孙:余以为并无何重要之处。此等联盟,仅各该省份之督军等为保护个人私利起见,而缔结之盟约耳。故北京政府或其他方面苟非有侵及彼等私利之举,彼决不〈有〉所举动也。

记者:军人此等但图私利之态度,或谓遍国皆是,果然乎?

孙:然。全国军人多借军力以搜括财货,此中国所以军队充斥之原因。盖无一武人不欲扩充其势力于最高之限度,以为保持地位之计。

记者:南北统一果有何机会?

孙:吾人无时不筹备与北〈方〉谋和,惟吾人之谋和条件,须将日本之"二十一条"撤回日本。而北京政府则不能如此作为也。故吾人此后乃不能不取战争之手段以将解决时局。余信此时各国若能承认,则统一北方,不久可告成功。盖吾人既有各国之承认,则各省必渐归向南方焉。南北统一之后,吾人当根据于地方自治政府之基,而建一中央政府。中央政府所操之权,则以不能归属于地方政府之权为限。

记者:顷阁下谓各国须任中国仍其自然,然则中国即无须外人之扶助,即能自拔于危险欤?

孙:外国若能与中国协力,自为中国人所欢迎。惟外力之来,须出于正当之道。此等援力,当不在所谓任其自然之范围内也。吾为今当筑铁道、修驿路、改善公共事业。凡此种种,当然不免藉借款之力以成之。维余希望银行借款,系非借给军阀耳。余所谓借款于北京政府不利于中国者,即因其借给军阀也。

据上海《民国日报》一九二一年十月十二日《总统与美记者之谈话》

在广州招待国会议员茶会的演说[*]

(一九二一年四月十三日)

今日招待国会诸君,一以感谢国会诸君信任兄弟,俾在此中国

---

[*] 十三日下午二时,孙中山在广州财政厅开茶会款待国会议员,到者二百数十人。此系孙中山在该会上的即席演说。

纷乱之际,担负建设责任;一则当此正式政府行将成立之时,有须就教于诸君者。

总统已经选出,正式政府即日成立。中华民国之希望,实自今当渐现光明。但吾从此须同负艰重之责任,乃克有济。今日中华民国之干净土,只此广东一省,其他尚难预卜。当辛亥兄弟就临时总统职时,宣布独立者已达十五省。此外直隶、山东、河南,亦有革命军作充分之活动。本部十八省形势,已成一致。即新疆、东三省等,亦遥应义声,赞成民国。今则不然,云南、贵州两省,可望与吾人一致进行,四川局面未定,湖南态度不明,广西更为肘腋之敌。是原有西南之六省,今尚不能保全,更何望如元年之盛况!

自推倒满清后,余孽盗窃权位,武人政客,群起捣乱,人心摇动,较诸民国元年,实有天渊之隔。故吾人今日当知此后之前途艰难,将十倍于往昔,即此后之正式政府,其艰难亦必十倍于今日。兄弟既蒙选任为总统,自当不避万难。但人无万能,一国之重,断非一人所能独负其责,尚赖诸君同心协力,共肩艰巨。诸君前日选举总统,会而任期三年,因之通令各县,议员任期均以三年为率。至民国八年,又卒经合法之国会、省会提议恢复原有县议员,以赓续满任,均已通过在案。计各县议员自成立至停止,仅办数月,其未满期者尚有两年余之多。夫县会与国会、省会范围,虽有广狭之不同,而职掌同为代议之性质。且共和国家趋重民治,下级自治,有时较上级政治尤为重大,县会职务奚能轻视?

今护法诸公,既以袁逆之停止国会、省会、县会为非法,即以前所立之国会、省会、县会为合法。法之所在,乌容废之?此袁逆之停止议会,所以声罪致讨,率天下之人,而共诛其不法也。比虽南北政府渐有筹备改选之意,惟是原有县会,既与国会、省会,所谓同为根据法律民意而成立者,必根据法律民意而变更,否则为法治国所大忌。昔北廷解散第一届国会,而选举所谓第二届非法国会,遂激起西南护法之师。民情所趋,可以概见。今以任期未满,不恢复国会、省会为非法,亦并当以不恢复县会为非法。若国会、省会得任期满,而县会独重新改选,是倚轻倚重,始则护法,而终非护法也。且所谓改选者,必以其非法而不惮更张之也。同为民国二年之正式选举,县议员既不合法,何解于国会、省会之合法? 若此而复其二而缺其一,则于护法前途,究未能贯彻其终始,曰改选而非违法也,其谁信之! 且停办已久者,非自放弃,乃为势所压,而又连年请愿,未邀允准;既获恢复之明令矣,而复为杨前省长所阻挠,是以迟迟至今,委曲苦衷,当在洞鉴。矧县议会自被非法停止后,民气压抑,惨酷难言。而议员又或以民党之故,迭遭倾陷,艰苦流离。幸逢护法群公,旌旆南旋,如睹天日,是以四方同志,喜赋归来,亦以人民望治甚殷,冀参末议,倘无故而忽加改选,则在非法时代,已取怒于彼,而在护法时代,又见弃于此,我辈议员,何所适从乎?

现今第一要点,在巩固此革命党策源地之广东。策源地巩固,然后方能再图发展。现在广东局面,实赖省长、总司令陈竞存君之维持,以陈君之才力维持全粤,绰有余裕。

今吾人所十分切紧关心者,为正式政府成立后,中央政府与粤地方政府权限之妥慎划分。而尤为吃〔最〕紧要,则在财政问题。正式政府不久组织成立,在最近期间内,政府机体之范围,非特不能扩大,且将视军政府为缩小。缩小之主要办法,为裁官增政。换言之,希望大家少做官多做事。然此事实行固难,各省热心毅力之同志,为国家做事而来,不计位置者固多,其中必有一大部分乃专谋位置者。彼以为正式政府成立机关,必定扩充位置,势在必得。不知在今后之时期中,非但本无位置者,不能取得新位置,即旧有者亦将失其所有,因此必有人为之失望。失望之后,或起风潮,或兴谣议，为意中事。是则宜望诸君竭力说明疏解，以消灭此难关者。兄弟之决意缩小政府机体，盖有原因。中央政府与省政府间，最当互相谅解者，为财政事件。在现在情势，供给中央政府者，只有广东一省。中央政府多用一钱，即地方政府多负担一钱。现今广东一省中之度支，已非常困难，何堪以中央政府之巨大供应？当粤军返粤时，即有人不愿军政府国会返粤，盖惧骤加财政上之担负也。及后军政府及国会返粤，粤当局努力供应，亦已感筋疲力尽之苦矣。故一闻组织正式政府，又恐财政上负担过重，为之感额不宁。

今总统已经选定，正式政府既又不日成立，粤当局复以大义表示同情。此后中央政府与省政府之冲突难题，应先为解决。吾人宜知广东既为革命策源地，当然有保护安全之义务。且省库之支出军费为多，吾人以后将赖此兵力以图发展，更何可损及其饷需？筹款非旦夕间所能，故唯有竭力撙节，以安粤当局之心。

正式政府与省政府，革命事业与广东安全，乃相依为命者。故欲图将来之发展，不可不有今日之撙节。持现在局面论，正式政府成立后，势力日必发展，北方伪庭可不推而倒。全国人民希望真正共和者，有如饥渴。兄弟深愿同诸君各竭其力，造成真正共和，以为全国四万万人趋向；若是，诸君此次选举总统，方有效果可言，否则不特兄弟有负诸君之委托，即诸君亦负此次之热心矣。其他难关尚多，昔之欲脱离西南而苦无其说者，今则将借辞以为其说矣。北方之伪称统一者，今或将以武力向我矣。种种困难，不胜枚举，对付方法，亦难预定。惟有一事可为诸君告者，兄弟必鞠躬尽瘁，不顾成败利钝，以赴建设真正共和之途而已。

据《广东群报》一九二一年四月十五、十六日《孙总统对国会议员演说辞》

致周善培函[*]

（一九二一年四月十五日）

孝怀先生惠鉴：

　　到粤以来，忙冗鲜暇，久未奉候，歉仄奚似。惟故人知我，能谅之耳。

　　粤军能返梓里，由先生为之爱护，苦心伟力，弟实念之；以事在秘密，而先生素性，成功不居，故不敢言谢。合肥①处虽间接通音问，惟恨不能尽意。仲元忙于军事，则亦未以此为言。近叩仲元，方知前途②甚盼南中消息，且冀藉素所推重者为道达一二，此真幸事。先生关心粤局，或不嫌其琐渎，兹别草书奉寄，敬祈费神转达。海内纷纠，国势益危，弟不自量，惟欲为"共和"二字积极负责。知我罪我，听之天下。顾独居深念，以为君前途不出，则大局终难敉平。辄欲以此时发表意见，促城北③退让，而请前途以全权接收，维持北都治安，略如克强故事。惟与此间同人磋议，有谓时机过速，且未得前途同意，不知于其地位，有无妨碍，故暂未果行。然弟认此事为必要，望一定之。其他对于内外施行，何者为先为要？均乞示我周行，俾得依守。更望以弟之诚意，密商前途，不吝赐教。专函奉恳，盼祷不尽。即颂

　　* 据周善培原跋称，此函系孙中山于一九二○年（庚申）四月发于广州。查孙此时仍居上海，粤军亦尚在闽。据此函内容，当发于一九二一年四月。

　　① 合肥：即段祺瑞。

　　② 前途：指段祺瑞。

　　③ 城北：指徐世昌。

道安

孙文　四月十五日

据广州市政协编《纪念辛亥革命七十周年史料专辑》下册（广东
人民出版社一九八一年版）（转引周善培后人藏原件）

致蒋中正电
（一九二一年四月十八日）

密转介石兄：军事紧急，昨已下动员令。汝为病新愈，非兄来
计划助理一切不可，接电速来。文。巧。

据毛思诚编《民国十五年以前之蒋介石先生》第六编

复陈炯明电[*]
（一九二一年四月十九日）

广州广东省长兼粤军总司令陈竞存先生鉴：来电诵悉。贺词
藻饰，感愧交并。猥承国民授权、议员公选，义无返顾，责不容辞。
兄与文夙具同心，誓戡国难，此后建设，倚界尤殷。所以振民治之
精神，奠邦基于磐石者，诸待相助为理，愿与同观厥成。尚希传语
各将士，代宣此意，并慰勤劳。特复。孙文。效。（印）

据《广东群报》一九二一年四月二十一日

---

[*]　一九二一年四月七日，国会非常会议众参两院在广州举行联合会，通过《中华
民国政府组织大纲》，并选举孙中山为非常大总统。此系对陈炯明贺电的答谢。

复上海全国各界联合会电

（一九二一年四月二十一日）

上海中华民国全国各界联合会鉴：皓电诵悉。远承奖诲，无任感愧。既经公选，义不容辞，敬当依国民授权，议会付托，黾勉厉行。贵会为各界代表，尚希时锡嘉言，俾资考镜，遥瞻沪渎，不尽驰溯。孙文。箇。

据《广东群报》一九二一年四月二十九日

在粤军第一、二师恳亲会的演说[*]

（一九二一年四月二十三日）

专制国家，人民是君主的奴隶；共和国家，人民是国家的主人，官吏是人民的公仆。民国成立十年，那些公仆太坏了，把中国搅得不成样子，以后不用革命精神来改造民国，再没有别的希望。

革命主义，是在前清末年便布满了中国的。革命的目的，第一步是将满清推倒。试问为甚么要推倒清朝呢？因为他们少数人垄断着政权，快要把中国亡了。朝鲜、安南、台湾那些人民，因亡了国，吃多少苦；我们不愿意吃亡国后的苦，所以要革那亡国政府的命。革命党当时拚命救国，各省牺牲了性命的不知多少。广东更多，黄花岗上的烈士，都是因革命牺牲了的。他们慷慨赴义的正气，凡是有良心的人，那一个不感动！渐渐的那些军人，都感动着对革命党表示同情了。

---

　　* 此演说时间据上海《民国日报》刊载时之报导酌定。

　　武昌起义,中国本可从此治安,却因那些官僚余孽,假意赞助共和,象袁世凯等,其实都是中华民国的叛徒。广东的龙济光,更是诸君所知道的。这些人没有除,接着象张作霖、曹锟等,都来把军队当作私有的,来捣乱中华民国了。

　　诸君,你们应该自己问着自己,当兵是为己的,还是为国的?若认做是为己的,这条路走错了。你们每月所得的饷,还不及拉车的。在这种连拉车都不及的生活中,为己当兵,尚有甚么趣味?广东的穷人,被人当做猪仔贩出去,过了年期,自由作工,有过几年发大财的。当兵的生活和希望,还不如猪仔,所谓为己的又在那里?可见当兵是无己可为的。那么,〈当〉兵究竟该为谁呢?应该为国。陈总司令这次带粤兵回粤,绝对不是为己的,是为国的。陈是革命党,你们人〔也〕是革命党呀!你们要努力贯彻主义,才不负陈总司令。你们固然辛苦过了,然革命还没有成功。你们应该帮助陈总司〈令〉,再辛苦二三年,收革命的全功呀!

　　英、法各国对于有功的军人,有优待条例。比如过了六十岁,便有养老金;他的子女可以由公家教育他们,等等。这些方法,待中国统一后也得要仿行的。有了这种办法,军人不怕有家不养、有子女不得教育,更不必再存为己的心理了。

　　　　　据上海《民国日报》一九二一年五月一日《孙总统演说辞的概略》

在广州欢宴海陆军警军官的演说[*]

(一九二一年四月二十四日)

　　诸君此次由漳州返粤,身经百战,以卫民国。兄弟谨举杯为诸

---

　　[*]　此件除刊于《广东群报》外,尚见于上海《民国日报》与重庆《国民公报》,文句有所不同。今将上海《民国日报》所刊《孙总统之演说》附录于后。

君慰劳!

诸君为军人,对于兵家胜败,原属寻常之事,但人人皆望胜利,皆望成功。今有一最好之方法,足以有胜无败者,此方法为何?即革命是矣。历观中外历史,实无革命失败之事。美国以八年革命而成功。法国革命后,政潮起伏,至八十年后,始完全成功。其他各国革命结果,亦无有不成者。吾国革命以汤武为始,所谓应乎天而顺乎人。及清末时代,革命党历次在南方各省起义,虽经多次失败,而武昌革命卒成大功。此中外革命无不成功之明证也。

民国成立后,全国政权,向为反对革命者所把持,然反对革命者,结果无不失败,如袁世凯以反对革命而实行帝制,段祺瑞以反对革命而摧残国会,张勋以反对革命而提倡复辟,今俱失败矣。将来之徐世昌、张作霖、曹锟辈亦无有不失败之理。故革命之义,实为世界之潮流,顺之者昌,逆之者亡。而实行之者,则不得不有赖于军人。庚戌新军起义,及三月廿九黄花岗一役,多军人任之。虽一时失败,而其影响遂普遍于全国。故武昌军人发起革命,而民国以成。此军人实行革命有胜无败之明证也。

今兄弟所望于诸君,即为大家齐心协力,以赞成革命,以实行革命。须知民国既以革命之手段而创造,则今后亦必以革命之精神而维持。所谓维持者,非一定以武力征服全国之谓。广东为革命之策源地,诸君但能合力以维持本省之治安,使地方太平,人民乐利,则各省必相率归附,而成革命之大业。试观辛亥革命,未闻派一兵一卒至他省,且汉阳失陷,武昌危急。然卒之十五省纷纷响应,清祚以斩。可见,诸君若能一致拥护此革命策源地之广东,则不必出兵,亦足统一全国。辛亥革命即先例也。愿诸君各奋精神,自负此革命之责任。兄弟既承国会委以大总统职务,愿与诸君共济艰难。

据《广东群报》一九二一年四月二十六日

附:同题异文

今天请诸君到此,因为广东现在的新局面,全由诸君用力打成。所以特地设此一席,向诸君致谢。进一层说,既挣得了这局面,便应该努力来替中华民国做事。军人做事,没有一个不是希望胜利的。但兵家惯语"胜败兵家常事"。见得一件事是胜败各半的。军人要做有胜无败的事,除非革命。

革命是有胜无败的。上下五千年,纵横九万里,革命是没有不成功的。"汤武革命,顺乎天而应乎人",汤武成功了。法兰西革命,法兰西成功了。美利坚革命,美利坚成功了。俄罗斯最近的革命,俄罗斯又成功了。德国是著名的军阀国,现在德国的革命又成功了。再看中国,十年以来革命是成功还是失败呢?清室是要扑灭革命党的,〈在〉辛亥年失败了。袁世凯是反对革命的,民国四年,袁世凯又失败了。这是甚么缘故?世界潮流无可遏抑,革命是顺应世界潮流的行为,所向无敌。清朝势力比袁大;袁的势力,比现在张作霖、曹锟等大。清室和袁世凯都倒了,还怕现在那些反对革命的不倒吗?

广州正月三日赵声、倪映典的起义,三月二十九日七十二烈士殉国和武昌起义,都是军人的力量。可惜也有许多军人,不明白道理,做私人爪牙,专与革命对垒的。现在广东是革命的地方,陈总司令是革命的总司令。诸君都是革命的军人,大家用全力来赞助革命,没有不成功的。

也有人怀疑,要用广东一省的能力,打平二十一省,这事太难。诸君放心,事实上不是这样的。辛亥年武昌、汉口的军队,何尝出武昌、汉口过一步？民军且把汉阳失了,然而革命就成功在〈这〉一役。这是甚么道理呢？一处起了,四面八方响应起来,难道是由湖北军队征服的吗？民国四〔六〕年,兄弟带海军还粤,大家不敢承认是革命,定要说是护法。名不正,则言不顺,因此误了事。现在国会选兄弟做总统,虽只有一省,苟军人应我的要求,来赞助有胜无败的革命,潮流所趋,将此次由闽回粤的精神,未〔由〕粤扩张到全国,也是不难。希望诸君一心一德,为国为民,造成这建设真民国的大事业。

据上海《民国日报》一九二一年五月一日《孙总统之演说》

致李选廷电

(一九二一年四月二十七日)

云南第六混成旅长李选廷先生鉴:远劳电贺,无任感媿。根本大计,自以正式政府为重,既荷公选,愿竭棉力,拨乱反正,幸共勖之。孙文。感。(印)

据《广东群报》一九二一年五月十日

给敖文珍委任状

(一九二一年四月二十八日)

委任状:委任敖文珍为满地可中国国民党分部党务科主任。此状。

中国国民党总理孙文
总　务　部　部　长居正
党　务　部　部　长谢持

中华民国十年四月二十八日

据《国父全集》第四册（转录史委会藏抄件）

在广州与苏俄记者的谈话[*]

（一九二一年四月）

　　孙中山说：你们是远东共和国俄文报界的代表，想必你们对我们这里发生的事件很感兴趣。倘若你们提出的问题不涉及现在说起来还嫌过早的那些微妙的局势的话，你们将会得到详细的答复。

　　问：如您所知，不管是本地还是外国的报纸，对您当选持不同态度。外国报纸更多的是进行冷嘲热讽，而反对选举的那些中国报纸则认为选举为时过早。它们没有意识到您有力量使那些持不信任态度的人们相信，您确是中华民国的总统，并且预言，您的当选会导致内战的爆发。我们想从您这儿了解一下事情的真相，听听您对这些问题的看法。

　　孙中山笑着回答说：报界分为两大阵营，这没有什么值得我们大惊小怪的。我们很清楚自身的力量，也知道我们要干什么。大家一致选举我为总统，国会要求我出任总统，我只能服从。

　　中国人民对连续不断的纷争和内战早已厌倦，并深恶痛绝。他们坚决要求停止这些纷争，使中国成为一个统一、完整的国家。因而，我们正在尽力完成赋予我们的这一艰巨的历史使命。在我国，新中国与过时了的旧中国之间的斗争早已进行，政治派系从来没有像现在这样泾渭分明过。一方面是听命于日本人的反动君主

————————————

　　* 此件最早刊于《苏维埃西伯利亚报》（西伯利亚革命委员会与俄共布中央西伯利亚分局机关报），题为《孙中山的一次谈话》。谈话日期不明，据谈话称"大家一致选举我为总统"，及解释与陈炯明的分歧等问题，可酌定为一九二一年四月间。

派势力的头子张作霖,以及他精心豢养的军队。中国的一切黑暗势力和敌人都麇集在他的周围。中国的纷争对他们有利,因而他们支持这种纷争。另一方面是我们——为中国的统一、强大而奋斗的立宪民主的新中国的代表。

所有进步势力都支持我们,全体人民站在我们一边,而且,实际上事态的进一步发展将证明我们是正确的。

我们眼下还没有一支强大的军队,这不足为奇,因为我们重新掌权不过才数月之久,但我们会有军队的,而且会有一支精良的军队,军阀将被彻底消灭。建军工作正在顺利地进行。

我们近期的任务是建立一个由中国优秀知识分子组成的、首先能够把整个华南统一起来的政府。

在我们周围的各省中,只有得到北京支持的广西,以武力反对我们。我现在同你们谈话时,桂军正在我们的边界上集结。但毫无疑问,它们很快就会被消灭。在桂军中,相当多的人对唐继尧可能长期呆在那里表示不满。在我们周围的省份中,广西最令人不安。一旦解决了广西,我们将立即自动与云南和贵州联合,这些省在我们这儿驻有代表,并承认我们,然后再同湖南联合。诚然,湖南省反对选举。但既然我们明确、肯定地致力于统一全中国的任务,那么,这决不会使我们放下武器;显然,同他们必有一番斗争。但我们预计在那里不会遇到特别大的阻力。湖南省对我们来说极为需要。我们将假道湖南占领中国未来的首都汉口。我们要在汉口设立政府,并由那儿开始对中国人民的一切敌人——反动分子、军阀和支持他们的那些“第三国”、“第四国”——奉行强硬政策。中国人民再也不能容忍别人瓜分自己的国家,他们希望统一成为一个强大的和不可动摇的民族。

目前,我们的资金还不足,但我们会有的,而且,我们能够为此而克服我们处处遇到的障碍。在统一中国的思想鼓舞下,我们善于在很多方面克制自己。我们每个国会议员的工资不超过一百五十元,而在北京则可拿到四百元。这样的例子不胜枚举,我只不过是说出其中之一罢了。我们财政状况好转的速度远较敌人预想的要快得多。

你们也对我推迟正式就任总统的原因感到兴趣。这完全是出于技术上的考虑,而绝非政治上的考虑。

外交使团的代表对我的任职所抱态度不同,对这一点尚不应作出否定性结论。要知道,他们过去不愿同莫斯科对话,而现在却一个接一个地签订条约。

孙中山最后说:如你们所见,我们的任务非常明确,这就是为统一中国而斗争和同日本作战。全中国人民都支持我们这样做。

问:报界常报道说,你同陈将军有分歧,这是否符合实际?

答:这是一个使一些人感到不安,而又使另一些人感到高兴的问题。在共事中,时时处处都会出现一些看法上的分歧,或者这只是由于人与人的天性不同而已。我们之间也经常产生一些分歧,然而只有我们共同的敌人才会幻想我们分裂,以期削弱我们,并由此得出我们分裂了的结论。因为我同陈将军有着共同的任务,每当我们产生分歧时,将军总是服从我这个政府首脑的。

问:还有一个问题,统一华南和建都汉口以后,是否会同北方开战?

孙中山坚定地回答:不会。北方将不得不听从我这个中华民国总统。

现在请允许我也向你们提几个有关远东共和国的问题。我对俄国远东发生的事情很感兴趣。请问,苏维埃俄国与远东共和国不同之处何在？远东共和国到底是什么样的国家？

我们尽量阐明这个缓冲国与苏维埃俄国之间的差别。

孙中山继续问道：日本军队在其占领区都干了些什么？赤塔政府和人民对日本人的看法如何？

记者说：我们对日军指挥部给予了应有的评价，指出赤塔政府现在正以强硬的语言同日军指挥部进行对话。

俄国各阶层人民在"不许干涉"的口号下团结一致，给孙中山留下了非常深刻的印象。孙中山对有关远东共和国的所有问题都极为关注。

据《国外中国近代史研究》第三辑（中国社会科学出版社一九八二年六月版）转译苏联《远东问题》杂志一九七四年第三期

致章太炎函

（一九二一年五月一日）

太炎先生执事：

文回粤以来，事变迭生，倏经三月。兹者粤局略定，西南联络，尚待进行，民生憔悴，如何苏息，千端未竟，岂一手一足之烈所能为计？急愿贤哲南来，匡我未逮，欲言千万，伫盼巾车有日首途。并希电告，俾饬人迎候。手颂
起居不悉

据汤志钧编《章太炎年谱长编》（中华书局一九七九年四月出版）下册卷五（原手迹藏南京博物馆）

致各报馆电

（一九二一年五月四日）

　　各报馆鉴：中华民国大总统已定于五月五日就职，正式政府成立；军政府即应于是日取消，所有军政府政务总裁职务，自应解除。除咨明国会非常会议外，特此电闻，望为察照。军政府政务总裁孙文、唐绍仪、伍廷芳、唐继尧、刘显世。支。

据《广东群报》一九二一年五月九日《取消军政府政务总裁之通电》

就任大总统职宣言

（一九二一年五月五日）

　　文受国会付托之重，膺中华民国大总统之选，兹当就职，谨布所怀，以告国人。

　　前清末季，文既愤异族之专政，国权之日落，乃以民族、民权、民生三主义提倡革命；赖国人之力，满清覆亡。文喜共和告成，战争可息，慨然辞总统职，以政权让袁世凯，而自尽力于铁路事业。不谓知人不明，民国遂从此多事。帝制议起，舆论哗然，虽洪宪旋覆，而余孽尚存。军阀专擅，道德坠地，政治日窳，四分五裂，不可收拾，以至于今。文既为致力于创造民国之人，国会代表民意，复责文以戡乱图治。大义所在，其何敢辞？

　　窃维破坏建设，其事非有后先，政制不良，则致治无术。集权专制为自满清以来之秕政。今欲解决中央与地方永久之纠纷，惟有使各省人民完成自治，自定省宪法，自选省长。中央分权于各省，各省分权于各县，庶几既分离之民国，复以自治主义相结合，以归于统一，不必穷兵黩武，徒苦人民。至于重要经济事业，则由中央积极担任。发展实业，保护平民，凡我中华民国之人民，不使受生计压迫之痛苦。对于外交，由中央负责，根本民意，讲信修睦，维持国际平等地位，保障远东永久和平。

际兹拨乱返治之始，事业万端。所望全国人才，各尽所能，协力合作，共谋国家文化之进步。文誓竭志尽诚以救民国，破除障碍，促成统一，巩固共和基础。凡我国人，幸共鉴之。

孙　文

据上海《民国日报》一九二一年五月十二日《大总统就职宣言》

就任大总统职对外宣言

（一九二一年五月五日）

四年以来，爱国之士讨伐军阀及卖国贼，无非为护法主义及国家生存计。此不能名为南北之争，实共和主义〈与〉军阀主义宣战，爱国者与祸国者宣战而已。

北方人民对于南方宗旨，固表示同情，观其历次所行运动及抵抗，与南方同一宗旨，此其明证矣。北京政府对于名义上受其管辖之省份，亦失其统治之权力，一任军阀之劫夺人民，荼毒地方。北京政府反须听军阀之命令，而军阀且争权而互斗；近彼派中竟有大逆不道、与俄国帝党联络攻陷库伦者。前北京政府内部空虚，呈倾覆之势，外人之占据，且骎骎由北而南，中国之为国，正处于最危险之地焉。自一千九百十七年六月，非法解散国会，北京已无合法政府存在，虽有新选举法制造新国会之成立，均无法律之根据。凡

〈此〉种种行为之不合法，竟由徐世昌自行承认。去年十月，彼曾命令行新选举，不依新选举法而依旧选举法。然而新选举法者，徐氏地位之根据也；旧选举法者，与徐世昌地位不相容者也。是已自称总统者，已自认其名分之不正矣。

际此时期，国家生命如此危险，北京又无合法能行使职权之政府。国会为全国各省、各区惟一之合法代表机关，因是组织政府，举文为中华民国大总统。文为建设民国之人，不能坐视民国处危急之秋，自惜其力，不加援手。一千九百十一年，文曾被选为大总统，执政未久，旋即辞职；当时用意，在促成南北之统一。今决意殚竭能力，忠诚奉职，俾我国民咸获满意焉。

举文为大总统之国会，固代表完全国〈家〉、不分南北者。是以文之第一职务，在统一民国各省、各区，置诸进步的、修明的政府管理之下。列强及其人民依条约、契约及成例，正当取得之合法权利，当尊重之。今图最大之利源，或为天然，或为工艺，必悉与开发，则全世界经此数年大战损耗之后，亦可因此获有裨益。诸所措施，抱开放门户主义，欢迎外国之资本及技术。南方各省既处良好政府之下，享受正直的、建设的政治而益发达。深仗〔信〕其他各省，不久即脱离军阀之羁勒、腐败之政治，而奉由本政府之主义。于是渴想之统一，即可成为事实矣。文责任虽重，然以北京政府之不合法及无能力，自信尚能达其目的。

北京政府已不为国人所公认，彼之幸存，不过据有历古建立之国都，因而得外国之承认。一千九百一十三年，国会组织之民国政府，曾经友邦之承认；本政府亦为此国会〈所〉组织者，应请各友邦政府援此先例，承认为中华民国惟一之政府。本政府当局绝无挟私图利之见，咸怀竭力为国之心。其所代表之主义，民国而得生存，且得在国际上占有其应有之地位，则其主义终必优胜。主义维何？曰自由、曰法治、曰公益。

孙　文

据上海《民国日报》一九二一年五月十二日《大总统对外宣言译文》

致徐世昌电

（一九二一年五月五日）

　　北京徐菊人先生鉴：韩退之有言曰：鼎不可以挂〔拄〕车，马不可使守闾。惟人亦然，非其才而用之，则用之者〈与为之用者〉①，皆受其殃。中国之民主政治至于今日，其为痛苦，所不俟言，然此痛苦，非民主政治自身所使然，由运用民主政治者非其人故也。民国纪元以还，政治之权操于袁世凯之手。袁世凯之为人，即在专制之朝，亦将为王莽、董卓；以民国付之，其倒行逆施，有必然者。君平日自命当继〈袁〉世凯之后，论者或亦以君与袁世凯同科。然平心论之，袁世凯者，乱世之奸雄，君则承平时一俗吏耳。五〔使〕君早生数十年，或足以与杜受田、祁奋〔寯〕藻之流，以趋跄应付，保其令名；不幸所处时势不适于君，故君在晚清之朝而清以亡，立袁世凯之朝而袁世凯以亡。天下后世，或将以君为凶人，然原其心术，或不幸灾乐祸至是。特"鼎折足覆公悚"，则不能为君讳。夫以君之才，立于专制君主之朝，为一臣仆，犹不能有所展布；况于任中华民国之重乎？世界之民主政治，既非君所尝闻；中国之何以实行民主政治，又非君所能观〔解〕，贸贸然受此重任，而侈然不以为意，其为害于国家，夫何足怪？夫中国今日政治之窳败，由于骄兵悍将、贪官污吏之肆无忌禅，此人人之所知〈者〉也。此骄兵悍将、贪官污

---

① 据上海《民国日报》一九二一年五月十四日《孙总统促徐世昌引退》一文增补。

吏，实袁世凯所冀〔翼〕而长之；至于今日，君则依其肘腋而仰其鼻息。六年有毁法之乱，君居天津参与督军团逆谋，是为君依人肘腋之明证。七年有非法选举之乱，君明为受人拥戴，实则供人傀儡，始终为军阀所颐指气使，不敢枝梧，是为君仰人鼻息之明证。最近蒙匪洊逼，实有人唆使，与复辟阴谋有关，道路所传，君亦与闻其事。识者知君无此胆气，不过当年故智，俯仰随人，成则分功，败则不任其咎耳。君曾以此〈伎〉俩，一误前清，再误袁世凯，今特〔将〕三误中华民国矣。君纵不以屑意，而天下之人，具有耳目，具有血气，决不认君之所为，故已相与投袂而起，拯中华民国，俾不致覆亡于君之手。此后之中华民国，置于国民全体之怀抱；建设中华民国之责任，荷于国民全体之仔肩。于选任公仆之际，以为民主政治，惟忠于民主政治之人始能知其所以然而为之不贰，故遂以文承其乏。文虽不敏，诚不忍中国之民主政治有名无实，浸假并其名而亡之；既受国民之付托，则尽力所能至，以实现中华民国于世界。今日之事，君宜自省，名之不正，君所已知。君之不能有益于中华民国，而反以害之，亦君之所已觉。即日引退，以谢国人，则国人必谅君之既往，且善君之能改过也。爱人以德，故为此言。若夫怙恶不悛，必不惜以国家之生命，易一己之虚荣，则非所望于君矣。孙文。歌。

据《广东群报》一九二一年五月九日《孙大总统电讽徐世昌自退》

任命伍廷芳等职务令

（一九二一年五月七日）

总统命令

　　任伍廷芳为外交总长，陈炯明〈为〉内务总长兼陆军总长，唐绍仪〈为〉财政总长,汤廷光〈为〉海军总长,李烈钧为参谋总长,徐绍桢为总统府参军长,马君武为秘书长。

据上海《民国日报》一九二一年五月八日"本社专电"

命司法行政暂归大理院长兼管令
（一九二一年五月十一日）

大总统命令

司法行政事务着暂归大理院长兼管。此令。

五月十一日

据《广东群报》一九二一年五月十二日

命陈炯明奖励议恤各军将士令
（一九二一年五月十三日）

曩者桂贼乘龙济光之后,盘踞粤土,假名护法,实行割据,吾民之憔悴于虐政久矣。当北方武人坏法乱国之时,粤省将士苦战汀、漳,连年暴露;桂贼尤盗憎主人,通款伪廷,冀图掩袭我军。我诸将乃整旅回粤,伐暴救民,血战连月,所向克捷。是时留粤各军,同声响应,遂致岭海克复,岑、莫宵遁。本大总统念各军将士久经战役,勋劳卓著,非有报功之典,无以彰崇善之公。着陆军部将此次战事出力之人员汇齐呈报,按照官阶分别升授。其死难各官佐士兵,暴骨郊外,尤堪怜悯,着该部一体查明从优予议恤。此令。

中华民国十年五月十三日

据《广东群报》一九二一年五月十六日

给陈幹简任状

（一九二一年五月十四日）

简任状：任命陈幹为总统府谘议。此状。

孙　　文

中华民国十年五月十四日

据《国父全集》第四册（转录史委会藏原件影印）

给朱普元委任状

（一九二一年五月十六日）

委任状：委任朱普元为巴生中国国民〈党〉支部会计科主任。此状。

中国国民党总理孙　　文
总　务　部　部　长居　　正
财　政　部　部　长杨庶堪

中华民国十年五月十六日

据《国父全集》第四册（转录史委会藏抄件）

颁布总统府财政委员会组织大纲令

（一九二一年五月十六日）

大总统令

兹制定总统府财政委员会组织大纲公布之。此令。

中华民国十年五月十六日

总统府财政委员会组织大纲

第一条　本会以助政府整顿国内财政积弊,规划新行赋税及筹办工商事业,发展国家富力为宗旨。

第二条　本会直接隶属大总统。

第三条　本会设委员长一人,副委员长一人,委员若干人,由大总统任命之。

第四条　本会得因事务之繁简,由委员会随时聘请或雇用办事人员。

第五条　本会应办之事,凡关于国家赋税、币制、证券、公债及工商各项实业,或经政府提交,或经人民请求,均得会议呈请政府执行之。

第六条　本会委员于应办事各分股担任,另以规则定之。

第七条　本会应办各事,由各股委员起草提出会议定之。

第八条　本会会议每星期若干次,如有特别事项,得召集临时会议,其规则另定之。

第九条　本会经费及委员薪水、夫马等费,另定之。

第十条　本组织大纲由公布之日施行。

据《广东群报》一九二一年五月十八日

颁布总统府秘书处官制令

(一九二一年五月十六日)

大总统令

兹制定总统府秘书处官制公布之。此令。

中华民国十年五月十六日

总统府秘书处官制

第一条　秘书处置官如下：秘书长一人，秘书十二人，科长五人（以秘书兼充之），科员十二人，书记官七人。

第二条　秘书处分下列五科：机要科、撰拟科、铨叙科、印铸科、收发科。

第三条　机要科职掌如下：（一）关于国务会议之记录及编存事项。（二）关于典守印信事项。（三）关于法令之公布事项。

第四条　撰拟科职掌如下：关于法令、文书之撰拟事项。

第五条　铨叙科职掌如下：关于官吏之任免及铨叙事项。

第六条　印铸科职掌如下：关于发行公报、铸造印信、勋章、徽章等事项。

第七条　收发科职掌如下：关于文书之收发、传达及保管事项。

第八条　秘书〈长〉承大总统之命，管理秘书处事务。

第九条　秘书承长官之命，襄理秘书处事务。

第十条　科长承长官之命，分掌各科事务。

第十一条　科员承长官之命，佐理各科事务。

第十二条　书记官承长官之命，翻译电报、缮写文件及助理其他事务。

第十三条　秘书长由大总统特任之，秘书由大总统任命之，科长由秘书长指派秘书任之，科员、书记官由秘书长委任之。

第十四条　秘书处办事细则另定之。

第十五条　本官制自公布日施行。

据《广东群报》一九二一年五月十八日

颁布总统府参军处官制令

（一九二一年五月十六日）

大总统令

　　兹制定总统府参军处官制公布之。此令。

中华民国十年五月十六日

总统府参军处官制

　　第一条　参军处置官如下：参军长一人，参军十二人，副官二十四人。

　　第二条　参军长承大总统之命，办理下列事务：（一）关于报告军事、承宣命令及接应宾客事项。（二）关于典礼仪式及扈从事项。（三）关于总统府内警卫、风纪事项。

　　第三条　参军承长官之命，襄助参军处事务。

　　第四条　副官承长官之命，助理第三条事项。

　　第五条　参军长由大总统特任之，参军由大总统任命之，副官由参军长呈请大总统任命之。

　　第六条　本官制自公布日施行。

据《广东群报》一九二一年五月十八日

给黄凤书委任状

（一九二一年五月二十日）

　　委任状：今委任黄凤书为中国国民党西贡及其附近各埠主盟

人。此状。

中 国 国 民 党 总 理孙文

本部特设办事处干事长张继

民国十年五月念日

据《国父全集》第四册（转录史委会藏原件影印）

任命吕志伊职务令

（一九二一年五月二十四日）

总统命令

　　任命吕志伊为内务次长。此令。

五月廿四日

据《广东群报》一九二一年五月二十五日

与全国各界联合会代表
周□□的谈话 *

（一九二一年五月二十六日）

　　余为革命之人，向尊重民意。辛亥革命虽告成功，惜未彻底，以致历年祸乱相寻，民不聊生，殊为愧恨。所以此次革命主义，超乎法律民情之上。虽谬膺总统之选，实亦贯彻革命主义，行使革命职权，以救垂亡之中国。希望贵会作同一革命之进行，俾革命之主张，得以完全达到之，则中国幸甚，国民幸甚。

据《广东群报》一九二一年五月二十七日

---

　　*　全国各界联合会代表周某由沪抵粤后，五月二十六日晋谒孙中山，询及大政方针，并望尊重民意，谋国利民福。此系孙中山对周的答词。

给郑受炳委任状

（一九二一年五月二十六日）

委任状：委任郑受炳为巴生中国国民党支部正部长。此状。

中国国民党总理孙　文

总 务 部 部 长居　正

党 务 部 部 长谢　持

财 政 部 部 长杨庶堪

中华民国十年五月二十六日

据《国父全集》第四册（转录史委会藏原件影印）

给黄方白委任状

（一九二一年五月二十六日）

委任状：委任黄方白为巴生中国国民党支部干事。此状。

中国国民党总理孙文

总 务 部 部 长居正

中华民国十年五月二十六日

据《国父全集》第四册（转录史委会藏抄件）

给卢兴原简任状

（一九二一年五月三十一日）

任命卢兴原署理大理院庭长。此状。

孙　文

中华民国十年五月三十一日

据澳门国父纪念馆藏影印件

致赵桃之函

（一九二一年五月）

赵桃之先生台鉴：

　　文毕生心力尽瘁国事，间关跋涉，几遍五洲，而交趾故墟，足迹栖迟，为时非暂。凡我侨胞直接间接所受政治上之痛苦，罔不洞知。每思专制推翻，民治发展之后，稍尽保护之责，藉纾痛苦之情，耿耿此心，无时或息。讵知改革以还，祸变迭起，官僚军阀为厉之阶，循至事与愿违，心为力阻，中夜自思，懊恼何如？

　　差幸天相中国，粤军返斾，陆逆败亡，岭表重光，苍梧改色；从此会师武汉，勒石燕然，统一中原，指日可待。夫如是则文之目的达，而侨胞之痛苦亦稍纾矣。

　　乃者国魂初甦，政府重建，文于此时忝膺众选，自问未逮初志，难卸仔肩。就职以来，凡所措施，咸以发展民治为前提，保护侨胞为职志。兹以海天遥隔，想念为劳，道路讹传，事实未谙。特派李君志伟为宣慰员，亲诣台端，宣布时局真相，代达慰问恳诚。尚望指陈利病，俾作针车，庶竟前功，毋坠初志，则非独文一人之幸，抑亦四万万人之幸也。谨布区区，希与接洽，即颂

侨祉，维照不宣

孙　文

据《国父全集》第三册（转录史委会藏原件影印）

给何儒群委任状

（一九二一年五月）

委任状：今委任何儒群为中国国民党庇能①支部总务科干事。此状。

中 国 国 民 党 总 理孙文
本部特设办事处干事长张继

民国十年五月　　日

据《国父全集》第四册（转录史委会藏原件影印）

委派陈安仁执行任务令

（一九二一年五月）

兹特派陈安仁往澳洲宣传主义，除澳洲本党机关发给薪水外，本部每月津贴英金八磅，在澳洲支给，由澳洲应纳于本党党费内扣除。

据罗家伦主编《国父年谱》（增订本，台北中国国民党党
史史料编纂委员会一九六九年十一月版）下册（转录陈
安仁《革命先进的书牍》）

致北京国立八校辞职教员电

（一九二一年六月七日）

在伪政府之下，决无教育发展希望，况复摧残至此。欢迎全体

---

① 庇能：即今马来西亚槟榔屿。

来粤，共商进行。七日。

据上海《民国日报》一九二一年六月八日"本社专电"

任命锺鼎基等职务令

（一九二一年六月十三日）

大总统令

　　兼陆军总长陈炯明呈请任命锺鼎基、龚振鸥、胡兆鹏为陆军部司长，王祺振、曹懋为陆军部秘书。均照准。此令。

据上海《民国日报》一九二一年六月二十一日《孙大总统命令》

给管鹏简任状

（一九二一年六月十三日）

　　简任状：任命管鹏为总统府谘议。此状。

孙　文

中华民国十年六月十三日

据《国父全集》第四册（转录史委会藏原件影印）

任命曹笃等职务令

（一九二一年六月十四日）

大总统令

　　任命曹笃、刘咏闿、胡毅、邓荫南、吴涤宣、欧阳梗、唐元枢、查光佛为总统府谘议。此令。

据上海《民国日报》一九二一年六月二十一日《孙大总统命令》

任命何畏等职务令
（一九二一年六月十四日）

大总统令

　　任命何畏、何成濬、顾忠琛、伍毓珊、杜武库、萧炳章、金维系、李绮庵、方震、宋镇华、顾人宜、管鹏、毕少珊、江炳灵、李化民、萧翼鲲、方振武、周正群、林祖涵、赖德嘉为总统府谘议。此令。

据上海《民国日报》一九二一年六月二十一日《孙大总统命令》

致蒋中正电
（一九二一年六月十六日）

　　介石兄鉴：闻太夫人仙逝，哀悼之至。兹委陈祖焘代表致祭，并询孝履。孙文。铣。

据《国父全集》第三册（转录史委会编《总理与总裁重要文电初集》台北一九五二年六月初版）

给杨纯美委任状
（一九二一年六月十七日）

　　委任状：今委任杨纯美为中国国民党万隆分部副部长。此状。

中 国 国 民 党 总 理孙文

本部特设办事处干事长张继

民国十年六月十七日

据《国父全集》第四册（转录史委会藏原件影印）

颁布总统府各处司官制通则令

（一九二一年六月二十日）

大总统令

　　兹修正总统府直属机关官制为《总统府各处司官制通则》公布之。此令。

总统府各处司官制通则

　　第一条　总统府设置下列各处司：（一）秘书处；（二）参军处；（三）庶务司；（四）会计司。

　　第二条　各处、司各置长官一人，承大总统之命，受理各处、司事务，并监督所属职员。

　　第三条　各处司之组织，依各该官制之所定。

　　第四条　本通则自公布之日施行。

据上海《民国日报》一九二一年六月二十六日《孙大总统命令》

致蒋中正电

（一九二一年六月二十三日）

　　竞存、汝为已赴前敌，军事吃紧，望即来粤，墨绖从戎。孙文。梗。

据毛思诚编《民国十五年以前之蒋介石先生》第六编

颁布各部官制通则令

（一九二一年六月二十三日）

大总统令

　　兹制〈定〉各部官制通则公布之。此令。

各部官制通则

　　第一条　各部设官如左：总长、次长、司长或局长、秘书、司员、技士、书记官。

　　第二条　总长承大总统之命，管理本部行政事务，监督本部职员及所辖各官署。

　　第三条　总长依其职权及特别委任，得发布命令。

　　第四条　次长辅助总长，整理本部事务，于总长有事故或暂缺时，受大总统之命代理部务。

　　第五条　司长或局长、秘书、司员，视部务之繁简定其员额。

　　第六条　技士得以必要时设置。

　　第七条　书记官无定额，视事之繁简由总长定之。

　　第八条　参谋、陆、海三部，得因必要时设其他职员。

　　第九条　总长由大总统特任，次长由大总统简任，司长或局长、秘书，由总长呈请大总统任命。司员、技士，书记官由总长委任。

　　第十条　本通则自公布日施行。

据上海《民国日报》一九二一年六月二十九日《孙大总统命令》

颁布修正总统府财政委员会条例令

（一九二一年六月二十三日）

大总统令

　　兹修正总统府财政委员会组织大纲为总统府财政委员会条例公布之。此令。

修正总统府财政委员会条例

　　第一条　本会对于政府整顿国内财政积弊、规划新行赋税及筹办工商事业等项，备大总统之谘询，并得建议于大总统。

　　第二条　本会设委员长一人，副委员长一人，委员若干人，由总统任命之。

　　第三条　本会〈视〉事务之繁简，由委员长随时聘请或雇用办事人。

　　第四条　本会会员得就财政事项分股调查研究，另以细则定之。

　　第五条　本会呈复或建议各事，由各股委员起草，以会议定之。

　　第六条　本条例自公布日施行。

据上海《民国日报》一九二一年六月二十九日《孙大总统命令》

颁布总统府秘书处官制令

（一九二一年六月二十三日）

大总统令

　　兹修正总统府秘书处官制公布之。此令。

总统〈府〉秘书处官制

　　第一条　秘书处置官如左：秘书长一人，秘书十二人，科员十二人，书记官无定额。

　　第二条　秘书处分左列五科：第一科，第二科，第三科，第四科，第五科。

　　第三条　第一科职掌如左：（一）关于国务会议之记录及编存事项。（二）关于典守印信事项。（三）关于法令之公布事项。（四）关于法律、命令正本之保存事项。

　　第四条　第二科职掌如左：（一）关于命令之撰拟事项；（二）关于文告之撰发事项。

　　第五条　第三科职掌如左：（一）关于官吏之任免事项；（二）关于官吏之铨叙事项。

　　第六条　第四科职掌如左：（一）关于发行公报事项；（二）关于铸造印信、勋章、徽章等事项。

　　第七条　第五科职掌如左：（一）关于文书之收发、传达及保管事项；（二）其他不属于各科事项。

　　第八条　秘书长承大总统之命，管理秘书处事务。

第九条　秘书承长官之命,襄理秘书处事务。

第十条　科员承长官之命,佐理各科事务。

第十一条　书记官承长官之命,翻译电报、缮写文件及助理其他事务。

第十二条　秘书长由大总统特任之,秘书由大总统简任之,科员、书记官由秘书长委任之。

第十三条　秘书处办事细则另定之。

第十四条　本官制自公布日施行。

据上海《民国日报》一九二一年六月二十九日《孙大总统命令》

命裁撤内务部土地农务商务三局等令

（一九二一年六月二十三日）

大总统令

内务部所辖之土地、农务、商务三局事务较简,均着即行裁撤。此令。

又令

交通行政事务,着归内务部兼管。此令。

据上海《民国日报》一九二一年六月廿九日《孙大总统命令》

颁布侨工事务局暂行条例令

（一九二一年六月二十五日）

大总统令

兹制定侨工事务局暂行条例公布之。

侨工事务局暂行条例

第一条　侨工事务局直隶于外交、内务两部。

第二条　外交、内务总长认为必要时,得设侨工事务局于各省口岸,其局长即以各该处之交涉员兼任之。

第三条　侨工事务局之职务如左:(一)掌理监督或稽查招募工人事项。(二)掌理保护工人事项。(三)取缔侨工之年龄、体格及女工出洋事项。

第四条　侨工事务局因遇招募工人,必要时得由该局附设临时募工处。

第五条　侨工事务局因保护工人,得填发工人出洋护照;侨工请领护照时,应纳护照费,每张银二元。侨工如由募工承揽人招募者,该护照费由承揽人出资缴纳。

第六条　侨工事务局经费,由所收护照费内开支。

第七条　侨工事务局因办理局务、缮写文件,得酌用局员。

第八条　侨工事务局所办事件,按月呈报外交、内务两部一次,每年终汇报一次。

第九条　侨工事务局办事细则另定之。

第十条　本条例自公布日施行。

中华民国十年六月二十五日

据上海《民国日报》一九二一年七月二、四日

颁布财政部官制令
(一九二一年六月二十五日)

大总统令

兹制定财政部官制公布之。

财政部官制

第一条　财政部设官制如左：财政总长一人，财政次长一人，司长三人，秘书二人，司员九人，书记官无定额，由财政总长定之。

第二条　财政总长承大总统之命，管理国家之预算、决算、租税、公债、货币、银行及国有产业行政事务。

第三条　财政次长辅助财政总长，整理本部事务。

第四条　秘书承本部长官之命，助理左列事务：

（一）钤用及典守本部印信。（二）收发及公布本部文件。（三）管理本部会计及庶务。（四）管理不属于各司之事。

第五条　司长承本部长官之命，分理左列之事务：

（一）稽核国税之赋课征收及计算事项。（二）监督及管理印花税事项。（三）编定预算、决算事项。（四）制定货币及监督银行事项。（五）国库现金及官有产业之保管，及收入支出事项。（六）管理内外公债及本部证券事项。

第六条　司员承长官之命，助理各司及秘书处事务。

第七条　书记官承长官之命，缮写文件及助理其他事务。

第八条　本官制自公布日施行。

中华民国十年六月二十五日

据上海《民国日报》一九二一年七月二、四日

任命吕志伊程潜职务令

（一九二一年六月二十五日）

大总统令

内务次长吕志伊着代理部务。此令。

又令

陆军次长程潜着代理部务。此令。

据上海《民国日报》一九二一年七月二日《大总统命令》

准杨仙逸辞职令

（一九二一年六月二十五日）

大总统令

总统府参军长徐绍桢呈称，副官杨仙逸呈请辞职。应照准。此令。

据上海《民国日报》一九二一年七月二日《大总统命令》

任命邝石职务令

（一九二一年六月二十五日）

大总统令

总统府参军长徐绍桢呈请任命邝石为副官。应照准。此令。

据上海《民国日报》一九二一年七月二日《大总统命令》

准免孙祥夫职务令

（一九二一年六月二十七日）

大总统令

总统府参军长徐绍桢呈请将副官孙祥夫免去本职。应照准。此令。

中华民国十年六月二十七日

任命叶显职务令

（一九二一年六月二十七日）

大总统令

　　总统府参军长徐绍桢呈请任命叶显为副官。应照准。此令。

中华民国十年六月二十七日

命陈炯明讨伐陆荣廷陈炳焜等令

（一九二一年六月二十七日）

大总统令

　　前据粤军总司令陈炯明呈称，桂匪魁首陆荣廷、陈炳焜等，率领匪徒，连日犯我连山、廉江、灵山诸县。兹又据报告我军出师抵御，已于二十六日攻克梧州。广西人民苦盗害久矣。本大总统希望桂人自决，对于诸匪魁久事容忍。讵陆荣廷、陈炳焜等盗性不改，复欲向粤省施其劫掠故技。粤省出师自卫，实非得已。今梧州已克，仰粤军总司令陈炯明督率将士，本吊民伐罪之意，为犁庭扫穴之图，荡平群盗，扶植广西人民，使得完全自治。义军所至，宣布斯意，咸使闻知。今方盛夏炎热，诸将士为捍卫疆土、讨伐盗贼之故，奋勇战斗，备极劳苦，本大总统实深系念，仰该总司令一体传意嘉慰。此令。

在广东省第五次教育大会上的演说[*]

（一九二一年六月三十日前）

列位教员学生！

今日兄弟到此与各位谈话，有两件事情：

头一件，以后学生交际宜定一个普通称谓，造成一种风气，使人人仿效。查各国社会上的普通称呼，有一专用语，此语在英文为Comrade。我国文言上无相当之譒译，有谓可以用"各位"、"诸君"等语译之。兄弟以为仍均未妥，再四思之，只有"伙计"一俗语可以译之；但"伙计"二字为广东下流人所最通用，学生用之似太不雅驯。不知今日为民国时代，无分上下，一切平等，此俗语既然译得妥适，则学生亦不妨取用，愿以后彼此相称皆用"伙计"。并Comrade一语不惟有平等之意义，兼有亲切意义，用此称谓，不特可以表示平等，且足以表示同胞真意。故兄弟以为此后诸君称呼，无愈于援用此语。

第二件，今日学生求学问即是求知识。众"伙计"既然是求知识，所以今日兄弟欲与众"伙计"说说求学。求学有二种人：（一）无意识之人，（二）有意识之人。试问座中众"伙计"几多为有意识？几多为无意识？兄弟以为仍多是未定志向人。对于人生前途、国家观念、世界责任，多未打算清楚。但兄弟以为众"伙计"入学堂研

＊　此件系孙中山在广东省教育会召开的广州市中等以上学校教职员学生宣传会上的演说，日期不明。广东第五次全省教育大会于一九二一年六月二十一日开幕，三十日闭幕。孙此次演说，时间应在六月三十日大会闭幕以前。

究学问,有师长为之指导,乃一最好机会。因社会上与众"伙计"同年龄之人不得入学者,尚百数十倍也。所处地位既犹于众人,当然对于国家比众人多负几倍义务,所以在今日求学时期,众"伙计"宜先立志。否则十年窗下任你读书几许卷,终亦无补于国家,只一书锥而已。或谓立志为何? 兄弟对于此反问,以为第一学生须要明白中国地位,第二学生须要认定自己责任。能了解于斯二者,然后可与言立志。众"伙计"要记得现在中华民国,五十年前是一东方未开化之国家,更要知道现世界一等强国之日本,亦是五十年前在东方一野蛮之国家。但当时日本有二志士:一为大隈重信,一为井上馨。此二人做学生时已深明国家地位,觉得国家不唯主权已被列强侵蚀,即数千年来之闭关主义亦将次为列强威力所攻破,杌陧之象,甚于累卵;心中忽生责任来,以为非求新知于世界,断不足以救国,于是立志出洋求学,以为救国准备。无如当时日本禁人出洋,故彼二人志虽如此,终不得达。后来几经艰难,得一机会,始逃走出洋作苦学生。卒之学成归国,将国家改弦更张,使旧染污俗咸与维新,不数十年间,国势蒸蒸日上,直至今日竟成为世界第一等强国。今日众"伙计"为学生,求学之机会远胜于日本大隈、井上二人;今日中国文化程度,又远出日本五十年前之上,实在大有可为。故兄弟以为众"伙计"对于民国宜生一种觉悟,见一种责任,知道日本当时国势如此弱小,彼大隈、井上二人尚能救回日本,使转贫为富,转弱为强,况中国地广人众,大于日本数十倍,富国强兵必非难事。大众发奋为雄,立志救国,已立此志者,务求此志之实行;未立此志者,改从今日誓立此志,以图救国家之危亡。抑有进者,现在中华民国,官僚腐败,军阀横行,不成国家。众"伙计"立志则有希望,不立志则无希望。简直可说,中华民国之存亡呼吸系于"伙计"立志救国之一念。

　　救国从何而起？此无论谁人皆知自改良政治入手。但改良政治又从何而起？兄弟以为此当先知国民由何种主义孕育而来，诚以其所由孕育之主义不明，即无从负责及不知趋向也。然孕育国民〈之〉主义为何？即三民主义是。三民主义为何？即民族、民权、民生三要素是。但又有谓三民主义为民治、民享、民有者，其实此不过用语不同，其为用则一而已。兹依次说明，俾众"伙计"对于民国知所负责、知所趋尚焉。

　　中国革命志士牺牲头颅、财产，以求推倒满清政府，此是民族主义所使然。但革命十年，中国仍无可以大慰民志者，此因由三民主义未发达，亦由民族主义不彻底之故。革命初步，提倡民族主义最力。当时汉人被鞑靼人征服，政治上处于不平等地位，自然多人明白，易于入心，故信赖者多而且笃，迨此主义成功，推倒满清之后，充入假革命党人极伙，争权夺利，薰心仕途。于时真革命党人灰心，假革命党人愈炽，愈弄愈坏，是以语其政治比不到满清之专制。此后大家要觉悟，要负责争回政权，实行改良国政，使国家日臻强大，日臻盛治。更要明白推倒满清不过是消极的民族主义，若积极的民族主义还要整顿教育，培养四万万同胞皆有人的资格。更要整理国家，使五族共和之政府得于列强中有一相当的地位。兄弟计算全球不过十一万万人，而中国占其三分之一。彼白人人数不过与中国等，而世界强国之中白人占其四五。若中国能得善人切实整顿，纵不能如白人优胜，亦断不难使国家为世界第一等强国也。能如此，则民族主义目的始达。众"伙计"必须要抱此积极民族主义做人，有凌辱我同胞、蔑视我国权者，以推倒满清之手段排之，固不论其为某国抑或任何国也。

　　有谓欧洲各国今日已盛倡世界主义，而排斥国家主义，若我犹说民族主义，岂不逆世界潮流而自示固闭？不知世界主义，我中国实不适用。因中国积弱，主权丧失已久，宜先求富强，使世界各强国皆不敢轻视中国、贱待汉族，方配提倡此主义，否则汉族神明裔胄之资格，必随世界主义埋没以去。故为中国计，众"伙计"宜急起直追，先求中国能自立，换一句话〈说〉，即中国人宜先求脱去奴隶地位。何以言之？中日"五·七"之约，其二十一条款所载，几乎国家尽归其掌握。又近日关余交涉，不惟力争不来，其甚者，从前以分得之款，亦受公使团所支配。中国明明是汉人所有，尚要容人置喙；关余明明是我国之财，尚须听公使团之命令。此显系民族主义未达目的所致。故兄弟敢说中国欲倡世界主义，必先恢复主权与列强平等；欲求与列强平等，又不可不先整顿内治。所以众"伙计"今日要行积极民族主义，更要如日本之大隈、井上之两位苦志学生，方能有用，方能为中国主人，方能去提倡世界主义。

　　次为民权主义。此主义在十九世纪时最盛行。我国推倒满清以后，国家亦为人民公有。乃民国成立十年于兹，而人民尚不知行使民权之法，故有识之士咸认今日为不可不讲求民权主义，以鼓舞人民。溯民权来历，其初则奉一二有能力、有见识者主持国政；及后人民知识发达，渐有觉悟，知聪明才力彼此皆不相下，遂要求参与政事；迨至今日民权发达，臻于极点，更实行直接民主制。此直接民主制，全世界均受其影响。虽昔日闭关主义之东亚人民，亦靡不受其刺激焉。有谓民权发达，人民将何以治国家？不知此亦不难，组织机关以行使治法，斯则易易。兄弟做学生时代，早已觉中国政府腐败，想出一种治国之法，思有以替代之。其法维何？即五权宪法是也。其后反复研究，均觉于中国无不合之点，较之列国更无不大对之处，是以革命之初，极力主张用此种五权宪法，以为治国之具。但当时秉政诸同志以为五权宪法各国所无，表示反对，其结果只成得今日约法，而五权宪法遂归于不用（五权宪法演词与各报所载同，兹从略）。现在民权发达之国家，其最要件为立宪，立宪则人民有权参政，政府受其限制。而查民权最发达、最完全者，则为瑞士国。其人民对行政且有选举权、罢免权，前者所以举贤才，后者可以救济误选。又对立法方面有创制权、复决权。创制权以补法律所未备，复决权所以矫法律之不善。瑞士人民完全有此四权，是真谓之民权发达。

不独瑞士唯然，即美国亦已有十余州如瑞士一般。众"伙计"之谈民权，必须祖瑞士，其与瑞士有同一的具体民权，方能谓之真民权，不能空空洞洞说过。从前师长对于学生每诫其不可干预政治，此乃专制遗毒，殊不足怪。甚者由欧美回国亦谓不谈政治，不知 Politics 一字有二义：（一）家庭是非之谓；（二）国政之谓。此外如党争亦谓之 Politics。一知半解之士见欧美人有说不谈政治之语，亦谓不谈政治，岂不误甚！盖欧美人国家观念甚重，政治趣味甚厚，所不谈者，党争与是非而已，断非绝口不谈政治者也。惟众"伙计"见老师辈如此说，新人物亦如此说，必有妄从不谈政治之一语者，不知今日中国主权在民，某某国既以武力相迫，公使团又擅自处分关余，蹂躏我国主权，国家地位危险殊甚，大众要立个决心，将主权负起，方能图强。吾见今日之有学士、博士衔者，只汲汲一二百金之薪水，鲜有如日本大隈、井上其人！动以不谈政治为荣，又何怪内地学生亦以不谈政治为贵。此实不知责任之极。诚以若辈且不谈政治，尚望何人谈之？故今日兄弟以为学生均宜立志争回政权，实行改良政治。昔日日本不过得一二留学生抄袭德国宪法几条，竟将国家救起。我中国单就留学外国者言之，亦年以万计，苟大众一心，留心国政，伸张民权，则国家前途必日益膨胀矣。

民生主义就是社会主义。此主义从何发生？兄弟以为自机器发明始。因未有机器以前，经济上之竞争只人与力角胜，而人之才能又各本长短之别，是以虽欲提倡，其道无由。有机器而经济上之竞争，一唯机器是赖，同一机器无优劣之可言，若有提倡，人必乐为附和。况机器与人力较，其能率大于人者或相十百或相千万。有机器则经济上之竞争优胜，而富者愈富；无机器则经济上之竞争劣败，而贫者愈贫。迫至人民贫富相差悬殊，而社会主义遂应势而起。况欧美社会与我国异，人民只有贫者、富者二种，无中产阶级，是以常起劳资竞争，惟有社会主义足以调和之，故此主义欧美先我国而起。社会主义有集产主义与国家主义两种。国家社会主义云者，国家各种大事业由政府借债经营，如农田、水利、铁道、电气及其他可专利的事业概收归为国营。又如土地增价，地主不费劳力而坐享其利，政府为主持公平计，亦定有两种办法：先令地主呈报地价，或则按价抽税，或则照价而收买其地。以上两种问题解决，则大利归之国家，政府即以其所获之利还诸人民，作诸种公益慈善事业，以调剂社会之苦乐。此主义事简而效大，实有可行之理由。查欧美各国有煤油、钢铁、棉花、面包等大王出现，社会上常起劳资的竞争，其竞争方法辣而且毒。如美国之煤油大王与小商竞争，先将货物折本跌价，跌价不能争胜，则将煤油送与人用，迨毁残小商，始逐渐而收价、而起价。又棉花大王当棉花丰收，则烧毁社会所需要之余额，而令其价高昂。此则社会主义不行，而私有财产发达之过。是以欧美虽文明，而人民尚多数未享文明之幸福，此俄国新文化运动所以勃兴也。

俄国社会革命成功，已成为农工兵国。其革命次序由民族而政治、由政治而社会，每经一次之改革，必受一次之痛苦，此人所共知。中国宜以俄为鉴，早日于土地、资本二者加意经营，使革命频仍之痛苦消灭于无形。且俄国革命逐渐而来，中国不然，三民主义一齐积压而来。故与其放任隐忍而滋将来之纷扰，曷若大行改革彻底解决，以为一劳永逸之计。顾一次彻底解决三问题，其责任固在政府，亦在人民，更在众"伙计"肩上！因国之主权在民，而士又为庶民之首，是以众"伙计"宜急起研究，设法推行。若犹以不言政治相诿，窃恐社会主义之横决，一发而不可救。故将来国家因改革频仍，戕伐过甚，沦于万劫不复之地位，其责固在"伙计"。因民生主义昌明，人民衣食得所，成为庄严璀灿世界第一之国家，其责任仍在众"伙计"也。

据《广东省教育会杂志》第一卷第一期（广东教育会编辑处编，

一九二一年七月出版）《孙大总统对学界大演讲》

在广东省第五次教育大会
闭幕式的演说

（一九二一年六月三十日）

今日行闭会式，兄弟承汪先生相邀到来谈话。吾人试想教育家对于今日中国建设的问题，实负有重大的力量，用力得其当，则中国进步加速甚多。

在今日，教育家所宜用为引导国民者，果以何为最要乎？以何者为标准乎？以世界何事为最有力量之标准乎？吾以为凡足以助世界进化、改变人生观者为最要；所当用力以赴之者，亦以此为最多。

诸君乃教育家，须知教育者，乃引导人群进化者也。然能令人群进化最速者果何力乎？则政治的力量是也。政治是促人群进化之唯一工具，故教育家当为政治的教育家。盖自民国成立十年于兹，考厥成绩，仅能推翻满洲政府而已。然满洲政治之旧势力尚未能除，故所去者只一皇帝，而官僚武人之毒焰犹未息也。所以现今之最重要者,为建设新政治,以代满洲腐败的旧政治。

政治的力量足以改造人心、改造社会,为用至弘,成效至著。然每闻教育家之言曰"以不谈政治为高"。此种谬说,不知其何所据而云然?中国最大之教育家厥为孔子。我国人视孔子为圣人、为宗教家。以世界学者的眼光观察之,则孔子为政治家,为政治教育家。试读孔氏书,其教旨于诚意正心修身,以及齐家、治国、平天下三致意焉。所谓齐家、治国、平天下,非政治教育而何?孔子且以政治为第一要务,而今之教育家辄舍政治而不谈,何也?揆之吾国旧道统、旧国粹,观诸孔子所言,则不谈政治固已不是;况当今民权发达时代,人人负国民责任,人人负政治责任,而曰不谈政治,尤为大谬。民国与帝国不同,帝国政治,君主一人负责任;民国政治,国民均负责任。既曰国民负责矣,而教育家乃曰不谈政治,何太失自己本来之责任与人民希望之甚也。

考此种谬说之所由生,盖亦有故,积渐亦已久。满清专制,习用愚民,及满清既除,武人犹在,其思想习惯无异于满清,彼方执政,压制民权,反对共和,使人民而谈政治,则彼无以肆其大欲而得其私利,乃发为一种议论,以不谈政治相尚。不知此乃削夺诸君之所有权,与诸君之本来责任相反。诸君贸然从之,亦以不谈政治相尚,无乃坠其术中乎!然有许多教育家畏当道势力而不敢违反其意,但豺狼当道,畏之不无可原,故半年前诸君不谈政治,是明哲保身之一法;但今日在民治的广东,民治的政府之下,而犹以不谈政治相戒,则非政府所希望于诸君者矣。

诸君乃教育家,处先知先觉的地位,以不谈政治相号召,人民更不敢谈。人人都不理政治,将来更有何人负此责任?岂总统一人能负之乎?从今后,本大总统要诸君谈政治。

考"不谈政治"之谬说,乃由两种原因而生:(一)专制官僚成之,前已言之矣。(二)西洋留学生成之。有许多留学生未返中国已有学生不谈政治之说,归国后亦以为言。眩于其博士、硕士之头衔,以其所言为可信。于是以为征之旧官派之言,固曰不谈政治,新博士之言亦云然,则皆曰不谈政治,宜哉?不知此乃以盲导盲者也!

欧美留学生对于不谈政治之一点,实大错误,实误会之极。盖英文 Politics 有三解:一解为国事;一解为党争;凡无聊自私之政客结党营私,亦以政治名词称之。与我国所谓政治,专指国事而言者不同。故英文上政治之名词虽一样,然须看上下文,乃能得其正意。英文更有家庭政治 Family Politics 之名目。所谓家庭政治者,即播弄是非之谓。故英文政治一名词含有数意,其上者为国事,次为党争,下为是非,其普通习用语常曰不谈政治,其意专谓不说是非耳,非真正国事亦不谈也。中国留学生居其国数年,习闻其语,而不察其意,亦乐用之,归国而不改其谬误,可笑一至于此。国人既惑于专制官僚,再惑于留学生,误解此种不谈政治之舆论,乃入于人心,牢不可破,岂知其以盲导盲者哉!

设使诸君不谈政治,学生不谈政治,为农者亦不谈政治,为工为商者亦不谈政治,试问中华民国是谁之国?而人人不负责任,尚可以为国乎?教育家应指导人民谈政治,若仍以不谈为高,为害匪浅。民国十年一事不成,人人归咎于革命党,不知披荆斩棘,革命党已为此至难之事,从容布置,国民应共为之。乃国民程度低浅,稍有变革,手足无措。国民程度不足之咎,谁实尸之?教育家对此,乃不能辞其责。盖十年来,政治教育家曾无出一言、立一说以瀹斯民,而于不谈政治之谬说,乃独倡之,民国有今日之现象,无足怪也。苟犹持斯言而不悟,再历十年,民国亦不得有进步。

教育进步,以政治为基础。试观日本教育比中国进步甚多,考其故，则以日本政治良好。故中国今日政治尚未改良，所以无论如何提倡教育亦不为功。近日北京政治腐败，教育乃日坏，学校经费不给，教员薪米不继。北京教育经费区区不过数十万元，政府靳而不与，一督军入京索费用至千万元，而政府则慷慨予之。政治不良，教育不能发展，观北京政治可以为证矣。所以兄弟今日到此谈话，欲诸君知道中国政治之急宜改良及如何改良。对诸君一说改良中国政治，头绪纷繁，非一二小时所能说，仅将兄弟改造中国的目的约略言之。

当革命之初，吾党有志用十年时间改造中国，使中国为世界第一。诸君以为可达此目的乎？诸君亦有此志否？诸君如有此志，则可以为教育家！如无此志，则不如及早改业！欲使中国教育居世界第一等位置，必也〔当〕使全国人民无不识字，有一百数十万的专门学者，有一万几千的发明家，必如此乃可以为世界第一等教育。然教育随政治为转移，欲于十年内令中国教育进世界第一地位，必政治已先达世界第一地位方可。顾此事可能乎？否乎？

吾必曰可能。请证明之。考近日新兴之国，究其强国之方可知也。日本五十年前其国势不如今日中国，其人民不过如四川一省之众，土地不过如四川一省之广，五十年内进为世界第一等国。以中国与之较：人则十倍之，地则二十倍之，聪明才力又不亚于彼，而中国国际地位较日本何如乎？果何故也？又试观暹罗，昔为我属国，诸君之所知也，人口七百万，且半属中国子孙，地大仅如四川耳。以中国与之较又何如？然暹罗有裁判外人权，关税独立。回视中国关税握之于外人，领事裁判权不能收回，外人所到之处即其领土，官吏不敢管，警察不敢诘，中国领土、中国主权丧失已久矣。当外人初入中国，士大夫之言曰："法令不行于境，中国之耻也。"今国人已习而不知耻矣。中国不能称为独立国，只可称为半独立国！

亚洲之独立国惟日本与暹罗，虽日本强而暹罗稍弱，然暹罗国际地位已高于中国。中国在世界上以人口计则第一，以地域计则第四，而国际地位计则在三十名以下，又穷又弱，海关受制，工商业受夺，经济日困，情势如此，何教育之能言？所以以改造政治为第一要件。

　　日本初为穷弱国也，暹罗初亦最贫国也，而一则五十年，一则二十年成为强国。以中国挟如此土地人民而不能乎？今者中国国权已落于日本人之手，视我为属国，支配之、宰制之；其国中教育家定有计划处分中国，小学生则教以勤远略。我国教育家有立志谋处分日本者乎？中国有富强之资料，而不能富强，逊于日本，无他，日本重政治教育，而中国不然，此皆诸君之咎！盖诸君提倡不谈政治一语误之也。所谓一言丧邦，此之谓欤！从今以后诸君须觉悟，一改前时积习，教育家须谈政治、理政治，引导人民谈政治。古人有言："天下兴亡，匹夫有责。"专制时〈代〉已能言之，况乃民国时代乎！中国今日贫弱极矣，丧亡可虑。盖世界不进则退，自欧美势力侵入中国百有余年，中国日弱一日，今犹不进，十年以后仍是如斯，受人淘汰必矣。故今日实为中国存亡之交，幸而满清已倒，武人势力可望日渐削除，有广东一片干净土为发展根基，谋改良政治。故甚望诸君提倡谈政治，引导人民理政治，同心协力改造中国。

　　改造之方法已有预备，兹为诸君言之。余于三年前曾发行一书曰《孙文学说》，先改造中国人心理。昨年发行《中国实业计划》一书，谋改造中国物质，兴工商之业。盖中国宝藏至富，甲于世界，开发振兴，中国必强。此书为英文本，风行欧美，彼方专门学者，皆许以为可行。现在广东翻印中文本，不日可出版。

　　第三种计划为改造社会。第四种为改造政治。合改造心理[为]、物质、社会、政治四种一书，名曰《建设方略》。将来出版可以相送,协力研究之,提倡之,则十年兴国,可望成功。

中国人有一种心理,不知之事便不肯做,必知之已真,然后为之。此种心理谓为好亦得,谓为坏亦得。何也?盖天下事有不可知者甚多,若必深知而后行,则所成者甚寡。如教育界教人知者也。人生须受教育,由小学以至于大学至少十六年,稍懒者二十年以至三十年;使教育普及如今日俄国,人民悉由国家教育之,补助一切费用,设人人受三十年教育,三十年已半世矣,费半世功夫求知后乃行其所知,人民程度进此,乃可言不知不行,不然,事事先问知而后行,则无一事可行。

建设国家乃无人能知之者,日本五十年成为强国,其当时有预算计划以为强国之本否?无之也!建造房屋,材木砖瓦可得而算,建国则不能以计算之也。不能计算即不可知。

世界文明国多矣,中国可步趋之以臻富强。然而不能者,非不知所以步趋之也,半知而不全知之故也。请彼推翻旧政治行新政治,彼必不肯,彼不知,更且不谈也。

希腊先哲之言曰:"人者,政治动物也。"有政治思想、政治行为、政治能力,乃为人类。人之所以异于他动物者以此,故不谈政治非人也。盖人不能离国家,即不能离政治。中国人非不能建造好国家、好政治,试观历史唐虞三代之隆,称为至盛,在几千年前之祖宗,已有此种能力。近者日本五十年亦能改造好国家。远考吾祖宗,近征诸日本,其所以有此能力,皆在不知之中。夫不知安能为之,无乃诬乎?然试思唐虞三代,学问知识能知之而后为之乎?日本五十年前亦能知有今日强盛乎?可见其进行皆在不识之中也,明矣。

中国人得半知不能全知,半知不敢为,又无全知,必欲待全知,然后为之。此中国所以停滞不进也。夫学三十年乃得全知,中国之得学者仅少数，而存不知不行之见，政治尚有改良之日耶？日本当初一时受刺激，一二志士振臂狂呼救国，全国响应，人人阖目相从，故有今日强盛。暹罗一二王子提倡于上，鼓励其国民举从之，今亦渐盛，皆于不识不知得之。盖建屋可计算而知之，建国则不能预知之也。

兄弟几十年前提倡改造中国。破坏已成功，于是欲人民建设，因多问建设方法于予；告以计划，则必曰君之计划可行，特知之耳。知之非艰，行之为艰，卒误于此心理，而无一成。行之为艰，一言误中亦不浅者也。

教育家须记提倡政治，实行改良政治。使四万万国民同心协力改良政治，诸君当负责任！又须知国强不能预知，只实行做去便得；若必想知清楚然后做，天下断无此理者。比如电灯照耀光明，人人享其利，然电学精微，人之知之者甚少，若必待人人均知电学而后用电灯，可乎？政治也犹是也！可信赖政治家做去，十年定有功效可睹。如欲知之，可读《建国方略》，但无须此一级工夫。

中国今日不必人民去求知，但望其有一种十年可强中国之信仰足矣，有强中国之志足矣。教育家宜提倡民志，则政治自易改良，政治良好，则教育不成问题矣。能达俄国今日教育情状亦不难者，唯总要诸君教育家不忘政治！

据《广东教育会杂志》第一卷第二期（广东教育会编辑处编，一九二一年八月出版）《政治教育》（六月三十日在广东全省教育大会演讲）

复廖仲恺胡汉民函 *

（一九二一年七月三日）

廖仲恺、胡汉民同志均鉴：

　　来函阅悉。文所著之《外交政策》一册，乃《国家建设》全书之一也。兹将此书目录分别如左：

　　一、绪论。二、外交政策概论。三、日本外交政策之研究。四、美国外交政策之研究。五、英国外交政策之研究。六、俄国外交政策之研究。七、德国外交政策之研究。八、法国外交政策之研究。九、意国外交政策之研究。十、奥国外交政策之研究。十一、其他国家外交政策之研究。十二、中国外交失败史。十三、中国外交失败之原因。十四、近来中国之危机。十五、主张开国民会议，实行本党对外政策，以挽救中国外交失败。十六、外交政策与三民主义之关系。十七、外交政策与中央政府之关系。十八、外交政策与地方政府之关系。十九、外交政策与五权宪法之关系。二十、外交政策与国防计划之关系。二十一、主张扩张军备，实行国防计划大建设。二十二、图谋国家独立之方法。二十三、将来之对外政策。二十四、结论。

　　以上该书之目录大略如此。

　　至于此书之思想及线路，一言以蔽之，求恢复我国家以前之一切丧失土地和主权，和恢复人民自由平等而已。

　　谨将此书大意以为复答。专此，敬候

---

　　*　孙中山与廖、胡所谈的著书计划，后因入桂督师北伐而未实现。

毅安

孙文　十年七月三日

致廖仲恺函

（一九二一年七月八日）

廖仲恺同志鉴：

当革命破坏告成之际，建设发端之始，予乃不禁兴高采烈，欲以予生平之抱负，与积年研究之所得，定为《建国计划》（即是《三民主义》、《五权宪法》、《国防计划》、《革命方略》等），举而行之，以求一跃而登中国于富强之地焉。不期当时之党人以予之理想太高，遂格而不行。至今民国建元十年于兹，中国犹未富强如列强者，皆是不实行予之救国计划而已。

予近日拟著一书，以为宣传，使我国全〈体〉国民了解予之救国计划也。该书之目录笔之如左：

一、国防概论。二、国防之方针与国防政策。三、国防之原则。四、国防建设大纲。五、制定永远国防政策和永远以国防军备充实建设，为立国之政策。六、国防与宪法。七、太平洋国际政治问题与中国。八、国防与三民主义和五权宪法外交政策，中央政府〈与〉地方政府之关系。九、国防与实业计划之关系。十、发展国防工业计划。十一、发展国防农业计划。十二、发展国防矿业计划。十三、发展国防商业计划。十四、发展国防交通计划。十五、发展国防教育计划。十六、财政之整理。十七、外交之政策和战时外交之政策。十八、移民于东三省、新疆、西藏、内外蒙古各边疆省计划。十九、保护海外各地华侨之意见书。二十、各地军港、要塞炮台、航空港之新建设计划。二十一、都市与乡村之国防计划。二十二、发展海军建设计划。二十三、发展航空建设计划。二十四、发展陆军建设计划。二十五、各项重要会议之召集，如开全国国防建设会议、海军建设会议，军事教育会议之属，由中央政府每年举行一次召集之，以为整理国防建设。二十六、各国国防政策和国防建设计划之研究。二十七、军事教育之改革和训练计划。二十八、兵器之改良计划。二十九、军制之改革。三十、军医之整理及改良，军人卫生建设计划。三十一、国防警察之训练。三十二、军用禽兽之训练。三十三、国防本部之进行工作。三十四、仿效各国最新国防建设之计划。三十五、举行全国国防总集员令之大演习计划和全国空、海、陆军队国防攻守战术之大操演。三十六、作战计划。三十七、遣派青年军校学生留学欧美各国，学习各军事专门学校及国防科学物质工程专门学校之意见书。三十八、向列强定制各项海、陆、空新式兵器，如潜水舰、航空机、坦克炮车、军用飞艇、汽球等，以为充实我国之精锐兵器和仿制兵器之需。三十九、奖励国民关于国防物质科学发明之方略。四十、购买各国军用书籍、军用品、军用科学仪器、军用交通器具、军用大小机器等，以为整理国防建设之需。四十一、组织考察世界各国军备建设团之意见书。四十二、聘请列强军事专家人员来华教练我国海、陆、空军事学生，及教练国防物质技术工程之意见计划书。四十三、收回我国一切丧失疆土及租借地、租界割让地之计划。四十四、我国与各国国防实力比较表。四十五、抵御各国侵略中国计划之方略。四十六、训练国防基本军事人才三千万计划，训练国防物质工程技术人才一千万计划。四十七、完成十年国防重要建设计划一览表。四十八、新兵器之标准。四十九、组织海、空、陆军队之标准。五十、扩张汉阳兵工厂，如德国克鲁伯炮厂之计划。五十一、国民代表大会关于国防计划之修改、国防建设意见书。五十二、欧洲战后之经验。五十三、国防与人口问题。五十四、国防与国权。五十五、指导国民研究军事学问之研究。五十六、实施全国精兵政策。五十七、军人精神教育与物质教育之比较。五十八、注重国际军备之状况。五十九、我国之海军建舰计划，航空建机计划，陆军各种新式枪炮、战车及科学兵器、机械兵器建造计划。六十、训练不败之海、陆、空军军队大计划。六十一、列强之远东远征空、海、陆军与我国国防。六十二、各国富强之研究。六十三、结论。

以上各计划，不过大纲而已，至于详细之计划，待本书脱稿方可览阅。予鉴察世界大势及本国国情，而中国欲为世界一等大强国，及免重受各国兵力侵略，则须努力实行扩张军备建设也。若国民与政府一心一德实行之，则中国富强如反掌之易也。手此，即候毅安

孙文　民国十年七月八日

据《国父全集》第三册（转录史委会藏马义钧抄件）

颁布陆军部官制令

（一九二一年七月八日）

大总统令

兹制定陆军部官制公布之。此令。

陆军部官制

第一条　陆军部设官如左：

总长一人，次长一人，秘书一人，副官四人，司长三人，科长六

人,科员十二人,书记属官无定额,由陆军部总长定之。

第二条　陆军总长承大总统之命,管理陆军之政,统辖陆军军人和军属。

第三条　陆军次长辅助陆军总长,整理本部事务。

第四条　秘书承长官之命,管理左列事务:

(一)钤用及典守本部印信。(二)收管及公布本部公文。(三)草拟不属各司之文牍。(四)掌理及拟定关于本部主管之法律、命令。(五)关于军事教育及军用各机关之事项,认为有增益改革之必要时,得提呈长官予以考核编订。

第五条　副官承长官之命,掌官〔管〕左列事项:

(一)办理并稽核本部及所辖各军队经费之预算、决算及会计。(二)备办、支给、检查本部及各辖〈军〉军服、粮秣、装具、炊具等事项。(三)征发物件及报告事项。(四)管理本部官产官物。(五)统计及报告事项。

第六条　司长承长官之命,主管各司事务。

第一司管理事务如左:

(一)关于陆军编制训练,军队配置,征募招集,补充退伍,遣散戒严、征兵各事项。(二)关于陆军军旗、节礼、服制、徽章各事项。(三)关于编拟战时各项规划,及军队内务、卫戍、勤务、军纪、风纪各事项。(四)关于要塞兵备、水陆交通运输及航空各事项。(五)关于军队卫生防疫事项。

第二司所管事务如左:

(一)关于陆军军官、军佐之任免、叙官勋赏事项。(二)关于陆军军法事项。(三)关于陆军之监狱事项。(四)关于高等军法会审事项。

第三司所管事项如左:

（一）关于军队教育校阅及训练改良事项。（二）关于所辖各学校教育计划、学生考试及留外学生一切事项。（四）关于军用枪炮、弹药、器具、材料之购置、制造、存储、支给及检查事项。（四）关于军马之购置、征发、供给、喂养，及蹄铁术之教育，马种种〔之〕改良事项。

第七条　科长、科员承长官之命，助理各司司务。

第八条　书记承长官之指定，助理秘书、科员草拟一切普通文件。

第九条　本官制〈自〉公布日施行。

据上海《民国日报》一九二一年七月十四日《大总统命令》

准任命吴兆枚陈恭职务令

（一九二一年七月十一日）

大总统令

大理院长兼管司法行政事务徐谦呈请任命吴兆枚、陈恭署总检察厅检察长。均照准。此令。

据上海《民国日报》一九二一年七月十六日《大总统命令》

准任命何蔚等职务令

（一九二一年七月十一日）

大总统令

大理院长兼管司法行政事务徐谦呈请任命何蔚、冯演秀、潘元谅、王敬信、卢镇澜、刘通署大理院推事。均照准。此令。

据上海《民国日报》一九二一年七月二十六日《大总统命令》

准任命曹受坤等职务令

（一九二一年七月十一日）

大总统令

　　大理院长兼管理司法行政事务徐谦呈请任命曹受坤署广州地方审判厅厅长；陆嗣曾署广州地方检察厅检察长；张易畴署澄海地方审判厅应〔厅〕长。均照准。此令。

据上海《民国日报》一九二一年七月二十六日《大总统命令》

任命刘湘职务令

（一九二一年七月十二日）

大总统令

　　特任刘湘为四川总司令，管理全省军务兼四川省长。此令。

据上海《民国日报》一九二一年七月十八日《大总统命令》

命民律延期施行令

（一九二一年七月十四日）

大总统令

　　据大理院长徐谦呈称，民律已届施行期，唯审察社会现制及各地风俗习惯，尚有应行修正之处，拟请暂缓施行等语。民律着延期施行，仍交该院长审拟办法，呈候核夺。此令。

据上海《民国日报》一九二一年七月二十一日《大总统命令》

颁布内务部官制令

（一九二一年七月十五日）

大总统令

　　兹制定内务部官制公布之。此令。

内务部官制

　　第一条　内务部直隶于大总统，管理全国内政，兼管教育、实业、交通等行政事务。

　　第二条　内务部置秘书处，及第一、第二、第三等各司。

　　第三条　秘书处掌事务如左：（一）机密事项。（二）钤用及典守本部印信。（三）本部文件之收发、公布及保存。（四）草拟不属于各司之文告、函电。（五）办理本部所管经费，并各项收入之预算、决算及会计。（六）稽核本部所辖各官署之预算、决算及会计。（七）编制统计及报告。（八）本部职员之任免〈铨〉叙等事项。（九）管理本部官产、官物。（十）办理本部庶务及不属于各司之事务。

　　第四条　第一司掌事务如左：（一）人口户籍及国籍事项。（二）选举事项。（三）地方行政事项。（四）地方自治事项。（五）救济及慈善、公益事项。（六）改良风俗及褒扬事项。（七）保存古物事项。（八）警察事项。（九）卫生及防疫事项。（十）行商〔政〕区划事项。（十一）土地调查、测绘事项。（十二）土地收用及官地收放事项。（十三）道路及桥梁事项。（十四）海、河堤防及水利事项。（十五）地方官吏之任免、奖恤等事项。（十六）土司事项。（十七）

文官考试事项。(十八)文官惩戒事项。

第五条　第二司掌事务如左：(一)礼制及国乐事项。(二)宗教事项。(三)筹办社会教育及学校教育事项。(四)管理粮食事项。(五)农业、林业之保护、监督、奖励及改良事项。(六)工商业之保护、监督、奖励及改良事项。(七)渔业之保护、监督、奖励及改良事项。(八)畜牧业之保护、监督、奖励及改良事项。(九)保护劳动事项。(十)著作权及艺术特许事项。(十一)医院、药房注册及医生、产婆、药剂士特许事项。(十二)报纸事项。

第六条　第三司掌事务如左：(一)筹划铁路建设事项。(二)管理国有铁路业务及附属营业事项。(三)监督地方公有及民业铁路事项。(四)监督陆上运输事项。(五)邮务事项。(六)邮务汇兑及储金事项。(七)电报、电话及其他电气事项。(八)监督地方公有及民业电气事项。(九)航业及航海标识事项。

第七条　内务部置总长一人，承大总统之命管理本部事务、监督所属职员并所管辖各官署。

第八条　内务部置次长一人，辅佐总长整理部务。

第九条　内务部置秘书二人，承总长之命管理秘书处事务。

第十条　内务部置司长三人，承总、次长之命，分掌各司事务。

第十一条　内务部置司员十一人，承长官之命，助理秘书处及各司事务。

第十二条　内务部置技士二人，专理考察、测量、化验等事务。

第十三条　内务部置书记官十二人，承长官之命缮写文件，并助理一切庶务。

第十四条　内务部附设矿务局，其官制另定之。

第十五条　本官制自公布日施行。

据上海《民国日报》一九二一年七月二十九日

颁布内务部矿务局官制令

（一九二一年七月十五日）

大总统令

　　兹制定内务部矿务局官制公布之。此令。

内务部矿务局官制

　　第一条　矿务局之职掌如左：（一）调查矿区。（二）考查矿质。（三）草定矿章。（四）监收矿税。（五）监督官业。（六）奖励民业。

　　第二条　矿务局设局长一人，承内务部长官之命，管理本局事务，监督所属职员。

　　第三条　矿务局设科员二人，承长官之命分理局务，科员事务之分配，由局长定之。

　　第四条　矿务局设技士二人，承长官之命办理技术事务。

　　第五条　矿务局为缮写文件及助理其他事务，得酌用雇员。

　　第六条　局长由内务总长呈请大总统任命，科员、技士由内务总长任命。

　　第七条　本官制自公布日施行。

据上海《民国日报》一九二一年七月二十九日、三十日

复顾品珍电

（一九二一年七月二十四日）

　　云南顾总司令鉴：佳电悉。宣言援桂，伐罪救民，当豺狼在邑

之秋,励风雨同舟之志,再三循诵,大义凛然。昨据前方报称,我军克复南宁,陆、谭①均已出亡等语。桂局已完全解决,惟环视全国,各人日夕所蕲望之拨乱反治,尚非一蹴所能几〔及〕,则国策进行,益当努力也。

据广州《国华报》一九二一年七月二十五日

命财政部拨款救灾令

（一九二一年七月二十六日）

大总统令

　　前据全黔义赈会会长、贵州总司令卢焘等电称:黔省上年蝗旱之后,继以水灾,禾稼无收,生民荡析;入春以来,冰雹间作,全省八十一县,被灾者已达半数,灾区广至三千余里,饥民多至三百余万等语。兹复据黔籍国会议员张光炜暨旅粤云贵同乡会联陈前情,本大总统披阅之余,殊深悯恻,着财政部迅即拨款二万元交该总司令妥为散放,毋任流离失所;并由该省长官广为劝募赈款,以拯灾黎。此令。

据上海《民国日报》一九二一年八月一日《大总统命令》

给陈安仁委任状

（一九二一年七月二十七日）

　　委任状:今委任陈安仁为中国国民党澳洲特派员。此状。

中 国 国 民 党 总 理孙文

---

①　陆、谭:即陆荣廷、谭浩明。

本部特设办事处干事长张继

民国十年七月二十七日

据《国父全集》第四册(转录史委会藏原件影印)

命陈炯明全权办理桂省军事
善后事宜令

(一九二一年七月二十八日)

总统命令

　　桂省军事善后事宜由陆军总长陈炯明全权办理。

据上海《民国日报》一九二一年七月三十日"本社专电"

准谢持辞职令

(一九二一年七月二十九日)

大总统令

　　总统府参议谢持呈请辞职谢持准免本职。此令。

据《广东群报》一九二一年八月二日《大总统命令》

任命邓家彦职务令

(一九二一年七月二十九日)

大总统令

　　任命邓家彦为总统府参议。此令。

据《广东群报》一九二一年八月二日《大总统命令》

准免赵德裕职并通缉蒋超青等令

（一九二一年八月一日）

大总统令

　　据陆军次长、代理部务程潜呈称："驻粤滇军此次奉令戍雷，受逆党杨永泰、李根源等辈金钱运动，迎逆党入雷，改称安抚军，实行叛乱。该军指挥官赵德裕，毫无觉察，本难辞咎，惟心迹尚有可原，拟请从宽解其现职。至该逆军参谋长蒋超青等，甘心附逆，现均在逃，应请将原有官职一律递〔褫〕夺，并恳明令通缉，尽法惩治"等语。该滇军指挥官陆军少将赵德裕身为一军长官，对于该军此次变叛，事前毫无察觉，事后复逃往澳门，虽未附逆，已属治军不严。姑念该指挥官当粤军回粤之际，曾与桂贼脱离关系，尚明大义，从宽治处，着即免去现职。该逆军参谋长蒋超青、梯团长陆军少将蔡炳寰、代理梯团长陆军少校王连璧、支队长徐栋、周振彪等，胆敢肆行叛乱，甘心助逆，现经畏法潜逃，实属罪无可逭，均着一并递〔褫〕夺原有官职，并仰各省文武地方长官，通令所属，一体严密缉拿，务获归案究办，以儆叛逆而肃军纪。此令。

据《广东群报》一九二一年八月二日《大总统令》

给麦森委任状

（一九二一年八月一日）

　　委任状：委任麦森为啳乞中国国民党分部党务科主任。此状。

中国国民党总理孙文

总 务 部 部 长 居正

党 务 部 部 长 谢持

中华民国十年八月一日

据《国父全集》第四册（转录史委会藏原件）

复叶恭绰函

（一九二一年八月四日）

誉虎兄鉴：

函悉。关于新宁铁路之事，如有转圜，当可了之。惟所得只十万，当悉付之兵站。如能多得，则以一半接济四川石青阳，以一半交学煨还债可也。此答。即候

筹祺

孙　文

据中国革命博物馆藏原件

准张华澜辞职令

（一九二一年八月四日）

大总统令

内务次长、代理部〈务〉吕志伊呈称秘书张华澜因病呈请辞职。应照准。此令。

据上海《民国日报》一九二一年八月十六日《大总统命令》

准任俞河汉职务令
（一九二一年八月四日）

大总统令

　　内务次长代理部务吕志伊呈请任俞河汉为内务部秘书。应照准。此令。

据上海《民国日报》一九二一年八月十六日《大总统命令》

致咸马里夫人函
（一九二一年八月五日）

亲爱的里夫人：

　　收到你五月十四日来函，很高兴。此刻谅你已获悉我们在将广西军阀逐出广西的斗争中所取得的重大成就，也就是说，广西省也在我们的控制之下了。我们正在争取更大的进展。我们打算进军北方，以逐走所有的大督军与亲日派。当然，和往常一样，英国政府正在我们前进的道路上设置种种障碍，以致使我们的一切重大成就化为泡影。

　　美国友好人士詹姆斯·乔克曼正在这里，并担任广州粤军航空队的队长。他最近有了一个小儿子，并为此而感到非常自豪。他经常来看望我，看来他对这一工作十分热情。我将告诉他你正在布宜诺斯艾利斯。对于我们这里的工作，我也将向你做全面的叙述。

　　我们盼望你能来这里，并帮助我国妇女从事实业工作，何时来，俟时机成熟，将即函告。

谨此致以最热烈的问候。

您的最诚挚的孙逸仙

一九二一年八月五日中国广州

据黄季陆编《研究中山先生的史料与史学》（台北中华民国史料
研究中心一九七五年出版）吕芳上《荷马李档案简述》英文附件
（转录台北国史馆原函影印件）译出（林家有译，马宁校）

致各地同志书

（一九二一年八月五日）

　　启者：前日朱君执信葬期，各地同志咸委托代表执绋会葬，并集款恤其遗族，足征吾党念友热忱，至为欣慰。

　　现朱君葬事已毕，其坟场之建筑方法，亦经规划，预算需款约万元。现时未经筹足，仅先将冢内工程完竣，其坟面之布置，亟待兴工，需款至急。又前时各地同志原拟集款为朱君铸像，以留纪念。现在粤同人会议，以为与其铸像，不如建筑一纪念朱君之图书馆较佳。文亦以为然。

　　现通知各地同志，筹集款项，以策进行。请贵处同志将建筑朱君坟场款暨建筑纪念图书馆款，分别捐集，俟有成数，即行分类列单墨函汇粤，交廖仲恺兄代收为荷。即颂

公绥

孙文启

据《国父全集》第三册（转录《中国国民党本部通信》
第六十期，一九二一年一月三十一日版）

致蒋中正电

（一九二一年八月五日）

西寇击破易，收拾难，须多一月，始得凯旋。我军经入邕宁，明后日余当驰往巡察，速来相助。孙文。歌。

据毛思诚编《民国十五年以前之蒋介石先生》第六编

给王用宾简任状

（一九二一年八月九日）

简任状：任命王用宾为总统府谘议。此状。

孙　文

中华民国十年八月九日

据《国父全集》第四册（转录史委会藏原件影印）

复康德黎夫人函

（一九二一年八月十二日）

我亲爱的康德黎夫人：

六月二十六日及七月四日来信与附件敬悉，至为感激！得悉尊府乔迁，且新居可供接待伦敦地区之华侨，甚感欣慰！夫人待人之热诚，必将赢得无比之敬佩！

余亦乐于获悉康德黎博士充当新任中国公使之医务顾问。顾先生（Mr.Koo）属于我广州人士认为不正当之党派，今日与人生观正确之康德黎博士结交,必可身受医务以外之重多助益。

　　关于香港之儿童奴工问题,余当竭力以赴。当初我国如能依照十年前之理想向前迈进,则香港之反动分子,不致于受中国奴工猖獗之影响,而不顾法纪,在香港维持此种邪恶势力。但望不久之将来,能够有效加以彻底铲除。

　　余认为哈斯尔伍德夫妇(Mr. and Mrs. Haslewood)之贡献卓著,足堪推崇。彼等显然属于威尔伯福斯(Wilberforce)与克拉克森(Clarkson)所代表之英国工人阶层。

　　多蒙代为祈祷,深为感激。敬祝

顺利成功

　　　　　　　　　　　　非常忠实于您们的孙逸仙

　　　　　　　　　　　　八月十二日于广州

　　　　　　　　　　据《国父全集》第三册译文,并参照该书第五册
　　　　　　　　　　所附史委会藏英文原函照片校正

复康德黎函

(一九二一年八月十二日)

亲爱的康德黎博士:

　　六月二十六日来信敬悉。拙著在英国发行事,多蒙关照,至为感谢! 余深切了解先生信中叙述之困难,如果该书目前无法发行,余将等待较佳之机会。

　　读柯尔逊(Marquis Curzon)之信,极感兴趣,且十分了解其困难。惟余请其为该书作序言,确非为我党之利害,而对他有所利用之意念。余深信,如果希望中国及全世界民众,能早日运用中国无数之资源而不再延误,则余书中所拟之发展方针,实为正确之途

径。余希望国际政策之制定者,或对此巨大政策有影响力之人士,能同意此种观点,藉以产生必要之推动力量,传播余之构想,以利计划之实施与完成。余之所以希望柯尔逊爵士向英国大众介绍此书,此乃唯一之原因。

关于矿工之罢工,余相信由于先生之协助,其结果对英国之政治发展,当有长足之影响。诚然,贵国民众之基本知识,实为一项宝贵资产。

谨致以深切的谢意和最良好的祝愿。

非常忠实于你们的孙逸仙

八月十二日于广州

据《国父全集》第三册译文,并参照该书第五册
所附史委会藏英文原函照片校正

致各省军政长官电*

（一九二一年八月十五日）

民国成立,十载于兹,叛乱相寻,迄无宁岁。始则袁世凯称帝,继则督军团毁法,放逐总统,迫散国会,不旋踵而有复辟之乱。自是厥后,我中华民国遂无正式政府之存在。文及伍、唐各公,痛共和之颠覆,大法之凌夷,爰集南中,建设政府;与伍、唐诸公,共负护法戡乱之大任。不幸岑春煊、陆荣廷等,背信弃誓,牵制破坏,荏苒数年,正义不伸,大法未复,戡乱救国,迄未成功。而某某乘时窃据,以伪乱真,举国徬徨,莫知所措。自[平]粤军返粤,岑、莫潜逃,薄海人民,望风鼓舞,本改造之决心,行政府之改建。近桂省陆、谭

---

*　此件所标时间系《北京晨报》刊载日期。

忽又称兵，本内外之舆情，佥谓民国成立以来，国本飘摇，民生凋蔽，武人专制，法纪荡然，皆由民国元年授权袁氏，付托非人，始基不固，致流毒无穷。材官走卒，坐拥封圻。亡清妖孽，僭立名号。欺蒙中外，淆乱观听，以聚敛为内治，以卖国为外交，贪墨盈庭，教育停课，财政破产。侈言统一，而晚唐藩镇、五代之局势以成。借口和平，而萧墙构兵、争夺相杀之事实不绝。近更外蒙乱作，人民久困水火，一切政治外交，纵有方策，谁为设施？盖彼但知利禄之争，岂识建设之术。又或标举自治，漠视国家，势同割据。不知国积于省，省属于国，国之不存，省于何有？缓急倒置，益兆分崩。今为根本解决计，非扫除群逆，无以开刷新之机；非实行联省，不克树统一之基。文受民委托，职责所在，讵容诿卸。爰定于九月一日，开联省政府代表会议，应请迅派代表来粤会议，务期发扬民治之精神，涤除专制之余孽，排息纷纭而谋建设，海内贤达，谅表同情。谨此奉闻，尚希示复。孙文叩。

据《北京晨报》一九二一年八月十五日《孙文欲以联省政府自居》

命陈炯明马君武办理广西军政事宜令

（一九二一年八月十六日）

大总统令

比以陆军总长陈炯明统率大军，申讨桂盗，平暴靖乱，厥功甚伟。经于七月二十八日颁布命令，畀该总长以办理广西全省军事善后事宜全权，着该总长职掌军政，务宜不避劳怨，悉心规划。现在各路义军云集，关于肃清余孽，绥靖地方等一应事宜，应由各该统兵长官随时商承该总长办理，以一事权。其民政事宜，应由省长负责，整理地方，驻在军队不得干预，以涤旧染之污，而布更新之始。庶不负义师吊民伐罪、扶植桂人自治之本旨。〈本〉大总统有厚望焉。此令。

据上海《民国日报》一九二一年八月二十四日《大总统命令》

致陈炯明电
（一九二一年八月十七日）

南宁陈陆军总长兼粤军总司令鉴:顷得虞电,欣悉执事于当日入驻邕垣。旌旗所指,氛祲全消,皆由执事刚柔兼裕,仁智兼施,故能兵不血刃,收复省会。渠魁宵遁,悍将输忱,数旬之间,底定桂省。现在各路义师,星罗棋布,不可无中枢以总其成。已明令各该统兵长官,遇有关于地方军事事宜,悉商承该总长办理,以一事权而肃纲纪。执事职掌军政,功高望重,尚望不辞劳怨,毅力主持为要。孙文。

据上海《民国日报》一九二一年八月二十六日《大总统奖勉陈总司令》

命裁撤南宁等道尹令
（一九二一年八月十九日）

大总统令

广西省南宁、苍梧、桂林、柳江、田南、镇南六道道尹员缺,着一并裁撤。此令。

据上海《民国日报》一九二一年八月二十六日《大总统命令》

任命吕一夔职务令

（一九二一年八月十九日）

大总统令

　　任命吕一夔为广西财政厅长。此令。

据上海《民国日报》一九二一年八月二十六日《大总统命令》

任命杨愿公职务令

（一九二一年八月十九日）

大总统令

　　任命杨愿公为广西政务厅长。此令。

据上海《民国日报》一九二一年八月二十六日《大总统命令》

在广州国务会议的演说 *

（一九二一年八月二十五日）

　　南方合法正式政府，实代表全国之政府，故遣派太平洋会议代表，应完全由我正式政府主持。北方非法政府并无可以派出代表之权。纵使由彼非法政府私自派遣，我正式政府绝对不能承认，所议决之条件，即绝对不能发生效力，应即向美国政府将此理由郑重

---

　　* 八月二十五日，孙中山在总统府主持有各部总、次长出席的国务会议，讨论派遣代表出席华盛顿太平洋会议等问题。此系孙中山在席间的讲话。

声明。

据上海《民国日报》一九二一年九月二日《新政府决遣派太平洋代表》

复苏俄外交人民委员齐契林书 *

（一九二一年八月二十八日）

亲爱的齐契林：

　　我收到了您一九二〇年十月三十一日从莫斯科寄来的信。这封信是一九二一年六月十四日到达的。我之所以迟迟未作复，是因为想见见为您送信的使者，他本来应当是将信从哈尔滨寄给我的。因为他至今还未能来广州看我，我就决定先回答您兄弟般的敬礼和关于恢复中俄商业关系的建议。

　　首先，我应当告诉您：这是我从您或苏俄某一位那里所收到的第一封信而且是唯一的一封信。最近两年来，在资本主义的报纸上曾经有几次报道，断言好象莫斯科向我作过一些正式的建议。其实任何这样的建议都没有用信件或其它方式通知过我。万一从您的同僚中有谁已往曾寄信给我或现在正寄信给我，那么让我告诉您，我还没有收到过一封信。

　　我应当简要地向您说明中国是怎样一个情况。且回溯到一九一一——一九一二年，当时我的政治事业，在一九一一年十月开始并迅速普及全国的革命中获得了自己决定性的表现。革命底结果，是推翻了满清并建立了中华民国。我当时被选为总统。在我就职后不久，我便辞职让位于袁世凯，因为我所完全信赖的一些朋

---

　　*　齐契林当时任苏俄外交人民委员，他曾于一九二〇年十月底致函孙中山，提出关于恢复中俄友好商业关系等建议。此件系孙中山对齐契林来函的答复。

友们,在当时比我对中国内部关系有更确切的知识,他们以袁世凯得外国列强信任、能统一全国和确保民国底巩固来说服我。现在我的朋友们都承认:我的辞职是一个巨大的政治错误,它的政治后果正象在俄国如果让高尔察克、尤登尼奇或弗兰格尔跑到莫斯科去代替列宁而就会发生的一样。袁世凯很快就开始了恢复帝制的勾当。如您所知,我们已经将他击败了。

他死了以后,列强仍然在政治上和财政上支持一些土皇帝和军阀。其中有一个是过去的胡匪头子,叫作张作霖。他名义上是满洲军队的统帅和督军,但实际上是北京"政府"所听命的主子。而他本人却又在一切重大的、与日本有关的事情上听命于东京。因此,可以正确地断言:在与日本切身利益有关的一切重大政策问题上,北京实际上是东京底工具。莫斯科在自己与北京的一切正式关系上应当好好地估计到这个情况。只有在首都实行彻底清洗之后——当我到那里时,这种清洗将会发生——苏俄才可以期望与中国恢复友好的关系。

在您写信给我以后,我当选为广州国民政府底总统。这个政府是合法的政府,因为(一)它本身的权限是根据一九一二年在南京召开的第一次立宪会议所通过的《临时约法》和一部唯一的《中华民国组织法》;(二)它的成立是为了执行在法定的中国国会中按照约法所赋予全权的政权机关底决议,现在国会会议正在广州举行。我的政府也是实际的政府,它的权限已经为中国西南诸省及其权力所及的其他各省所承认。

现在,因为地理条件,我还不可能和你们发生有效的商业关系。只要看一看中国地图,您就可以看出:我的政府管辖下的领土是在扬子江以南,而在这片领土与满洲和蒙古的"门户"之间——只有经过这些"门户"才可能建立商业关系——有张作霖及其同盟者横梗着。只要还未建筑起包括在我所计划的中国铁道系统内的大铁道干线,那就没有而且也不能有任何通过新疆的"门户"。

当我还没有肃清那些在首创的革命后第二天便在全国各地出现的反动分子和反革命分子时,莫斯科就应当等待一下。您最近三四年来的亲身经验,会使您能够了解我所面临的是何等艰难的事业。我最近九十年以来都在从事于这一艰难的事业。如果不发生某种形式下的积极的外国干涉,我希望能在短期内完成这一事业。外国干涉是很少可能的,因为这涉及到西方列强。它们大概已被北京喂饱了。

在这个期间,我希望与您及莫斯科的其他友人获得私人的接触。我非常注意你们的事业,特别是你们苏维埃底组织、你们军队和教育底组织。我希望知道您和其他友人在这些事情方面、特别是在教育方面所能告诉我的一切。象莫斯科一样,我希望在青年一代——明天的劳动者们底头脑中深深地打下中华民国底基础。

向您和我的朋友列宁以及所有为了人类自由事业而有许多成就的友人们致敬!

您的真挚的孙逸仙

又:这封信是经伦敦苏俄商务代表团转寄的。如果它能安全无阻地到达您手中,就请通知我,以便我今后能经过同一个中间人与您联系。如果从莫斯科来的信将由你们在伦敦的使节转寄的话,我就这样地建立联系来接收它们。

据《新华月报》总第十六期(北京一九五一年二月二十
五日出版)译自俄文《布尔什维克》杂志一九五〇年第
十九期《孙中山底一个未公布过的文件》

批 张 藩 函[*]

(一九二一年八月二十八日)

作答：着与各省同志军队联合，先解决湖南以为根据，然后他图。

据《国父全集》第四册（转录史委会藏原件）

复国会非常会议文^{**}

(一九二一年八月底)

为咨复事：七月二十九日，准贵会议咨开，议员高振霄提出咨请政府速派太平洋会议代表议决案，文曰："美总统召集太平洋会议一事，关系远东及太平洋问题，至深且钜。我国日受强邻之压迫，北京拍卖主权，国几不国，今此一线生机，正我正式政府独一不二之机会，所有取消不平等之条约，及裁减军备实行民治诸事，尤为我国生死之关系，应请即日开会讨论议决，请政府速派得力代表迅赴列席，实为至要。"等语。经于本月二十七日开会议讨论，依法提付表决。大多数表决，照案通过。相应备文咨达，即希查照办理等因前来。查此事政府早已虑及，现正在筹备进行中。准咨前因，除仍饬外交部妥为筹备外，相应咨复贵会议查照。此咨

---

　　* 　张藩原函系呈报西北军情。

　　** 　此件未署时间。按非常国会致大总统咨文为七月二十九日发出，非常大总统则于九月五日就出席华盛顿太平洋会议代表资格发表宣言，其间关于代表权问题，美国政府与北京当局曾经有所活动。故此复文酌定为八月底。

国会非常会议

孙　文

据上海《民国日报》一九二一年十月十日《新政府咨复国会非常会议文》

致马君武函

（一九二一年九月一日）

君武兄鉴：

陈楚楠兄，南洋老同志也，今来桂省考察农业，如有适合，当从事经营此业，到时请为指导一切为荷。此候

筹安

孙文　九月一日

据《国父全集》第三册（转录史委会藏原件影印）

就出席华盛顿太平洋会议代表资格的宣言*

（一九二一年九月五日）

欧战告终，太平洋及远东为世界视线之焦点。美国大总统发起华盛顿会议，以图解决太平洋及远东各问题，柬请吾国与会。夫远东问题，实以中国为枢纽。而中日“二十一条”，高徐、顺济、满蒙四路密约，及其他秘密协约，制我死命，夺我主权，不废弃之，国将不国。追原祸始，此种条约，实缔结于徐世昌及其党徒之手。以手订祸国条约之人，膺解决远东问题之任，狐埋狐搰，必无所幸。况

* 美国总统哈定倡议在华盛顿召开太平洋问题会议，并于七月十日正式邀请英、法、日、意等国参加。八月十三日，美国政府又邀请北京政府派代表出席。十六日北京政府复文赞同派代表参加。为此，孙中山发表宣言，表明态度。

徐世昌之地位，产生于非法国会，自其去年布告旧法新选，其所取得之伪资格亦已丧失无余。故徐世昌对于中国问题，以道德言，以法律言，均无发言之余地，更无派遣代表之资格。绝非假借纸上政治统一，而可以盗权妄为者。

本政府职权，由法律所赋予，为中华民国正式政府。向来对外交涉，均系秉诸公道，故周旋国际，绝对不受何种缚束。本大总统谨代表政府及中华民国国民郑重宣言：将来华盛顿会议，苟非本政府所派之代表列席与会，则关于中国之议决案，概不承认，亦不发生效力。凡我友邦及我国民，幸共鉴之。

中华民国十年九月五日

据《广东群报》一九二一年九月六日《大总统否认伪廷对外资格宣言》

致美国国务院函[*]

（一九二一年九月五日）

南方合法政府为代表中华民国之全国政府，故派遣太平洋会议代表，应由合法正式政府派出。北方非法政府，并无可以派遣代表之权。如由非法政府派遣代表，所议决条件，在中华民国绝对不能发生效力。且北京非法政府之总统徐世昌，由非法国会产生，并由徐世昌承认该会为非法，自行解散，是徐世昌已自行取消非法总统资格。故北京已无代表中华民国之地位，决不能对外发生效力。

据上海《民国日报》一九二一年九月八日《新政府否认北庭代表》

---

　*　此函原系英文，九月五日发表后，又电饬驻美代表马素转递美国国务院。

在广州宴请北伐军将领时的演说

（一九二一年九月六日）

　　诸君此次出兵广西，一月而将广西荡平。广西军之力量，向称雄厚，而不能与〔当〕我军之一击者，此固由前敌军士如陆军、如内河舰队、如飞机队，与后方接济诸君之功力，所以能收效如是之速也。然平定广西，于我等有何关系乎？须知广西强盗一日存在，则吾粤人民一日未安。今桂孽既清，则吾粤人民自可安居无忧矣。然是岂足为长治久安者耶？此不过一时之安，苟且之安耳。然则吾粤人民如何而后可以长治久安乎？非使中国国民人人皆得安全，则断无希望。将如何而后可使中国国民人人皆得安全乎？即当于平桂之后，再做一番功夫，以统一中国。中国既统一，则四万万同胞可以得享真正之安宁幸福矣。

　　统一中国，难题也。无论何人，即吾粤三千万国民及军队，皆以为统一中国不容易。到底统一中国果真难事耶？本总统以为不难。即如四五个月前余主张援桂。一般人民皆以为桂贼拥六七万之众，且皆游勇出身，为有统系的强盗，必能为头目出死力以拒我；我等使之当〔去〕粤则易，除之于桂殊难。是说也，就如由闽回粤身经百战之军人，亦以为打北军容易，打桂贼至难，因广西山多而不易袭攻也。当时本总统鼓励各军，不必以桂贼众多为畏，〈以〉能打北兵，必能平桂贼〔以〕勉之；故出兵月余，而桂已荡平。今将此过去之事实以推，吾人已得一最有经验之证据。故吾以为此次粤军能本此勇敢而北伐，则统一中国无难。

　　广西刚平，而两湖则发生战事。湖北人民以为粤军战胜广西，则必出兵长江，不如己先出兵，免被他人占据。湖南人民亦以为欲定中原，必先战胜湖北。故湘、鄂之用兵，其内容甚为复杂也。两湖中有一部分为吾人同志，其欲趁此潮流，乘时立功，取得武汉以统一中国，实行民治。又有一部分非吾人同志，怀疑颇大，以〈为〉南方政府提倡民治，或非真实主张，不过假此号召；然彼辈非我同志，难怪有此怀疑。但此次桂局已定，粤军得桂以还桂人，比之广西得粤而视粤为征服地者，正不可同年而语。初，各省人民之怀疑我等者，以为粤军未平桂之先，则偶〔倡〕桂人治桂，而平桂之后，恐不践前言。而不知我等做事有主张，有信义，言出必行。今桂省平定之后，果以还之桂人，则前疑顿释，且知我为真能实行民治者矣。此次湖北人民以为快得武昌，免广东之出兵也。故第一即先推倒王占元，驱除其十万大兵，意欲实行民治也。乃忽有北方武人吴佩孚者，二三年前曾提倡民治，故人共仰之，今竟巡阅两湖矣。自吴佩孚入鄂后，鄂之被其蹂躏残杀，不可胜纪；其甚者尤以决堤而淹毙无辜人民，灭绝人道，一至于此。今两湖人知吴佩孚之谈民治者，实为一假面具，而不信之矣。

　　夫两湖人民之不愿我等出兵者，以为民治事业，不让他人为之；今既为吴佩孚所骗，大有觉悟。然两湖兵力不足，故一面竭力以拒绝北军，一面日促我等出兵援助，信使往来，不绝于道。夫促我出兵者，一则厚集兵力以拒北，一则深信粤军为真正拥护民治。故前者两湖取闭关主义，今则大启门户而欢迎我矣。

　　夫统一中国，非出兵北伐不为功。两湖既促成〔我〕出兵，则今日之机局，正如天造地设。总之，北伐之举，吾等不得不行。粤处偏安，只能苟且图存，而非久安长治，能出兵则可以统一中国。现两粤人民虽得自由幸福之乐，然我国尚有多数同胞，犹在水深火热之中也。此次出兵，实天与人归，粤军前既自信北兵易打，桂贼难平；则此次北伐较西征容易，可断然矣。

今晚在席诸君，经援桂而凯旋者，有粤军将领，有内河舰队，有飞机队，更有此次预备出发北伐者。本大总统对于援桂凯旋者，则为人民谢之；对于预备出发北伐者，则为人民预祝之。

据《广东群报》一九二一年九月八、九日《大总统对海陆军军官演说词》

委派周震鳞职务令
（一九二一年九月六日）

大总统令

特派周震鳞为湖南劳军使。此令。

据上海《民国日报》一九二一年九月十四日《大总统命令》

嘉奖潘正道电
（一九二一年九月七日）

巴东探送鄂军西路潘总司令鉴：奉大总统谕："马电悉。该总司令仗义兴师，略地得城，深堪嘉慰。该部将士，为国勤劳，着一体传谕奖勉。"等因。特达。陆军部。虞。

据《广东群报》一九二一年九月八日《大总统嘉奖潘总司令电》

与蒋梦麟的谈话*
（一九二一年九月上旬）

此间自余对外发表布告后，西南各省如黔、滇、川、湘、桂等，均

有长电来粤,否认北京派遣出席太平洋会议代表,所有对于太平洋会议事件,应由广州政府外交部主持一切。

按此次太平洋会议,乃从前巴黎和平会议之变相。巴黎和平会议,不过将日、英两国秘密对山东问题条约,藉该会议决,变为各国公认之约。

此次太平洋会议,因日、英续盟,为坎拿大利亚、新西兰、非洲各属地所反对,又藉太平洋会议为名,避开各属地反对联盟之约。对于中国所议事件,某二国[①]早有商量,虽由太平洋会议公开,然某二国对于中国,仍有其他之内幕,总之,不利于中国而已。如北京派遣代表,某二国最为欢迎,将使其卖国签约之人,再作第二次卖国。苟南方此时加入中国代表,将来各国议决中国之事,谓南方亦有代表在场,而北方代表没有承认所议,则南方代表更难独任反对。况请帖乃邀北方代表者,即南方加入,亦不过为北方之附庸。不如南方不出代表,只否认北方代表无代表中国之资格,将来对该会所议中国事项,否认有效,或可与中国以平反议案之机。而某某两国之秘密续盟,应不致明目张胆,以中国为鱼肉也。

据上海《民国日报》一九二一年十月三日《总统与蒋梦麟之谈话》

致李盛铎函

(一九二一年九月十一日)

木斋先生执事:

令侄守冰兄偕许、李两君来,具述尊旨,以谓吴佩孚欺世盗名,残民肆虐,非廓清之不足以拨乱而反之正;又以谓直系军阀拥兵数

---

① 二国:指英、日两国。

万,纵横数省,非夹击之断难收廓清之效,而欲文接洽北方之能击吴佩孚者。执事饱经世变,毅然嘱守冰将命南来,忧国之忧,令人倾佩!

文奔走数十年,只知有国,不计其私。今执事为国谋至忠,为策略至审,而又不以文为不德,属望有加。文虽不敏,敢不敬听。今即以此事奉托从者,希以个人与前途疏通志意。夫人之爱国,谁不如我?倘得前途相与开诚,共赴国家之急,则有功于国,名必归之。否则,孟上所谓"交征利而国危",想亦非执事之所乐许者也。

子荫奉命进攻龙州,尊函当为转致。书不尽怀,余由守冰兄面达。专布,惟察意不宣。幸为国珍重。

孙文拜上

据中国革命博物馆藏原件

准任命黄心持职务令
(一九二一年九月十二日)

大总统令

内务次长、代理部务吕志伊呈请任命黄心持为广西矿务处处长。应照准。此令。

据上海《民国日报》一九二一年九月十九日《大总统命令》

对北京政府发行国库券的声明
(一九二一年九月十四日)

伪庭徐世昌所发行民国十年公债,及其他未经国会通过之一切公债,业经本大总统布告否认在案。

　　近复查得徐世昌于去年以来,秘密发行国库券,由伪财政部交付不法武人及京内外官僚,私向中外银行以低价抵押现金,供给军费、行政费,发出额数,漫无限制。查徐世昌假窃名号,恣行不义,政令不行,度支匮绝,乃复发行国库券,为变相之借款。似此假政府之名,行穿窬之技,破坏国家财政,增重人民负担,言之殊堪痛恨。

　　本大总统不忍使国人汗血之资,徒饱伪庭贪官污吏之囊橐。兹特布告中外人民,须知伪庭徐世昌命令伪财政部所发行之国库券,纯系徐世昌及其党羽非法增加国库负担之行为,概属无效。将来政府统一之后,不负清理偿还之责。中外人民,务各转相劝告,一致拒绝;勿得收受行使,自招损失,以副本大总统轸念民生、维护国库之至意。

中华民国十年九月十四日

据《广东群报》一九二一年九月十五日《大总统之布告》

致顾品珍电

(一九二一年九月十五日)

　　万万急。滇顾总司令鉴:民密。佳电悉。公忠体国,良深佩慰。湘军援鄂,事前不与我谋,至于失地丧师,危及我西南屏蔽。洵如来电所云,在湘为危急存亡之秋,在我犹有千钧一发之势。政府出师北伐,久有成算,际兹形势骤变,尤为刻不容缓。惟吴佩孚欺世盗名,国中人士在昔鲜不为其惑;今虽揭去假面而已拥重兵,非合西南全力攻之,虑未易收统一之效。此间已积极准备,不日即可移师湘境,相机分路进攻。川军沿江东下之师,已占宜昌上游各地。邓泰中司令志在国家,勇敢善战;执事既令其移师北伐,改道

出湘,希电令迅速前进,共同作战。滇省如能再有抽调,厚我兵力,尤所切盼。孙文。删。(印)

据云南省档案馆藏原电函影印件

与美国记者金斯莱的谈话[*]

(一九二一年九月十八日)

【记者称:余今日晋谒中国南方政府大总统孙逸仙博士于广州总统府办公室内,谈论中美间外交关系,及未来之美京大会议问题。孙总统大意注重美国今日必与日本抗争,压抑其侵略野心,如美国今不以口舌与日本力争,则将来必至用枪弹死战。孙总统并注重美京会议问题。美京会议中国南方政府尚未经邀请。孙总统以为此会如无南方政府代表与会,则哈定非独不能维持和平,且将兆未来战祸。】

【孙总统于本年五月间,曾致一详书于哈定总统,以为今总统之召集美京会议,于彼书颇有影响;惟哈定总统未复孙总统,且尚未承认南方政府。孙总统希冀美国调查菲律宾委员团之乌德将军及科比氏来广州一行,两人亦未至;委员团中有数人从香港来广州,然为非正式的游〔旅〕行,未谒孙总统。】

孙总统曰:余希冀美政府洞悉中国之真相,照目前情形,则美京裁兵会议难冀有佳结果。

记者发问曰:指就中国而论耶?

---

[*]　金斯莱系美国民治社驻芝加哥记者,一九二一年九月十八日,孙中山在广州总统府办公室与之会见,并回答了所提问题。十九日,芝加哥《辑表报》刊登了此次谈话内容;同年十一月二十一日上海《民国日报》据以译载。本书采用时,删去若干非谈话内容的文字。

孙总统答曰:然。就美国论亦然。

同座中有第三客插言曰:余意裁兵之结果,将兆未来之战祸。此第三客亦为美人,曾久居远东,熟悉远东情势者。

孙总统向第三客倾首,复郑重其词曰:美国欲避除战祸,只有一法,即为及今以口舌与日本力争。如美国今不协助中国抵拒日本,则美国将来必至与日本开战。我政府已不啻与日本宣战。

孙总统续云:如美国承认我政府,反抗"念一条件"、取消《迎胜石井条约》①,则可免战祸。因日本今必不敢轻启战祸,即万一欲战,则不两月必败。惟如美国今弃去时机,毫无挽救,则五年之后,日本俨有中国,移殖其数百万盈余人口至中国,控有中国北部所有富源,届时欲图封锁日本,难乎其难矣。

孙总统又云:中国南部人民,今力争美人所主张之开放门户主义,美人或不知此事实。惟美人欲助中国南方政府,今须从速,否则无及。因美国如不早助中国南方政府,南方政府或竟不能待美国之赞助,而为日本侵略压力所推倒也。

据上海《民国日报》一九二一年十一月二十一日《美报记孙总统之谈话》

严禁鸦片令

(一九二一年九月二十日)

鸦片一物,贻害人群,甚于洪水猛兽。查禁种、禁吸、禁运,载在条约,列之刑章,久已雷厉风行。各省烟苗,亦经早报肃清。诚恐无知之徒,日久玩生,于穷乡僻壤之间,有妄行偷种之事。本大

---

① 《迎胜石井条约》:指一九一七年十一月二日美日两国订立以共同侵略中国为目标的《蓝辛石井协定》。

总统为杜渐防微起见,兹特重申诰诫,着地方文武高级长官,督饬所属严密查禁,务使尽绝根株,毋得始勤终懈;人民亦当懔遵禁令,毋贪小利,自陷法网,用副本大总统廓清毒卉、保育人民之至意。此令。

中华民国十年九月二十日

据《广东群报》一九二一年九月二十一日《大总统之两令》

命财政部拨款赈灾令

（一九二一年九月二十日）

本年迭据贵州总司令卢焘及旅粤云贵同乡会张光炜等先后电呈称:黔省上年蝗旱,继以水灾,禾稼无收,生民荡析,灾区广至三千余里,饥民多至三百余万,请再拨巨款,以惠灾黎。四川国会议员王安富等及旅沪四川西秀黔彭四县急赈会先后呈电称:川省西秀黔彭四县向称贫瘠,频年地方扰攘,十室九空,去岁雨泽愆期,秋收歉薄,斗米值钱二十余缗,草根树皮,挖食殆尽。陕西总司令于右任电称:陕西三原一带饥馑洊臻,哀鸿遍野,待赈孔殷。湖南醴陵兵灾善后所刘泽湘等及旅粤湘人周震鳞等呈称:湖南醴陵兵灾之后,继以荒年,饿莩载途,农工商辍业。广西省长马君武电称:桂省经陆谭诸逆盘踞多年,课求无艺,民力久已凋敝,此次收复之初,劳来安集,待款甚亟各等语。自顷迭经丧乱,兵役频兴,水潦旱蝗,不时告警,死亡枕藉,邑里邱墟;哀此孑遗,其何能淑！言念及此,实所痛伤。着由财政部再行拨给贵州灾区一万元;并拨给四川西阳、秀川、黔江、彭水四县灾区二百〔万〕元;陕西三原一带灾区七千元;湖南醴陵灾区五千五百元;广西兵灾区域一万元,交由各该省长官遴派公正官绅,妥为散放,毋任流离失所,以副本大总统救灾恤难之至意。此令。

中华民国十年九月二十日

据《广东群报》一九二一年九月二十一日《大总统之两令》

任命王伯群卢焘职务令

（一九二一年九月二十日）

大总统令

特任王伯群为贵州省长。此令。

又令

王伯群未到〈任〉以前，着贵州总司令卢焘兼署贵州省长。此令。

据上海《民国日报》一九二一年九月二十二日"本社专电"

准将林罗氏等分别减刑令

（一九二一年九月二十五日）

大总统令

据大理院长兼管司法行政事务徐谦呈请将林罗氏、周汉声、罗锡康分别减刑等情。本大总统依照约法第四十条，准予林罗氏减处四等有期徒刑一年；周汉声减处四等有期徒刑一年；罗锡康减处五等有期徒刑六个月。余准如所拟办理。此令。

据上海《民国日报》一九二一年九月二十四日《大总统命令》

任命麦英俊职务令

（一九二一年九月二十六日）

大总统令

　　任命麦英俊为外交部特派广西交涉员。此令。

又令：

　　任命麦英俊为梧州关监督。此令。

据上海《民国日报》一九二一年十月四日"大总统命令"

准李国柱辞职令

（一九二一年九月二十七日）

大总统令

　　代理总统府参军〈长〉林修梅呈称参军李国柱恳请辞职。李国柱准免本职。此令。

据上海《民国日报》一九二一年十月四日"大总统命令"

任命路孝忱职务令

（一九二一年九月二十七日）

大总统令

　　任命路孝忱为总统府参军。此令。

据上海《民国日报》一九二一年十月四日"大总统命令"

给陈东平委任状

（一九二一年九月二十八日）

委任状：委任陈东平为仰光中国国民党支部正部长。此状。

中国国民党总理孙　文

总 务 部 部 长居　正

党 务 部 部 长谢　持

财 政 部 部 长杨庶堪

宣 传 部 部 长张　继

据《国父全集》第四册（转录史委会藏原件影印）

给李庆标委任状

（一九二一年九月二十八日）

委任状：委任李庆标为仰光中国国民党支部干事。此状。

中国国民党总理孙文

总 务 部 部 长居正

中华民国十年九月二十八日

据《国父全集》第四册（转录史委会藏原件影印）

给陈辉石委任状 *

（一九二一年九月二十八日）

委任状：委任陈辉名〔石〕为仰光中国国民党支部干事。此状。

---

　　* 此件《国父全集》标为陈辉名。"名"似为"石"字之误。陈辉石，缅甸华侨，名字前此在本书已多见。

中国国民党总理孙文

总 务 部 部 长居正

中华民国十年九月二十八日

据《国父全集》第四册(转录史委会藏原件影印)

给朱伟民委任状

(一九二一年九月二十八日)

委任状:委任朱伟民为仰光中国国民党支部干事。

中国国民党总理孙文

总 务 部 部 长居正

中华民国十年九月二十八日

据《国父全集》第四册(转录史委会藏原件影印)

给陈甘敏委任状

(一九二一年九月二十八日)

委任状:委任陈甘敏为仰光中国国民党支部评议部评议员。
此状。

中国国民党总理孙文

总 务 部 部 长居正

中华民国十年九月二十八日

据《国父全集》第四册(转录史委会藏原件影印)

给邝民志委任状

（一九二一年九月二十八日）

委任状:委任邝民志为仰光中国国民党支部评议部评议员。此状。

中国国民党总理孙文

总　务　部　部　长居正

中华民国十年九月二十八日

据《国父全集》第四册（转录史委会藏原件）

给黄壬戌委任状

（一九二一年九月二十八日）

委任状:委任黄壬戌为仰光中国国民党支部评议部评议员。此状。

中国国民党总理孙文

总　务　部　部　长居正

中华民国十年九月二十八日

据《国父全集》第四册（转录史委会藏原件影印）

给许寿民委任状

（一九二一年九月二十八日）

委任状:委任许寿民为仰光中国国民党支部评议部评议员。

此状。

中国国民党总理孙文
总 务 部 部 长居正

中华民国十年九月二十八日

据《国父全集》第四册(转录史委会藏原件影印)

给欧阳敬之委任状

（一九二一年九月二十八日）

　　委任状：委任欧阳敬之为全欧埠中国国民党分部评议部评议员。此状。

中国国民党总理孙文
总 务 部 部 长居正

中华民国十年九月二十八日

据《国父全集》第四册(转录史委会藏原件影印)

致顾品珍电

（一九二一年九月三十日）

　　千万急。顾总司令鉴：民密。养电悉。主张及时准备北伐，荩筹硕画，良深欣佩。此次出师，兵力务求厚集。邓司令所部兵数及编制□□如何？何日由何地开拔？并希速告。至赴湘路程，以取道义兴沿黔桂边境直出桂林，由全州入湘与诸军会合较为利便。仍希就尊处军队开拔地点，酌定路程，见复为妥。孙文。卅。（印）

据云南省档案馆藏原电函影印

给苏福委任状

（一九二一年九月三十日）

委任状：委任苏福为中国国民党麻厘柏板支部正部长。此状。

中 国 国 民 党 总 理孙文

本部特设办事处干事长张继

民国十年九月三十日

据《国父全集》第四册（转录史委会藏原件影印）

致海外同志电

（一九二一年九月）

各埠诸同志兄公鉴：文不避艰险，手创民国，迄于今日，已阅十年。无如祸变相寻，而真正之共和犹未实现，早夜以思，怒焉如捣。兹者正式政府成立，文复受国民之付托，戡乱建设，责于一身。自当再接再厉，澄清宇内，以免国政之蜩螗，解人民之困累。今桂贼就歼，西南奠定，正宜移师北指，扫荡群魔。顾六师一发，饷糈宜充，百政待兴，费用尤钜。热心之士特组织中央筹饷会，筹集义捐，以济国家之急，业经政府批准。凡我国人，务宜合力共进，踊跃捐输，以助成统一，毋令全功亏于一篑也。海天遥隔，无任厚望。孙文。

据《中央党务月刊》第二十一期（一九三〇年四月出版）

《致各埠同志快邮代电》

复章太炎函

（一九二一年十月一日）

太炎先生执事：

　　顷奉九月十三日手教，胪述长江方面政治、军事形势，出师方略，如烛照数计，其所以启发蒙昧，扶翼政府者，至周且挚。文现对全局为必胜可久之计划，一俟筹备就绪，即亲赴行间，使天下晓然于正统政府无偏安之意。

　　上海自民国以来，隐然为政治运动之枢纽；而言论机关林立，消息敏捷，主持清议，易于为功。先生昔在清季，提倡驱胡，灌输学说，于国中青年学子，每一言出，海内翕然宗之，光复之功，不在禹下。此时大军出发在即，务望先生筹度国是，发为说论，以正谊之力，遏止伪庭卖国殃民之行动，他日收效之宏，当不让辛亥，而民国食先生之功于无既矣。承示路君孝忱一节，已电杨沧白兄，邀其来粤面商，并任为本府参军矣。著作余暇，希时有以督教之。诸惟为道珍摄不尽。

孙文　十年十月一日

据中国革命博物馆藏原件

致陈炯明电

（一九二一年十月四日）

　　南宁陈陆军总长鉴：东电悉。自南宁收复，陆、谭诸贼相率奔窜，政府宽大为怀，但令缴械，不予穷追。讵意该贼等冥顽性成，负固龙州，冀图抗命，致将士久劳征戍，人民频苦烽烟，每念边陲，辄为叹息。兹幸犁庭扫穴，克奏肤功，既嘉诸将士之勇敢善战，尤佩兄之决策定计，调度有方也。仍希督饬前方将士，乘胜廓扫余孽，期绝根株而竟全功为盼。孙文。支。

据上海《民国日报》一九二一年十月十二日《嘉奖援桂将领电》

致黄大伟电

（一九二一年十月四日）

龙州黄子荫司令鉴：东电悉。陆、谭抗命，负固龙州，冀燃死灰，再祸南服。迭经该司令节节进剿，血战匝旬，卒得捣其巢穴，克奏肤功，足澂〔征〕果敢善战，调度得宜。捷报传来，毋任嘉慰。廓清余孽，在指顾间，是所厚望。孙文。支。

据上海《民国日报》一九二一年十月十二日《大总统嘉奖援桂将领》

宽免与释放罪犯令

（一九二一年十月五日）

大总统令

民国成立，于兹十稔，内乱频仍，迄未有定，国贼之诛，固不容逭。惟本政府之吊民伐罪，所诛者乃全国之公敌耳。兹逢国庆，允宜与众更始，以昭宽大。除背叛民国罪在不赦外，其余附和北方伪政府之人，凡愿自拔来归、有悔过之诚者，悉予宽免。其有一长足录，苟操守可信，均可量予录用。弃恶从善，作新国民，本大总统有厚望焉。此令。

又令

本届国庆，应即清理监狱，以普惠泽。查军事犯多有羁押未决者，如无充分之证据，应即释放；其已决者，除所犯重大外，得原情减刑。又受行政处分,在县知事公署羁押,或前因现已废止之治安警察法被惩治者,均着一律释放。此外在司法审判中羁押者,自应按照法律及新公布之条例或命令办理。惟查看守所羁押人犯太滥,凡民事被告人,除民事诉讼关系不变外,应一律释放。其刑事被告人,凡证据不充分或系应处五等有期徒刑以下之刑者,除刑事诉讼仍依法进行外,应一律释出候审。其在监狱中执行刑罚之罪犯,择其情有可原者,量予减刑,或依法假释。其余现在判决确定之罪犯,应依法厉行缓刑。以上清理庶狱办法,着军事民政及司法行政各长官,分别迅速办理,并具报。此令。

据上海《民国日报》一九二一年十月十四日《大总统命令》

给苏法聿委任状

（一九二一年十月五日）

委任状:委任苏法聿为巴生港口中国国民党分部总务科主任。此状。

中国国民党总理孙文

总　务　部　部　长居正

中华民国十年十月五日

据《国父全集》第四册(转录史委会藏原件影印)

与廖衡酌的谈话[*]

（一九二一年十月六日）

〈英国殖民当局〉摧残侨民教育无异摧残我国内教育,此等悖

---

[*]　廖衡酌系马来亚华侨代表,因英国殖民当局摧残华侨教育事业,受派返国恳请广东当局及各社团支持,从速与英国交涉。此件系孙中山接见廖衡酌时的谈话。

绝人理之事,我政府誓与华侨同其祸福,可传谕侨特〔众〕,谨守文明,据理力争,不为强暴所屈。现本总统已切谕外交部筹划交涉手续,政府力所能及者,必尽力以赴之。

据北京《益世报》一九二一年十月十四日《廖衡酌谒见孙文》

给苏福委任状

（一九二一年十月十五日）

委任状:委任苏福为蔴厘柏板中国国民党支部正部长。此状。

中国国民党总理孙　　文

总　务　部　部　长居　　正

党　务　部　部　长谢　　持

财　政　部　部　长杨庶堪

宣　传　部　部　长张　　继

中华民国十年十月十五日

据《国父全集》第四册(转录史委会藏原件影印)

给王宗沂委任状

（一九二一年十月十五日）

委任状:王宗沂为巴生港口中国国民党分部干事。此状。

中国国民党总理孙文

总　务　部　部　长居正

中华民国十年十月十五日

据《国父全集》第四册(转录史委会藏抄件)

在梧州群众欢迎会的训词*

（一九二一年十月十七日）

今日总统以各界如此热诚欢迎，本欲亲到，适因有事，特派汉民代表一切。

大总统治国方针，抱三民主义。自民国元年革命成功，洁身引退，其平日所持种种政策，原望继其后者，次第见诸实行，乃迟至今日，未见丝毫成绩，直使民国十年间，徒有共和之名，并无民治之实。一般官僚军阀，日以争权夺利为务，事事倒行逆施，压抑人民，摧残教育，盗卖国产，种种不良政治，弥漫国中。此种官僚军阀，实为民治上之最大碍物，吾人应共同深恶而痛绝！

大总统平生志愿，不以革命功成自居，而以发扬民治自任，对于此种万恶军阀，腐败官僚，以为非扫除净尽不可。故此次出巡桂省，督师北伐，即欲本其平日志愿，以求达到此目的者也。两粤原属一家，亲如手足。广东自去年粤军返旆，已脱离武阀羁绊，收回民治实益。惟广西受陆、谭、陈诸强盗压制，烟赌遍地，困处黑暗之中，民治不得有所发展，大总统心甚不安。所以特命张总司令①率师援桂，驱逐强盗。同时复命陈总司令以援助主义，扶持广西，不可以侵略主义施诸广西。援桂成功之后，凡广西一切政治，悉应还诸广西人民，使得实行自治。

现在广西强盗军阀，虽已铲除，惟专制政治尚未革除净尽，陈

---

*　致辞时间不明。此件所标时间系孙中山抵梧日期。由胡汉民代表训词。

①　张总司令：指张开儒。

旧观念，仍印于个人脑筋，而真正民治，一日又未能见诸实行，所谓新旧递嬗时代，一种惊疑现象，势所难免。但是广西民治之大障碍物，已有人负责驱除，此种惊疑现象，亦自易于镇定。所望人人有民治之思想，出而负责，出而力行，务须达到毋求他人扶助地步，真正民治之精神，方能贯注。真正共和之幸福，始能久享。广西人民果能人人具此种资格，是大总统所最厚望。

据上海《民国日报》一九二一年十月二十七日《总统抵梧时之训词》

致蔡钜猷电 *

（一九二一年十月十八日）

常德蔡镇守使鉴：李总长转达来电，具悉一切。此次湘省援助鄂人自治，为敌所乘，在吴逆虽能取快于一时，然民治潮流终莫能御。政府决举西南全力克日北征，分道出兵，会师武汉。湘军向以英武闻于世，何难一战而洗曹沫之羞？来电所陈，不忘在莒，尤表示其拥护政府之诚意。当尝胆卧薪之日，正惩前毖后之机。讨贼救亡，政府所望于湘军者甚厚也。（大总统印）

据上海《民国日报》一九二一年十月十八日《大总统奖勉蔡钜猷》

致邓宝珊函 **

（一九二一年十月中旬）

宝珊仁兄惠鉴：

　　＊　此件发电时间不明，所标时间系《民国日报》刊载日期。

　　＊＊　原函未署日期。今据函称"现在正式政府已决定出师援鄂，文克日出巡"等语，按据孙中山于一九二一年十月十五日乘宝璧舰出发，"出巡广西"，十七日抵梧州，改编北伐军为三个军，故此件订为一九二一年十月上旬。

陕西靖国军起义以来，血战历年，苦心孤诣，中外共仰。乃闻立生①忽受奸人蒙蔽，召集少数无赖之徒，托名国民大会，变更靖国军名义，以堂堂护法之师，受伪廷督军之改编，不特败坏纪纲，为西南各省所不容，即于其个人节操亦有大亏。如执迷不悟，恐此后身家之安全亦不能保，郭司令②附伪督被杀，即其前车之鉴。闻于总司令及靖国各统兵长官咸明大义，誓不附和，为之欣慰。尚望足下坚持初志，百折不挠。

现在正式政府已决定出师援鄂，文克日出巡以作士气。连日接蜀电，川中刘总司令③仗义救邻，有进无退；现复大举增援，陆续进发，声威大振，肃清武汉，为期不远。陕靖国诸君万不可稍自暴弃，功亏一篑。语云有志者事竟成，惟足下勉之。兹因有便人赴陕，特修寸楮，藉问劳苦并以为勖，诸惟

为国珍重

　　　　　　　　　　　　　　　　孙　文

据中国人民政治协商会议陕西省委员会文史资料征集研究委员会编《陕西文史资料选辑》第二辑（陕西人民出版社一九六二年四月版）

---

　　①　立生：即胡景翼，原任陕西靖国军总指挥，在三原召开"国民大会"，通过取消靖国军。一九二一年十月二十七日，北京政府任命胡为暂编陕西第一师师长。

　　②　郭司令：即陕西民军首领郭坚，因接受改编，一九二一年八月十五日为陕西督军阎相文等所诱杀。

　　③　刘总司令：即新任四川总司令兼省长刘湘。当时川军"援鄂"，于一九二一年八月十八日占领巴东、秭归后，分三路进发，以图占宜昌。

核准公布大本营组织机构[*]

（一九二一年十月二十四日）

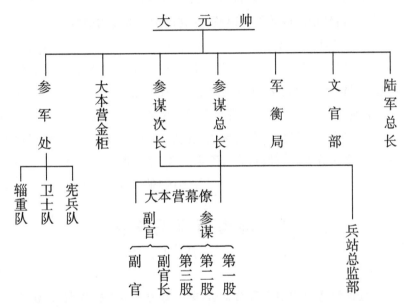

说　明

（一）大本营军衡局　大本营军衡局之设，惟德国有之，由侍卫武官管，直隶于大元帅，掌理战时军官之升选调补事宜。兹为郑重及奖励作战起见，拟宜设专局办理。

（二）大本营金柜　大本营原以中央国库为金柜，兹以领地未广，中央国库之收入支出，尚未十分整齐确实，拟划分专部管理。

---

[*]　核准日期不明。此件所标时间系《民国日报》刊载日期。

（三）大本营参军处　参军处除服行原有职务外，兼任大本营管理之职务。故以卫士队、宪兵队、辎重队属之。（向例此三部管属大本营管理部）

（四）大本营文官部　大本营文官部通常以内务官吏充之。今拟由秘书处、外交部、内政部、财政部简员组成之。凡军事之涉及攻占，及占领地之内政外交财政，并其他文官事项均归掌理。

（五）大本营兵站总监部　兵站与作战有直接关系，事务纷繁，其下有经理、卫生局、通信诸长官部，按现状况，暂从略。只设总督〔监〕一员，及所属之要员参谋副官等，并于总督〔监〕部内分设经理、交通、卫生一〔各〕课，监督各军兵站事务。

（六）大本营幕僚　分为参谋及副官两部，参谋十二人，副官六人。参谋又分下之三股：第一股、第二股、第三股。

据上海《民国日报》一九二一年十月二十四日

任命锺秀南等职务令
（一九二一年十月二十五日）

任命锺秀南为中央兵站总监，梁长海为供给部驻粤监督，伍于簪为供给部行营监督。

据上海《民国日报》一九二一年十月二十五日《总统出巡之北伐筹备》

在广西南宁的演说
（一九二一年十月二十六日）

予从未履广西境地，此次至邕，实为首次。广西十年来，为强盗所据，故虽推翻满清，人民犹未得一领略共和幸福，且多不知共和为何物。所以致此者,实因辛亥革命之时,人民不肯撤去强盗,〈强盗〉假为赞成,窃取政权,遂久被欺压,有几不可究竟。现时已将强盗扫除,自今日起,广西者真广西人之广西,而非强盗之广西;真中华民国公有之广西,而非私人所据之广西矣。本大总统特命马省长担负广西民政,以马省长乃一真诚拥护民治之学者,其学问在广西固不易得,即在国内,亦为有数人物。广西同胞,应同心协助,以求公共幸福。广西向称贫瘠,惟此次溯江西上,见两岸皆肥腴之平原,即山林丘壑,亦皆苍蔚而能生产,因此而知此谓贫瘠者,非真贫瘠,特人事未到耳。安南土地较广西为劣,法人经营,不过二十余年,其景象遂与欧美文明诸邦无异。则凡安南所能至者,广西当能至之。然安南今日之幸福,非安南人所享者,而为法人专之。广西人民宜效法人经营安南之方法,不可放弃主人翁之资格,而任他人〈代〉办。

本大总统对于广西善后办法,有两种方针:

(一)现时各属溃兵有三四万之多,以粤军之力量,必不能一一而剿灭之。而此项溃兵,亦在极苦极可悯之列。其从前依附强盗头目以为生,今失所依,遂穷无所归,并非生而为恶。为人道计,为广西全省安宁计,皆当设法招抚。本大总统北伐计划必实行,希望广西人民及同志诸君,分途劝诱,极力启导,使此辈〈充〉挥戈北指之健儿,化无用为有用,两得其利。若此策能行,则广西断无匪患,大家得从事于建设矣。

(二)兴发各种利源,必须资本,广西须大借外债,以筑铁路,开矿山,树农场,兴工厂。此种种事业,皆获利之事业,倘能切实声明,用于兴利之途,则外人必乐为投资。惟止可利用其资本人材,而主权万不可授之于外人,事事自己立于原动地位,则断无危险。吾人往者所以反对借款者,反对其借而浪用耳。若借而用于兴利,必无反对之余地。埃及不善利用外资而亡,日本善利用外资而兴;安南及满清拒绝外界物质的文明而亡,日本能吸收之而兴,吾人当知所择矣。

总之,广西同胞,今日已取得完全主人翁之地位,即当同负兴发广西利源之责任。今日以前,广西而亡于外人,则陆荣廷之罪;今日以后,广西而亡于外人,则在座诸君及本大总统皆不能辞其责矣。

尤有一言警告于我广西同胞者,强盗与民国不能并容,今既驱之,即当共绝其根株,勿许再有第二次强盗治桂出现,是则本大总统所厚望也。

据《孙中山先生十讲》(上海民智书局一九二三年版)

致墨西哥支部开幕贺电
(一九二一年十月)

休启宏基,永建民权。

此祝墨国支部开幕纪盛。文。

据《国父全集》第四册(转录史委会藏抄件)

命李福林率部赴韶关令 *
(一九二一年十一月一日)

本大总统克日出巡,仰该司令统率所部,开赴韶州集中,听候

---

* 原报导称"孙总统此次帅师讨贼,无论何方,有无异议,事在必行,业经下令动员分促各军拔向湘边进发。现因明令下来,系暂以出巡为名,昨在梧州补发李福林命令"。按孙中山于一九二一年十月二十九日由南宁返抵梧州,旋即命令李福林率部开赴韶州。原报导发稿为二日,二日之"昨"日,即十一月一日。故据以定此日为发布日期。

命令。除分令陆军部、粤军总司令查照外，为此令仰即便遵照。此令。

据《国华报》一九二一年十一月三日《孙总统已下动员令》

复李烈钧电
（一九二一年十一月一日）

急。桂林李参谋总长鉴：迭电悉。杨部擅自开动，别事企图，内启友军之疑，外授敌人以隙，实属不顾大局。执事曲突徙薪，措置如法，获免燎原，具征智珠在握，毋任钦佩。益之[①]大节凛然，有谋有勇，不愧干城之选，领袖滇军，定能胜任愉快。胡、王旅长以次，悉庆得人，均应照委，以资倚畀，委任状随寄。竞存日内进梧，俟与一晤，即行出发。执事国事贤劳，不遑宁处，郊迎殊非所安。我军将领来电欢迎，热诚可感。军书旁午，不及一一复答，并望代为致意。孙文。东。

据《陆海军大元帅大本营公报》（以下简称《大本营公报》）第一号（民国十一年一月三十日）

致蒋中正电
（一九二一年十一月六日）

介石兄鉴：余拟于十五日与汝为往桂林。请节哀，速来臂助一切。孙文。麻。

据毛思诚编《民国十五年以前之蒋介石先生》第六编

---

① 益之：即朱培德。

与美报记者的谈话*

（一九二一年十一月上、中旬）

记者问：是否实行北伐？

孙答：吾人并不攻伐中国之北方，乃欲与日本战耳！因北方之人民，赞同吾人之主张，吾人今只谋推倒被日本使用之华人耳。若辈在今日，已处穷境，内部已有争执，若辈又无资，除非向人索勒而得者云。

记者又问：吴佩孚如何？将为北伐之中梗乎？

孙答：吴如战，吾人可败之。今滇、黔与两广，均主北伐。南方首领中，只少数人不赞同；即曰四川方面，但吾人可令加入；若湖南赵恒惕，如不加入，必被驱逐，湖南人民与军队，均主北伐。陕西亦然，陕人与首领，均愿吾人之出兵。由此可见，吴佩孚已四面受敌，况吴拥兵太多，并无充分之财力以养之，只在商人和银行方面索勒而已。如此行为徒失人民之信用，民众将反对之。吴如不量力而用兵必败。但吴颇聪明，观察与见解均高，与吾人同。吴或不愿妄杀，而向吾人投诚，吴当知其素主张之民治政府，如〈在〉南方势力之下行之，必较在北方政府权力下为有实效。

记者又问：外传孙文与陈炯明有意见，及陈不主北伐，确否？

孙答曰：陈与余同事十六年，陈极主民治，终身以造成一共和之中国为目的，况今陈为南政府之官，必依从政府之命令，如不奉

---

　　*　此系孙中山与《大陆报》记者在梧州的谈话。谈话时间不明。据孙于十月二十九日从南宁返抵梧州，至十一月十五日始离梧州赴桂林，现酌定于十一月上、中旬。

命,可易人继之。

记者又问曰:如何易之? 陈自有兵,民又信之,如彼不从命,君将逐去之乎?

孙闻之,目光稍闪,继伸其手,屈其指,紧握成拳,高声言曰:军在余掌中。又曰:外间之传说不确,陈必依从政府命令。

据《时报》一九二一年十二月四日《孙文与美报记者之北伐谈》

在梧州对国民党员的演说 *

（一九二一年十一月十五日前）

今日在梧与党员诸君相见,有几句话对诸君说说。

诸君要知道,吾党现名为中国国民党,实即昔日之中华革命党。中华革命党即由同盟会与国民党递嬗而成。我党为何而立? 诚以中国数百年来,为满洲人征服,且数千年来,向为专制政体之国家。所以就要成立这个革命党,以推行三民主义和改良国家的政治。

革命党在辛亥起义,把满清推翻,光复共和,始将同盟会改组为国民党。当初革命目的,本欲将国家政治改良。现在民国已经成立十年,试问十年来,革命事业曾做了几件? 实则革命主义未行,革命目的亦未达到。究其缘故,因中国人思想幼稚,见革命初次成功之时,轰轰烈烈,咸以为革命宗旨甚易达到。不知当革命初起满清灭亡的时候,早有一班满清官僚及武人投诚入党。入党之后,就将活动于政治的少数革命党〈员〉,尽数倾陷。那班官僚,又乘势造成一种假舆论,谓"革命军起,革命党消",当时的党员,咸误

＊　讲话时间不明,现酌置于十一月十五日离开梧州赴桂林之前。

信之。不知"革命军起，革命党消"，实系官僚所假造的。而〔故〕辛亥革命成功之后，而革命党名义取消，中华民国即为官僚武人所摧残。十年来名虽民国，实为官僚国，革命主义未行，革命目的未达，仅有民国之名，而无民国之实。及后卒至酿成袁世凯帝制自为，宣统复辟，武人专政种种恶现象。去年粤军回粤，既将广西盗阀推翻，又将革命党恢复；其附属吾党者，现仅广西一省。至于云南、贵州、四川、湖南诸省，虽附属吾党，但惜时间未久，精神未充分发达。此次本总理被举为中华民国大总统，本总理自当将吾党事和国事，一统尽力做去。但吾党同志，切不可仍惑于革命军起、革命党消之论，大家要反向革命军起、革命党成的主义，一力做去。现在两广虽已悉入革命党之范围，而人民尚未尽是革命党，即革命思想，亦未普及。吾党究何所恃而自存？又何所恃而服人？将谓恃兵力乎？非也，我们革命党恃主义真理及道德而已。故吾党以德服人，非以武力服人；大家要知武力实不足恃，惟德可以服人。如十年来广西之陆酋，手握十余万之兵力，征服广东、湖南，此次何以失败至此？此可以证明武力之不可靠，而主义、真理、道德之为可靠也。故吾人应以主义维持国家，不应再恃武力。此事不特中国为然，全世界亦莫不皆然。吾人试观近几百年来，世界各国之发达，咸食赐于革命风潮，先由欧洲，而美洲，而亚洲，革命风潮所向无敌。即以中国而论，前清兵力，可算强大，何以终被推翻？又征诸袁世凯时代亦然。最近则见于陆荣廷之失败，可知党力所到，无不屈服。此种力量，实为天经地义。盖自由、平等、博爱，乃公众之幸福，人心之所同向，无可压迫者也。

吾党之三民主义，即民族、民权、民生三种。此三种主义之内容，亦可谓之民有、民治、民享，与自由、平等、博爱无异，故所向有功。以名言之，可称民有、民治、民享。今欲将此三民主义详细解释,非一二点钟可能尽。质而言之,民有即民族也。天下者,天下人之天下,非一二族所可独占。民权即民治也。从前之天下,在专制时代则以官僚武人治之,本总理则谓人人皆应有治之之责,亦应负治之之责,故余极主张以民治天下。民生即民享也。天下既为人人所共有,则天下之利权,自当为天下人民所共享。自此三民主义推行以来,无坚不入,无人不从。何者? 权利为人所共好,今平均而与之,宜其无不从也。从前陆荣廷当政,将广西人所有之权利,完全收归于自己之一身,其种种敛钱之法,如开赌,加赋,发行纸币等,屈指难数。单就发行纸币而言之,其数达二千余万,既无抵押,又无担保。此种无本生涯,我们乃以全数之人工货物换之,吃亏实在不小。故此粤军援桂,广西之无形损失,即纸币已及数千万,此巨大之损失,完全为陆荣廷所括去。故广西一切幸福权利,只陆荣廷一人享之,一家享之,一派享之,广西同胞不能丝毫染指。当时俗谚所云:"凡做官者,不平则鸣。"谓非桂平人,则武鸣人也。其余数百万人民,皆陆荣廷之奴隶也。夫奴隶之制,野蛮时代之产物也。聪者欺愚,众者暴寡,弱肉强食,刻薄百姓,陆酋罪恶之大如此。我们之革命党则反是,人人平等自由,世界幸福,人人共享。将野蛮变为文明,不平变为平等。革命党之所以无敌于天下,即以此也。野蛮时代之官僚,往往因图一人之私利,动以武力压制数千万人,使为一人之奴隶。革命党三民主义,则大不然,自己争自己权利,且争众人权利,人人欢迎,人人同心,故革命党之力量,比较军队之力量还大。此种力量,全由道德与真理所合成。诸君复明白真理,是为公,为大众,非为私,为一人。倘若为私,则人心不服;人心不服者,乃假革命党,专借党以鱼肉人民、欺负人民者。真革命党必不若是,诸党员切须明白此理,合力排斥方可。

　　现在梧州之革命党方始成立,到会诸君亦不过一二百人,究有何法可以制服几百万人？机关枪、过山炮都不可能，惟革命主义为可能耳！我们党员若能大家宣传革命主义，未知者使知之，已知者使详知之，人人皆知此主义，人人皆为革命党，则广西即永远为革命党地盘。倘若不能将此革命真理悉力宣传，将来陆、谭、马、莫诸强盗乘机卷土重来，则广西几百万人民，就永远为其奴隶，即民治永无发展之日了。望大家乘目下陆、谭初被推翻之际，赶紧分赴各乡各县，努力宣传三民主义，使人皆知此主义为天经地义，结合团体，实行自治；使广西几百万人民，悉同一心，无论有何武力侵逼，皆不能推翻了。如不去宣传此种主义，使人人明白，将来那些曾受老陆、老谭之私恩者，再出来搅乱，广西又变成贼治，即不免为野蛮世界了。广西现系萌芽时代，欲实行民治，必须推广革命党方可。我们大家皆有亲戚朋友，将此主义宣传，由一人传诸几百人，由几百人传至几千人，由几千人传至几万人，使广西省人民皆明白此主义，皆同心合力，无论如何强大的武力，都不能推翻，我们便有机会以图大众之公益与幸福。现在广西为革命党所占领，为革命党所散布，而希望陆、谭诸逆回来者，仍尚不少。我们的革命主义不能于此数月内的大好时机宣传出去，以主义感化他们，以道德、真理征服他们，广西的革命地盘，虽有兵力，终算不得巩固。现在中国人明白真理者极少，我们党员已为先知先觉，应以我的先觉去觉后觉，以先知去教后知，大家负宣传责任。更望党员对于革命主义，时时详细考究，倘有不明白此种主义者，必向之宣传，使之明了。再以此主义团结各乡，实行地方自治。倘各乡地方自治办得好，则民国便可根本成立。从前一般官僚和武人力把民治推翻，只知利己。现在两广为革命地盘，官僚和武人都逃了，我们革命党人立足于此，必须做出一个真正的中华民国出来。

据胡编《总理全集》第二集《党员须宣传革命主义》

致广州国会非常会议电

（一九二一年十一月十五日）

广州国会非常会议、林议长暨各议员鉴：齐电悉。伪廷滥发国库券，抵押国内外银行借款，增人民之负担，紊全国之金融，饱私人之贪囊，长军阀之凶焰。贵会代表人民公意，通电反对，钦佩无极。本大总统月前探悉此事，已于九月十四日布告否认，并由秘书各处录电省矣。谨此电复，希为察照。孙文。删。（印）

据上海《民国日报》一九二一年十一月二十七日《总统由梧出发之行旌》

咨非常国会文

（一九二一年十一月十八日）

为咨行事：

代理总统府参军长、参议、陆军中将林修梅，于本年十月十五日在职病故。六年护法之初，该故代参军长与刘镇守使建藩，首举义旗于衡阳，西南诸省，相继响应，国家命脉，赖以不绝。本大总统就任后，令其代理参军长，方冀长资倚畀，共济幽艰，不图遽以疾殒。其首义殊勋，理宜崇报。查刘故镇守使建藩，业经国会议决，举行国葬典礼在案。该故代参军长，系与刘故镇守使同有殊勋于国家，自应依国葬法举行国葬典礼，以昭崇德报功之意。为此咨请贵会议同意，请烦议决施行。

此咨国会非常会议

孙　文

伍廷芳代行

中华民国十年十一月十八日

据上海《民国日报》一九二一年十二月一日《总统咨请国葬林修梅》

在广西昭平各界欢迎会的演说

（一九二一年十一月二十二日）

　　此次北伐，经过昭平，得与诸君相见，不胜欣幸！

　　盖民国成立以来已有十年。此十年中，仅存民国之名，毫无民国之实。民国政体系共和，帝国政体系专制；前清帝国，乃满清异族入主中华，将我四万万同胞之生命财产，为其私有；宰割断送，无所爱惜。今既革去帝制，而成民国，则中国四万万同胞，即为中国之主人，断不许野心家危及四万万国民之生命财产。诚以民国之国家，为全国国民所公有；民国之政治，为国民所共理；民国之权利，为国民所共享，此方为真正之民国。试问民国十年之成绩何如？袁世凯帝制自为，官僚武人割据各省为私有，徐、靳卖国自肥，政治腐败，国势日危，官为刀俎，民为鱼肉，不曾为国民所有，各省不曾为国民所治，一切幸福不曾为国民所享。即就广西一省而论，诸君十年以来，所受之痛苦，当已了然。武昌起义之时，陆荣廷赞成民国，本大总统与人为善，以为陆荣廷虽游勇出身，究属国民之一分子，倘能改过自新，忠于民国，未始不可以为广西之利。乃狼子野心，盗性难移，仇杀民党，阴谋帝制，霸占广西，剥夺民权，以广西全省为陆荣廷个人之私产，广西政权被陆荣廷一群盗党所攘夺，一切利益为盗党所独享，通都大邑皆有陆荣廷之巨宅。广西人民，以为生子、生孙可以不寻正业，只做强盗即有作官之路，可以作督军，作省长，作镇守使。于是最勤俭、最良好之广西国民，皆被盗党所压制,而毫无生路矣。数月前,本大总统主张助广西人民,顺天下民意,令粤军总司令陈炯明驱除盗党陆荣廷辈,将广西还之广西国民之手。今后之广西,为广西人民所有矣,为广西人民所治矣;尤其一切权利,为广西人民所共享也。

然诸君既为广西之主人,更当尽主人之责。诸君今日当先尽之责,莫若开辟道路,切不可以无钱卸责,只须全体人民出力可也。于必行之路辟宽之,低者填高,高者削平,石子、沙泥遍地皆是,并不须向外洋购材料也。如果道路开辟,交通便利,则诸君所余之粮食,所余之牲畜,所余之柴木,无穷之煤、铁、金、银藏之于地,可以开发;一切工场实业,可以振兴;教育可以普及,盗贼可以潜消矣。此种乐利,乃诸君所共享,亦诸君对于民国应尽之责也。比如梧州至昭平,路程不过二百八十里,溯江而上,须行八日,如有大路可行汽车,则仅数点钟足矣。如全省开辟大路,推而及于全国,则交通便利,中国之富强可敌世界也。诸君之责甚大,须以修路为最急。

本大总统此次北伐,所以救全国国民,脱离官僚专制,使民国为国民所有,民国为国民所治,民国为国民所享。如数月前之助广西人民驱除陆荣廷辈之一群强盗,同一作用也。诸君当群起而共负国民之责任,本大总统有厚望焉。

据胡编《总理全集》第二集《广西应开辟道路》

复廖仲恺汪精卫电

(一九二一年十一月二十二日)

广州财政部次长廖仲恺暨精卫先生鉴:电悉。徐君[①]惠临,慰

---

① 徐君:即徐树铮。

我数年渴望。且我等已积极进行，由粤至桂，动需月余，虑于彼此所事有所妨碍，兹请两兄及介石为我代表，与切商军事之进行。现我军决于旧历年后用兵，吴佩孚若来，则用小包围之法，击之于衡、宝一带，彼若退守武汉，则用大围之法，以荆汴①长岳为正面攻击，由汉水出襄樊为左翼，由赣出九江、黄州为右翼，三路以制其死命，两者皆以有他军为援，应为我之大利。闽王②攻赣之背面，鄂孙③乱吴之后方，尤须应时，请先注意于此。形势既利，浙卢④、皖马⑤即可据长江下游，而豫赵⑥、鲁田⑦共起，使直系更无归路。自来战略因于政略，吾人政略既同，斯为南北一致，以定中国，其庶几也。此电已兼示汝为。孙文。养。（印）

据毛思诚编《民国十五年以前之蒋介石先生》第六编

祭蒋母王太夫人文

（一九二一年十一月二十三日）

维中华民国十年十一月二十三日，孙文谨以清酌之仪，致祭于蒋太夫人之灵前曰：

呜呼！文与郎君介石游十余年，共历险艰，出入死生，如身之臂，如骖之靳，朝夕未尝离失，因得略识太夫人之懿行。太夫人早遭凶故，恩勤辛苦，以抚遗孤，养之长，教之成，今皆岩岩岳岳，为人

---

① 汴：疑系"沙"之误。
② 闽王：指福建北军师长王永泉。
③ 鄂孙：指驻湖北之直系长江上游总司令兼北军第二师师长孙传芳。
④ 浙卢：指浙江督军卢永祥。
⑤ 皖马：此处疑误，应是指安徽督军张文生。
⑥ 豫赵：指河南督军赵倜。
⑦ 鲁田：指山东督军田中玉。

伦之表率，多士之规模。其于介石也，慈爱异常母，督责如严师，裁其踬弛，以全其昂昂千里之资，虽夷险不测，成败无定，而守经达变，如江河之自适，山岳之不移。古有丸熊画荻，文闻其语，未见其人；及遇介石，识其根器之深，毓育之灵，乃知古之或不如今。幸而见于今，复不令其上跻耄耋，长为闺壶之仪型，是非特郎君辈所悼痛，亦足令天下闻之而失声。呜呼哀哉！尚飨！

据《国父全集》第四册（转录《蒋氏慈孝录》）

复蒋中正电
（一九二一年十一月二十三日）

　　广州总统府谢秘书长转介石先生：电悉。作战计划昨电略告廖、汪两兄，可询之。一切仍俟兄来商榷，即偕季陶兄启行。孙文。梗。

据毛思诚编《民国十五年以前之蒋介石先生》第六编

在广西阳朔人民欢迎会的演说
（一九二一年十一月二十九日）

　　今日受诸君之欢迎，乘此机会，得与诸言〔君〕谈民国之政治，不胜愉快！

　　改造真正之民国，乃全体国民之责任，尤为中华国民党员应负之责任。责任维何？即实行民族、民权、民生三民主义，即近代所谓之国为民有，国为民治，国为民享之真精神也。盖中国为中国人之中国，决不能为非中国人所宰制。人为万物之灵，知识之高下，身体之强弱，虽有不同，原无阶级之不平等，何容受他人不平等之待遇？且"民为邦本，本固邦宁"，简而言之，即民为国主，主安即国治，何能容强权家行乱国之政治，酿成亡省、亡国之痛苦？国家物产，国家富利，乃半为国家天然之美丽，半为国民工作之材料，衣、食、住生活所赖，何能容他人无理之强夺？则无论何种国民，生于何国，皆当有其国，治其国，享其国，而成为独立、自由之国民，此乃天经地义，责无旁贷者也。诚以民国与帝国相反，民国以民为主，帝国以民为奴；民国欲人人皆有新知识，帝国欲人人皆为愚蠢子；民国乃国民之新世界，帝国乃国民之旧地狱。此所以欧美爱自由之国民，于百余年前如美、如德〔法〕已革去帝国，造民国，所以有今日欧美之新世界也。中国在亚洲首创共和，本总统欲将中国造成新世界，不意事与心违，以致十年以来，徒去一满清帝国之名，国民受官僚专制之实，亡清余孽窃据政权，国家将亡，民不聊生，与本总统所欲造之民国大相背谬。此种现象，虽属恶官僚武人之不法，亦由于多数国民、多数党员对于民国无彻底之觉悟，无完全负责之深咎也。如果国民觉悟，而觉悟之党员负责，则造成中国为世界第一庄严灿烂之真共和，原易于反掌。试观粤军回粤，除去违背民国之强盗，为时不过月余。再观粤军援桂，扫清盗窟，以广西还于广西人民之手，亦不过五十日。更可推想，此次大军北伐，扫除盗据民国之亡清余孽，而恢复全国真正共和，亦当无难事也。只须国民觉悟，党员负责，顺民意之所归足矣。是以本大总统希望诸君之对于广西，以先觉悟，先负责任，实行三民主义相劝勉。

实行之法有二：一、在使国民有世界之知识，普及教育，提倡科学，宣传三民主义，使人人皆知国为民有，非一家一姓所得而私，亦非腐败官僚、专横武人、阴谋政客所得而治。民国权利，非少数人可得而享，更非少数强权家可得而断送。于生活上日求进步，衣食住须求改善，道路必求改良。将民国造成一极乐之世界，非国民有充足之知识不为功。二、在使国民有强大之财富。开发财富，莫如振兴各种实业。即就阳朔一县而论，万山环绕，遍地膏腴，无知识者以为土瘠民贫，难以为治，不知奇峰耸峙之高山，皆石灰岩层之蓄积，可以烧石灰，可以烧水门汀。石灰为农业之肥料，亦为工业品，水门汀为化学发明之建筑材料，可以修路，可以筑河堤，可以建极高之洋楼，可以作人造之花石。每担石灰石，可以造水门汀一桶，每桶四百斤，值银六元。诸君以为阳朔皆不毛之石山，悉属废物，自我观之，阳朔遍地皆黄金也。不仅如此，石灰岩层之中，可发见极厚之煤层，可发见极富之铁矿。且金矿、银矿、铅铁、水银矿多藏于石灰岩之内，诸君若知之，知而开发之，则见阳朔皆富家翁也。农业亦如之，土山肥厚，可种树木及一切果木，皆为人生必需之品。倘能广为种植，加以制造，则致富之术，不待外求也。

　　然普及国民之知识，与发展物质上之文明，全赖道路上之交通。中国最富之省，莫如广东及浙江，次则为四川及湖南。广东有海洋之交通，〈江浙有江海之交通〉①，四川有长江之交通，湖南有洞庭湖汇合湘江、沅江、资江三河流，交通亦极便利，所以物产能运出，财富能输入也。广西为中国最穷之省，而所藏之财富，较之他省为优，何以言穷？因无便利之交通，是以致此。本大总统此次北伐，道经阳朔，自梧州抵此，不过四百五十里，已行十六日。若有宽大马路之交通，则仅数日之程，并不费事。由此类推，全国皆然，则开发民智，发达财富，更非有道路之交通不为功。今广西之穷，有如一人将各种财宝藏之铁箱，失去钥匙，所有财宝不能取用，以致不能生活，甚至流为乞丐，欧美之新国民见之，为之生怜。广西如此，他省可知。本大总统希望诸君首先开道路之交通，道路即开发

---

　　①　据《孙中山先生十讲》补。

财富之钥匙也。从此实行三民主义,完成此次北伐之功,开全国国民之知识,增长全国国民之财富,以建设一真正之民国,愿与诸君努力图之。

据首都各界总理逝世三周年纪念印赠《中山先生演说全集》(一九二八年版)《开发阳朔富源方法》

本卷编后说明

《孙中山全集》第五卷的编辑工作由广州中山大学历史系孙中山研究室承担,陈锡祺主编,林家有、李吉奎、周兴樑编辑,王禄斌参加了部分具体工作。

本卷在搜集资料和编辑过程中,得到中国社会科学院近代史研究所、广东省社会科学院历史研究所、北京图书馆、北京大学图书馆、中共中央宣传部图书资料室、中国革命博物馆、上海图书馆、上海社会科学院历史研究所、上海孙中山故居、广东省中山图书馆、广州市博物馆、广东省档案馆、广东省中山县翠亨村孙中山故居、重庆北碚图书馆、云南省档案馆、云南省历史研究所、贵州省档案馆、贵州省图书馆等单位提供资料或线索。此外还有不少单位和个人以各种方式给予帮助与支持,恕不一一列名。

本卷出版前,由中华书局编辑部负责审阅全稿。

对于给本卷的编辑和出版工作提供帮助的单位和个人,谨致最诚挚的谢意。

编　者

一九八三年七月